59,90

CB078722

PAPE SATÀN ALEPPE

UMBERTO
ECO

PAPE SATÀN ALEPPE

crônicas de uma sociedade líquida

TRADUÇÃO DE ELIANA AGUIAR

3ª edição

EDITORA RECORD
RIO DE JANEIRO • SÃO PAULO
2017

CIP-BRASIL. CATALOGAÇÃO NA PUBLICAÇÃO
SINDICATO NACIONAL DOS EDITORES DE LIVROS, RJ

Eco, Umberto
E22p Pape Satàn aleppe: crônicas de uma sociedade líquida / Umberto Eco;
3ª ed. tradução de Eliana Aguiar. – 3ª ed. – Rio de Janeiro: Record, 2017.

Tradução de: Pape Satàn aleppe: cronache di una società liquida
ISBN: 978-85-01-10909-5

1. Crônica italiana. I. Aguiar, Eliana. II. Título.

17-40522 CDD: 858
CDU: 821.131.3-8

Copyright © La nave di Teseo Editore, Milano, 2016

Título original em italiano: Pape Satàn aleppe: cronache di una società liquida

Todos os direitos reservados. Proibida a reprodução, armazenamento ou transmissão de partes deste livro, através de quaisquer meios, sem prévia autorização por escrito.

Texto revisado segundo o novo Acordo Ortográfico da Língua Portuguesa.

Direitos exclusivos de publicação em língua portuguesa para o Brasil
adquiridos pela
EDITORA RECORD LTDA.
Rua Argentina, 171 – 20921-380 – Rio de Janeiro, RJ – Tel.: (21) 2585-2000,
que se reserva a propriedade literária desta tradução.

Impresso no Brasil

ISBN 978-85-01-10909-5

CÓPIA NÃO AUTORIZADA É CRIME
ABDR
ASSOCIAÇÃO BRASILEIRA DE DIREITOS REPROGRÁFICOS
RESPEITE O DIREITO AUTORAL
EDITORA AFILIADA

Seja um leitor preferencial Record.
Cadastre-se em www.record.com.br e receba
informações sobre nossos lançamentos e nossas promoções.

Atendimento e venda direta ao leitor:
mdireto@record.com.br ou (21) 2585-2002.

Sumário

Introdução

Comecei a coluna *La Bustina di Minerva*, na revista *L'Espresso*, em 1985, semanalmente durante um bom tempo, e depois quinzenalmente. Como recordei logo no início, o interior das caixinhas de fósforos Minerva oferecia dois espaços em branco, nos quais era possível tomar notas, e era assim que eu via aquelas intervenções: breves anotações e divagações sobre os mais variados temas que me passavam pela cabeça — em geral, inspirados na atualidade, mas não somente, pois podia incluir em atualidades o fato de ter sido tomado, uma bela noite, pelo súbito desejo de reler, sei lá, uma página de Heródoto, uma fábula de Grimm ou uma revistinha do Popeye.

Incluí muitas dessas colunas em meu *Segundo diário mínimo*, de 1992; um número considerável delas formou outro livro, *La Bustina di Minerva*, que dava conta das que haviam sido publicadas até o início de 2000, algumas delas foram recuperadas também em *A passo di gambero*, de 2006. Mas entre 2000 e 2015, calculando 26 *Bustinas** por ano, escrevi mais de quatrocentas e considerei que algumas poderiam ser recuperadas.

Creio que todas (ou quase todas) as que reuni neste livro podem ser entendidas como reflexões sobre os fenômenos de nossa "sociedade líquida", que abordo numa das *Bustinas* mais recentes e coloco no início desta série.

---

* Como o autor, assim como seus leitores, sempre se refere à sua coluna na revista *L'Espresso* pelo título abreviado, *Bustina*, optamos por manter o tratamento, adotando inclusive o plural em português — no caso *Bustinas* em vez do plural italiano *Bustine* —, no intuito de refletir sua coloquialidade. [*N. da T.*]

Embora tenha eliminado muitas repetições, algumas talvez tenham permanecido porque certos fenômenos se repetiram com preocupante regularidade durante estes quinze anos, estimulando, portanto, retornos e insistências sobre certos temas que se mantêm inquietantemente atuais.

Duas palavrinhas sobre o título. A citação é evidentemente dantesca ("Pape Satàn, pape Satàn aleppe, *Inferno*, VII, 1), mas como se sabe, embora uma profusão de comentaristas tenha tentado encontrar um sentido para o verso, a maior parte deles concluiu que não tem nenhum significado preciso. Em todo caso, pronunciadas por Pluto, estas palavras confundem as ideias e podem se prestar a qualquer diabrura. Achei, portanto, oportuno usá-las como título desta coletânea que, menos por culpa minha do que por culpa dos tempos, é desconexa, vai do galo ao asno — como diriam os franceses — e reflete a natureza líquida destes quinze anos.

A sociedade líquida

(2015)

A ideia de modernidade ou sociedade "líquida" deve-se, como todos sabem, a Zygmunt Bauman. Para quem quiser entender as várias implicações do conceito, a leitura de *Estado de crise* (Zahar, 2016), onde Bauman e Carlo Bordoni discutem este e outros problemas, pode ser útil.

A sociedade líquida começou a delinear-se com a corrente conhecida como pós-moderno (aliás, um termo "guarda-chuva" sobre o qual se amontoam diversos fenômenos, da arquitetura à filosofia e à literatura, e nem sempre de modo coerente). O pós-modernismo assinalava a crise das "grandes narrativas" que se consideravam capazes de impor ao mundo um modelo de ordem e fazia uma revisitação lúdica e irônica do passado, entrecruzando-se em várias situações com pulsões niilistas. Mas para Bordoni, o pós-modernismo também conheceu uma fase de declínio. Era um movimento de caráter temporário, pelo qual passamos quase sem perceber, e que um dia será estudado, assim como o pré-romantismo. Servia para assinalar um acontecimento em andamento e representou uma espécie de balsa que levava da modernidade a um presente ainda sem nome.

Para Bauman, entre as características deste presente nascente podemos incluir a crise do Estado (que liberdade de decisão ainda têm os Estados nacionais diante dos poderes das entidades supranacionais?). Desaparece assim uma entidade que garantia aos indivíduos a possibilidade de resolver de modo homogêneo os vários problemas do nosso tempo, e com sua crise, despontaram a crise das ideologias, portanto, dos partidos e, em geral, de qualquer apelo a uma comunidade de valores que permita que o indivíduo se sinta parte de algo capaz de interpretar suas necessidades.

Com a crise do conceito de comunidade, emerge um individualismo desenfreado, onde ninguém mais é companheiro de viagem de ninguém, e sim seu antagonista, alguém contra quem é melhor se proteger. Este "subjetivismo" solapou as bases da modernidade, que se fragilizaram dando origem a uma situação em que, na falta de qualquer ponto de referência, tudo se dissolve numa espécie de liquidez. Perde-se a certeza do direito (a justiça é percebida como inimiga) e as únicas soluções para o indivíduo sem pontos de referência são o aparecer a qualquer custo, aparecer como valor (fenômenos que abordei com frequência nas *Bustinas*), e o consumismo. Trata-se, porém, de um consumismo que não visa a posse de objetos de desejo capazes de produzir satisfação, mas que torna estes mesmos objetos imediatamente obsoletos, levando o indivíduo de um consumo a outro numa espécie de bulimia sem escopo (o novo celular nos oferece pouquíssimo a mais em relação ao velho, mas descarta-se o velho apenas para participar desta orgia do desejo).

Crise das ideologias e dos partidos: alguém já disse que estes últimos se transformaram em táxis que transportam caciques políticos ou chefes mafiosos que controlam votos, que escolhem em qual embarcarão com desenvoltura, segundo as oportunidades que oferecem — o que até torna compreensíveis e não mais escandalosos os vira-casacas. Não somente os indivíduos, mas a própria sociedade vive em um contínuo processo de precarização.

O que poderá substituir esta liquefação? Ainda não sabemos e este intervalo ainda vai durar muito. Bauman observa que (com o fim da fé numa salvação proveniente do alto, do Estado ou da revolução) os movimentos de indignação são típicos de períodos de intervalo. Estes movimentos sabem o que não querem, mas não o que querem. E recordo aqui que um dos problemas levantados pelos responsáveis pela ordem pública a propósito dos *black blocs* é a impossibilidade de rotulá-los, como se fazia antes com os anarquistas, os fascistas, as Brigadas Vermelhas. Eles agem, mas ninguém sabe mais quando e em que direção. Nem mesmo eles.

Existe um modo de sobreviver à liquidez? Existe e é justamente perceber que vivemos numa sociedade líquida que, para ser compreendida e talvez superada, exige novos instrumentos. Mas o problema é que a política e grande parte da *intelligentsia* ainda não entenderam o alcance do fenômeno. Por ora, Bauman continua a ser uma "*vox clamantis in deserto*".

A passo de caranguejo

Católicos sem amarras e laicos carolas

(2000)

Ao falar das grandes transformações espirituais que marcaram o final do século XX, vem imediatamente à baila a crise das ideologias, fato inegável que confundiu as tradicionais distinções entre direita e esquerda. Precisamos questionar, no entanto, se a queda do muro de Berlim foi a causa do colapso ou apenas uma de suas consequências.

Vejamos a ciência: era concebida como ideologia neutra, ideal de progresso comum tanto a liberais quanto a socialistas (mudava apenas a ideia de como este progresso deveria ser administrado, a favor de quem, e continua exemplar o Manifesto Comunista de 1848, que tecia elogios admirados às conquistas capitalistas para concluir mais ou menos que "agora nós também queremos tudo isso"). Era progressista quem confiava no desenvolvimento tecnológico e reacionário quem pregava o retorno à Tradição e à Natureza incontaminada das origens. Os casos de "revolução para trás", como o dos ludistas que visavam a destruição das máquinas, eram episódios marginais. Não afetavam profundamente esta divisão nítida entre as duas perspectivas.

Essa fronteira começou a ficar menos nítida em 68, quando se confundiram stalinistas apaixonados pelo aço e hippies, operaístas que esperavam que a automação trouxesse o fim do trabalho e profetas da libertação através das drogas de Don Juan Matus e esfacelou-se no momento em que o populismo terceiro-mundista transformou-se em bandeira tanto para a extrema-esquerda quanto para a extrema-direita. Hoje estamos diante de movimentos tipo Seattle, onde neoludistas, ambientalistas radicais, ex-operaístas, lúmpens e pessoas notáveis se encontram na recusa da clonagem, do Big Mac, dos transgênicos e do nuclear.

Uma transformação não menos importante ocorreu na oposição entre mundo religioso e mundo laico. Há milênios, costumava-se associar o espírito religioso à desconfiança em relação ao progresso, à recusa do mundo, à intransigência doutrinal; o mundo laico, ao contrário, vivia com otimismo a transformação da natureza, a maleabilidade dos princípios éticos, a redescoberta afetuosa de religiosidades "diferentes" e de pensamentos selvagens.

Certamente não faltavam entre os crentes os apelos às "realidades terrenas", à história como marcha em direção ao resgate (basta pensar em Teilhard de Chardin), enquanto abundavam os "apocalípticos" laicos, as utopias negativas de Orwell e de Huxley ou a ficção científica que previa os horrores de um futuro dominado por uma horrenda racionalidade científica. Mas, no fim das contas, cabia à pregação religiosa reportar-nos aos últimos fins do homem, ou Novíssimos, e à pregação laica celebrar seus hinos à locomotiva.

O recente encontro dos *papa boys* nos mostra, ao contrário, o momento final da transformação realizada por Wojtyla: uma massa de jovens que aceitam a fé mas, a julgar pelas entrevistas que deram na ocasião, estão muito distantes de neuroses fundamentalistas, dispostos a transigir sobre as relações pré-matrimoniais, sobre os contraceptivos, alguns até mesmo sobre as drogas, todos sobre a discoteca; enquanto o mundo laico se lamenta diante da poluição sonora, de um espírito New Age que parece unir neorrevolucionários, seguidores do monsenhor Milingo e sibaritas dedicados a massagens orientais.

E isto é só o começo, ainda vamos ver poucas e boas.

Será que inventamos mesmo tanta coisa?

(2000)

O anúncio apareceu provavelmente na internet, mas não sei onde, pois chegou a mim por correio eletrônico. Trata-se de uma pseudoproposta comercial que divulga uma novidade, o *Built-in Orderly Organized Knowledge*, cuja sigla é BOOK, ou seja, livro.

Nada de fios, nada de bateria, nenhum circuito elétrico, nenhum interruptor ou botão, é compacto e portátil, o usuário pode até estar sentado diante da lareira. É constituído por uma sequência de folhas numeradas (de papel reciclável), cada uma das quais contém milhares de *bits* de informação. Estas folhas são mantidas unidas na sequência correta por uma elegante cobertura denominada encadernação.

Cada página é escaneada oticamente e a informação é registrada diretamente no cérebro. Há um comando "browse" que permite passar de uma página à outra, para a frente e para trás, com um simples movimento do dedo. Uma *utility* denominada "índice" permite localizar o assunto desejado na página certa. É possível adquirir um *optional* chamado "marcador", que permite retornar ao ponto em que havíamos parado, mesmo que tenhamos fechado inadvertidamente o BOOK.

O anúncio termina com vários outros esclarecimentos sobre este instrumento tremendamente inovador e informa também o lançamento do *Portable Erasable-Nib Cryptic Intercommunication Language Stylus*, PENCIL (ou seja, lápis). Não se trata apenas de uma bela peça humorística, mas é também uma resposta às muitas perguntas angustiadas sobre o possível fim do livro diante dos avanços da computação.

Existem inúmeros objetos que, a partir do momento em que foram inventados, não têm aperfeiçoamento possível, como o copo, a colher, o martelo. Quando Philip Stark quis mudar a forma do espremedor de laranja, acabou produzindo um objeto belíssimo que, no entanto, deixa os caroços caírem no copo, enquanto a forma clássica consegue retê-los junto com a polpa. Outro dia, numa aula, irritei-me diante de uma máquina eletrônica caríssima que projetava muito mal as imagens: o velho retroprojetor, sem falar no antigo epidiascópio, eram melhores.

Com o século XX chegando ao fim, resta perguntar se realmente inventamos muitas coisas novas nestes últimos cem anos. Todas as coisas que usamos cotidianamente foram inventadas no século XIX. Listo algumas: o trem (mas a máquina a vapor é do século anterior), o automóvel (junto com a indústria do petróleo que ele pressupõe), os navios a vapor com propulsão a hélice, a arquitetura em cimento armado e o arranha-céu, o submarino, as ferrovias subterrâneas, o gerador, a turbina, o motor Diesel, o aeroplano (o experimento definitivo dos irmãos Wright acontece três anos após o fim do século), a máquina de escrever, o gramofone, o ditafone, a máquina de costura, o frigorífico e os enlatados, o leite pasteurizado, o isqueiro (e os cigarros), as fechaduras de segurança Yale, o elevador, a máquina de lavar, o ferro de passar elétrico, a caneta-tinteiro, a borracha para apagar, o papel absorvente, o selo, o correio pneumático, o *water closet*, a campainha elétrica, o ventilador, o aspirador de pó (1901), o barbeador com lâminas, os leitos reclináveis, a poltrona de barbeiro e a cadeira giratória para escritórios, os fósforos a fricção e os fósforos de segurança, o impermeável, o zíper, o alfinete de fralda, as bebidas gaseificadas, a bicicleta com câmara de ar e protetor, rodas com raios de aço e transmissão por corrente, o ônibus, o bonde elétrico, a ferrovia elevada, o celofane, o celuloide, as fibras artificiais, as lojas de departamento para vender todas essas coisas e — se me permitem — iluminação elétrica, telefone, telégrafo, rádio, fotografia e cinema. Babbage inventou uma máquina calculadora capaz de fazer sessenta e seis adições por minuto e nos colocou, portanto, no rumo do computador.

Claro, nosso século nos deu a eletrônica, a penicilina e tantos outros fármacos que alongaram nossa vida, as matérias plásticas, a fusão nuclear, a televisão e a navegação espacial. Talvez alguma coisa tenha me escapado, mas também é verdade que hoje as canetas-tinteiro e os relógios mais caros tentam reproduzir os modelos clássicos de cem anos atrás, e numa velha *Bustina* observei que o último aperfeiçoamento no campo das comunicações — que seria a internet — veio superar a telegrafia sem fios inventada por Marconi com uma telegrafia com fios, ou seja, marca o retorno (para trás) do rádio para o telefone.

No que diz respeito a pelo menos duas invenções típicas do nosso século, as matérias plásticas e a fusão nuclear, todos estão tentando desinventá-las, pois perceberam que prejudicam o planeta. O progresso não consiste necessariamente em ir sempre adiante a qualquer custo. E pedi que devolvessem o meu retroprojetor.

Para trás com força total!

(2008)

Numa velha *Bustina* observei que estamos assistindo a um interessante retrocesso tecnológico. Em primeiro lugar, a influência perturbadora da televisão havia sido controlada graças ao controle remoto, com o qual o espectador podia zapear, entrando assim numa fase de liberdade criativa denominada "fase de Blob". A libertação definitiva em relação à televisão aconteceu com o videocassete, com o qual se concretizava a evolução rumo ao cinematógrafo. Ademais, o controle remoto permitia desligar o som, retornando assim às pompas e circunstâncias do cinema mudo. Enquanto isso, ao impor uma comunicação eminentemente alfabética, a internet tinha liquidado a temida Civilização das Imagens. Nesta altura, já era possível eliminar até mesmo as imagens, inventando uma espécie de caixa que só emitisse sons e não precisasse sequer de controle remoto. Na época, pensei que estava ironizando ao imaginar a redescoberta do rádio, mas (evidentemente inspirado por um nume) estava vaticinando o advento do iPod.

Por fim, chegamos ao último estágio quando as transmissões via éter, com as TVs pagas, deram início à nova era da transmissão via cabo telefônico, passando da telegrafia sem fios à telefonia com fios, fase completamente realizada pela internet, superando Marconi e retornando a Meucci.

Retomei esta minha teoria da marcha a ré em meu livro *A passo di gambero* [A passo de caranguejo], onde aplicava estes princípios à vida política (e numa *Bustina* recente, observei que estamos retornando às noites de 1944, com patrulhas militares nas ruas e crianças e professores uniformizados). Mas não foi só isso.

Quem quer que tenha comprado recentemente um computador novo (que se tornará obsoleto em três anos), percebeu que só encontrava máquinas que já vinham com o Windows Vista instalado. Ora, basta ler nos mais variados blogs da internet o que os usuários pensam do Vista (não me atrevo a citá-los para não acabar nos tribunais) e o que dizem os amigos que caíram na armadilha, para tomar a decisão (talvez equivocada, mas firmíssima) de não comprar um computador com Vista. Mas quem quiser uma máquina atualizada de proporções razoáveis, será obrigado a engolir o Vista. Ou terá de sujeitar-se a um clone do tamanho de um caminhão, montado por um vendedor esforçado, que ainda instala um Windows XP ou anterior. E assim, sua escrivaninha ficará parecendo um laboratório Olivetti com um Elea 1959.

Creio que os produtores de computadores perceberam que as vendas diminuíram sensivelmente porque, para fugir do Vista, os usuários desistiam de trocar seu computador. O que aconteceu, então? Para entender é preciso entrar na internet e buscar "Vista downgrading" ou algo parecido, com a seguinte explicação: se você comprou um novo computador com Vista, pagando o que ele vale, basta desembolsar uma soma aditiva (e não é tão fácil, é preciso passar por um procedimento que me recusei a entender) e, depois de muitas aventuras, você poderá ter de novo a possibilidade de usufruir de um Windows XP ou versões anteriores.

Quem usa um computador sabe o que é *upgrade*: é uma coisa que permite atualizar seu programa com o último aperfeiçoamento. Consequentemente, *downgrade* é a possibilidade de levar seu computador, avançadíssimo, de volta à feliz condição dos programas mais velhos. Pagando, é claro. Antes da invenção deste belíssimo neologismo na internet, um dicionário inglês-italiano normal informava que *downgrade* significa, como substantivo, declínio e rebaixamento ou versão reduzida, e como verbo quer dizer retroceder, retrogradar, redimensionar e depreciar. Portanto, o que nos oferecem é a possibilidade, depois de muito trabalho e do pagamento de uma certa quantia, de depreciar e degradar algo pelo qual pagamos uma determinada soma. A coisa seria inacreditável, se não fosse verdadeira (Giampaolo Proni também tratou espirituosamente do assunto na revista on-line *Golem-L'indispensabile*), e a internet abriga centenas de desventurados que trabalham feito loucos para pagar o exigido para degradar seus programas. Quando chegaremos ao estágio em que, por uma soma razoável, poderemos trocar nosso computador por um caderno com um tinteiro e uma caneta equipada com pena Perry?

Mas essa história não é só paradoxal. Existem progressos tecnológicos além dos quais não se pode ir. Não dá para inventar uma colher mecânica, aquela que foi inventada dois mil anos atrás funciona muito bem do jeito que é. O Concorde, mesmo fazendo Paris–Nova York em três horas, foi abandonado. Não tenho certeza de que foi uma boa ideia, mas o progresso também pode significar dar dois passos atrás, como voltar à energia eólica no lugar do petróleo e coisas do gênero. Pensemos no futuro! Para trás com força total!

Renasço, renasço em mil novecentos e quarenta

(2008)

A vida nada mais é que uma lenta rememoração da infância. Certo, mas o que torna esta lembrança tão doce é o fato de que, na distância da nostalgia, até os momentos que então eram dolorosos parecem belos, como o dia em que caímos num buraco destrocando o pé e fomos obrigados a ficar em casa durante quinze dias com o pé engessado com gaze embebida em clara de ovo. Pessoalmente, recordo com ternura as noites passadas no abrigo antiaéreo: acordados no meio do sono mais profundo, arrastados de pijama e casaco para um subterrâneo úmido, todo de cimento armado, iluminado por lâmpadas fracas, brincávamos de pique enquanto explosões surdas pipocavam sobre nossas cabeças, sem que soubéssemos se eram das baterias antiaéreas ou das bombas. Nossas mães tremiam, de frio e de medo, mas para nós era uma estranha aventura. Eis o que faz a nostalgia. Por isso estamos dispostos a aceitar tudo aquilo que nos lembre os horripilantes anos 1940: este é o tributo que pagamos à velhice.

Como eram as cidades naquela época? Escuras à noite, quando o blecaute obrigava os raros passantes a usar lanternas a dínamo e não a pilha, assim como os faróis de bicicleta, carregados por fricção acionando espasmodicamente uma espécie de gatilho. Mais tarde, porém, chegou o toque de recolher e ninguém mais podia andar na rua.

De dia, as ruas eram percorridas por batalhões militares, pelo menos até 1943, quando tínhamos o Regio Esercito acasernado na cidade, e mais intensamente nos tempos da República de Salò, quando as metrópoles eram batidas continuamente por bandos de milicianos e rondas de fuzileiros da divisão San Marco ou de Brigadas Negras, e nas cidades menores passavam sobretudo os grupos de *partiggiani*, uns e outros armados até os dentes. Nesta cidade militarizada, as reuniões eram proibidas em certas situações e os grupos uniformizados de *Balilla* e Pequenas Italianas ainda enxameavam, além das crianças de avental negro que saíam das escolas ao meio-dia, enquanto as mães tentavam comprar o pouco que restava nas lojas de alimentos e quem quisesse comer pão, nem digo branco, mas não nauseabundo e feito de serragem, tinha de pagar quantias consideráveis no mercado negro. Em casa, a luz era fraca, sem falar no aquecimento, limitado unicamente à cozinha. De noite, dormíamos com um tijolo quente na cama e lembro com ternura até das frieiras. Não posso dizer que tudo isso retornou agora, pelo menos não integralmente. Mas já começo a sentir cheiro de queimado. Só para começar, temos fascistas no governo. Não são apenas eles, não são exatamente fascistas, mas que importa, todos sabemos que a história se repete primeiro como tragédia, depois como farsa. Em compensação, naqueles tempos havia cartazes nos muros exibindo um negro americano repugnante (e bêbado) estendendo a mão para uma branca Vênus de Milo. Hoje, vejo na televisão rostos ameaçadores de negros depauperados que invadem nossas terras aos milhares e francamente as pessoas a meu redor estão mais assustadas do que então.

Está de volta o avental negro nas escolas e não tenho nada contra isso, melhor que a camiseta de grife dos valentões filhinhos de papai, só que sinto na boca um sabor de *madeleine* mergulhada no chá de tília e me vêm à mente as palavras de Gozzano: "Renasço, renasço em mil novecentos e quarenta." Acabei de ler num jornal que o prefeito de Novara, da Liga Lombarda, proibiu a reunião de mais de três pessoas no parque à noite. Espero com um arrepio proustiano a volta do toque de recolher. Nossos militares estão lutando com rebeldes de cor na Ásia (e não mais na África), mais ou menos orientais. Mas vejo batalhões do exército, bem armados e com uniformes miméticos, também nas calçadas de nossas cidades. Como então, o exército não luta apenas nas fronteiras, mas também faz operações policiais. Parece que estou em *Roma, cidade aberta*. Leio artigos e ouço discursos muito semelhantes aos que lia então em *La difesa della razza* [A defesa da raça], que não atacavam apenas o judeus, mas também os ciganos, os marroquinos e os estrangeiros em geral. O pão está cada dia mais caro. Temos sido avisados de que precisamos economizar gasolina, limitar o desperdício de energia elétrica, apagar as vitrines durante a noite. Diminuem os automóveis e retornam os *Ladrões de bicicletas*. Como toque de originalidade, em breve teremos o racionamento de água. Ainda não temos um governo no Sul e outro no Norte, mas há quem trabalhe nesta direção. Só sinto falta de um Caudilho que abrace e beije castamente os rostos de prósperas camponesas, mas cada um tem lá os seus gostos.

Abaixo a Itália

(2008)

Numa *Bustina* de cerca de um ano atrás, mencionei o aumento, na internet, de sites antirressurgimento e pró-bourbônicos. Agora, leio nos jornais que um terço dos italianos é favorável à pena de morte. Estamos voltando ao nível dos americanos (*fuck you, Beccaria*),* dos chineses e dos iranianos.

---

* Cesare Bonesana, marquês de Beccaria (1738-94), economista e jurista cuja obra *Dos delitos e das penas* é uma das bases fundamentais do direito penal moderno, defendendo a igualdade perante a lei, a abolição da pena de morte e da tortura como meio de obter provas, julgamentos públicos e mais rápidos, direito de defesa, penas consistentes e proporcionais. [*N. da T.*]

Outro comovente retorno ao passado é a necessidade cada vez mais urgente de reabrir as casas de tolerância, não os locais modernos adaptados à situação, mas aquelas casas de tolerância de antigamente, com os inesquecíveis mictórios na entrada e a *maîtresse* gritando: "Para os quartos, rapazes, nada de embromação!" Claro que, se tudo pudesse acontecer com blecaute e toque de recolher seria ainda mais gostoso. A propósito, o concurso para assistentes de palco na TV não faz pensar no sonho recorrente com a fila de coristas do inesquecível *vaudeville* que entretinha o público do cinema antes do filme?

No início dos anos 1950, Roberto Leydi e eu resolvemos fundar uma sociedade antipatriótica. Era um modo de zombar da educação recebida durante a infausta ditadura, que nos impingia a pátria sob os mais variados molhos, até a náusea. Afinal, vários grupos neofascistas estavam renascendo e a televisão só dispunha de um canal em preto e branco: era preciso encontrar um jeito de passar as noites. A sociedade antipatriótica escolheu como hino a marcha Radetzky e se propunha obviamente a reavaliar a dimensão moral desta límpida figura de antirressurgimentista; pregava a convocação de referendos para a restituição do Lombardo-Vêneto à Áustria, de Nápoles aos Bourbons e naturalmente de Roma ao papa e a cessão do Piemonte à França e da Sicília a Malta; nas várias praças da Itália, seriam demolidos os monumentos a Garibaldi e seriam cancelados os nomes da ruas consagradas tanto a Cavour quanto aos vários mártires e irredentistas, assim como, nos livros escolares, se insinuariam dúvidas venenosas quanto à moralidade de Carlo Pisacane, Enrico Toti e assim por diante.

Nossa sociedade dissolveu-se diante de uma descoberta perturbadora. Se quiséssemos efetivamente ser antipatrióticos e promover a ruína da Itália, teríamos de reavaliar o Duce, ou seja, a pessoa que tinha efetivamente arruinado a Itália, e, portanto, teríamos de ser neofascistas. Como tal escolha nos repugnava, abandonamos o projeto.

Na época, nossa pretensão era fazer rir, mas quase tudo que imaginamos está se realizando — embora nunca tenha nos passado pela cabeça a ideia de fazer com a bandeira nacional aquilo que Bossi queria fazer* e tampouco

* Em 1997, Umberto Bossi declarou publicamente "quando vejo o [estandarte] tricolor fico furioso. Só uso o tricolor para limpar a bunda", sendo posteriormente condenado por vilipêndio à bandeira nacional. [*N. da T.*]

a ideia verdadeiramente sublime de homenagear aqueles que, em 1870, mataram os soldados italianos em Porta Pia durante a tomada de Roma na luta pela unificação da Itália.

Vivíamos um momento em que os democratas cristãos estavam no poder e tratavam de conter a Igreja para proteger a laicidade do Estado: o máximo de neoclericalismo foi o apoio de Togliatti ao famigerado artigo 7 da Constituição, que reconhecia os Pactos Lateranenses. Já havia se dissolvido fazia vários anos o movimento *Uomo Qualunque* [Homem Qualquer], que durante um certo período estimulou sentimentos antiunitários, desconfianças em relação a uma Roma corrupta e ladra ou a uma burocracia estatal de inúteis que sugavam o sangue da boa gente trabalhadora. Não passava nem pela antecâmara dos nossos cérebros que comportamentos do gênero seriam adotados um dia por ministros da República.

Não tivemos a luminosa ideia de que, para esvaziar completamente o parlamento de qualquer dignidade e poder real, bastava fazer uma lei determinando que os deputados não seriam eleitos pelo povo, mas nomeados pelo Caudilho antes das eleições. Achávamos que desejar um retorno gradual à *Camera dei Fasci e delle Corporazioni* seria uma ideia fantasiosa demais.

Queríamos desfazer a Itália, mas gradualmente, e pensávamos que seria necessário pelo menos um século. No entanto, chegamos lá muito antes e além da Itália, também a Alitalia está se desfazendo. Mas o melhor de tudo é que a operação não precisou do golpe de Estado de um núcleo duro — os poucos generosos idealistas que éramos —, mas está se realizando com o apoio da maioria dos italianos.

Ser vistos

Dar tchauzinho

(2002)

Enquanto experimento o aquecimento global e o desaparecimento das meias-estações, confirmados por várias opiniões ilustres, fico me perguntando que reação terá um dia o meu neto, que no momento tem 2 anos e meio, quando ouvir a palavra "primavera" ou ler na escola alguma poesia falando dos primeiros langores outonais. E como reagirá, já grande, ao ouvir as *Estações* de Vivaldi? Talvez ele viva num outro mundo, ao qual estará perfeitamente ambientado, e não sofra a ausência da primavera ao ver os botões desabrocharem por engano em invernos quentíssimos. A bem da verdade, eu também não vivi, quando era pequeno, a experiência dos dinossauros, mas era capaz de imaginá-los. Talvez a primavera seja apenas nostalgia de alguém adentrado nos anos, junto com as noites passadas nos abrigos antiaéreos brincando de esconde-esconde.

Para este menino que cresce, parecerá natural viver num mundo onde o bem primário (mais importante que o sexo e que o dinheiro) será a visibilidade. Um mundo que, para ser reconhecido pelos outros e não vegetar num assustador e insuportável anonimato, todos farão de tudo para aparecer, na televisão ou naqueles canais que até lá terão substituído a televisão. Onde um número cada vez maior de mães honestíssimas estarão prontas para contar as mais sórdidas histórias da família num programa lacrimoso só para garantir que no dia seguinte serão reconhecidas e distribuirão autógrafos no supermercado, e as mocinhas (como já acontece hoje) dirão que querem ser atrizes, mas não para serem iguais a Eleonora Duse ou Greta Garbo, não para interpretar Shakespeare ou pelo menos cantar como Josephine Baker vestida apenas de bananas no palco do Folies Bergère ou mostrar as pernas com a graça das coristas dos bons tempos, mas para serem promovidas a assistentes de palco de um programa de auditório, pura aparência sem nenhuma arte que a sustente.

Alguém há de explicar a este menino (talvez na escola, junto com os reis de Roma ou com a queda de Berlusconi, ou em filmes históricos intitulados *Era uma vez a Fiat*, que os *Cahiers du cinéma* chamarão de "prolet", seguindo o modelo dos "*peplos films*") que desde a Antiguidade os seres humanos sempre almejaram ser reconhecidos por aqueles que os rodeiam. Alguns se esforçavam para serem companheiros adoráveis nas noitadas no bar, outros, para brilhar no futebol ou no tiro ao alvo das festas patronais ou contando histórias de pescaria com peixes do tamanho de um bonde. E as moças queriam ser reconhecidas pelo chapeuzinho coquete que usavam na missa de domingo, e as avós, por serem as melhores cozinheiras ou costureiras da cidade. E ai de nós se não fosse assim, pois para saber quem é, o ser humano precisa do olhar do Outro e melhor ainda se puder reconhecer (ou pensar que reconhece) o quanto este Outro o ama e admira — e se em vez de um único Outro forem cem, mil ou até 10 mil, tanto melhor, podemos nos sentir plenamente realizados.

Então, numa época de grandes e contínuos deslocamentos, onde todos sentem a falta da cidade natal e das próprias raízes, onde o outro é alguém com quem nos comunicamos a distância via internet, parece natural que os seres humanos busquem reconhecimento por outras vias e a praça da aldeia seja substituída pela plateia quase planetária das transmissões de TV ou de qualquer coisa que vier substituí-la.

Mas talvez nem mesmo os professores ou quem vier a assumir seu lugar serão capazes de recordar que naquele tempo antigo vigorava uma distinção muito rígida entre ser famoso e ser falado. Todos queriam ser famosos como o melhor arqueiro ou a melhor bailarina, mas ninguém queria cair na boca do povo como o maior corno da cidade, o impotente desmascarado, a puta desrespeitosa. Como medida preventiva, a puta procurava espalhar que era bailarina e o impotente contava falsas aventuras sexuais pantagruélicas. No mundo do futuro (se for parecido com o que hoje se configura) tal distinção desaparecerá: para serem "vistas" ou "faladas" as pessoas estarão dispostas a fazer qualquer coisa. Não haverá diferença entre a fama do grande imunologista e a do moleque que matou a mãe a machadadas, entre o grande amante e o vencedor da disputa planetária pelo menor membro viril, entre quem funda um leprosário na África central e quem frauda melhor os impostos. Tudo pode servir, desde que se consiga aparecer e ser reconhecido no dia seguinte pelo vendedor do supermercado (ou pelo banqueiro).

Se para alguns posso parecer apocalíptico, pergunto o que significa hoje (ou melhor, há décadas) colocar-se atrás de um sujeito com microfone para aparecer dando tchauzinho ou participar de um programa de perguntas e respostas, mesmo sem saber sequer que uma andorinha só não faz verão. Que importa, ficarão famosos!

Mas não sou apocalíptico. Talvez o menino de quem falo se torne adepto de uma nova seita que preconize esconder-se do mundo, exilar-se no deserto, sepultar-se num claustro e cujo objetivo seja o orgulho do silêncio. No fundo, isso já aconteceu no ocaso de uma era, quando os imperadores começaram a transformar seus próprios cavalos em senadores.

Deus é testemunha de que sou doido...

(2010)

Outro dia estive em Madri tomando café de manhã com meu rei. Mas não me entendam mal: mesmo tendo fortes sentimentos republicanos, dois anos atrás fui nomeado duque do reino de Redonda (com o título de Duque de l'Isla del Día de Antes) e divido a dignidade ducal com Pedro Almodóvar, Antonia Susan Byatt, Francis Ford Coppola, Arturo Pérez-Reverte, Fernando Savater, Pietro Citati, Claudio Magris, Ray Bradbury e alguns outros, todos unidos pela qualidade comum de serem simpáticos ao rei.

A ilha de Redonda fica nas Índias Ocidentais, mede trinta quilômetros quadrados (um lenço), é completamente desabitada e creio que nenhum de seus monarcas jamais pisou lá. Foi adquirida em 1865 por um banqueiro, Matthew Dowdy Shiell, que pediu à rainha Vitória que a constituísse como reino autônomo, o que sua graciosa majestade fez sem problemas, pois não via no caso nenhuma ameaça ao império colonial britânico. No decorrer das décadas, a ilha passou por vários reis, alguns dos quais venderam o título várias vezes, provocando disputas entre pretendentes (para quem quiser conhecer a história pluridinástica, basta buscar Redonda na Wikipédia). Em 1997, o último rei abdicou em favor do famoso escritor espanhol Javier Marías (amplamente traduzido também na Itália), que começou a nomear duques a torto e a direito.

A história é esta e tem naturalmente um certo sabor de loucura patafísica, mas ao fim e ao cabo, tornar-se duque não é coisa que aconteça todo dia. A questão, porém, não é essa: é que no decorrer de nossa conversa, Marías disse uma coisa que vale uma reflexão. Falávamos do fato evidente de que as pessoas estão dispostas a falsificar até a própria identidade desde que consigam aparecer na telinha, mesmo que seja dando tchauzinho atrás do entrevistado. Recentemente, na Itália, o irmão de uma moça barbaramente assassinada, tendo tocado dolorosamente as honras da mídia, procurou Lele Mora pedindo um emprego na TV para melhor explorar sua trágica notoriedade. E sabemos que, para garantir um lugarzinho sob as luzes da ribalta, há quem esteja disposto a se declarar cornudo, impotente ou falsário. Os psicólogos criminalistas também não desconhecem que aquilo que move os *serial killers* é o desejo de ser descoberto e ficar famoso.

Mas por que esta loucura, nos perguntávamos? Marías sugeriu a hipótese de que tudo isso acontece porque os homens não acreditam mais em Deus. Outrora, os homens estavam convencidos de que suas ações tinham pelo menos um Espectador, que conhecia todos os seus gestos (e pensamentos), era capaz de compreendê-los e eventualmente de condená-los. Mesmo sendo um marginal, um inútil, um "infeliz" ignorado até por seus semelhantes, alguém que seria esquecido um minuto depois de desaparecer, alimentava-se a ilusão de que ao menos Um soubesse tudo a nosso respeito.

"Deus sabe o que sofri", dizia a avó doente e abandonada pelos netos; "Deus sabe que sou inocente", consolava-se o injustamente condenado, "Deus sabe o quanto fiz por você", dizia a mãe ao filho ingrato, "Deus sabe como te amo", gritava o amante abandonado, "Só Deus sabe tudo o que passei", lamentava o desgraçado cujas desventuras não interessavam a ninguém. Deus era sempre invocado como o olho ao qual nada escapava e cujo olhar dava sentido até à vida mais cinzenta e insensata.

O que nos resta depois de desaparecida, suprimida esta testemunha que tudo vê? O olho da sociedade, o olho dos outros, cujo olhar devemos buscar para não mergulhar no buraco negro do anonimato, no turbilhão do esquecimento, mesmo que o preço seja assumir o papel do bobo da corte, dançando de cueca em cima da mesa do bar. A aparição na telinha é o único substituto da transcendência, e afinal de contas é um substituto até gratificante: podemos nos ver (e somos vistos) num além, mas em compensação neste além todos nos veem aqui, pois também estamos aqui — pensem na vantagem de desfrutar de todos os benefícios da imortalidade (mesmo que rápida e transeunte) e ter ao mesmo tempo a possibilidade de ser festejado em casa (a Terra) por nossa ascensão ao Empíreo.

O problema nestes casos é que há um equívoco sobre o duplo significado do "reconhecimento". Todos almejamos ser "reconhecidos" por nossos méritos, nossos sacrifícios ou qualquer outra bela qualidade, mas quando, depois de ter aparecido na TV, alguém o vê no bar e diz "vi você ontem na TV", este alguém está simplesmente "reconhecendo você", ou melhor, a sua cara — o que é muito diferente.

Por que só a Virgem Maria?

(2012)

Nos encontros organizados por *La Repubblica* em Bolonha, na última sexta-feira, acabei me detendo num debate com Stefano Bartezzaghi sobre o conceito de reputação. Antes a reputação era apenas boa ou ruim e diante do risco de ter uma má reputação (por ter falido ou por ser corno), muitos tentavam resgatá-la com o suicídio ou com os crimes de honra. Naturalmente, todos desejavam ter uma boa reputação.

Mas há muito tempo o conceito de reputação deu lugar ao de notoriedade. O que conta é ser "reconhecido" pelos próprios semelhantes, mas não no sentido do reconhecimento como estima ou prêmio, mas naquele mais banal que faz com que alguém possa dizer ao vê-lo na rua: "Olhe, é ele mesmo!" O valor predominante é aparecer e naturalmente o meio mais seguro é a TV. E não é necessário ser Rita Levi Montalcini ou Mario Monti, basta confessar num programa lacrimogêneo que foi traído pelo cônjuge.

O primeiro herói desse aparecer é o idiota que se colocava atrás dos entrevistados abanando a mão, o que permitia que fosse reconhecido no bar à noite ("sabia que te vi na TV?"), mas certamente o resultado dessas aparições durava o espaço de uma manhã. Assim, gradualmente, foi aceita a ideia de que para aparecer de modo constante e evidente era preciso fazer coisas que antigamente só garantiam uma péssima reputação. E não é que as pessoas não almejem uma boa reputação, mas é muito difícil conquistá-la, é preciso protagonizar um ato heroico, ganhar um Nobel ou pelo menos um Strega, ter passado a vida cuidando dos leprosos, e estas não são coisas ao alcance de qualquer um. Mais fácil atrair interesse, melhor ainda se for mórbido, por ter ido para a cama por dinheiro com uma pessoa famosa ou por ter sido acusado de peculato. Não estou brincando, basta olhar o ar orgulhoso do corrupto ou do espertalhão quando aparece no telejornal, talvez no dia mesmo da prisão: aqueles minutos de notoriedade valem a cadeia, melhor ainda se tiver prescrição, e eis por que o acusado ri. Passaram-se décadas desde que alguém teve a vida destruída por ter sido fotografado algemado.

Em suma, o princípio é: "Se a Virgem Maria aparece, por que não eu?" E ignora-se o fato de não ser nenhuma virgem.

Estávamos falando disso na sexta passada, dia 15, e eis que justamente no dia seguinte *La Repubblica* publicou um longo artigo de Roberto Esposito ("A vergonha perdida"), que discutia também os livros de Gabriella Turnaturi (*Vergogna. Metamorfosi di un'emozione*, Feltrinelli, 2012) e de Marco Belpoliti (*Senza vergogna*, Guanda, 2010). Ou seja, o tema da perda da vergonha está presente em várias reflexões sobre os costumes contemporâneos.

Ora, este frenesi de aparecer (e a notoriedade a qualquer custo, mesmo que o preço seja algo que antigamente seria a marca da vergonha) nasce da perda da vergonha ou perde-se o senso de vergonha porque o valor dominante é aparecer seja como for, mesmo que o preço seja cobrir-se de vergonha? Sou mais inclinado para a última hipótese. Ser visto, ser objeto de discurso é um valor tão dominante que as pessoas estão prontas a renunciar àquilo que outrora se chamava pudor (ou o sentimento zeloso da própria privacidade). Esposito notava que também é sinal de falta de vergonha falar no celular aos berros no trem, obrigando todo mundo a tomar conhecimento das próprias questões particulares, que antigamente eram sussurradas no ouvido. Não é que a pessoa não perceba que os outros estão ouvindo (e então seria apenas um mal-educado), é que inconscientemente ela quer que o ouçam, mesmo que suas histórias privadas sejam irrelevantes — mas, ai de mim, é bem verdade que nem todos podem ter histórias pessoais relevantes, como Hamlet ou Anna Karenina e, portanto, basta ser conhecido como *escort* ou como devedor em atraso.

Li que não sei qual movimento eclesiástico quer retornar à confissão pública. Claro, que graça pode ter contar as próprias vergonhas apenas para o confessor?

Tuíto, logo existo

(2013)

Não tenho Twitter nem estou no Facebook. A Constituição me permite isso. Mas é claro que há no Twitter um falso perfil meu, assim como de um falso Casaleggio. Certa vez uma senhora me disse com o olhar cheio de reconhecimento que sempre me lê no Twitter e que já interagiu muitas vezes comigo, para seu grande proveito intelectual. Tentei explicar que se tratava de um falso eu, mas ela olhou para mim como se estivesse dizendo que eu não sou eu. Se estava no Twitter, eu existia. *Tuíto ergo sum.*

Não me preocupei em convencê-la porque, a despeito do que a senhora pensasse de mim (e se estava tão contente devia ser porque o falso Eco dizia coisas que ela compartilhava), essa história não mudaria a história da Itália e menos ainda a do mundo — aliás, não mudaria sequer a minha própria história pessoal. Tempos atrás, recebia regularmente pelo correio enormes dossiês de uma outra senhora afirmando que já os tinha enviado ao presidente da República e a outros personagens ilustres para protestar contra alguém que a perseguia, e os enviava também a mim porque toda semana, na *Bustina*, eu me apresentava em sua defesa. Nunca desmenti, pois seria inútil e sua personalíssima paranoia não mudaria a situação no Oriente Médio. Depois, como não obteve resposta, ela naturalmente voltou sua atenção para outro alguém e não tenho ideia de quem ela pode estar atormentando agora.

A irrelevância das opiniões expressas no Twitter é que todos falam, e entre estes todos há quem acredite nas aparições de Nossa Senhora de Medjugorje, quem frequente cartomantes, quem ache que o 11 de Setembro foi arquitetado pelos judeus, quem acredite em Dan Brown. Sempre me fascinaram as mensagens do Twitter que aparecem embaixo durante as entrevistas do *talk-show* de Telese e Porro. Falam de tudo e mais alguma coisa, um contradiz o outro e todos juntos não dão uma ideia do que pensam as pessoas, mas apenas do que pensam certos pensadores desarvorados.

O Twitter é igual ao bar da esquina de qualquer cidadezinha ou periferia. Falam o idiota da aldeia, o pequeno proprietário que se considera perseguido pela receita, o médico do interior amargurado por não ter conseguido a cátedra de anatomia comparada numa grande universidade, o passante que já bebeu todas, o caminhoneiro que conta das fabulosas prostitutas da perimetral e (às vezes) alguém que exprime juízos sensatos. Mas tudo se consome ali mesmo, os bate-bocas no bar nunca mudaram a política internacional e só o fascismo se preocupava com ela, proibindo discursos sobre alta estratégia nos bares, mas no geral, o que a maioria das pessoas pensa é apenas um dado estatístico que aparece no momento em que, depois de refletir, cada um vota, e vota pelas opiniões emitidas por outro alguém, esquecendo tudo que foi dito no bar.

Assim, o éter da internet é atravessado por opiniões irrelevantes, mesmo porque, se é possível expressar ideias magistrais em menos de cento e quarenta caracteres (como "ama teu próximo como a ti mesmo"), para exprimir *A riqueza das nações* de Adam Smith são necessários muitos mais e talvez mais ainda para explicar o que significa $E = mc^2$.

E então por que pessoas importantes como Enrico Letta também postam mensagens no Twitter? No caso dele, bastaria passar a mesma ideia à ANSA e ela seria citada por todos os jornais e telejornais, atingindo também aquela maioria que não frequenta a internet. E por que o papa faz um seminarista empregado como prestador de serviço no Vaticano escrever breves resumos de tudo o que já disse *urbi et orbi*, diante de milhões e milhões de telespectadores? Francamente, não sei bem, alguém deve tê-los convencido de que o Twitter também serve para fidelizar uma grande quantidade de usuários da web. Então vá lá para Letta e para o papa, mas por que usam o Twitter também os senhores Rossi, Pautasso, Brambilla, Cesaroni e Esposito?

Talvez queiram se sentir iguais a Letta e ao papa.

A perda da privacidade

(2014)

Um dos problemas do nosso tempo, que (a julgar pela imprensa) é uma obsessão mais ou menos generalizada, é a chamada "privacy" — se quisermos ser bem esnobes, pode ser traduzido vulgarmente como privacidade. Para dizer de maneira muito, mas muito simples, significa que cada um tem direito de tratar da própria vida sem que todos, sobretudo as agências ligadas aos centros de poder, fiquem sabendo. E existem instituições voltadas para garantir a privacidade de todos (mas, por favor, chamem de "privacy", do contrário ninguém vai levar a sério). Por isso, é preocupante que, através dos nossos cartões de crédito, alguém possa saber o que compramos, em que hotel ficamos e onde jantamos. Sem falar das escutas telefônicas, quando não são indispensáveis para a identificação de criminosos. Recentemente, Vodafone lançou um alerta sobre a possibilidade de que agentes mais ou menos secretos de todas as nações pudessem saber para quem telefonamos e o que dizemos.

Parece, portanto, que a privacidade é um bem que todos querem defender a qualquer custo, para não viver num universo do Grande Irmão (o verdadeiro, de Orwell), onde um olho universal monitora tudo aquilo que fazemos ou até o que pensamos.

Mas a pergunta é: as pessoas realmente se importam tanto com a privacidade? Antes, a ameaça à privacidade era a fofoca e o que temíamos na fofoca era o atentado à nossa reputação pública e o ato de jogar na praça a roupa suja que deveria ser lavada em casa. No entanto, talvez por causa da chamada sociedade líquida, na qual todos estão em crise de identidade e de valores e não sabem onde buscar os pontos de referência para definir-se, o único modo de adquirir reconhecimento social é "mostrar-se" — a qualquer custo.

E assim, a senhora que faz comércio de si mesma (e que antes tentava esconder a própria atividade dos parentes e vizinhos) hoje, talvez autodenominando-se "*escort*", assume alegremente o próprio papel público, apresentando-se inclusive na TV. Os cônjuges que antigamente escondiam zelosamente suas divergências participam de programas *trash* para interpretar tanto o papel do adúltero quanto o do traído, para delírio do público. Nosso vizinho no trem diz bem alto no celular tudo o que pensa da cunhada ou tudo o que deseja que seu advogado tributarista faça. Os réus de todo tipo, longe de retirar-se para uma casa no campo esperando que a onda do escândalo se acalme, aumentam suas aparições com um sorriso nos lábios, porque antes ladrão conhecido que honesto ignorado por todos.

Foi publicado recentemente no *La Repubblica* um artigo de Zygmunt Bauman revelando que as redes sociais (sobretudo o Facebook), que representam um instrumento de vigilância de pensamentos e emoções alheios, são realmente usadas pelos vários poderes com funções de controle, graças também à contribuição entusiástica de seus usuários. Bauman fala de "sociedade confessional que eleva a autoexposição pública à categoria de prova eminente e mais acessível, além de verossimilmente mais eficaz, de existência social". Em outras palavras, pela primeira vez na história da humanidade, os espionados colaboram com os espiões, facilitando o trabalho destes últimos, e esta rendição é para eles um motivo de satisfação porque afinal *são vistos* por alguém enquanto levam a vida — e não importa se às vezes vivam como criminosos ou como imbecis.

É verdade também que, já que todos podem saber tudo de todos, sendo todos a soma dos habitantes do planeta, o excesso de informação não pode produzir nada além de confusão, rumor e silêncio. Mas isso deveria preocupar os espiões, pois para os espionados parece ótimo que eles mesmos e seus segredos mais íntimos sejam conhecidos pelo menos pelos amigos, vizinhos, e possivelmente até pelos inimigos, pois este é o único modo de sentirem-se vivos, parte ativa do corpo social.

Nos recônditos do DNA

(2014)

Na *Bustina* passada, comentei o que acontece num universo em que a privacidade desapareceu e todos podem saber o que fazemos. Concluí que parece inútil lutar para conservar zonas de reserva, quando a tendência geral parece ser o desejo de ser visto e ouvido a qualquer custo para ter a sensação de existir. As pessoas não querem privacidade, embora a invoquem.

Ora, no caso do assassinato de Yara Gambirasio aconteceu algo diferente. Alguém — se não os investigadores, pelo menos a imprensa ou algumas outras fontes — não só disse que o culpado era Bossetti (o qual, no momento em que escrevo, ainda é apenas um "suposto" culpado) e que sua culpa havia sido confirmada pelo exame de DNA, como também informou que o dito exame havia demonstrado que ele era filho ilegítimo de "X", com quem a senhora sua mãe havia tido uma relação adúltera décadas antes, que o marido da mãe nunca ficou sabendo de nada, tendo criado Bossetti como se fosse seu filho, e que no momento estava simplesmente furioso etc.

Logo depois do primeiro frenesi, algumas vozes discordantes começaram a pipocar: prender um culpado está perfeito, mas seria mesmo necessário proclamar aos quatro ventos toda a história de sua família, colocando numa situação vexatória não só a mãe como também o "não pai", e arruinando de fato uma união conjugal ao envolver na história e expor à humilhação pública pessoas que nada tinham a ver com o crime e tinham todo o direito de não querer suas roupas sujas expostas em público?

Mea culpa em cadeia, imprensa incluída, pedindo desculpas pelo que havia alegremente provocado ou contribuído para provocar, com gestos hipócritas de aprovação por parte de uma opinião pública que na verdade celebrava o triunfo da chamada *Schadenfreude*, ou seja, a libidinosa satisfação com a desgraça ou a dor alheia.

Mas, agora, façamos uma reflexão. Digamos que os investigadores tivessem dito que sabiam quem era o culpado (suposto até o momento em que escrevo) e que sua culpa havia sido demonstrada pelo exame de DNA. E ponto final. Então a imprensa e a opinião pública teriam perguntado como chegaram a Bossetti entre os milhares de pessoas que viviam nos arredores. Suponhamos então que os investigadores tivessem respondido: "Ainda não podemos falar sobre isso, pelo menos até a abertura do processo, se ocorrer."

É fácil imaginar o que teria acontecido. Todos perguntariam o que a justiça e as forças de ordem estavam escondendo: quem poderia garantir que tinham agido corretamente (ou, como se costuma dizer, "com profissionalismo")? A opinião pública, gritariam todos, tem o direito de saber!

É que, depois do WikiLeaks e das revelações de Snowden, o público habituou-se ao fato de que tudo, mas tudo mesmo, deve ser público. O que é justo até certo ponto: certas falcatruas públicas ou privadas devem ser reveladas e denunciadas, mas em princípio, para que uma máquina estatal possa funcionar, os relatórios de embaixada e diversos outros documentos governamentais precisam ser sigilosos. Imaginem se a polícia fosse obrigada a dizer: estamos buscando o assassino, talvez já tenha sido identificado, está sendo seguido para ser pego em flagrante, chama-se Zé dos Anzóis e mora na rua Tal. Zé dos Anzóis fugiria e nunca mais seria preso. Alguns projetos devem permanecer secretos, pelo menos naquilo que for essencial para seu sucesso (que pode ser virtuoso).

Mas a perda da privacidade, sobretudo depois dos eventos do WikiLeaks e Snowden, foi alçada a princípio ético: todos sentem necessidade de que tudo seja dito e sempre, em qualquer caso. Portanto, ai dos investigadores se calassem sobre as tristes histórias dos pais de Bossetti, logo seriam acusados de tramar um sórdido complô.

Mas então, estamos reclamando de quê? A mãe de Bossetti e aquele que até a véspera era considerado seu pai já devem ter percebido que roupa suja agora se lava na televisão, junto com a propaganda da máquina de lavar. Se a perda da privacidade já chegou (justamente) aos recônditos do DNA, não pode deixar de triunfar sempre e em toda parte. Gostemos ou não.

Os velhos e os jovens

Vida média

(2003)

Sabe-se lá quantos ainda se lembram da poesia de De Amicis: "Nem sempre o tempo a beleza cancela / ou é riscada pelas lágrimas e pelos danos; / minha mãe tem 60 anos / e quanto mais a contemplo, mais me parece bela." Não é um hino à beleza feminina, mas à piedade filial. Piedade que hoje deveria deslocar-se para a fronteira dos 90 anos, pois uma senhora de 60, se gozar de boa saúde, ainda se mostra fresca e ativíssima — e se recorreu ao cirurgião plástico, há de parecer vinte anos mais jovem. A propósito, lembro que quando era jovem pensava que não era bom superar os 60 anos, pois seria terrível viver depois disso, cheio de achaques, babão e demente num abrigo para os pobres velhos. E quando pensava no ano 2000, considerava que poderia, e Dante era a prova, viver até os 70 e portanto chegar a 2002, mas era uma hipótese muito remota e na época era raro chegar a idade tão venerável.

Pensei nisso alguns anos atrás quando encontrei Hans Gadamer já com 100 anos, ele tinha vindo de longe para um congresso e estava sentado à mesa comendo com gosto. Perguntei-lhe como estava e ele respondeu com um sorriso quase triste que suas pernas doíam. Tive vontade de estapeá-lo por tamanha e tão alegre ousadia (de fato, ele ainda viveu muito bem por mais dois anos).

Continuamos a acreditar que vivemos numa época em que a técnica dá passos gigantes e diários, a perguntar onde vamos parar com a globalização, mas refletimos com menor frequência sobre o fato de que o aumento do tempo médio de vida é o maior avanço da humanidade — e neste campo a aceleração supera a de qualquer outra façanha. Na verdade, o troglodita que conseguiu produzir fogo artificialmente já havia compreendido obscuramente que o homem poderia dominar a natureza, sem falar naquele outro antepassado mais maduro que inventou a roda. Roger Bacon, Leonardo e Cyrano de Bergerac já diziam que um dia poderíamos construir máquinas voadoras; desde a invenção do vapor ficou claro que conseguiríamos multiplicar a velocidade dos deslocamentos e já se podia supor que um dia chegaríamos à luz elétrica desde os tempos de Volta. Mas durante séculos os homens sonharam em vão com o elixir da longa vida e com a fonte da juventude eterna. Na Idade Média existiam ótimos moinhos de vento (bons até hoje para produzir energia alternativa), mas existia também uma igreja que os peregrinos procuravam para obter o milagre de viver até os 40 anos.

Fomos à Lua há mais de trinta anos e ainda não conseguimos ir a Marte, mas na época do desembarque lunar uma pessoa de 70 anos já havia chegado ao fim da vida, enquanto hoje (exceto pelo câncer e pelo infarto) temos esperanças razoáveis de chegar aos 90. Em suma, o grande progresso (se queremos falar de progresso) ocorreu no campo da vida, não no campo dos computadores. Os computadores já eram anunciados pela máquina calculadora de Pascal, que morreu aos 39 anos e já era considerada uma bela idade. A propósito, Alexandre Magno e Catulo morreram aos 30, Mozart aos 36, Chopin aos 39, Spinoza aos 45, são Tomás aos 49, Shakespeare e Fichte aos 52, Descartes aos 54 e Hegel, velhíssimo, aos 61.

Muitos dos problemas que devemos enfrentar hoje têm relação com o aumento do tempo médio de vida. E não estou falando apenas das aposentadorias. Também a imensa migração do Terceiro Mundo para os países ocidentais nasce certamente da esperança de milhares de pessoas de encontrar comida, trabalho e tudo aquilo que o cinema e a televisão prometem, mas também de chegar a um mundo onde se vive mais — ou, seja como for, fugir de um outro mundo onde se morre cedo demais. No entanto (embora não tenha as estatísticas à mão), creio que a soma que gastamos em pesquisas gerontológicas e em medicina preventiva seja infinitamente menor do que o investimento em tecnologia bélica e em informática. Sem falar que sabemos muito bem como destruir uma cidade ou como transportar informação a baixo custo, mas ainda não temos ideia de como conciliar bem-estar coletivo, futuro dos jovens, superpopulação mundial e aumento da expectativa de vida.

Um jovem pode pensar que o progresso é aquilo que lhe permite enviar recadinhos pelo celular ou voar barato para Nova York, enquanto o fato surpreendente (e o problema não resolvido) é que, se tudo correr bem, ele só precisará se preparar para ser adulto aos 40 anos, enquanto seus antepassados tinham de fazê-lo aos 16.

Certamente, é preciso agradecer a Deus ou à sorte por vivermos mais, mas temos de enfrentar este problema como um dos mais dramáticos de nosso tempo e não como um ponto pacífico.

O belo é feio e o feio é belo?

(2006)

Hegel observou que a dor e a feiura só entraram nas representações artísticas com o cristianismo, porque "não é possível representar nas formas da beleza grega o Cristo flagelado, coroado de espinhos [...] crucificado, agonizante". Estava enganado, pois o mundo grego não era apenas aquele das Vênus de mármore cândido, mas também o do suplício de Mársias, das angústias de Édipo ou da paixão mortífera de Medeia. Mas na pintura e na escultura cristãs não faltavam rostos desfigurados pela dor, mesmo sem chegar ao sadismo de Mel Gibson. Em todo caso, a deformidade sempre triunfa, recordava mais uma vez Hegel (pensando particularmente na pintura alto-alemã e flamenga), quando são mostrados os perseguidores de Jesus.

Ora, alguém me apontou que, num célebre quadro de Bosch sobre a paixão (conservado em Gand), aparecem, entre outros carnífices horrendos, dois que matariam de inveja muitos roqueiros e seus jovens imitadores: um com um duplo piercing no queixo e outro com o rosto todo transpassado por vários badulaques metálicos. Só que, com isso, Bosch pretendia realizar uma espécie de epifania da maldade (antecipando a convicção lombrosiana de que quem se tatua ou altera o próprio corpo é um delinquente nato), enquanto hoje podemos até alimentar sentimentos incômodos diante de rapazes e moças com piercings na língua, mas seria no mínimo estatisticamente equivocado considerá-los geneticamente tarados.

E se pensarmos depois que muitos destes mesmos jovens se derretem diante da beleza "clássica" de George Clooney ou de Nicole Kidman, fica claro que eles só estão fazendo o que faziam seus pais, que de um lado compram automóveis e televisões embutidas nas paredes, presenteiam os filhos pequenos com dinossauros e outros monstrinhos e, por outro, comparecem ao happening de um artista que perfura as próprias mãos, flagela os próprios membros ou mutila os próprios órgãos sexuais.

Nem pais nem filhos estão rejeitando qualquer relação com o belo, escolhendo apenas aquilo que nos séculos passados era considerado horrível. Isso só acontecia quando os futuristas, para apavorar os burgueses, proclamavam "façamos corajosamente o feio em literatura" e Palazzeschi (em *Il controdolore*, de 1913) propunha dar às crianças, para educá-las sadiamente para a feiura, brinquedos educativos como "fantoches corcundas, cegos, cancerosos, mancos, tísicos, sifilíticos, chorando, gritando, se lamentando mecanicamente e contaminados por peste, epilepsia, cólera, hemorragias, hemorroidas, blenorragias, loucura, desmaiem, estertorem, morram". Hoje simplesmente desfrutamos em certos casos do belo (clássico) e sabemos reconhecer uma bela criança, uma bela paisagem ou uma bela estátua grega, mas em outros casos tiramos prazer daquilo que ontem era visto como insuportavelmente feio.

Mais que isso, às vezes se escolhe o feio como modelo de uma nova beleza, como acontece com a "filosofia" *cyborg*. Se nos primeiros romances de Gibson (William dessa vez e, como se pode ver, "*nomina sunt numina*") um ser humano cujos órgãos eram substituídos por aparelhos mecânicos ou eletrônicos ainda representava um preocupado presságio, hoje algumas feministas radicais propõem a superação das diferenças sexuais através da realização de corpos neutros, pós-orgânicos ou "transumanos", e Donna Haraway tem como slogan "prefiro ser *cyborg* do que deusa".

Isso significa para alguns que, no mundo pós-moderno, toda e qualquer oposição entre belo e feio se dissolveu. Não se trataria tampouco de repetir junto com a bruxas de Macbeth, "o belo é feio e o feio é belo". Os dois valores teriam simplesmente se amalgamado, perdendo suas características distintivas.

Mas seria verdade? E se determinados comportamentos dos jovens e dos artistas fossem apenas fenômenos marginais, celebrados por pessoas que são minoria em relação à população do planeta? Na televisão, vemos crianças morrendo de fome, reduzidas a esqueletos de barriga inchada, sabemos de mulheres estupradas por invasores, de corpos humanos torturados e, por outro lado, retornam continuamente à nossa lembrança as imagens não muito remotas de outros esqueletos vivos destinados às câmaras de gás. Vemos membros dilacerados ontem mesmo pela explosão de um arranha-céu ou de um avião em pleno voo e vivemos no pavor de que amanhã isso também possa acontecer conosco. Todos sabem muito bem que estas coisas *são feias* e nenhuma consciência da relatividade dos valores estéticos seria capaz de convencer alguém a vivenciá-las como objeto de prazer.

Talvez então *cyborgs*, *splatters*, a Coisa que veio de outro mundo e os *disaster movies* sejam manifestações superficiais, enfatizadas pela mídia, através das quais exorcizamos uma feiura bem mais profunda que nos assedia, nos aterroriza e que gostaríamos desesperadamente de ignorar, fazendo de conta que é tudo de mentira.

Treze anos mal aproveitados

(2007)

Outro dia um entrevistador me perguntou (e muitos o fazem) qual foi o livro que mais influenciou minha vida. Se no decorrer da vida inteira um único livro tivesse me influenciado definitivamente mais do que outros, eu seria um idiota — como muitos que respondem à pergunta. Alguns livros foram decisivos para os meus 20 anos e outros influenciaram os meus 30 — e espero com impaciência o livro que vai revolucionar meus 100 anos. Outra pergunta impossível é: "Quem foi a pessoa que lhe ensinou algo de definitivo na vida?" Não sei responder porque (a menos que diga "papai e mamãe") a cada virada da minha existência alguém me ensinava alguma coisa. Podem ter sido pessoas próximas ou alguns caros defuntos como Aristóteles, são Tomás, Locke ou Peirce.

Em todo caso, houve ensinamentos não livrescos dos quais posso dizer com segurança que mudaram minha vida. O primeiro foi o da senhorita Bellini, minha maravilhosa professora do primeiro ano do ensino médio, que mandava como dever de casa algumas considerações sobre palavras-estímulo (como galinha ou navio) a partir das quais elaborar uma reflexão ou uma fantasia. Um dia, tomado por não sei qual demônio, disse que seria capaz de desenvolver ali mesmo na aula qualquer tema que ela propusesse. Ela olhou para a mesa e disse "bloco". Pensando hoje, poderia ter falado do bloco do jornalista ou do diário de viagem de um explorador salgariano, mas em vez disso avancei com desenvoltura para o quadro-negro e não consegui abrir a boca. A senhorita Bellini me ensinou então que não devemos esperar demais de nossas forças.

O segundo ensinamento foi de dom Celi, salesiano que me ensinou a tocar um instrumento musical — e parece que agora querem fazê-lo santo, mas não por esta razão, que aliás poderia ser usada contra ele pelo advogado do diabo. Em 5 de janeiro de 1945, fui ter com ele e disse, todo pimpão: "Dom Celi, estou fazendo 13 anos hoje." Ao que ele retrucou em tom brincalhão: "Muito mal aproveitados." O que ele pretendia dizer com aquilo? Que ao chegar àquela venerável idade deveria proceder a um severo exame de consciência? Que não devia esperar elogios por ter simplesmente cumprido o meu dever biológico? Talvez fosse apenas uma manifestação da compostura piemontesa, uma recusa da retórica, talvez fosse também um modo afetuoso de dar parabéns. Mas creio que dom Celi sabia, e me ensinava, que um professor sempre deve colocar os alunos em crise e não estimulá-los mais que o devido.

Depois daquela lição, sempre fui parco em elogios para quem os esperava de mim, salvo casos excepcionais de façanhas inesperadas. Talvez esta parcimônia tenha feito alguém sofrer e se isso aconteceu, aproveitei mal não somente os meus primeiros 13 anos, mas os primeiros 76. Seja como for, decidi que o modo mais explícito de expressar minha aprovação era não apontar nenhum senão. Se não houve reprovação, significa que a coisa foi bem-feita. Sempre me irritei com expressões como "o papa bom" ou "o honesto Zaccagnini", que só faziam pensar que os outros papas eram maus, e os outros políticos, desonestos. João XXIII e Zaccagnini faziam simplesmente aquilo que se esperava deles e não vejo por que devam ser particularmente parabenizados.

Mas a resposta de dom Celi ensinou-me também a não exagerar no orgulho, não importa o que tivesse feito, mesmo que fosse correto, e sobretudo não andar por aí me vangloriando. Isso significa que não devemos buscar o melhor? Claro que não, mas de algum estranho modo a resposta de dom Celi me faz pensar numa frase de Oliver Wendell Holmes Jr., que li não sei mais onde: "O segredo do meu sucesso é que ainda jovem descobri que não era Deus." É muito importante entender que não somos Deus, duvidar sempre dos próprios atos e pensar que não aproveitamos tão bem quanto podíamos os anos vividos. É o único modo de tentar aproveitar melhor os que nos restam.

Devem estar se perguntando por que essas coisas me vieram à mente justamente agora que começou a campanha eleitoral em que, para ter sucesso, é preciso comportar-se um pouco como Deus, ou seja, falar das próprias realizações como fez o Criador depois da criação, dizendo que eram *valde bona*, e manifestar um certo delírio de onipotência ao declarar com toda a segurança que é capaz de fazer ainda melhor (enquanto Deus se contentou em criar o melhor dos mundos possíveis). E, por favor, não estou moralizando: isso é mesmo necessário para fazer uma campanha eleitoral. Podem imaginar um candidato que diga aos futuros eleitores "até hoje só fiz besteira e não tenho certeza de que vou fazer melhor no futuro; a única coisa que posso prometer é que vou tentar"? Não seria eleito. Portanto, repito: nenhum falso moralismo. Só que, ao ouvir os vários telecomícios, não posso deixar de pensar em dom Celi.

Bamboccioni crucificados

(2007)

Para ser franco, sempre me espanta um pouco que nessa discussão nacional sobre os *bamboccioni*, ninguém tenha tido a ideia de consultar o venerável e autorizadíssimo *Grande Dizionario della Lingua Italiana* (também conhecido como Battaglia). Lá encontraria em *bamboccio*: "Menino, com uma conotação ao mesmo tempo carinhosa e brincalhona; menino gorducho meio desajeitado e estabanado, ainda desprovido de palavra, de razão, quase um objeto, um brinquedo"; para o aumentativo *bamboccione* é possível encontrar uma série de usos clássicos e, segundo o Tommaseo-Rigutini, "quando digo *bamboccione* não penso tanto no tamanho, mas antes na forma abacial [...] difícil imaginar um *bamboccione* sem um belo rosto luzidio", e segundo Baldini, "agora todos levam uma vida confortável, ela, Bertoldinho, a nora Meneghina e nosso caro *bamboccione* Cacasenno".

Quanto a Cacasenno (na continuação de Banchieri para o clássico *Bertoldo e Bertoldinho*, de Giulio Cesare Croce), temos que "Cacasenno era grosso de cintura, tinha a testa curtíssima, os olhos grandes, sobrancelhas densas, nariz e boca finos, certamente parecia um bicho-papão ou um macaco". Ao montar um cavalo, "tomando a dianteira, Cacasenno enfiou o pé no estribo direito, subiu e descobriu que estava com a cara virada para as nádegas do cavalo; morrendo de rir, Ermirio quis que desmontasse, mas não houve modo de convencê-lo".

Quando chega ao palácio do rei, "os Palaferneiros da Corte ergueram o portão e deixaram Cacasenno entrar, arrastando uma porta de madeira nos ombros. Diante da extravagância desta entrada hilariante, o Rei e a Rainha quase morreram de rir; mas quem ficou mais espantada com a coisa foi Marcolfa; então o Mordomo-Mor, que estava presente, disse às Régias Coroas, segurando o riso: saibam as Régias Coroas que ao subir as escadas do Palácio, enquanto Marcolfa entrava na sala, este *bamboccio* disse a um Palaferneiro que estava com vontade de urinar. Foi então conduzido ao local das necessidades e, se me permitem, correu para fora sem fechar a porta de saída. Estando eu ali, disse o seguinte: Puxe essa porta às costas, meu rapaz, para que o fedor não entre; e ele, arrancando a porta dos gonzos, arrastou-a nas costas, de modo que resolvemos introduzi-lo assim à Vossa presença."

O rei pergunta: "Diga-me, Cacasenno, por que carrega esta porta nas costas?" E ele responde: "E o que lhe importa saber?" O rei reage: "Ora, importa-me porque sou o dono da casa." Cacasenno responde: "Se é o patrão da casa, então esta porta é sua; diga-me o que fazer com ela." O rei: "Deixe para lá." E Cacasenno: "Vá para lá, porta, que o patrão deu licença; vá já para lá, você pesa demais, não te aguento mais." Assim sendo, Marcolfa tirou a porta de suas costas e ordenou a Cacasenno que se inclinasse diante do Rei e da Rainha e, depois de abaixar-se até o chão, beijasse as mãos dos dois; então Cacasenno, quase um novo Cabalao, jogou-se com muita graça de bruços no chão, dizendo: "Oh! senhorias, aqui estou abaixado no chão, como minha avó mandou; ponham a mão em minha boca, para que possa beijá-la; andem, estou esperando."

Se Cacasenno era um *bamboccione*, muitos daqueles que o ministro Padoa-Schioppa, da Economia e Finanças, designou como tais não o são. Alguém que ainda vive com os pais aos 30 anos e usa o carro deles para ir à discoteca no sábado à noite (e talvez bater com ele às três da madrugada) é provavelmente muito mais esperto que Cacasenno, mas só faz isso porque ninguém lhe dá trabalho — e portanto, a culpa é da sociedade.

Muito bem. Contudo, como a profissão me coloca em contato com os jovens, sei que, para poder estudar, muitos deles fizeram das tripas coração em busca de uma bolsa de estudos e/ou de um trabalho qualquer para poder morar com outros amigos de outras cidades, às vezes quatro em cada quarto, e me pergunto por que nossas pequenas empresas estão cheias de indivíduos de fora da União Europeia e tantos deles são motoboys e entregadores, ocupando indignamente (como sugere a Liga Norte) postos que poderiam ser dos nossos trintões que vivem com os pais.

A resposta óbvia é que estes trintões talvez sejam diplomatas ou doutores (como bizarramente são chamados hoje os italianos que cumpriram os três anos de faculdade) e não podem se humilhar carregando pacotes. No entanto, em todas as biografias americanas de grandes escritores ou políticos vemos que, mesmo depois dos estudos, enquanto esperavam seu momento de glória, eles engraxaram sapatos, lavaram pratos ou venderam jornais. Por que os americanos podem e os italianos não? Não teria Padoa-Schioppa uma certa razão e não deveriam os virtuosos políticos de direita e de esquerda que reagiram indignados às suas palavras parar de tentar ganhar os votos dos *bamboccioni* (que, provavelmente, sendo *bamboccioni*, nem votam mais)?

Era uma vez Churchill

(2008)

Li na *Internazionale* do início de março um pequeno artigo que falava de uma pesquisa feita na Inglaterra, cujos resultados mostravam que um quarto dos ingleses pensa que Churchill é um personagem de ficção, bem como Gandhi e Dickens. Muitos entrevistados (não dizem quantos) incluíram entre as pessoas que realmente existiram Sherlock Holmes, Robin Hood e Eleanor Rigby.

Minha primeira reação foi não dramatizar. Gostaria de saber, primeiramente, a que faixa social pertencem esses 25% que não têm ideias claras sobre Churchill e Dickens. Se tivessem entrevistado os londrinos do tempo de Dickens, aqueles que podemos ver nas gravuras de Doré retratando as misérias de Londres ou nas cenas de Hogarth, pelo menos três quartos deles, sujos, embrutecidos e famintos, não saberiam dizer quem foi Shakespeare. E tampouco me espanta o fato de acreditarem que Holmes e Robin Hood realmente existiram: primeiro, porque existe em Londres toda uma indústria holmesiana que organiza até passeios a seu pretenso apartamento em Baker Street e segundo, porque o personagem que inspirou a lenda de Robin Hood existiu mesmo (a única coisa que faz com que pareça irreal é que naqueles tempos de economia feudal roubava-se dos ricos para dar aos pobres, enquanto depois do advento da economia de mercado rouba-se dos pobres para dar aos ricos). Por outro lado, quando criança, eu mesmo acreditava que Buffallo Bill era um personagem imaginário, até o dia em que meu pai revelou que não só tinha existido, como ele próprio o tinha visto quando passou com seu circo em nossa cidade, tendo se transferido do mítico West para a província piemontesa.

Mas é verdade, e fica evidente quando entrevistamos os nossos jovens (isso sem falar, por exemplo, dos americanos), que suas ideias sobre o passado, mesmo próximo, são muito vagas. Todos soubemos das provas escolares que mostravam que havia quem acreditasse que Moro era das Brigadas Vermelhas, De Gasperi, um chefe fascista, Badoglio, um membro da Resistência etc. Podemos pensar: tanto tempo se passou, por que um jovem de 18 anos deve saber quem estava no governo cinquenta anos antes do seu nascimento? Bem, pode ser, mas com 10 anos eu sabia, talvez porque a escola fascista martelava essas coisas em nossas cabeças, que o primeiro-ministro no tempo da marcha sobre Roma (vinte anos antes) era Facta e aos 18 sabia quem tinham sido Rattazzi ou Crispi — e eram coisas do século passado.

O fato é que nossa relação com o passado mudou, provavelmente até na escola. Antes, tínhamos muito interesse no passado porque as notícias sobre o presente não eram muitas, basta lembrar que um cotidiano dava conta de tudo em oito páginas. Com os meios de comunicação de massa difundiu-se um volume imenso de informação sobre o presente e a internet dá acesso a notícias sobre milhões de coisas que estão acontecendo neste exato momento (mesmo as mais irrelevantes). O passado do qual os meios de massa falam, como por exemplo as histórias dos imperadores romanos, de Ricardo Coração de Leão e até mesmo da Primeira Guerra Mundial, chegam (através de Hollywood e indústrias afins) junto com o fluxo de informações sobre o presente e é muito difícil que um consumidor de filmes perceba a diferença entre Espártaco e Ricardo Coração de Leão. E assim se dissolve, ou, de todo modo, perde consistência a diferença entre imaginário e real: digam-me, então, por que um jovem que vê filmes na televisão deve saber que Espártaco existiu, e o Vinícius de *Quo Vadis*, não; que a condessa de Castiglione era um personagem histórico, e Elisa de Rivombrosa, não; que Ivã, o Terrível, era real, e Ming, tirano de Mongo, não, visto que se parecem tanto?

Na cultura americana esse achatamento do passado no presente é vivido com muita desenvoltura e é possível deparar até com professores de filosofia que consideram irrelevante saber o que Descartes pensava sobre nosso modo de pensar, já que aquilo que nos interessa é o que as ciências cognitivas estão descobrindo hoje. Estamos esquecendo que se as ciências cognitivas chegaram onde chegaram é também porque os filósofos do século XVII começaram a tratar de determinados assuntos, mas estamos sobretudo renunciando a extrair da experiência do passado uma lição para o presente.

Muitos pensam que a velha máxima de que a história é mestra da vida é uma banalidade de professor deamicisiano, mas é certo que, se Hitler tivesse estudado com atenção a campanha da Rússia de Napoleão, não teria caído na armadilha em que caiu, e se Bush tivesse estudado direito as guerras dos ingleses no Afeganistão no século XIX (mas nem isso, bastaria a ultimíssima guerra dos soviéticos contra os talibãs), teria organizado sua campanha afegã de outro modo.

Pode parecer que existe uma diferença abissal entre o idiota inglês que pensa que Churchill foi um personagem imaginário e Bush que entra no Iraque convencido de que vai resolver a questão em quinze dias, mas não é verdade. Trata-se do mesmo fenômeno de eclipsamento da dimensão histórica.

Como matar os jovens com vantagens recíprocas

(2011)

No último número de *L'Espresso* resolvi me divertir imaginando algumas consequências, sobretudo no campo diplomático, do novo percurso da transparência inaugurado pelo WikiLeaks. Eram fantasias com um leve sabor de ficção científica, mas partiam da premissa inegável de que, se os arquivos mais sigilosos e secretos podem ser invadidos, algo vai ter de mudar, no mínimo nos métodos de arquivamento.

Então, por que não tentar, nas vésperas de ano novo, como sempre, algumas extrapolações de dados de fato inegáveis, mesmo que exagerando em visões apocalípticas? Afinal, são João ganhou fama imortal fazendo isso, e ainda hoje, diante de qualquer desgraça que acontece, somos tentados a dizer que suas previsões estão se realizando. Candidato-me, portanto, a segundo vidente da ilha de Patmos.

Pelo menos em nosso país (e vamos nos limitar a ele), os velhos estão se tornando cada vez mais numerosos que os jovens. Antes, morríamos aos 60 anos, hoje, aos 90, consumindo, portanto, trinta anos de pensões a mais. Como se sabe, esta aposentadoria é paga pelos jovens. Mas com velhos tão invasivos e presentes no comando de muitas instituições públicas e privadas pelo menos até o início do marasmo senil (e em muitos casos até depois), os jovens não conseguem encontrar trabalho e, portanto, não podem produzir para pagar a aposentadoria dos idosos.

Nesta situação, mesmo que o país coloque títulos financeiros no mercado com taxas convidativas, os investidores estrangeiros perdem a confiança e, portanto, acaba faltando dinheiro para as pensões. Além do mais, é preciso pensar que, se os jovens não encontram trabalho, eles precisam ser sustentados pelos pais ou pelos avós aposentados. Tragédia.

Primeira solução, e a mais óbvia: os jovens devem começar a elaborar listas de eliminação dos velhos sem descendentes. Mas isso não será suficiente e, como o instinto de sobrevivência é o que é, os jovens terão que se resignar a eliminar também os velhos com descendência, ou seja, seus pais e seus avós. Será duro, mas é só se habituar. Você tem 60 anos? Ninguém é eterno, pai, e pode deixar que todos nós o acompanharemos até a estação para sua última viagem rumo aos campos de eliminação, com os netinhos gritando "tchau, vovô!". Se por acaso os velhos começassem a se rebelar, seria preciso instituir a caça aos velhos, com a ajuda de delatores. Se aconteceu com os judeus, por que não com os aposentados?

Mas os velhos ainda não aposentados, sempre no poder, aceitarão este destino de bom grado? Para começar, já terão evitado ter filhos para não colocar potenciais eliminadores no mundo e, portanto, o número de jovens acabará por diminuir. Por fim, estes velhos capitães (e cavaleiros) de indústria, habituados a mil batalhas, acabarão decidindo, com o coração aos pedaços, liquidar filhos e netos, mas não com a tática dos campos de extermínio, como os descendentes pretendiam fazer com eles, pois se trata de uma geração ainda ligada aos valores tradicionais da família e da pátria, mas fomentando guerras que, como todos sabem, atingem sobretudo os mais jovens e são, como diziam os futuristas, a única higiene do mundo.

Teremos assim um país quase sem jovens e com muitíssimos velhos, prósperos e vigorosos, ocupados com a construção de monumentos aos caducos e a celebrar aqueles que generosamente deram a vida pela pátria. Mas quem vai trabalhar para pagar suas aposentadorias? Os imigrantes, doidos para adquirir a cidadania italiana, ansiosos por trabalhar a baixo preço e no mercado negro e tendentes, por antigas degenerescências, a morrer antes dos 50 anos, dando lugar a novas forças de trabalho mais frescas.

E assim, no espaço de duas gerações, dezenas de milhões de italianos "bronzeados" garantirão o bem-estar de uma elite de nonagenários brancos com narizes corados e bastas suíças (as senhoras com rendas e chapeuzinhos de véu), bebericando *whisky and soda* nas varandas de suas mansões coloniais, nos lagos ou nas marinas, longe dos miasmas das cidades, agora habitadas apenas por zumbis de cor, que se embriagarão com a água sanitária que a TV apregoa.

A propósito de minha convicção de que avançamos a passo de caranguejo e o progresso coincide hoje em dia com o regresso, note-se que estaremos numa situação que não difere muito do tempo colonial na Índia, no arquipélago malásio ou na África central; e, graças ao desenvolvimento da medicina, quem tiver ditosamente chegado aos 110 anos há de sentir-se como o Rajá branco de Sarawak, Sir James Brooke, com o qual eu sonhava quando menino ao ler os romances de Salgari.

Pobres *bersaglieri**

(2011)

Ouvi de alguns colegas que, numa prova ora trienal, surgido não sei como nem por que o tema do massacre da estação de Bolonha de 1980, diante da suspeita de que o examinando não fazia ideia do que se tratava, resolveram perguntar se ele lembrava a quem havia sido atribuído o massacre. Eis a resposta: aos *bersaglieri*.

* Soldados da arma de artilharia do exército italiano. [*N. da T.*]

Poderíamos esperar as mais variadas respostas, dos fundamentalistas árabes aos Filhos de Satanás, mas ninguém esperava os *bersaglieri*. Arrisco a dizer que na mente do infeliz agitava-se a imagem confusa de uma fenda esculpida na parede da estação para recordar o evento e que esta visão entrou em curto-circuito com uma outra noção imprecisa, mais ou menos como um *flatus vocis*, dizendo respeito à brecha de Porta Pia. Por outro lado, interrogados pelos apresentadores do programa televisivo *Le Iene* (As hienas) de 17 de março de 2011 sobre o motivo da escolha desta data para comemorar os 150 anos da unidade da Itália, muitos parlamentares e até um governador regional deram as respostas mais estapafúrdias, das cinco jornadas de Milão à tomada de Roma.

A anedota dos *bersaglieri* parece resumir com eficácia outros exemplos da difícil relação de muitíssimos jovens com os fatos do passado (e com os *bersaglieri*). Tempos atrás, alguns jovens entrevistados disseram que Aldo Moro era um dirigente das Brigadas Vermelhas. No entanto, aos 10 anos eu já sabia que o primeiro-ministro italiano na época da marcha sobre Roma (e, portanto, dez anos antes de meu nascimento) era "o covarde Facta". E só sabia porque a escola fascista repetia isso todo santo dia, o que me faz pensar que, embora de um jeito próprio, a reforma de Giovanni Gentile, sob Mussolini, era mais madura do que a reforma de Mariastella Gelmini, sob Berlusconi. Não acredito, contudo, que a culpa seja toda da escola. Acho que as razões são outras e devidas a uma forma contínua de censura que não só os jovens, mas também os adultos estão sofrendo. Não gostaria, porém, que a palavra censura evocasse apenas certos silêncios culpados: existe uma censura por excesso de rumor, como sabem os espiões e criminosos de filmes policiais, que aumentam o rádio no volume máximo quando precisam confidenciar algo. Talvez o nosso estudante não fosse alguém a quem se disse pouco demais, *mas alguém a quem se disse demais* e que perdeu a capacidade de selecionar o que valia a pena recordar. Tinha noções imprecisas a respeito do passado, mas não porque não lhe falaram a respeito, mas porque as informações úteis e confiáveis estavam misturadas e sepultadas no contexto de uma imensidade de notícias irrelevantes. O acesso descontrolado às várias fontes expõe ao risco de não saber distinguir as informações indispensáveis daquelas mais ou menos delirantes.

Está em curso uma discussão sobre se é bom ou ruim que qualquer um possa imprimir e distribuir um livro sem a mediação de um editor. O argumento positivo é que no passado muitos escritores excelentes permaneceram desconhecidos por culpa de um injusto crivo editorial e que a livre circulação só pode representar uma lufada de liberdade. Mas todos sabemos que muitos livros são escritos por personagens mais ou menos excêntricos, assim como acontece em tantos sites da internet. Se não acreditam, entrem no site *nonciclopedia.wikia.com/wiki/Groenlandia* e encontrarão: "A Groenlândia é uma ilha situada num ponto do globo terrestre que, se existisse realmente, confirmaria a hipótese de que a Terra é quadrada. É a ilha mais populosa do mundo no que diz respeito ao gelo [...] Além disso, é um Estado da Europa, quer dizer, acho que é e não estou com a menor vontade de consultar um atlas, portanto aceitem como está. Ela fica no hemisfério boreal, na Boreia do Norte."

Como uma criança pode saber se o autor deste verbete está brincando, ou se é um personagem extravagante ao extremo ou se está efetivamente dizendo a verdade? O mesmo pode acontecer com os livros. É difícil que um editor aceite publicar informações do gênero, sem especificar na capa ou na orelha do livro que se trata de uma coletânea de divertidos disparates. E se não existisse mais nenhuma mediação capaz de apontar se um livro deve ser levado a sério ou não?

Duas belas surpresas

(2011)

Colegas desconsolados contaram-me que num exame universitário de fim de triênio, um aluno, ao ler o nome Nino Bixio pronunciou "Nino Biperio", pois o uso convulsivo dos SMS acabou por convencê-lo de que o X correspondia unicamente a "*per*".* O fato deu origem a melancólicas reflexões:

---

* Em italiano, o sinal de multiplicação "x" (4 x 2) se lê *per*, e é usado, especialmente na internet, como abreviatura desta preposição. [*N. da T.*]

"O que eles estão aprendendo no ensino médio? Que devemos realmente abolir as escolas públicas e dar vez às particulares?" Só que, assim como existem escolas particulares excelentes, temos outras que se especializaram na promoção de cretinos de famílias abastadas. Mas nossa escola pública está mesmo a caminho da ruína?

Em meados de março, tive de ir a Albenga para o prêmio *C'era una svolta*. O prêmio foi instituído como concurso local do liceu estatal Giordano Bruno, mas passados catorze anos acabou por se transformar num prêmio nacional (neste ano, concorreram cerca de 1.200 jovens de 38 escolas de ensino médio pertencentes a 29 províncias). A cada ano, um autor é convidado a escrever o início de um conto e os concorrentes devem dar continuidade (num exame rigorosíssimo em sala de aula). Em seguida, os escritos anônimos são avaliados primeiro por uma banca interna, depois por um júri externo e, depois de várias eliminações, cinco contos finalistas chegam às mãos do autor, que deve escolher o melhor.

Este ano o autor era eu, e foi divertido propor como estímulo a história de um círculo de literatos malucos que decidem dar um começo e um fim ao conto que foi definido como o menor do mundo, aquele de Augusto Monterroso que recita: "Quando acordou, o dinossauro ainda estava lá."

Ora, pode acontecer que, entre os 1.200 contos apresentados, alguns fossem de valor duvidoso (embora os membros dos dois júris tenham confessado que tiveram dificuldade para escolher), mas é certo que os cinco que tive de julgar me deixaram perplexo, com a tentação de tirar na sorte, pois todos eram exemplos de ótima literatura. Quero dizer que eram extremamente maduros e muitos escritores profissionais não hesitariam em assinar aqueles textos. Quem estiver interessado em comprová-lo, poderá ler os cinco contos finalistas no próximo número de *Alfabeta*. A meu ver, eles voaram alto. E não estou falando de uma única escola, mas de cerca de trinta, de Gorizia às ilhas.

Segunda surpresa: recebi do liceu Melchiorre Gioia de Piacenza o resultado do trabalho de um quinto ano do liceu clássico e de um quinto do científico. É um exemplar (de 44 belíssimas páginas coloridas) de um cotidiano que parece com *La Repubblica* na diagramação, mas é intitulado *Il tricolore*, custa cinco centavos em Milão, e sete, fora de Milão, e é datado de 18 de março de 1861.

Obviamente, traz a notícia da unificação recém-instituída e abre com artigos de Cavour, Cattaneo, Mazzini, o discurso de Vittorio Emanuele II no parlamento, traz uma intervenção de Giosuè Carducci, uma lembrança de Mameli, a notícia da visita de Andersen a Milão, reflexões sobre a lei Casati e os propósitos de De Sanctis, novo ministro da Instrução, informa que Lincoln tinha sido eleito presidente dos Estados Unidos e Guilherme I era o novo ocupante do trono da Prússia, dedica páginas de cultura a Cristina di Belgioioso e a Hayez, além da recente polêmica sobre *As flores do mal*, de Baudelaire, recorda o desaparecimento de Nievo e traz a crítica a *I carbonari della montagna*, de Verga, sem descuidar obviamente de Verdi, da moda da época e da publicação da terceira edição de *A origem das espécies*, de Darwin, terminando com uma matéria de Liverpool intitulada *Football, um jogo sem futuro*. Deliciosos os anúncios publicitários.

Não sei se um jornal de verdade poderia, na época, diagramar um número tão rico, no qual se confrontam sem meios-termos as contradições da Itália recém-unificada. E esta prova também vem de uma escola pública. Ainda espero alguma proposta igualmente excitante de alguma escola particular.

Uma geração de extraterrestres

(2011)

Penso que Michel Serres seja a mente filosófica mais aguda na França de hoje e, como todo bom filósofo, é capaz de dedicar-se também à reflexão sobre a atualidade. Uso despudoradamente (à exceção de alguns comentários pessoais) um belíssimo artigo de Serres publicado no *Le Monde* de 6-7 de março passado, que recorda coisas que, para os leitores mais jovens, dizem respeito aos filhos, e para nós, mais velhos, aos netos.

Só para começar, estes filhos ou netos nunca viram um porco, uma vaca, uma galinha (lembro, aliás, que uma pesquisa americana de trinta anos atrás já mostrava que a maioria das crianças de Nova York acreditava que o leite, que elas só conheciam em embalagens de supermercado, era um produto artificial como a Coca-Cola). Os novos seres humanos não estão mais habituados a viver na natureza e só conhecem as cidades (e observo que mesmo quando saem de férias, vão quase sempre para lugares que Augé definiu como "não lugares", onde o resort de férias é absolutamente igual ao aeroporto de Singapura e, seja como for, só oferece uma natureza arcádica e penteada, totalmente artificial). Trata-se de uma das maiores revoluções antropológicas depois do neolítico. Estes jovens habitam um mundo superpovoado, sua expectativa de vida já chegou perto dos 80 anos e caso alimentem esperanças de herdar alguma coisa, isso não acontecerá quando tiverem 30 anos, por causa da longevidade dos pais e avós, mas só no limiar de sua própria velhice.

Há mais de sessenta anos os jovens europeus não conhecem guerras, beneficiam-se de uma medicina avançada e não sofrem como sofreram seus antepassados, têm pais mais velhos que os nossos (e na maioria divorciados), estudam em escolas onde vivem lado a lado com jovens de outra cor, outra religião, outros costumes (e, Serres se pergunta, por quanto tempo ainda poderão cantar a *Marselhesa*, que se refere ao "sangue impuro" dos estrangeiros?). Que obras literárias poderão apreciar, visto que não conheceram a vida rústica, as colheitas, as invasões, os monumentos aos caídos, as bandeiras dilaceradas pelas balas inimigas, a urgência vital de uma moral?

Foram formados por meios de comunicação concebidos por adultos que reduziram a sete segundos o tempo de permanência de uma imagem e a quinze segundos o tempo de resposta às perguntas e onde, contudo, veem coisas que não veem mais na vida cotidiana, cadáveres ensanguentados, desmoronamentos, devastações: "Com 12 anos, já foram forçados pelos adultos a ver mais de 20 mil assassinatos." São educados pela publicidade que exagera nas abreviações e nas palavras estrangeiras e faz com que percam o senso da língua materna, não têm mais consciência do sistema métrico decimal, uma vez que recebem prêmios segundo o número de milhas, a escola não é mais o local da aprendizagem e, habituados ao computadores, estes jovens vivem boa parte de suas vidas no virtual. Escrever só com o dedo indicador e não mais com a mão inteira "não estimula mais os mesmos neurônios ou as mesmas zonas corticais" (enfim, são totalmente *multitasking*). Nós vivíamos num espaço métrico perceptível e eles vivem num espaço irreal onde vizinhanças e distâncias não fazem mais a menor diferença.

Não vou me deter nas reflexões de Serres acerca das possibilidades de administrar as novas exigências da educação. Em todo caso, sua panorâmica nos fala de um período semelhante, pela subversão total, ao da invenção da escrita e, séculos depois, da imprensa. Só que estas novas técnicas hodiernas mudam em grande velocidade e "ao mesmo tempo, o corpo se metamorfoseia, mudam o nascimento e a morte, o sofrimento e a cura, os ofícios, o habitat, o estar-no-mundo". Por que não estávamos preparados para esta transformação? Serres conclui que talvez a culpa seja também dos filósofos, que, por profissão, deveriam prever as mudanças dos saberes e das práticas e não o fizeram de maneira suficiente porque, "empenhados na política de todo dia, não viram chegar a contemporaneidade". Não sei se Serres tem toda a razão, mas alguma ele tem.

Onde estão os outros sexagenários?

(2013)

No *Corriere della Sera* de 25 de abril, Aldo Cazzullo saudou Enrico Letta (46 anos) como jovem dos anos 1980, ou seja, que cresceu numa década em que se vivia na febre de sábado à noite, sem grande interesse pela política. Contudo, Cazzullo recorda que os anos 1980 gozam de uma fama controversa, e se para alguns foram anos de yuppismo triunfante, para outros foram anos decisivos — eu mesmo, precisamente numa *Bustina* de 1997, sustentava que foram anos grandiosos, pois marcaram o fim da Guerra Fria, o desmoronamento do império soviético, o nascimento de novas agregações como a ecologia e o voluntariado, o início traumático, mas marcante, da grande migração do Terceiro Mundo para a Europa e, coisa que então não foi percebida como o verdadeiro início do terceiro milênio, a revolução do computador pessoal. Terá sido realmente uma década desprovida de fermentos? Bem, só veremos que tipo de geração ela produziu no futuro: naturalmente, Letta é uma andorinha que ainda não faz verão e Renzi, nascido nove anos depois, só se tornou adulto nos anos 1990.

Mas, a meu ver, o problema é outro. A crise recente mostrou que a geração dos muito jovens, nascidos nos anos 1990, produziu "movimento", mas ainda não produziu grandes líderes, enquanto todas as discussões das últimas semanas desenvolveram-se apenas acerca do carisma de pessoas que giram em torno ou além dos 80 anos, como Napolitano, Berlusconi, Rodotà, Marini — e os mais jovenzinhos eram Amato, 75, Prodi, 74, e Zagrebelsky, 70. Por que este vazio de *leadership* entre os nascidos nos anos 1980 e os grandes velhos carismáticos? Há uma ausência da geração nascida por volta dos anos 1950, para ser bem claro, aquela que tinha entre 18 e 20 anos em 1968.

Toda regra tem suas exceções e poderíamos citar Bersani (1951), D'Alema (1949), Giuliano Ferrara (1952) e até Grillo (1948), mas os três primeiros atravessaram o movimento de 68 dentro do PCI (tal como o mais jovem Vendola, 1958), e o quarto ainda era ator naquela época. Os que estão ausentes da luta política e em qualquer caso não foram capazes de criar um líder de estatura internacional foram os ex-sessentoitistas.

Alguns acabaram no terrorismo ou em lutas extraparlamentares, outros escolheram funções políticas bastante resguardadas (como Capanna), outros ainda (demonstrando que seu ímpeto revolucionário era só de fachada ou de conveniência) tornaram-se funcionários berlusconianos, alguns escrevem livros ou são formadores de opinião, alguns se retiraram para uma dolente e desdenhosa torre de marfim, personagens como Strada dedicaram-se ao voluntariado, mas, em resumo, no momento da crise ninguém naquela faixa etária apareceu como salvador da pátria.

É que os jovens de 68 personificaram as tensões e os ideais de um movimento que realmente revolucionou o mundo inteiro, mudou parte dos costumes e das relações sociais, mas no fim das contas não tocou nas verdadeiras relações econômicas e políticas. Aqueles jovens se tornaram — muitíssimo jovens — lideres carismáticos, adorados por seguidores de ambos os sexos, que podiam discutir cara a cara com os Grandes Velhos da época. Tomados pelo delírio de onipotência (queria ver vocês, se fossem manchete aos 18 anos), esqueceram ou não tiveram tempo de aprender que para chegar a general é preciso começar como cabo, depois sargento, depois tenente e assim por diante, passo a passo. Quem já começa como general (só podia acontecer nos tempos de Napoleão e Pancho Villa, mas todos vimos como acabou) acaba voltando para os gabinetes sem ter aprendido o ofício (duríssimo) do comando.

Como sabiam os jovens católicos e os jovens comunistas, é preciso ficar muito tempo na fila.

E eles, ao contrário, queimaram etapas e com as etapas, queimaram também (politicamente) a sua geração.

A obtusa Teresa

(2014)

O *Espresso* passado publicou uma carta minha para meu neto, exortando-o ao exercício da memória, convidando-o a memorizar *La vispa Teresa** porque sua geração corria o risco de perder a memória tanto pessoal quanto histórica e já temos muitos estudantes universitários (citei a partir de estatísticas) pensando que Aldo Moro era um dirigente das Brigadas Vermelhas. Escrevi a carta em meados de dezembro e justamente naqueles dias um vídeo explodia no YouTube, logo acessado por 800 mil pessoas, e se espalhava pelos cotidianos.

Dizia respeito a *L'eredità*, programa de perguntas e respostas apresentado por Carlo Conti, que escolhe concorrentes com base na bela presença, natural simpatia ou algumas outras características curiosas, mas sem dúvida com base também em determinadas competências nocionais, para não colocar em cena indivíduos que fiquem penosamente de boca aberta diante do de-

* *La vispa Teresa* (A esperta Teresa) é uma conhecidíssima poesia infantil de Luigi Sailer, escrita por volta de 1850, que inspirou cantigas, quadrinhos e até um curta-metragem de Roberto Rosselini. [*N. da T.*]

safio de responder se Garibaldi era um ciclista, um explorador, um líder ou o inventor da água quente. Ora, num dos programas, Conti propôs a quatro concorrentes a seguinte questão: "Quando Hitler foi nomeado chanceler?", limitando a escolha a 1933, 1948, 1964 e 1979. Deviam responder à pergunta uma certa Ilaria, muito jovem e bonitinha; Matteo, bonitão de cabeça raspada e correntinha no pescoço, idade provável em torno dos 30; Tiziana, jovem mulher segura de si, também aparentemente nos 30, e uma quarta concorrente cujo nome não me lembro, de óculos e ar de primeira da turma.

Como todos devem saber que Hitler morreu no fim da Segunda Guerra Mundial, a resposta só podia ser 1933, pois as outras datas eram muito tardias. Mas Ilaria respondeu 1948; Matteo, 1964, Tiziana arriscou 1979; e somente a quarta concorrente foi obrigada a escolher 1933 (mostrando incerteza, não sei se por ironia ou estupor).

A pergunta sucessiva indagava quando Mussolini tinha recebido Ezra Pound e a escolha ficava mais uma vez entre 1933, 1948, 1964, 1979. Ninguém (nem mesmo um membro do movimento político CasaPound) é obrigado a saber quem é Ezra Pound nem eu sabia em que ano Mussolini tinha encontrado com ele, mas era óbvio — o cadáver de Mussolini foi pendurado na praça Loreto em 1945 — que a única data possível era 1933 (e espantei-me com a presteza com que o ditador se mantinha a par dos desenvolvimentos da poesia anglo-saxônica). Espanto: a bela Ilaria, pedindo indulgência com um meigo sorriso, arriscou 1964.

Óbvia perplexidade de Conti e — para dizer a verdade — de muitos que reagiram ao vídeo no YouTube, mas o problema permanece: para quatro indivíduos entre os 20 e 30 anos — que não seria ilícito considerar representativos de uma categoria —, as quatro datas propostas, todas evidentemente anteriores a seu nascimento, achatavam-se numa espécie de passado genérico e talvez tivessem caído na armadilha mesmo que 1492 figurasse entre as respostas possíveis.

Este achatamento do passado numa nebulosa indiferenciada ocorreu em muitas épocas, basta pensar em Raffaello, que representava o casamento da Virgem com personagens vestidos à maneira renascentista, mas hoje em dia este achatamento não teria razão de ser, dadas as informações que até o usuário mais displicente pode receber através da internet, do cinema ou da louvável RAI Storia. Será possível que nossos quatro concorrentes não tivessem ideia das diferenças entre o período em que Hitler entrou em cena e aquele em que o homem foi à Lua? Para Aristóteles, tudo o que se verificou pelo menos uma vez é possível e, portanto, é possível que em algumas pessoas (muitas?) a memória tenha se contraído num eterno presente, no qual todas as vacas são pretas. Trata-se então de uma doença geracional.

Só alimentaria alguma esperança porque quem me apontou, entre risos e caretas, o vídeo do YouTube foram meu neto de 13 anos e seus colegas de escola, que talvez ainda venham a memorizar *La vispa Teresa*.

On-line

Os meus sósias de e-mail

(2000)

Estava tentando entrar em contato via e-mail com um colega americano e encontrei numa ferramenta de busca na internet um serviço que oferece os endereços daqueles que se registraram com um determinado nome. Digitei o nome do colega e encontrei dez endereços diferentes, um deles no Japão. Será possível? Tive então a ideia de fazer uma busca com meu nome e encontrei 22 endereços. Reconheci dois, já caducos e nos quais meu nome não aparecia no endereço, mas havia sido fornecido no ato da inscrição. Os outros tinham uma aparência normal, como umbertoeco@hotmail.com ou umberto_eco@hotmail.com, mas um deles me chamou atenção (registrado sob o meu nome): agartha2@hotmail.com.

Agartha é a capital do Rei do Mundo, conhecida fabulação ocultista que cito em meu *Pêndulo de Foucault*. Então entendi: quem se registra num serviço de e-mail pode dar o nome que quiser e, naturalmente, pode usar o nome de um escritor que leu, até mesmo Dante Alighieri, se quiser. Invadido pela invejosa suspeita de que Dante era mais popular que eu, fui buscá-lo. Resultado: 55 endereços, entre os quais dante@satanic.org, danteSB@yahoo.com, alighieri@vergil.inferno.it, belzebius@yahoo.it, divinpoeta@yahoo.it, mostromaldido@yahoo.it.

Então, resolvi ir em busca de um contemporâneo que pudesse suscitar algum delírio e obviamente me veio à mente o nome de Salman Rushdie.

Encontrei 36 endereços, entre os quais não apenas os banais salman@netcom.com, salman@grex.com, salman.rushdie@safe.com, mas também alguns bem mais inquietantes: satan@durham.ac.uk, love@iraq.com, atheist@wan.umd.edu, blasphem@aol.com, sephiroth@zombieworld.com — e teria medo de entrar em contato com destinatários do gênero. Mas o problema não são os endereços bizarros, e sim os aparentemente normais. Ninguém vai pensar que Dante pode responder a um e-mail, mas quantas pessoas ingênuas poderiam entrar em contato com salman.rushdie@safe.com, arriscando-se a receber uma resposta tragicamente comprometedora em seu nome? Obviamente, a solução é uma só: desconfiar dos endereços de e-mail. E portanto, um serviço de utilidade que a rede pode oferecer perde qualquer eficácia — como se qualquer um pudesse interferir nas listas telefônicas e colocar o número de Bertinotti no nome de Berlusconi ou dar o endereço de Vittorio Messori a uma conhecida stripper.

O princípio da desconfiança já é implícito para qualquer um que tenha experimentado um chat, pois todos sabem que um jovem romântico pode trocar mensagens amorosas com uma certa Greta Garbo, que na verdade é um sargento aposentado. Mas este princípio foi oficialmente generalizado depois do recente caso do vírus I-Love-You. Não basta apenas desconfiar de mensagens cuja procedência exata desconhecemos, mas também das mensagens de nossos correspondentes habituais, pois o vírus pode ter nos enviado a mensagem fatal em nome deles.

Um jornal que publicasse, por definição, apenas notícias falsas não mereceria ser comprado (a não ser com intenção cômica) e ninguém pagaria um tostão por uma tabela de horários ferroviários que indicasse um trem para Battipaglia que na verdade vai para Vipiteno. De fato, jornais e horários de trens estabelecem com os usuários um pacto implícito de veracidade, que não pode ser violado salvo dissolução de qualquer contrato social. O que acontecerá se o principal instrumento da comunicação do novo milênio não for capaz de instaurar e controlar a observância deste pacto?

Como eleger o presidente

(2000)

First good news. Como já dissera no *Espresso* passado, quem procurar o site www.poste.it na internet poderá se registrar num serviço que possibilita o envio via computador tanto de cartas quanto de telegramas. Os correios imprimem e entregam no endereço indicado (custo de uma carta, 1.700 liras), pulando toda a burocracia das viagens de trem e da armazenagem nas estações. Parabéns (incrível dizer isso) aos correios italianos.

Now bad news. É a história das eleições americanas, claro, onde a máquina de apuração revelou-se menos eficiente que os correios italianos. No entanto, a solução existe e foi fornecida pelo grande Isaac Asimov num conto dos anos 1960 (*Diritto di voto*, publicado na edição italiana de *Galaxi*, de dezembro de 1962).* Resumindo ao máximo, ele conta que, no então remoto ano de 2008, os Estados Unidos perceberam que a escolha se dava entre dois candidatos tão semelhantes que a preferência dos eleitores se dividia quase *fifty-fifty*. Além disso, as pesquisas, já então realizadas por poderosíssimos computadores, eram capazes de avaliar infinitas variáveis, aproximando-se quase matematicamente do resultado efetivo. Para tomar uma decisão cientificamente exata, o imenso computador Multivac (na época com 800 metros de comprimento e a altura de uma casa de três andares — eis um caso em que a ficção científica não foi capaz de prever o progresso) só precisava levar em conta "alguns comportamentos imponderáveis da mente humana".

Mas como o conto deixa implícito que num país desenvolvido e civil as mentes humanas se equivalem, Multivac só precisava fazer alguns testes com um único eleitor. Assim, a cada eleição anual, o computador identificava um Estado e um cidadão daquele único Estado, que seria portanto o Eleitor. Com base em suas ideias e seus humores, escolhia-se o presidente dos Estados Unidos, tanto que cada eleição ganhava o nome desse único eleitor, voto Mac Comber, voto Muller e assim por diante.

---

* Edição brasileira, "Direito de votar", in *A Terra tem espaço*, Hemus, 1979. [*N. da T.*]

Asimov narra com bom humor a tensão que se cria na família do escolhido (que, em contrapartida, tem a oportunidade de ficar famoso, obter bons contratos publicitários e fazer carreira, como um sobrevivente do *Grande Irmão*) e é divertido o espanto da filha quando o avô conta que antigamente todo mundo votava e ela não consegue imaginar como uma democracia poderia funcionar com milhões e milhões de eleitores, muito mais falíveis que Multivac.

Rousseau já excluía a possibilidade de que uma democracia assemblear pudesse se estabelecer, exceto num Estado muito pequeno, onde todos se conhecem e podem se reunir facilmente. Mas até mesmo a democracia representativa, que convoca o povo para escolher os próprios representantes a cada quatro ou cinco anos, está hoje em crise. Numa civilização de massa, dominada pela comunicação eletrônica, as opiniões tendem a nivelar-se de tal modo que as propostas dos vários candidatos são muito semelhantes umas às outras. Os candidatos não são escolhidos pelo povo, mas por uma *nomenklatura* partidária, e o povo deve decidir (no máximo) entre duas pessoas (escolhidas por outros) que se parecem como duas gotas d'água. Situação que lembra muito a soviética, salvo que lá a *nomenklatura* escolhia um candidato único e os eleitores votavam nele. Se os Sovietes propusessem dois candidatos ao povo, a União Soviética seria muito semelhante à democracia americana.

Sim, eu sei, numa democracia, mesmo depois do rito fútil das eleições, os governantes são controlados pela imprensa, pelos grupos de pressão, pela opinião pública. Mas isso também poderia ser feito com o sistema de Asimov.

O hacker é essencial ao sistema

(2000)

Os recentes incidentes planetários na internet não devem causar espanto. Todos sabem que quanto mais avançada é uma tecnologia, melhor ela se presta ao atentado. Era fácil introduzir um sequestrado num avião a hélice e sem cabine pressurizada, bastava abrir o portão e colocá-lo lá dentro. Num reator intercontinental, até um louco com um revólver de festim pode manter todo mundo com a respiração suspensa.

O problema é antes a aceleração do desenvolvimento tecnológico. Depois que os irmãos Wright tentaram seu primeiro voo, passaram-se dez anos até que Bleriot, von Richthofen, Barca, Lindbergh e Balbo conseguissem se adaptar aos sucessivos aperfeiçoamentos das aeronaves. O automóvel que dirijo agora faz coisas que a velha Seicento com a qual obtive minha carteira nem sequer sonhava, mas se tivesse começado a dirigir então com meu carro de hoje, já teria me arrebentado em alguma esquina. Por sorte, cresci com meu carro, adaptando-me pouco a pouco ao aumento de sua potência.

Com o computador, ao contrário, ainda nem tive tempo de aprender todas as possibilidades da máquina e do programa quando modelos mais complexos chegam ao mercado. Tampouco posso continuar com o velho computador, que talvez fosse suficiente para mim, porque algumas melhorias indispensáveis só rodam nas novas máquinas. Essa taxa de aceleração é devida sobretudo a exigências comerciais (a indústria exige que joguemos o velho no lixo e compremos um novo mesmo sem precisar), mas depende também do fato de que ninguém pode impedir um pesquisador de descobrir um processador mais poderoso. O mesmo acontece com os celulares, gravadores, palm tops e com todo o digital em geral.

Nosso corpo, com seus reflexos, não teria tempo para adaptar-se aos automóveis que melhorassem seus préstimos a cada dois meses. Por sorte, os automóveis custam caro e as autoestradas são o que são. Os computadores custam cada vez menos e suas mensagens não têm restrições. Consequentemente, o modelo mais novo aparece antes que tenhamos tempo de entender tudo o que o antigo podia fazer. Este drama não atinge apenas o usuário comum, mas também os que precisam controlar o fluxo telemático, inclusive agentes do FBI, bancos e até o Pentágono.

Quem é que tem 24 horas por dia para entender as novas possibilidades do próprio meio? O hacker, que é uma espécie de anacoreta, de eremita do deserto que dedica todas as horas de seu dia à meditação (eletrônica). Quem não viu o rosto do último que invadiu as mensagens de Clinton? Pois são todos assim, gordos, desajeitados, mal desenvolvidos, crescidos diante de um monitor. Sendo os únicos especialistas totais de uma inovação em ritmo insustentável, eles têm tempo de entender tudo o que podem fazer com a máquina e a rede, mas não de elaborar uma nova filosofia e de estudar suas aplicações positivas, de modo que se dedicam à única ação imediata que sua desumana competência permite: desviar, bagunçar, desestabilizar o sistema global.

Nesta ação, é possível que muitos deles pensem que atuam no "espírito de Seattle", ou seja, a oposição ao novo Moloch. Na verdade, acabam por ser os melhores colaboradores do sistema, pois para neutralizá-los é preciso inovar mais ainda e com maior rapidez. É um círculo diabólico, no qual o contestador potencializa aquilo que acredita estar destruindo.

Internet demais? Mas na China...

(2000)

Nos últimos dez dias, acabei participando de três eventos culturais diferentes. Um era dedicado aos problemas da informação, então tudo bem, mas os outros dois tratavam de assuntos diversos. Pois bem, em todos os três casos surgiram perguntas e discussões encarniçadas sobre a internet. Isso teria ocorrido, aliás, se fosse um congresso sobre Homero e quem não estiver convencido pode checar com uma boa ferramenta de busca quanta coisa a rede oferece sobre Homero, entre ótimas e péssimas. Um congresso sobre Homero terá de tratar antes de publicar seu julgamento de confiabilidade a respeito dos sites dedicados ao poeta, do contrário estudantes e estudiosos não saberiam mais em quais confiar.

Listo só alguns tópicos das discussões a que assisti. Diante de alguém que celebrava a internet como a chegada da democracia total na ordem da informação, um outro objetou que hoje um jovem pode deparar com centenas de sites racistas na rede, pode baixar *Mein Kampf* ou *Os protocolos dos sábios de Sião.* Resposta: se você sair daqui e entrar na livraria ocultista da esquina, também vai encontrar uma edição dos *Protocolos.* Contrarresposta: claro, mas teve de procurar pelo livro, enquanto na rede ele pode surgir na sua frente mesmo que estivesse procurando outra coisa. Contra contrarresposta: mas ao mesmo tempo pode cair também em inúmeros sites antirracistas e, portanto, a democracia da rede se compensa por si mesma.

Intervenção final: Hitler publicou e divulgou *Mein Kampf* antes que a internet existisse e, a quanto se sabe, deu certo. Com a internet não seria possível acontecer um outro Auschwitz, pois todos ficariam sabendo rapidamente e ninguém poderia dizer que não sabia.

A favor desta tese final, ouvi alguns dias depois um sociólogo chinês que explicava como funciona a internet na China. Os usuários não podem acessar a web diretamente, precisam passar por centros estatais que selecionam a informação. Seria, portanto, uma situação de censura. No entanto, parece que é impossível censurar a internet. Primeiro exemplo: é verdade que os filtros estatais só permitem acessar, por exemplo, o site A e não o B, mas todo bom navegador sabe que, uma vez acessado o A, é possível chegar a B por alguns atalhos. Além disso, tem o correio eletrônico: uma vez permitido, as pessoas podem fazer circular qualquer notícia. Por fim, há os *chatlines*. No Ocidente, parece que são frequentadas por pessoas que têm tempo a perder e nada a dizer, mas na China é diferente: lá as pessoas discutem política, coisa que não podem fazer em outros espaços.

Mas a impotência do Estado diante da rede é ainda maior. Os burocratas da rede não sabem o que bloquear. Parece que um tempo atrás o *New York Times* telefonou protestando, pois seu site havia sido bloqueado, e o do *Washington Post*, não. Os burocratas disseram que iam verificar e no dia seguinte responderam que não se preocupassem, pois já haviam providenciado o bloqueio do *Washington Post*. Mas estas são anedotas. O fato é que, por exemplo (se me lembro bem), não é possível acessar o site da CBS, mas o da ABC, sim. Perguntei o motivo disso ao amigo chinês: não existem boas razões, disse ele, os burocratas precisam mostrar serviço e atuam meio ao acaso. Conclusão: na batalha entre o governo e a internet, o primeiro a sair derrotado será o governo.

De vez em quando surge uma boa notícia.

Eis um belo jogo

(2001)

Se um novo Humbert Humbert, o célebre personagem de *Lolita*, saísse de casa com uma adolescente, poderíamos, hoje em dia, obter todas as informações a seu respeito. O navegador via satélite de seu carro diria onde se encontra e para onde está indo; os cartões de crédito revelariam em que motel se hospedou e se pagou por um ou dois quartos; o circuito fechado dos supermercados poderia retratá-lo enquanto compra não um jornal, mas uma revista pornô e, caso contrário, pelo jornal que costuma comprar poderíamos deduzir quais são seus ideais políticos; se comprasse uma Barbie, poderíamos deduzir que a mocinha é menor de idade, e se, por fim, entrasse num site pedófilo da internet, facilitaria ainda mais as nossas conclusões. Mesmo que Humbert Humbert ainda não tenha cometido nenhum crime, concluiríamos que tem inclinações perigosas e que seria indicado prendê-lo. Se, no entanto, a mocinha fosse sua sobrinha e as fantasias privadas do personagem não representassem um prelúdio de práticas criminosas, paciência, melhor um inocente a mais na cadeia que uma bomba-relógio solta e trazendo perigo para a sociedade.

Tudo isso já é possível. Em seu *Privacy* (Rizzoli, 2001), Furio Colombo só acrescenta um toque de ficção científica, ou seja, imagina um aparelho que permite monitorar não apenas o comportamento, mas também o pensamento. Constrói em torno de si uma ideologia da prevenção como bem supremo e os dados estão lançados: em comparação a isso, o *1984* de Orwell é uma história com final feliz.

Leiam o livro e vejam se já não estamos bem próximos daquilo que ele anuncia. Mas eu gostaria, ao contrário, de usar o livro como pretexto para imaginar um jogo que fica no meio do caminho entre a realidade e o futuro prenunciado por Colombo.

O jogo se chama *Fratelli d'Italia* (mas o formato pode ser exportado para outros países) e é um aperfeiçoamento do *Big Brother*. Em vez de colocar as pessoas diante da TV espiando a vida de umas poucas pessoas colocadas numa situação artificial, os sistemas de monitoramento dos supermercados seriam ampliados para todo o tecido citadino, para cada rua e local público (quem sabe também para os apartamentos particulares) e os espectadores poderiam seguir hora a hora, minuto a minuto todos os movimentos cotidianos de cada cidadão, caminhando na rua, fazendo compras, fazendo amor, trabalhando, brigando com alguém no trânsito por causa de uma pequena colisão. Pura diversão: a realidade pareceria mais apaixonante que a ficção e a tendência ao voyeurismo e à maledicência presente em cada um de nós seria ampliada ao máximo.

Não nego que poderiam surgir alguns problemas. Quem olha e quem age? No começo, olhariam aqueles que têm tempo a perder, enquanto quem tem o que fazer agiria, garantindo o espetáculo. Em seguida, poderíamos supor que, para não serem vistos, alguns ficariam em casa olhando os outros. Mas o monitoramento revelaria também a vida privada de quem olha e, no auge, 60 milhões de espectadores veriam 60 milhões de espectadores em tempo real, espiando até as expressões de seus rostos. Porém, como ser visto é cada vez mais um valor, é mais provável que todos resolvessem agir para serem vistos. Mas então, quem olharia? Cada cidadão precisaria de uma pequena tela portátil na qual, enquanto faz suas coisas, poderia ver os outros fazendo as deles. Mas o espetáculo poderia acabar se reduzindo a 60 milhões de pessoas que agem espasmodicamente, andando aos trambolhões para poder agir e olhar sua telinha portátil ao mesmo tempo. Em suma, veríamos poucas e boas.

O livro didático como professor

(2004)

A ideia governamental (por ora ainda uma proposta) de substituir os livros didáticos escolares por material retirado diretamente da internet (para aliviar o peso das mochilas e abater os custos dos textos escolares) suscitou reações variadas. Editores de livros escolares e livreiros veem no projeto uma ameaça mortal para uma indústria que dá trabalho a milhares de pessoas. Por mais solidário que me sinta em relação a editores e livreiros, é possível dizer que, pelas mesmas razões, poderiam protestar os produtores de carroças, cocheiros e cavalariços contra a chegada do navio a vapor ou (como de fato aconteceu) os fiandeiros diante dos teares mecânicos. Se a história avançar inelutavelmente na direção imaginada pelo governo, esta força de trabalho teria de reciclar-se de alguma forma (produzindo material pago para a internet, por exemplo).

A segunda objeção é que a iniciativa prevê um computador para cada aluno e é duvidoso que o Estado possa arcar com essa despesa, e se os pais tivessem que arcar com elas, gastariam mais do que gastam com livros didáticos. Por outro lado, se cada turma tivesse apenas um computador para todos, cairia o aspecto de pesquisa pessoal que poderia constituir o fascínio desta solução — e daria no mesmo imprimir milhares de folhetos na Gráfica do Estado e distribuí-los a cada manhã, como se faz com os pães numa refeição para mendigos. No entanto — alguém poderia objetar —, mais dia, menos dia chegaremos ao computador para todos.

Mas o problema é outro. É que a internet não se destina a substituir os livros, mas é apenas um formidável complemento a eles e um incentivo para ler mais. O livro continua a ser o instrumento príncipe da transmissão e disponibilidade do saber (o que os estudantes estudariam num dia de blecaute?) e os textos escolares representam a primeira e insubstituível ocasião de educar as crianças ao uso do livro. Além disso, a internet oferece um repertório fantástico de informações, mas não os meios para selecioná-las, e a educação não consiste apenas em transmitir informação, mas também em ensinar critérios de seleção. Esta é a função do professor, mas é também a função do texto escolar, que oferece justamente um exemplo de seleção realizada no *mare magnum* de toda informação possível. Isso acontece até com o texto mais malfeito (caberá ao professor criticar sua parcialidade e completá-lo, exatamente do ponto de vista de um critério seletivo diverso). Se as crianças não aprendem isso, ou seja, que cultura não é acúmulo, mas seleção/discriminação, não há educação, apenas desordem mental.

Alguns estudantes entrevistados disseram: "Que ótimo, assim vou poder imprimir só as páginas que me interessam, sem ter que carregar coisas que não preciso estudar." Erro. Lembro que num terceiro ano do ensino médio de uma escola do interior, que funcionava mais ou menos dia sim, dia não no último ano de guerra, os professores (os únicos cujos nomes esqueci em toda a minha carreira de estudante) não me ensinaram muita coisa, mas como desforra, comecei a ler minha antologia: foi assim que encontrei pela primeira vez as poesias de Ungaretti, Quasimodo e Montale. Foi uma revelação e uma conquista pessoal. O livro didático vale justamente porque permite descobrir aquilo que o professor negligenciou (seja por preguiça, seja por razões de tempo), mas que um outro alguém considerou fundamental.

Além disso, o livro didático permanece como uma memória pungente e útil da experiência dos anos de escola, enquanto as folhas impressas para uso imediato, que a toda hora escorregam para o chão e que tendemos a descartar depois de usar e talvez até sublinhar (se nós estudiosos fazemos isso, que dirá os alunos), não deixariam nem lembranças. Seria uma perda de eficiência.

É claro que os livros poderiam pesar menos e custar mais barato se renunciassem a tantas ilustrações coloridas. O livro de história só precisaria explicar quem foi Júlio Cesar e, depois disso, seria certamente interessante para quem dispõe de um computador pessoal entrar no Google Images, por exemplo, e buscar imagens de Júlio Cesar, reconstruções da Roma da época, diagramas com o modo como eram organizadas as legiões. Os livros poderiam, ademais, indicar alguns sites confiáveis, que seriam integrados na pesquisa de eventuais aprofundamentos, fazendo com que o aluno se sentisse engajado numa aventura pessoal — só que o professor teria de ser capaz de ensinar a distinguir os sites sérios e confiáveis dos canhestros e superficiais. "Livro e Internet" é certamente melhor que "Livro e Mosquetão".*

Por fim, se é ruim abolir o livro didático, não seria nada mal se a internet substituísse os dicionários, que tanto pesam nas mochilas. Baixar grátis um dicionário de latim, de grego ou de qualquer outra língua seria certamente útil e rápido.

---

* Lema do regime fascista para a formação da juventude italiana: "Livro e mosquetão, o perfeito fascista". [*N. da T.*]

Mas tudo deve girar sempre em torno do livro. É verdade que nosso primeiro-ministro disse certa vez que não lia um romance havia mais de vinte anos, mas a escola não deve ensinar ninguém a se tornar primeiro-ministro (ou, pelo menos, não como o acima citado).

Como copiar da internet

(2006)

Um debate está agitando o mundo da internet: é a Wikipédia. Não sei até que ponto a redação central controla todas as contribuições que chegam de toda parte, mas quando me ocorreu consultá-la sobre assuntos que conhecia (apenas para verificar uma data ou o título de um livro), sempre achei que era bastante bem-feita e bem-informada. Mas ser aberta à colaboração de qualquer um apresenta seus riscos e já soube de pessoas a quem foram atribuídas coisas que não fizeram ou até ações reprováveis. Naturalmente, os atingidos protestaram e o verbete foi corrigido. O verbete que me diz respeito continha um dado biográfico impreciso, que corrigi e desde então este erro nunca mais apareceu. Além disso, encontrei no resumo de um dos meus livros uma interpretação incorreta, em que diziam que eu "desenvolvo" uma ideia de Nietzsche, quando na verdade eu a contesto. Corrigi *develops* por *argues against* e também esta correção foi aceita.

Mas a coisa não me tranquiliza. Qualquer um poderia intervir amanhã no verbete e atribuir à minha pessoa (pelo prazer da piada, por maldade, por estupidez) o contrário do que disse ou fiz. Além disso, uma vez que ainda circula um texto na internet que diz que eu seria Luther Blissett, o conhecido falsário (embora os autores da piada tenham feito seu *coming out* e se apresentado com nome e sobrenome há anos), eu poderia ser malicioso o suficiente para conspurcar os verbetes de autores aos quais não sou simpático, atribuindo-lhe falsos escritos, antecedentes pedófilos ou ligações com os Filhos de Satanás.

Além de um controle redacional, alguns sugerem que entra em ação uma espécie de compensação estatística, segundo a qual cedo ou tarde uma informação falsa será identificada por alguém. É o que espero, porém, como se pode ver, jamais teremos a garantia absoluta que nos dá o sábio sr. Treccani, que escreve todos os verbetes da enciclopédia que leva seu nome e assume a responsabilidade por eles.

O caso da Wikipédia é, no entanto, pouco preocupante se pensarmos em outros problemas cruciais da internet. Ao lado de sites confiabilíssimos, feitos por pessoas competentes, existem sites completamente falsos na web, elaborados por incompetentes, desequilibrados e até por criminosos nazistas, e nem todos os usuários são capazes de estabelecer se um determinado site merece confiança.

A coisa tem um aspecto educativo dramático, pois todos sabemos que estudantes de todos níveis deixam de consultar livros didáticos e enciclopédias para buscar informação diretamente na internet, a tal ponto que defendo há tempos que a nova e fundamental matéria que deveria ser ensinada nas escolas é uma técnica de seleção das informações on-line — só que se trata de uma arte difícil de ensinar, pois os professores são tão indefesos quanto os alunos.

Muitos educadores lamentam também o fato de que hoje em dia as crianças e jovens que devem escrever o texto de um trabalho de pesquisa ou até de uma monografia universitária copiam tudo da internet. Quando copiam de um site duvidoso, poderíamos presumir que o professor será capaz de perceber que estão dizendo bobagens, mas é verdade que, quando se trata de temas muito especializados, é difícil estabelecer de imediato que aquilo que o estudante diz é falso. Digamos que um estudante resolva fazer sua monografia sobre um autor muito, mas muito marginal, que o docente só conhece superficialmente, e atribua a este autor uma determinada obra. Teria o docente condições de dizer que aquele autor jamais escreveu o tal livro — a menos que faça, para cada texto que recebe (e podem chegar a dezenas e dezenas de trabalhos) um acurado controle em várias fontes?

E não é só isso: o estudante pode apresentar uma pesquisa que parece correta (e é), mas que foi copiada diretamente da internet com o "copia e cola". Tendo a não achar que tal fenômeno é trágico, pois copiar bem é uma arte nada fácil e um estudante que sabe copiar bem tem direito a uma nota boa. Por outro lado, mesmo quando a internet não existia, os estudantes podiam copiar de livros encontrados na biblioteca e a história era a mesma (só comportava mais trabalho manual). Por fim, um bom docente sempre nota quando um texto é copiado sem critério e percebe a fraude (se for bem copiado, repito: tire-se o chapéu).

Contudo, considero que existe um modo muito mais eficaz de desfrutar pedagogicamente dos defeitos da internet. Dar como exercício em sala de aula, pesquisa em casa ou trabalho universitário o seguinte tema: "Sobre o assunto X, encontrar na internet uma série de textos improcedentes e explicar por que não são confiáveis." Eis uma pesquisa que exige capacidade crítica e habilidade no confronto das diversas fontes — e que exercitaria os estudantes na arte da discriminação.

Para onde mandar os poetas?

(2006)

Instaurou-se no *Corriere della Sera* de sábado passado uma polêmica, estiva apenas na aparência. Tudo nasceu com uma entrevista de Nanni Balestrini para o *Libération*, onde nosso homem, incapaz de evitar provocações apesar da venerável idade e lamentando que as editoras tenham deixado de publicar poesia, diz que felizmente temos a internet, que permite a circulação das poesias de todo mundo. Obviamente, Balestrini se refere tanto aos sites que oferecem antologias de poetas conhecidos quanto àqueles que hospedam os iniciantes e admite que é difícil orientar-se em meio a tamanha abundância, mas indica alguns endereços confiáveis.

Outros poetas e críticos foram questionados e vieram à tona três objeções principais. A primeira (e me parece justa) é que, se algumas coleções de poesia foram fechadas, não é verdade que os editores deixaram de publicar poesia e alguns dos poetas mais conhecidos (contemporâneos, digo, não clássicos) chegam a vender 10 mil exemplares. A segunda (também justíssima) é que existem para os poetas novos que querem divulgar seus trabalhos outros canais alternativos como revistas, festivais e leituras públicas. A terceira é que, como disse um poeta premiado, "quem for procurar poesia na internet vai encontrar muito material inerte, manifestações emocionais dos idiotas da aldeia; os blogs são feitos, na maioria, por exibicionistas. Vai encontrar perfumaria da pior qualidade".

Esta terceira objeção não está errada, pois encontra-se de tudo na internet, mas exige algumas reflexões posteriores. Fiel, portanto, ao método do Aquinate, sinto-me, depois de ouvir os vários argumentos, tentado a estender minha própria *respondeo dicendum quod.* Com certeza, as coleções de poesias e os outros espaços designados para que os que fazem e os que leem poesia se encontrem e se ouçam continuam indispensáveis, seja para os jovens poetas, seja para os jovens leitores.

Para os primeiros, porque encontram um espaço de confronto, onde são criticados, selecionados e, é preciso dizê-lo, aconselhados a mudar de profissão quando (como a maioria dos seres humanos alfabetizados que cedo ou tarde são tentados a poetar) não passam de braços roubados à agricultura. Quanto aos segundos, porque podem dispor de alguém que desempenha a função de filtro e garantia. Um jovem apaixonado por poesia pode, em geral, aceitar como bons até os versos que não o são ou que são apenas decalques de outros bons versos, mas se procura coleções de poesia com um certo prestígio, tem a garantia, na medida em que pode confiar em juízos de gosto, de estar lendo um material aprovado por alguém que tem, supõe-se, um olhar particularmente educado.

Lembro do meu tempo de colégio numa cidade de província, onde o máximo que conseguia obter eram alguns livros da coleção mondadoriana "Lo Specchio", mas lia semanalmente a revista *La fiera letteraria.* Havia uma coluna na qual (assim como outras revistas ofereciam o "Correio do coração") eram publicados breves trechos de obras poéticas enviadas pelos leitores, acompanhadas ora de elogios ou encorajamentos, ora até de correções ou críticas terríveis. Tudo acontecia segundo os critérios poéticos da época e o gosto do resenhista, mas foi uma grande lição crítica para mim, um convite a avaliar o estilo e não os bons sentimentos, cujo primeiro resultado (pelo qual as letras pátrias deveriam ser gratas à *Fiera*) foi induzir-me a jogar no lixo os versos meus.

Será que na internet existem sites capazes de desempenhar esta função? Podemos objetar que, para uma *Fiera letteraria*, única revista de letras e artes que um jovem de então podia encontrar nas bancas, a internet oferece 10 mil sites análogos, mas neste caso reaparece o drama da impossibilidade de selecionar. Recordo que no meu tempo também circulavam (grátis) várias revistinhas para poetas que pagavam para ser publicados, mas de todo modo (por faro ou conselho de alguém) logo entendi que devia confiar mais na *Fiera* do que naqueles folhetos. É o que podia acontecer com a poesia na internet. Têm razão os que argumentam que existem festivais e revistas e, portanto, presume-se que um poeta e um leitor sérios podem encontrar neles indicações válidas como orientação na busca de sites confiáveis.

E os outros? E os "idiotas da aldeia", e os navegadores compulsivos que não largam o computador nem sabem que existem revistas e festivais? À morte, como sempre aconteceu, mesmo antes da internet, quando filas de *lemmings* poéticos caíram nas garras das *vanity press* e dos prêmios de araque divulgados nos jornais e foram engrossar as fileiras daquele exército subterrâneo de autores autopublicados que marcha paralelamente ao mundo "oficial" da letras e, ignorado por ele, também o ignora. Com a vantagem de que, podendo publicar seus *samisdat* na internet, os maus poetas não vão engordar os chacais da poesia. E ainda com a possibilidade, sendo a bondade do Altíssimo infinita, de que mesmo naquele pântano infernal possa eventualmente desabrochar uma flor.

Para que serve o professor?

(2007)

Na avalanche de artigos sobre *bullying* nas escolas, li a respeito de um episódio que não definiria propriamente como *bullying*, mas no máximo como impertinência — trata-se, contudo, de uma impertinência significativa. Vamos lá: para provocar o professor, um aluno teria perguntado: "Desculpe, mas na época da internet, o que o senhor faz exatamente?"

O aluno estava dizendo uma meia verdade, que aliás até os professores dizem há pelo menos vinte anos, ou seja, que antigamente a escola precisava certamente transmitir formação, mas sobretudo noções, das tabelinhas no primeiro segmento do ensino fundamental às informações sobre a capital de Madagascar, no segundo segmento, à data da Guerra dos Trinta Anos, no ensino médio. Com o advento, nem digo da internet, mas da televisão e até do rádio (talvez já com o advento do cinema), grande parte dessas noções eram absorvidas pelos jovens no decorrer da vida extraescolar.

Quando pequeno, meu pai não sabia que Hiroshima ficava no Japão, que Guadalcanal existia, tinha notícias imprecisas sobre Dresden e da Índia só sabia o que Salgari contava. Eu aprendi estas coisas desde os tempos da guerra com o rádio e com os mapas publicados nos jornais, enquanto meus filhos puderam ver na televisão os *fjords* noruegueses, o deserto de Gobi, o modo como as abelhas polinizam as flores ou como era um *Tyrannosaurus Rex* e, enfim, um jovem de hoje sabe tudo sobre o ozônio, sobre os coalas, sobre o Iraque e sobre o Afeganistão. Talvez este jovem não saiba dizer precisamente o que é uma célula-tronco, mas pelo menos já ouviu falar, enquanto no meu tempo não eram mencionadas nem pela professora de ciências naturais. E então, para que servem os professores?

Ponderei no início que o aluno em questão tinha dito apenas uma meia verdade, pois o professor, mais que informar, deve acima de tudo formar. O que transforma uma aula numa boa aula não é ensinar datas e dados, mas estabelecer um diálogo contínuo, um confronto de opiniões, uma discussão sobre as coisas que se aprende na escola e aquelas que acontecem fora dela. É claro que as coisas que acontecem no Iraque aparecem na TV, mas o motivo pelo qual certas coisas acontecem sempre lá, desde os tempos da civilização mesopotâmica, e não na Groenlândia, é algo que só a escola pode dizer. E se alguém argumentasse que muitas vezes essas explicações são dadas por pessoas até bastante autorizadas no *talk show Porta a porta*, diria que a escola deve discutir o *Porta a porta*.

Os *mass media* [meios de comunicação de massa] dizem muita coisa e até transmitem valores, mas a escola precisa discutir o modo como tudo é transmitido e avaliar o tom e a força das argumentações apresentadas em papel impresso ou na TV. E há também a questão do controle da veracidade das informações transmitidas pela mídia, por exemplo: quem senão um professor pode corrigir a pronúncia equivocada daquele inglês que todos pensam que podem aprender na TV?

Mas o aluno não estava dizendo ao professor que não precisava dele porque o rádio e a televisão já informam onde fica Timbuctu ou o que se discute sobre a fusão a frio, ou seja, não estava dizendo que sua função tinha sido preenchida por informações por assim dizer soltas, que circulam de modo casual e desordenado dia após dia nas várias mídias — e que o fato de sabermos muito sobre o Iraque e pouco sobre a Síria depende da boa ou má vontade de Bush. O aluno estava dizendo que hoje existe a internet, a Grande Mãe de todas as Enciclopédias, onde estão a Síria, a fusão a frio, a Guerra dos Trinta Anos e a discussão infinita sobre o mais alto dos números ímpares. Ele estava dizendo que as informações que a internet coloca à sua disposição são imensamente mais amplas e muitas vezes mais profundas do que aquelas de que dispõe o professor. Mas esqueceu de um ponto importante: a internet nos diz *quase tudo*, exceto como buscar, filtrar, selecionar, aceitar ou rejeitar as informações.

Todo mundo é capaz de armazenar novas informações, desde que tenha boa memória. Mas decidir quais devem ser guardadas ou descartadas é uma arte sutil. E isso faz a diferença entre quem fez um curso de estudos regulares (mesmo mal) e um autodidata (mesmo genial).

O problema mais dramático é que certamente o professor também não sabe como ensinar a arte da seleção, pelo menos não sobre todos os capítulos do conhecível. Mas pelo menos ele sabe que deveria saber e se não é capaz de dar instruções precisas sobre o modo de selecionar, pode dar o exemplo de alguém que se esforça para comparar e julgar caso por caso tudo o que a internet coloca à nossa disposição. E pode, enfim, pôr em prática cotidianamente um esforço para sistematizar o que a internet lhe transmite em ordem alfabética, quando informa que Tamerlão e as monocotiledôneas existem, mas não qual é a relação sistemática entre estas duas noções.

Só a escola pode dar sentido a estas relações, e se não for capaz, deve buscar os instrumentos necessários para tanto. Do contrário, o trio Internet, Inglês e Empresa continuará a ser a primeira parte de um relincho de asno que, como diz o ditado, não sobe aos céus.

Quinto poder

(2010)

Estávamos habituados a dois princípios: um expresso por um saboroso ditado siciliano, "megghiu cumannari c'a fottiri", o qual, traduzido de modo pudico, daria "melhor comandar que fornicar"; o outro dizia que quando os homens de poder queriam manter relações sexuais, pensavam na condessa de Castiglione, em Mata Hari, em Sarah Bernhardt ou em Marilyn Monroe.

Hoje, causa espécie o fato de que muitos homens políticos ou de negócios não se deixam corromper tanto por interesses escusos no caso do canal do Panamá, mas antes por serviços de profissionais certamente capazes, mas cujos préstimos não custam mais de mil euros por seção — o que é muito para um trabalhador precário, mas muito menos do que custava a Pompadour em sua época. E que, se seus gostos são outros, não pensem mais no refinado Alcebíades, mas num transexual marcado por muitas idas e vindas pelos becos do porto de Pireu.

E mais: parece que muitos deles tentam ocupar posições de comando, não porque as considerem melhores que as posições sexuais, mas com o objetivo primário de experimentar inéditas posições sexuais. E atenção:

não é que os poderosos de outrora fossem insensíveis aos prazeres da carne. Certamente De Gasperi ou Berlinguer estavam habituados a outra austeridade, Togliatti ousou no máximo um divórcio e se uma menor de idade o chamasse de "papi" seria porque ele a tinha adotado. Mas Júlio Cesar se entretinha indiferentemente com centuriões, patrícias romanas e rainhas do Egito e o Rei Sol tinha favoritas aos montes. Vittorio Emanuele II cultivava a bela Rosina e sobre Kennedy é melhor nem falar. Contudo, todos estes grandes homens pareciam considerar a mulher (ou o efebo) o repouso do guerreiro, isto é, antes de tudo era preciso conquistar a Báctria, humilhar Vercingetórix, triunfar dos Alpes às Pirâmides, realizar a unificação da Itália: o sexo era aquele algo a mais, como um Martini *straight up* depois de um dia cansativo.

Os poderosos de hoje parecem almejar, ao contrário, uma noitada à base de vedetes em primeira instância e ao diabo as grandes empresas ou a Grande Empresa.

É que os heróis do passado se excitavam lendo Plutarco, enquanto os de hoje se masturbam diante dos canais alternativos depois da meia-noite ou navegam excitados on-line. Fui à internet e busquei padre Pio: 1.400.000 sites. Nada mal. Jesus: 4.830.000 sites — o Nazareno ainda leva vantagem sobre o santo de Pietrelcina. Depois teclei "pornô" e topei com 130.000.000 (repito, 130 milhões) de sites. Pensando que "pornô" era bem mais genérico que Jesus, resolvi comparar com religião: religião tem pouco mais de 9 milhões de sites, certamente mais que o dobro de Jesus, o que me parece politicamente correto, mas pouquíssimo em comparação com "pornô".

O que encontramos nos 130 milhões de *porn sites*? Entre as várias opções, encontramos Anal, Asiatic, Latino, Fetichism, Orgy, Bisexual, Cunnilingus, German (*sic*), Lesbian, Masturbation, Voyeur (onde se espiona alguém que espiona um conúbio carnal) e depois as várias formas de incesto, pai com filha, irmão com irmã, mãe e filho, pai, mãe, filho e filha todos juntos, madrinha e afilhado, mas também neto e avó (*granny*) e MILF, que significa (ver Wikipédia) *mother I'd like to fuck*, ou seja, o tipo de mãezinha com quem você gostaria de estar, em geral atraentes senhoras entre os 30 e os 45 anos (imaginem que Balzac deu à sua história sobre um declínio feminino o título de *A mulher de trinta anos*).

Ora, a pornografia pode desafogar aqueles que por algum motivo não podem fazer sexo ao vivo ou sugerir a um casal um pouco entediado alguns modos de animar a relação (e neste sentido tem uma função positiva), mas pode também excitar a fantasia de pessoas reprimidas, levando-as mais tarde a desafogar seus instintos através do estupro, do assédio, do engano. Além disso, a pornografia tenta convencer que uma *escort* de mil euros pode fazer coisas que nem mesmo Frineia seria capaz de conceber.

Mas não se trata apenas dos 30% de italianos que frequentam a internet; os outros 70% podem desfrutar na telinha da TV de visões dez vezes mais convidativas, daquelas que, nos anos 1940, só os comendadores milaneses podiam desfrutar, a preços altíssimos e só uma vez por ano, quando iam ver Wanda Osiris. Hoje, uma pessoa normal é provocada pelo sexo em medida bem maior do que acontecia com seu avô. Pensem num pobre pároco: outrora, via apenas a criada e só lia o *Osservatore Romano*, hoje vê meninas de pernas de fora rebolando diante dele todas as noites. E depois dizem que alguém se torna pedófilo.

Por que não pensar que esta constante solicitação do desejo não esteja atuando sobre os responsáveis pela coisa pública, provocando uma mutação da espécie e mudando as próprias finalidades de seu agir social?

Nota

(2015)

Alguém disse que sociólogo é aquele que numa casa de *strip-tease* não olha para o palco, mas para a plateia. Não tenho como controlar a plateia de um site pornô nem mesmo de todo o palco. O número de sites pornô, segundo as várias pesquisas na internet, parece insondável. Li na web que, segundo uma pesquisa de 2003, os sites pornô seriam 260 milhões, mas acho um exagero: talvez tenham registrado como pornográfico um site onde Carrol Baker aparece seminua. Depois de escolher um, talvez o mais visitado, vi que existem 71 categorias, cada uma com milhares de filmes, em média. Considerando que além do mais o site se renova diariamente (e que é possível recuperar os antigos), podemos calcular 170.000 filmes. Visto que a partir deste site é possível acessar outros 21, mesmo contando com as repetições e com o fato de que alguns sites têm dimensões mais modestas, cheguei a uma cifra em torno de 3.570.000 filmes. Não são 260 milhões e talvez sejam mais de três, mas aí está a dimensão presumível do fenômeno.

Sem ter como visitar 3 milhões de sites, pois *ars longa, vita brevis*, procedi por amostras quase casuais e fiz uma observação que não pretende ter validade científica, mas que a mim, pessoalmente, convenceu. Esclarecendo que me detive apenas nos rostos femininos (mesmo porque os masculinos são irrelevantes, uma vez que, nos homens, a câmera prefere antes o aparelho reprodutivo), descobri que uma boa parte das mocinhas envolvidas nestes jogos eróticos exibem, ao abrir a boca (o que fazem com frequência, e não apenas para sorrir ou gemer de satisfação), dentes bastante imperfeitos. Em geral, os incisivos aparecem bem, mas vemos muitos caninos tortos e minúsculos, sem falar dos molares irregulares e das vistosas obturações que deixam entrever.

A primeira coisa que Hollywood faz quando lança uma nova atriz é consertar a dentição. Mas é um tratamento caríssimo, até para quem vai ao dentista em Bucareste. Portanto, uma importantíssima parte das moças que se exibem, em sua maioria bonitas ou pelo menos bonitinhas, são de classe social muito baixa e não têm dinheiro para ir ao dentista. Não creio que esperem poupar a soma necessária para isso com seus serviços, visto que os números revelam que a oferta é altíssima e, portanto, os vencimentos não devem ser astronômicos (embora a web diga que as mais populares podem arrecadar até 10 mil dólares por mês; contudo, a carreira não dura muito e as verdadeiras estrelas podem ser contadas nos dedos). Talvez esperem que, aparecendo na telas dos computadores, sejam notadas por algum magnata de Hollywood que tratará então de restaurar sua arcada dentária. Ou talvez não, talvez saibam que não se chega a Hollywood com os dentes e tenham de se conformar em participar de jogos eróticos de baixa categoria.

Isto nos diz uma coisa: este exército infinito de fornicantes em tempo integral vem do proletariado do sexo e, portanto, todo o conjunto da produção pornô nada mais é que uma forma de tráfico de brancas e exploração de mulheres pobres sem esperança.

É preciso dizer isso, pois muitas vezes os visitantes ficam excitados pensando que as protagonistas fazem aquilo por desfaçatez, impudência, prazer ou afronta despudorada, o que as torna mais desejáveis. Na verdade, fazem isso por desespero, sabendo que com aqueles dentes não têm nenhum futuro, só um presente mal pago.

Entre dogmatismo e falibilismo

(2010)

No *Corriere della Sera* de domingo passado, Angelo Panebianco escreveu a respeito dos possíveis dogmatismos da ciência. Concordo fundamentalmente com ele, só gostaria de destacar um outro ângulo da questão.

Panebianco disse, em síntese, que a ciência é por definição antidogmática, pois sabe que avança por tentativa e erro e porque (acrescentaria eu, com Peirce, que inspirou Popper) seu princípio implícito é o "falibilismo", que a mantém sempre alerta para corrigir os próprios equívocos. Ela só se torna dogmática em suas fatais simplificações jornalísticas, que transformam cautelosas hipóteses de pesquisa em descobertas milagrosas e verdades estabelecidas. Mas também corre o risco de tornar-se dogmática quando aceita um critério inevitável, ou seja, que a cultura de uma época é dominada por um "paradigma" (como o darwiniano ou o einsteiniano, mas também o copernicano) que todo cientista observa, justamente para eliminar as loucuras daqueles que atuam fora dele, inclusive os loucos que continuam a afirmar que o Sol gira em torno da Terra. Como fica então o fato de que a inovação acontece justamente quando alguém consegue questionar o paradigma dominante? Não estaria a ciência se comportando de modo dogmático quando se encastela num determinado paradigma, excluindo quem o contesta como louco ou herege, talvez para defender posições de poder adquiridas?

A questão é dramática. Os paradigmas devem ser sempre defendidos ou sempre contestados? Ora, uma cultura (entendida como sistema de saberes, opiniões, crenças, costumes, herança histórica compartilhados por um grupo humano particular) não é apenas um acúmulo de dados, é também o resultado de sua filtragem. Cultura também é capacidade de jogar fora aquilo que não é útil ou necessário. A história da cultura e da civilização é feita de toneladas de informações que foram sepultadas. Vale para uma cultura aquilo que vale para a nossa vida individual. Borges escreveu o conto *Funes, el memorioso*, em que fala de um personagem que recorda tudo, cada folha que viu em cada árvore, cada palavra que ouviu em sua vida, cada lufada de vento que sentiu, cada sabor que experimentou, cada frase que leu. No entanto (ou, aliás, por isso mesmo), Funes é um completo idiota, um homem bloqueado por sua incapacidade de selecionar e de jogar fora. Nosso inconsciente funciona porque joga fora. Depois, se ocorre algum bloqueio, procura-se um psicanalista para recuperar aquilo que servia e que descartamos por engano. Mas, felizmente, todo o resto foi eliminado e nossa alma é exatamente o produto da continuidade dessa memória seletiva. Se tivéssemos a alma de Funes, seríamos pessoas sem alma.

Assim age uma cultura e o conjunto de seus paradigmas é resultado da Enciclopédia partilhada, feita não somente com aquilo que conservamos, mas também, por assim dizer, com o tabu sobre aquilo que eliminamos. É com base nesta enciclopédia comum que se discute. Mas para que a discussão possa ser compreendida por todos é necessário partir de paradigmas existentes, nem que seja para demonstrar que não se sustentam mais. Sem a negação do paradigma ptolemaico, que se conservava como pano de fundo, o discurso de Copérnico seria incompreensível.

Ora, a internet é como Funes. Como totalidade de conteúdos disponíveis de modo desordenado, não filtrado e não organizado, ela permite que cada um construa sua própria enciclopédia, ou seja, o próprio livre sistema de crenças, noções e valores, no qual podem estar presentes, como acontece na cabeça de muitos seres humanos, tanto a ideia de que a água é H_2O quanto a de que o Sol gira em torno da Terra. Na teoria, portanto, poderíamos chegar à existência de 6 bilhões de enciclopédias diferentes e a sociedade humana estaria reduzida ao diálogo fragmentar de seis bilhões de pessoas, cada uma delas falando uma língua diversa, só entendida pelo próprio falante.

Felizmente, esta hipótese é só teórica, mas justamente porque a comunidade científica zela para que circulem linguagens comuns, sabendo que para derrubar um paradigma é necessário que exista um paradigma para ser derrubado. Defender os paradigmas pressupõe certamente o risco do dogmatismo, mas é esta contradição que serve de base para o desenvolvimento do saber. Para evitar conclusões apressadas, concordo com o que dizia o cientista citado no final do texto de Panebianco: "Não sei, é um fenômeno complexo, preciso estudá-lo."

Marina, Marina, Marina

(2013)

Recebi o seguinte e-mail (*sic* não só pela gramática, mas também pela ortografia): "Você é aquele que quero saber bem. Olá. Meu nominativo é Marina, 30 anos eu. Vi seu perfil e resolvi produzir a você. Como é passando? Tenho um estado de espírito maravilhoso. Procuro um indivíduo para relacionamento sério, que tipo de ligação você está procurando? Estou muito interessado em conhecê-lo, mas acho que é melhor eu e você corresponder via e-mail. Se está estimulado a fazer compreensão comigo, aqui está meu endereço e-mail: abhojiku@nokiamail.com. Ou mande seu e-mail e eu escrevo uma circular. Espero que não se pode partir sem a atenção e a epístola me escreva. Ficaria muito feliz de encaixar sua opinião. Vejo a hora da sua missiva na mail. O tua Marina."

A foto anexada mostra uma criatura digna de Miss Universo, pronta para ser convidada para um jantar elegante na mansão senhoril de Arcore, de modo que é inevitável perguntar como uma moça com as qualidades estéticas da belíssima Marina acabou reduzida a procurar uma relação "séria" na internet. Pode ser que a foto tenha sido pescada em algum site (como os dos atores desconhecidos que aparecem nas palavras-cruzadas da *Settimana enigmistica*) e por trás de Marina exista uma personagem que poderia interessar a Roberto Saviano — quem pode saber? Mas como os tolos formam legião, não tirei o seu endereço da mensagem, de modo que eles possam correr para estabelecer afetuosa amizade com ela — obviamente, não respondo pelas consequências. O número dos clientes da inesquecível Vanna Marchi, daqueles que recorrem ao horóscopo e de tantos eleitores nas últimas eleições demonstra que Marina poderá contar com um bom percentual de devotos do virtual.

A propósito do virtual, muitos já sabem (porque a internet serviu como boa caixa de ressonância) que, num falso endereço meu no Twitter, anunciei recentemente a morte de Dan Brown, enquanto um outro anunciava a minha morte e, embora todos os meios de comunicação tenham apurado que se tratava de uma notícia falsa, uma "barriga", vi depois que alguns entenderam que (sendo um notório desmiolado) eu na verdade tinha enviado uma "falsa" mensagem de um endereço "verdadeiro". Em suma, os deuses cegam aqueles que querem se perder em rede e espero que Casaleggio (que parece levar a sério tudo que aparece na rede) entre em contato com Marina para formarem um belo casal.

Para educadores que queiram ensinar aos jovens como não confiar no virtual, indico o site http://piazzadigitale.corriere.it/2013/05/07/storyful-il-social-checking-anti-bufala, que lista vários serviços "anti barriga" que estão disponíveis na web (observo que, afortunadamente, junto com os falsos, a internet fornece também os meios para desmascará-los, basta aprender a navegar direito).

Mas a idolatria do virtual colhe suas vítimas. Eis uma notícia da semana passada. Em Roma, montado no parapeito de seu quarto no nono andar de um prédio, com um punhal apontado para o próprio estômago, um rapaz de 23 anos ameaçava suicidar-se. Parentes, polícia, bombeiros, colchão inflável estendido embaixo do prédio não conseguem convencê-lo a desistir. Até o momento em que o rapaz grita que quer ser aceito num *reality show*, e quer ir de limusine. Os policiais lembram que uma limusine usada no dia anterior numa publicidade ainda estava nos arredores. Mandam buscá-la e o rapaz desce.

Moral: a única coisa "real" que pode demover um aspirante a suicida é a promessa de uma realidade virtual. É bem verdade que era um rapaz perturbado, mas que isso não nos sirva de consolo, pois é razoável pensar que todos os que acreditam em *reality shows* (ou que responderiam ao e-mail de Marina, ou que levam a sério os sites que afirmam que o ataque às torres gêmeas foi organizado por Bush e pelos judeus) passariam facilmente por um teste psiquiátrico. Portanto, exceto em casos excepcionais, o problema do virtual não diz respeito aos insanos, mas aos sãos.

Aquelas porras* dos raios cósmicos

(2013)

Um amigo criticou minha *Bustina* anterior dizendo que falar dos Gin Martinis de 007 enquanto a Itália está de mal a pior é fazer mais ou menos como a orquestra do *Titanic*, que continuou a tocar enquanto o transatlântico afundava. É verdade, mas acho que (se isso aconteceu mesmo) os músicos do *Titanic* foram os únicos profissionais sérios naquele trágico acontecimento, uma vez que, enquanto todos davam demonstração de confusão, pânico, desatino e até de egoísmo, eles seguiram a exortação de Nelson antes de Trafalgar: "A Inglaterra precisa que cada um cumpra o seu dever." Seja como for, para não dar a impressão de que estou me refugiando na torre de marfim de uma erudita e desolada indignação, eis dois pensamentos requintadamente políticos e engajados.

Sobre a neolíngua. Parece que os ultimíssimos termos do léxico político são *troia* [puta/porra], *puttanieri* [putaneiros] e *vaffanculo* [vá tomar no cu] e peço desculpas se a obrigação de cronista me obriga a usar expressões muito diferentes daquelas de outrora, tais como: convergências paralelas, reação à espreita, classe operária.

---

* O termo italiano *troia* (plural *troie*), que foi utilizado aqui pelo autor, significa porca, mas também puta ou coisa sem valor, porcaria, aproximando-se, neste último sentido e no caso acima, do uso que se faz no Brasil da palavra porra. [*N. da T.*]

Espanta-me, contudo, o excesso de machismo que fez com que, quando Battiato usou (sem dúvida levianamente) o termo "troia" em relação a alguns parlamentares, todos se ofendessem com aquele ataque vulgar às deputadas e senadoras do sexo feminino. Por que ao ouvir a palavra *troia* eles pensaram imediatamente numa mulher? O termo é usado normalmente também para seres do sexo masculino e pode-se designar assim alguém que vende os próprios votos, vira casaca de um dia para o outro ou afirma à Câmara dos Deputados que Ruby Rubacuori era realmente sobrinha de Mubarak. E se, num momento de raiva por uma experiência que não deu certo, Zichini exclamasse "aquelas *troie* de raios cósmicos estão me enlouquecendo", não creio que estivesse querendo dizer necessariamente que as simpáticas partículas têm o sexo de Eva. Mas, ai de mim, somos todos machistas e pensamos que, salvo mamãe, todas as *troie* são mulheres e, portanto, toda mulher é *troia*.

Um pensamento sobre o Twitter. Numa era em que o Twitter enlouquece, é usado até pelo papa e parece que um falatório universal vai substituir a democracia representativa, duas teses contrastantes às vezes se confrontam. A primeira é de que o Twitter leva as pessoas a se expressarem de modo sentencioso, mas superficial, pois, como todos sabemos, escrever a *Crítica da razão pura* exige um pouco mais de 140 caracteres. A segunda é que o Twitter, ao contrário, educa à brevidade e à concisão.

Mas permitam-se suavizar as duas posições. Já foi dito que também os SMS levam os nossos jovens a usar e entender apenas uma linguagem telegráfica (tipo "Te amo D+"), esquecendo que o primeiro telegrama foi enviado por Samuel Morse em 1844 e, mesmo assim, depois de anos e anos de "Mamãe doente venha logo" ou "parabéns afetuosos Catarina", muita gente continuou a escrever como Proust. A humanidade aprendeu a mandar mensagens com poucas palavras, o que não impediu que Marco Boato fizesse na Câmara, em 1981, um discurso que durou dezoito horas.

Quanto ao fato de que o Twitter educa à essencialidade, creio que é um exagero. Com 140 caracteres já se corre o risco de ser prolixo. É verdade que esta citação — "No princípio, Deus criou o céu e a terra. A terra era informe e vaga, as trevas cobriam o abismo e o sopro de Deus agitava a superfície das águas." — é digna do prêmio Pulitzer porque em 146 espaços (mas 117 caracteres) diz exatamente aquilo que o leitor quer saber. Mas é possível dizer em espaços bem mais breves coisas de grande sagacidade (Perder um genitor pode ser um acidente, mas perder os dois é pura desatenção; É do poeta o fim, a maravilha — quem não sabe surpreender, que retorne à estrebaria), de grandíssima profundidade (Beatos os pobres de espírito pois deles será o reino dos céus, Seja o vosso "sim", sim, e o vosso "não", não; o que passa disso vem do Maligno; O homem é um animal racional mortal; O poder não se toma, mas se constrói; Ser ou não ser, eis a questão; Aquilo que não se pode dizer, se deve calar; Tudo o que é real é racional; *Gallia est omnis divisa in partes tres*) ou frases e conceitos que marcaram a história da humanidade, como: Obedeço; *Veni vidi vici*; *Tiremm innanz*; *Non possumus*; Combateremos à sombra; Aqui se faz a Itália ou se morre.

Parafraseando Foscolo, usuários do Twitter, eu vos exorto à concisão.

Sobre os celulares

O celular revisitado

(2005)

No início dos anos 1990, quando poucas pessoas tinham telefones celulares, mas estas poucas já conseguiam transformar uma viagem de trem numa coisa insuportável, escrevi uma *Bustina* bastante irritada. Dizia, em síntese, que o celular só devia ser permitido para os transplantadores de órgãos, os bombeiros hidráulicos (em ambos os casos, pessoas que, para o bem social, precisam ser encontradas de imediato onde quer que estejam) e os adúlteros. Quanto aos demais, era sobretudo um sinal de inferioridade social, especialmente no caso de senhores imperceptíveis em tudo o mais, que vociferam no trem ou no aeroporto a respeito de ações, profiláticos metálicos e empréstimos bancários: os poderosos de verdade não têm celulares, mas vinte secretários que filtram as ligações. Quem precisa de celular são os quadros médios obrigados a atender o diretor executivo a qualquer hora ou o pequeno fazendeiro para poder receber do banco a comunicação de que sua conta está no vermelho.

Desde então, a situação dos adúlteros mudou duas vezes: numa primeira fase, tiveram de renunciar a este reservadíssimo instrumento, pois a simples aquisição de um celular já colocava o cônjuge em questão sob suspeita; numa segunda fase, a situação sofreu nova reviravolta porque, visto que agora todo mundo tem celular, ele deixou de ser prova irrefutável de adultério. Hoje os amantes podem utilizá-lo, desde que não estejam ligados a personagens mais ou menos públicos, pois, em tal caso, a comunicação certamente estará sendo grampeada. Nada mudou em relação à inferioridade social (ainda não vi fotos de Bush com o celular no ouvido), mas é fato que ele se transformou num instrumento de comunicação (excessiva) entre mães e filhos, de fraude em vestibulares, de fotomania compulsiva; além disso, as jovens gerações estão abandonando o relógio de pulso, pois veem a hora no celular. Se acrescentarmos a isso o surgimento das mensagens, das informações jornalísticas minuto a minuto e a ligação via celular com a internet, a troca de mensagens eletrônicas *wireless* e o fato de que, em suas formas mais sofisticadas, ele funciona até como computador de bolso, veremos que estamos diante de um fenômeno social e tecnologicamente fundamental.

Ainda é possível viver sem celular? Uma vez que "viver-pelo-celular" implica uma adesão total ao presente e um furor do contato que nos priva de qualquer momento de reflexão solitária, quem preza a própria liberdade (seja interior, seja exterior) pode desfrutar de muitos serviços oferecidos pelo aparelho, exceto seu uso telefônico. Pode, no máximo, ligá-lo apenas para chamar um táxi ou avisar em casa que o trem atrasou três horas, mas não para ser chamado (basta mantê-lo desligado). Quando alguém critica este meu hábito, respondo com um triste argumento: quando meu pai morreu, há mais de quarenta anos (antes dos celulares, portanto), eu estava viajando e só pude ser contatado muitas horas depois. Pois bem, estas horas de atraso não mudaram nada. Aliás, a situação não mudaria nem que eu fosse avisado em dez minutos. Isso quer dizer que a comunicação instantânea proporcionada pelo celular tem pouco a ver com os grandes temas da vida e da morte, não serve para quem está fazendo uma pesquisa sobre Aristóteles nem para quem reflete sobre a existência de Deus.

O celular seria então inútil para um filósofo (salvo para levar no bolso uma bibliografia de 3 mil títulos sobre Malebranche)? Muito pelo contrário. Algumas inovações tecnológicas mudaram tanto a vida humana que se transformaram em tema da filosofia — basta pensar na invenção da escrita (de Platão a Derrida) ou no advento dos teares mecânicos (ver Marx). Curiosamente, não existe muita filosofia a respeito de outras modificações tecnológicas importantes para nós, como o automóvel, por exemplo, ou o avião (embora tenham reflexos na transformação da ideia de velocidade).

Mas é porque só usamos automóvel ou avião em determinados momentos (à exceção dos taxistas, caminhoneiros ou pilotos), enquanto a escrita e a mecanização da maior parte das atividades cotidianas transformaram radicalmente cada momento de nossas vidas.

Mas Maurizio Ferraris acabou de dedicar um livro à filosofia do celular: *Dove sei? Ontologia del telefonino*, Bompiani, 2011. Talvez o título dê a entender que se trata de um divertimento despretensioso, mas Ferraris extrai do tema uma série de reflexões muito sérias, envolvendo o leitor num jogo filosófico bastante intrigante. Os celulares estão mudando radicalmente nosso modo de viver e, portanto, transformaram-se num objeto "filosoficamente interessante". Ao assumir também as funções de agenda portátil e pequeno computador conectado à internet, o celular é cada vez menos um instrumento da oralidade e cada vez mais um instrumento de escrita e leitura. E enquanto tal, tornou-se um instrumento oniabrangente de gravação — e veremos como palavras como escrita, registro e "inscrição" são capazes de deixar um companheiro de Derrida de orelha em pé.

São apaixonantes, mesmo para os leitores não especializados, as primeiras cem páginas de "antropologia" do celular. Existe uma diferença substancial entre falar ao telefone e falar ao celular. No telefone, era possível perguntar se alguém estava em casa, enquanto no celular (a não ser que tenha sido roubado) sempre sabemos quem responde e se este alguém está (o que muda nossa situação de "*privacy*"). Mas o telefone fixo permitia saber onde a pessoa chamada estava, enquanto agora fica sempre o problema de saber sua localização (aliás, se ele responder "estou nas suas costas", mas for assinante de uma companhia de um outro país, a resposta inclui meia volta ao mundo). No entanto, se eu não sei onde está a pessoa que fala comigo, a operadora sabe muito bem onde ambos estão — de modo que a capacidade de escapar do controle individual corresponde a uma transparência total dos nossos movimentos no que diz respeito ao Big Brother de Orwell.

São possíveis várias reflexões pessimistas (paradoxais e, portanto, confiáveis) sobre o novo "*homo cellularis*". Por exemplo: muda a própria dinâmica da interação face a face entre Fulano e Beltrano, que não é mais uma relação a dois, pois a conversa pode ser interrompida pela inserção celular de Sicrano e, assim, a interação entre Fulano e Beltrano procede aos soluços ou é interrompida. Logo, o instrumento príncipe da conexão (eu estar sempre presente para os outros, assim como os outros para mim) torna-se ao mesmo tempo o instrumento da desconexão (Fulano está conectado com todo mundo menos Beltrano). Entre as reflexões otimistas, gosto da remissão à tragédia de Jivago que, depois de anos, revê Lara do bonde, não consegue descer a tempo para encontrá-la e morre. Se os dois tivessem celular, como acabaria a trágica história? A análise de Ferraris oscila (justamente) entre as possibilidades que o celular abre e as castrações às quais nos submete, principalmente a perda da solidão, da reflexão silenciosa sobre nós mesmos e a condenação à presença constante do presente. Nem sempre a transformação coincide com a emancipação.

Mas quando chegamos a um terço do livro, Ferraris passa do celular para uma discussão sobre os temas que sempre o apaixonaram nos últimos anos, entre os quais a polêmica contra seus mestres de origem, de Heidegger a Gadamer e a Vattimo, contra o pós-modernismo filosófico, contra a ideia de que não existem fatos, mas apenas interpretações, até uma defesa agora plena do conhecimento como *adaequatio*, ou seja (pobre Rorty), "Espelho da Natureza". Naturalmente com muita prudência, mas é uma pena não poder seguir passo a passo a fundamentação de uma espécie de realismo que Ferraris chama de "textualismo fraco".

Como ele chega do celular ao problema da Verdade? Através de uma distinção entre objetos físicos (como uma cadeira ou o Monte Branco), objetos ideais (como o teorema de Pitágoras) e objetos sociais (como a Constituição italiana ou a obrigação de pagar seu consumo no bar). Os dois primeiros tipos de objetos existem também fora das nossas decisões, enquanto o terceiro tipo só se torna, por assim dizer, operativo depois de um registro ou inscrição. Uma vez dito que Ferraris tenta também uma fundamentação de certo modo "natural" destes registros sociais, eis que o celular se apresenta como o instrumento absoluto de cada ato de registro.

Seria interessante discutir muitos pontos do livro. Por exemplo, as páginas dedicadas à diferença entre registro (são registros um extrato bancário, uma lei, qualquer coletânea de dados pessoais) e comunicação. As ideias de Ferraris sobre o registro são extremamente interessantes, enquanto suas ideias sobre a comunicação sempre foram um pouco genéricas (para usar contra ele a metáfora de um texto seu anterior, parecem compradas na Ikea). Mas no espaço de uma *Bustina* não se podem fazer discussões filosóficas aprofundadas.

Algum leitor poderá perguntar se era realmente necessário começar pelo celular para chegar a conclusões que podiam partir também dos conceitos de escrita e de "assinatura". Claro, o filósofo pode partir até de uma reflexão sobre as minhocas para desenhar toda uma metafísica, mas talvez o aspecto mais interessante do livro não seja o fato de que o celular permitiu que Ferraris desenvolvesse uma ontologia, mas sim que sua ontologia permitiu que compreendesse e fizesse compreender o celular.

Engolir o celular

(2008)

Li num jornal da semana passada esta extraordinária notícia: "Em Roma, marroquino engole um celular e é salvo pela polícia." A polícia passa numa rua tarde da noite, vê um sujeito caído no chão cuspindo sangue e cercado por conterrâneos, remove o sujeito e leva para o hospital, onde lhe extraem um Nokia da garganta.

Ora, considero impossível que (à parte uma ideia publicitária da Nokia) um ser humano, por mais alterado que esteja, possa engolir um celular. O jornal levantava a hipótese de que o episódio fizesse parte de um acerto de contas entre traficantes e, portanto, é mais verossímil que tenham lhe enfiado o celular goela abaixo à força, não como glutonaria, mas como retaliação (talvez o punido tenha telefonado a alguém que não devia).

A pedra na boca é uma infâmia de origem mafiosa e é enfiada na garganta do cadáver de alguém que revelou segredos a estranhos (Giuseppe Ferrara fez um filme com este título) e não é espantoso que o costume tenha passado para outros grupos étnicos — e ademais, a máfia é um fenômeno tão internacional que anos atrás, em Moscou, alguém perguntou à minha tradutora russa como se dizia "máfia" em italiano.

Dessa vez, porém, não se trata de uma pedra, mas de um celular, o que me parece altamente simbólico. A nova criminalidade não é mais rural, mas urbana e tecnológica; é natural que o morto não seja mais empedrado mas, digamos, "cyborguizado". E mais: enfiar um celular na boca de alguém é como enfiar seus testículos, ou seja, a coisa mais íntima e pessoal que possui, o complemento natural de sua fisicidade, prolongamento da orelha, do olho e muitas vezes do pênis. Sufocar alguém com seu celular é como estrangulá-lo com suas próprias vísceras. Tome, mensagem pra você.

Uma torta de morangos com creme

(2012)

Algum tempo atrás, na Academia de Espanha, em Roma, eu estava tentando falar, mas uma senhora lançava (ao acionar sua telecâmera da melhor maneira) uma luz ofuscante em meu rosto, impedindo que lesse minhas notas. Reagi de modo bastante irritado dizendo (como disse muitas vezes a fotógrafos indelicados) que quando estou trabalhando, eles devem, em função da divisão do trabalho, parar de trabalhar. A senhora desligou a câmera, mas com o ar de quem havia sofrido um abuso de poder. Justamente na semana passada, em San Leo, no lançamento de uma belíssima iniciativa da prefeitura visando a redescoberta das paisagens de Montefeltro que aparecem nas pinturas de Piero della Francesca, três indivíduos estavam me deixando cego com seus flashs e fui obrigado a reconduzi-los às regras da boa educação.

Note-se que em ambos os casos os ofuscadores não eram gente do Grande Irmão, mas ao que tudo indica pessoas cultas que compareceram voluntariamente para ouvir discursos que exigiam um certo empenho. Contudo, é evidente que a síndrome do olho eletrônico fez com que descessem do nível humano que talvez aspirassem a alcançar: praticamente desinteressados naquilo que se dizia, tudo que queriam era registrar o evento, talvez para colocá-lo no YouTube. Abriram mão de entender o assunto de que tratávamos para guardar na memória de seu celular aquilo que poderiam ver com os próprios olhos.

Portanto, este presencialismo de um olho mecânico à custa do cérebro parece ter alterado mentalmente até as pessoas de comportamento em geral civil. Eles teriam saído do evento, a que assistiram, com algumas imagens (e estariam justificados se eu fosse uma *stripper*), mas sem a menor ideia do que tinham presenciado. E se, como imagino, andam pelo mundo fotografando tudo o que veem, estão evidentemente condenados a esquecer no dia seguinte o que registraram no dia anterior.

Já contei repetidas vezes como foi que parei de tirai fotos em 1960, depois de um passeio pelas catedrais francesas, fotografando feito um maluco. Na volta, topei com uma série de fotografias modestíssimas e não conseguia lembrar do que tinha visto. Para a memória futura, mais para os outros do que para mim, passei a comprar ótimos cartões-postais.

Certa vez, quando tinha 11 anos, fui atraído por estranhos clamores na estrada perimetral da cidade para onde tinha sido removido. Eis o que vi a distância: uma caminhão havia batido numa carroça guiado por um camponês com a esposa ao lado: a mulher havia sido arremessada ao chão e jazia com a cabeça quebrada no meio de uma poça de sangue e substância cerebral (na minha lembrança ainda horrorizada, era como se tivessem esmigalhado uma torta de morangos com creme), abraçada pelo marido, que gritava de desespero.

Não me aproximei muito, aterrorizado: não só era a primeira vez em que via um cérebro espalhado no asfalto (por sorte, foi também a última), mas era a primeira vez em que me via diante da Morte. E da Dor e do Desespero.

O que teria acontecido se tivesse, como qualquer menino hoje em dia, um celular com câmera incorporada? Talvez tivesse registrado para mostrar aos amigos que estava realmente lá e, em seguida, colocado este meu capital visual no YouTube, para deliciar outros adeptos da *Schadenfreude*, ou seja, do prazer pela desgraça alheia. E depois talvez, à força de registrar outras desgraças, acabaria me tornando indiferente ao sofrimento alheio.

Mas eu, ao contrário, conservei tudo na memória e aquela imagem, mesmo a setenta anos de distância, continua a atormentar-me e a educar-

-me, transformando-me num partícipe não indiferente da dor dos outros. Não sei se os jovens de hoje ainda poderão dispor dessas possibilidades de tornar-se adultos. Os adultos, com os olhos colados nos celulares, já estão perdidos para sempre.

Evolução: tudo com uma única mão

(2013)

Outro dia na rua desfilaram a meu lado, uma depois da outra, cinco pessoas de ambos os sexos: duas falavam ao celular, duas digitavam freneticamente correndo o risco de tropeçar, uma caminhava segurando o objeto na mão, pronta a responder a qualquer som que lhe prometesse um contato humano.

Um amigo meu, pessoa culta e distinta, jogou fora seu Rolex porque, diz ele, pode ver a hora no BlackBerry. A tecnologia inventou o relógio de pulso para permitir que os humanos não andassem por aí com um pêndulo nas costas ou não tivessem que tirar o cebolão do bolso do colete a cada dois minutos. E eis que meu amigo escolhe andar, não importa o que esteja fazendo, com a mão perenemente ocupada. A humanidade está atrofiando um de seus dois membros, e no entanto, todos sabemos o quanto as duas mãos com polegar opositor contribuíram para a evolução da espécie. Ocorreu-me que bastava uma das mãos para escrever com pena de ganso, mas para o teclado do computador são necessárias duas e, portanto, o celularmaníaco não pode usar o celular e o computador ao mesmo tempo, mas depois refleti que o "*phone addict*" não precisa mais do computador (objeto já pré-histórico), pois pode acessar a internet e mandar SMS pelo celular e não precisa mais de e-mails, pois pode falar diretamente com a pessoa que pretende importunar e pela qual anseia ser importunado. É verdade que suas leituras da Wikipédia serão mais difíceis e, portanto, mais rápidas e superficiais, suas mensagens escritas mais telegráficas (enquanto o e-mail permitia escrever até as últimas cartas de Jacopo Ortis), mas o celularmaníaco não tem mais tempo para recolher informações enciclopédicas, nem para se expressar de modo articulado, por estar empenhado em conversações cuja coerência sintática é largamente testemunhada pelas execradas interceptações — deduz-se daí que o *phone addict*, renunciando ademais a qualquer intimidade, expressa seus planos com reticências e alguns poucos apostos neanderthalianos tipo caralho e porra.

A propósito, tomo a liberdade de pedir que recordem *L'amore è eterno*, de Carlo Verdone, no qual, em plena cópula, uma jovem se debruça por sobre o corpo do parceiro para conseguir responder às suas urgentíssimas mensagens. Uma jornalista espanhola (aliás, de aparência inteligente e culta) a quem concedi uma entrevista espantava-se porque não interrompi a conversa nem uma vez para falar ao celular, concluindo daí que eu era uma pessoa muito cortês. Não lhe passou pela cabeça que talvez eu não tivesse celular ou que o mantivesse sempre desligado, pois não me serve para receber mensagens indesejadas, mas só para consultar a agenda.

O celular e a rainha de *Branca de Neve*

(2015)

Andava na calçada quando vi uma mulher vindo em minha direção, grudada no celular e sem, portanto, olhar por onde ia. Se não desviasse dela, fatalmente nos chocaríamos. Como sou intimamente malvado, parei de repente e dei meia-volta, como se olhasse para trás: a senhora em questão bateu de frente com minhas costas. Eu tinha contraído o corpo para receber o impacto e resisti bem, ela entrou em *tilt*, o celular caiu, percebeu que tinha esbarrado em alguém que não podia vê-la e que, portanto, a responsabilidade de desviar era dela. Balbuciou algumas desculpas, enquanto eu respondia com humanidade: "Não se preocupe, isso é comum hoje em dia."

Espero que o celular tenha se quebrado ao cair e aconselho a quem se encontrar numa situação parecida que se comporte como eu. É bem verdade que os telefonadores compulsivos deveriam ser eliminados ainda na infância, mas como não se encontram mais Herodes como antigamente, é correto puni-los pelo menos quando são adultos, embora se mostrem incapazes de compreender em que abismo caíram e perseverem no erro.

Sei muito bem que dezenas de livros já foram escritos sobre a síndrome do celular e que talvez não reste nada a acrescentar, porém, se refletirmos um instante, parece inexplicável que quase toda a humanidade tenha sido tomada pelo mesmo frenesi e não tenha mais relações face a face, não olhe a paisagem, não reflita sobre a vida e a morte, mas ao contrário, fale obsessivamente, quase sempre sem ter nada de urgente a dizer, desperdiçando a própria vida num diálogo entre cegos.

É que estamos vivendo uma era em que, pela primeira vez, a humanidade consegue realizar um dos três desejos espasmódicos que durante séculos a magia tentou realizar. O primeiro é o desejo de voar, mas levitando com o próprio corpo, batendo os braços e não embarcando numa máquina; o outro é poder atuar sobre o inimigo ou sobre a pessoa amada pronunciando palavras arcanas e espetando um boneco de barro; o terceiro é justamente a comunicação a distância, sobrevoando oceanos e cadeias montanhosas, tendo à disposição um gênio ou um objeto prodigioso que pode, de repente, passar de Frosinone a Pamir, de Innisfree a Timbuctu, de Bagdá a Poughkeepsie, comunicando-se instantaneamente com quem está a milhares de quilômetros de distância — sozinhos, por obra pessoal e não como acontece na televisão, na qual dependemos de uma decisão alheia e nem sempre podemos ver ao vivo.

O que estimulou os homens, durante séculos, às práticas mágicas? A pressa. A magia prometia uma passagem instantânea da causa ao efeito por curto-circuito, sem cumprir os passos intermediários: pronuncio uma fórmula e transformo ferro em ouro, evoco os anjos e envio uma mensagem por eles. A confiança na magia não desapareceu com o advento da ciência experimental, pois o sonho da simultaneidade entre causa e efeito transferiu-se para a tecnologia. Hoje, é a tecnologia quem nos dá tudo e já (justamente, aperte um botão do celular e fale imediatamente com Sydney), enquanto a ciência procede devagar e sua prudente lentidão não pode nos satisfazer porque queremos a panaceia contra o câncer já e não para amanhã — de modo que tendemos a confiar no médico-curandeiro que promete a poção imediatamente milagrosa sem que precisemos esperar por anos.

A relação entre entusiasmo tecnológico e pensamento mágico é muito estreita e está ligada à esperança religiosa na ação fulminante do milagre. O pensamento teológico falava e fala de mistérios, mas argumentava e argumenta para demonstrar que somos concebíveis ou, ao contrário, insondáveis. A confiança no milagre, por seu lado, nos mostra o numinoso, o sagrado, o divino que surge e opera sem demora.

Será que existe uma relação entre quem promete a cura imediata do câncer, padre Pio, o celular e a rainha de *Branca de Neve*? Num certo sentido, sim. Eis por que a mulher da minha história vivia num universo de conto de fada, enfeitiçada por uma orelha e não mais por um espelho mágico.

Sobre as conspirações

Onde está o Linguarudo?

(2007)

Como se sabe, circulam muitas teorias da conspiração a respeito do 11 de Setembro. Existem as mais extremas (encontradas em sites fundamentalistas árabes ou neonazistas), segundo as quais o complô teria sido organizado pelos judeus e todos os judeus que trabalhavam nas torres gêmeas teriam sido alertados na véspera para não ir ao trabalho — embora se saiba que cerca de quatrocentos cidadãos israelenses ou judeus americanos estavam entre as vítimas; existem as teorias anti-Bush que dizem que o atentado foi organizado para justificar a posterior invasão do Afeganistão e do Iraque; existem aquelas que atribuem o fato a diversos serviços secretos americanos mais ou menos transviados; existe a teoria de que o complô era fundamentalista árabe, mas que o governo americano já estava a par dos detalhes, porém deixou as coisas seguirem seu curso para ter um pretexto para atacar o Afeganistão e o Iraque (mais ou menos o que se disse de Roosevelt: que ele estava a par do ataque iminente a Pearl Harbor, mas não fez nada para colocar sua frota a salvo justamente porque precisava de um pretexto para declarar guerra ao Japão), e existe a teoria que diz que o ataque é certamente obra dos fundamentalistas de Bin Laden, mas que as várias autoridades responsáveis pela defesa do território estadunidense reagiram mal e em atraso, dando prova de espantosa incompetência. Em todos estes casos, os defensores de pelo menos um entre estes complôs sustentam que a reconstrução oficial dos fatos é falsa, enganosa e pueril.

Quem quiser ter uma ideia acerca destas várias teorias da conspiração deve ler o livro organizado por Giulietto Chiesa e Roberto Vignoli, *Zero. Perchè la versione ufficiale sull'11/9 è un falso* (Piemme, 2007), no qual aparecem os nomes de alguns colaboradores de grande respeito, como Franco Cardini, Gianni Vattimo, Gore Vidal, Lidia Ravera, além de numerosos estrangeiros.

Mas quem quiser saber como soam os sinos do outro lado deve agradecer à editora Piemme porque, com admirável equanimidade (e dando prova de que sabe conquistar dois setores opostos do mercado), publicou no mesmo ano um livro contra as teorias da conspiração, *11/9. La cospirazione impossibile*, organizado por Massimo Polidoro, com colaboradores de igual respeito, como Piergiorgio Odifreddi ou James Randi. O fato de meu nome aparecer entre eles não joga a meu favor nem a meu desfavor, pois o organizador simplesmente pediu para usar no livro uma *Bustina* que nem era tanto sobre o 11 de Setembro, mas antes sobre a eterna síndrome da conspiração. Contudo, como acredito que o nosso mundo tenha nascido por acaso, para mim não é difícil acreditar que a maior parte dos acontecimentos que o atormentaram no curso dos milênios, da guerra de Troia a nossos dias, ocorreu por acaso ou por concursos de várias bobagens e, portanto, por natureza, por ceticismo, por prudência tendo sempre a duvidar de qualquer conspiração, pois considero que meus semelhantes são estúpidos demais para concebê-las tão perfeitamente. Ainda que — por razões certamente temperamentais, mas num impulso incontrolável — tenda também a considerar Bush e sua administração capazes de tudo.

Não entro (também por razões de espaço) nos detalhes dos argumentos usados pelos defensores de uma e de outra tese, que podem ser, todos eles, muito persuasivos, mas apelo apenas àquilo que definirei como "prova do silêncio". Um exemplo de prova do silêncio pode ser usado, por exemplo, contra aqueles que insinuam que o desembarque americano na Lua foi uma montagem televisiva. Se a nave espacial americana não tivesse chegado à Lua, havia quem tivesse condições de averiguar e todo o interesse em divulgar o fato: os soviéticos. Portanto, se os soviéticos ficaram calados, é prova de que os americanos de fato desembarcaram na Lua. E ponto final.

No que diz respeito a conspirações e segredos, a experiência (inclusive histórica) nos diz que: (i) se existe um segredo, mesmo que seja de uma única pessoa, esta mesma pessoa vai revelá-lo mais cedo ou mais tarde, talvez na cama com um amante (somente os maçons ingênuos ou os seguidores de algum rito templário fajuto ainda acreditam que existem segredos que nunca foram revelados); (ii) se existe um segredo, haverá sempre uma soma em dinheiro capaz de convencer alguém a revelá-lo (bastaram algumas centenas de milhares de esterlinas em direitos autorais para convencer um oficial do exército inglês a contar tudo o que tinha feito na cama com a princesa Diana e se tivesse feito o mesmo com a sogra, bastaria dobrar a quantia para que um *gentleman* do tipo contasse tudo). Ora, para organizar um falso atentado às torres gêmeas (miná-las, garantir que as forças aéreas não interferissem, esconder provas embaraçosas e assim por diante), seria indispensável a colaboração, se não de milhares, pelo menos de centenas de pessoas. E como este tipo de empreendimento não costuma empregar cavalheiros, é impossível que pelo menos um deles não tivesse concordado em falar por uma soma adequada. Em suma, está faltando o Linguarudo dessa história.

Conspirações e tramas

(2007)

Acabou de ser traduzido para o italiano o livro de Kate Tuckett, *Cospirazioni. Trame, complotti, depistaggi e altre inquietanti verità nascoste* (Castelvecchi, 2007). A síndrome da conspiração é tão antiga quanto o mundo e quem traçou sua filosofia de maneira soberba foi Karl Popper, num ensaio sobre a teoria social da conspiração que pode ser encontrado em *Congetture e refutazioni* (Il Mulino, 1972).* "Esta teoria, mais primitiva que muitas

* *Conjecturas e refutações*, Ed. UnB, 1972. [*N. da T.*]

formas de teísmo, é semelhante àquela de Homero, que concebia o poder dos deuses de tal modo que tudo que acontecia nas planícies diante de Troia constituía apenas um reflexo das múltiplas conspirações tramadas no Olimpo. A teoria social da conspiração é, de fato, uma versão deste teísmo, ou seja, da crença em divindades cujos caprichos ou desejos regem todas as coisas. Isso é consequência do enfraquecimento da referência a Deus e da consequente pergunta: 'Quem ocupou seu lugar?' Ele é ocupado agora por diversos homens e grupos poderosos — sinistros grupos de pressão, aos quais se pode imputar a organização da grande depressão e de todos os males que sofremos [...]. Quando os teóricos da conspiração chegam ao poder, ela assume o caráter de uma teoria que trata de eventos reais. Por exemplo, quando Hitler conquistou o poder, ele acreditava no mito da conspiração dos Sábios Anciãos de Sião e, portanto, tentou reagir à altura com sua própria contraconspiração."

A psicologia da conspiração nasce do fato de que as explicações mais evidentes de muitos fatos preocupantes não são satisfatórias e muitas vezes não são aceitas justamente porque são duras de aceitar. Basta pensar na teoria do Grande Velho depois do sequestro de Aldo Moro: como é possível, perguntavam-se todos, que jovens de 30 anos tenham sido capazes de realizar uma ação tão perfeita? Deve haver um Cérebro mais engenhoso por trás deles. Sem pensar que naquele exato momento outros trintões dirigiam empresas, pilotavam *airbuses* ou inventavam novos dispositivos eletrônicos e que, portanto, o problema não era como aqueles jovens trintões tinham sido capazes de sequestrar Moro na via Fani, mas o fato de que aqueles trintões eram os filhos dos que teciam a fábula do Grande Velho.

Em certo sentido, a interpretação suspeitosa nos absolve de nossas responsabilidades, pois nos leva a crer que por trás daquilo que nos preocupa esconde-se um segredo e que a ocultação deste segredo constitui uma conspiração contra nós. Acreditar na conspiração é um pouco como acreditar na cura milagrosa, salvo que neste último caso não se tenta explicar uma ameaça, mas apenas um inexplicável golpe de sorte (ver Popper, a origem está sempre no recurso às manobras dos deuses).

O interessante é que, na vida cotidiana, nada é mais transparente que a conspiração e o segredo. Uma conspiração, se for eficaz, acaba criando os próprios resultados e torna-se evidente. O mesmo se pode dizer do segredo, que não somente é regularmente revelado por uma série de "linguarudos", como também, não importa sobre o que seja, se for importante (seja a fórmula de uma substância prodigiosa ou uma manobra política), cedo ou tarde vem à luz. Conspirações e segredos, se não chegam à superfície, ou eram conspirações canhestras ou segredos vazios. A força de quem anuncia que tem um segredo não é o fato de ocultar alguma coisa, mas de fazer com que acreditem que existe um segredo. Neste sentido, segredo e conspiração podem ser armas eficazes justamente nas mãos de quem não acredita neles.

Em seu célebre ensaio sobre o segredo, Georg Simmel recordava que "o segredo confere a quem o possui uma posição de exceção... Ele é fundamentalmente independente de seu conteúdo, mas com certeza é mais eficaz quanto mais vasta e significativa for sua posse... Diante do desconhecido, o impulso natural à idealização e o temor natural do homem cooperam para o mesmo fim: intensificar o desconhecido através da imaginação e considerá-lo com uma intensidade que em geral não é reservada às realidades evidentes."

Consequência paradoxal: por trás de cada falsa conspiração, talvez se esconda a conspiração de alguém que tem interesse em apresentá-la como verdadeira.

Uma bela Companhia

(2008)

Toda vez que abordei o tema da síndrome da conspiração aqui na *Bustina*, recebi cartas de pessoas irritadas que recordavam que elas existem de verdade. Claro que sim. Cada golpe de Estado era, até a véspera, uma conspiração; conspira-se também para assumir o controle de uma empresa adquirindo pouco a pouco suas ações ou para colocar uma bomba no metrô. Conspirações sempre existiram, algumas falharam sem que ninguém percebesse, outras foram bem-sucedidas, mas em geral o que as caracteriza é que são sempre limitadas quanto aos fins e à área de eficácia. Mas quando citamos a síndrome da conspiração estamos nos referindo à ideia de um complô universal (em certas teologias tem até dimensão cósmica), no qual todos ou quase todos os acontecimentos da história são determinados por um poder único e misterioso, que age nas sombras.

Esta é a síndrome da conspiração de que falava Popper e é pena que tenha passado quase em branco o livro de Daniel Pipes, *Il lato oscuro della storia*, traduzido em 2005 pela editora Lindau, mas publicado originalmente em 1997 com um título mais explícito, *Conspiracy* (subtítulo "Como floresce o estilo paranoico e de onde vem"). O livro começa com uma citação de Metternich que, ao saber da morte do embaixador russo, teria comentado: "Quais terão sido as motivações?"

Justamente, a síndrome da conspiração substitui os acidentes e acasos da história por um desígnio obviamente maligno e sempre oculto.

Sou lúcido o suficiente para suspeitar às vezes que, ao deplorar as síndromes de conspiração, talvez esteja dando prova de paranoia, na medida em que manifesto uma síndrome que me faz acreditar que existem síndromes de conspiração por todo lado. Mas para recuperar a tranquilidade, basta sempre uma rápida inspeção na internet. Os conspiradores formam legião e às vezes chegam ao auge de um refinado humor involuntário. Outro dia entrei num site que exibia um longo texto, *Le monde malade des jesuites*, de Joël Labruyère. Conforme sugere o título, trata-se de uma ampla resenha de todos os eventos do mundo (não apenas contemporâneo) que se devem à conspiração universal dos jesuítas.

Os jesuítas do século XIX, de padre Barruel ao nascimento da revista *La Civiltà Cattolica* e aos romances de padre Bresciani, estavam entre os principais insufladores da teoria da conspiração judaico-maçônica e era justo que fossem pagos com a mesma moeda pelos liberais, mazzinianos, maçons e anticlericais, ou seja, justamente com a teoria da conspiração jesuíta, popularizada não tanto por determinados panfletos ou por livros famosos, desde as *Provinciais* de Pascal até *O jesuíta moderno* de Gioberto ou os escritos de Michelet e Quinet, mas pelos romances de Eugène Sue, *O judeu errante* e *Os mistérios do povo*.

Nada de novo, portanto, mas o site de Labruyère leva ao cúmulo a obsessão pelos jesuítas ao paroxismo. Cito rapidamente pois o espaço da *Bustina* é o que é, enquanto a fantasia de Labruyère é homérica. Portanto, os jesuítas sempre pretenderam constituir um governo mundial, controlando tanto o papa quanto os vários monarcas europeus; tentaram, através dos famigerados Iluminados da Baviera (que os próprios jesuítas criaram, denunciando-os mais tarde como comunistas), derrubar os monarcas que baniram a Companhia de Jesus; afundaram o *Titanic* porque o acidente lhes deu ocasião de fundar o Federal Reserve Bank com a mediação dos cavaleiros de Malta, controlados por eles — e não é por acaso que morreram no naufrágio do *Titanic* os três judeus mais ricos do mundo, Astor, Guggenheim e Strauss, que se opunham à fundação do banco. Trabalhando com o Federal Reserve Bank, os jesuítas financiaram as duas guerras mundiais, que só produziram benefícios para o Vaticano. Quanto ao assassinato de Kennedy (e Oliver Stone é claramente manipulado pelos jesuítas), se não esquecermos que a CIA também nasceu como programa jesuíta inspirado nos exercícios espirituais de Ignácio de Loiola e que os jesuítas a controlavam através da KGB soviética, logo concluiremos que Kennedy foi morto pelos mesmos que botaram a pique o *Titanic*.

Naturalmente, são de inspiração jesuíta todos os grupos neonazistas e antissemitas; havia jesuítas por trás de Nixon e de Clinton; jesuítas produziram o massacre de Oklahoma City; inspirava-se nos jesuítas o cardeal Spellman, que fomentou a guerra do Vietnã, que rendeu 290 milhões de dólares ao Federal Bank jesuíta. E naturalmente não podia faltar o *Opus Dei*, que os jesuítas controlam através do cavaleiros de Malta.

Devo sobrevoar ainda muitas outras conspirações. Mas agora não perguntem mais por que as pessoas leem Dan Brown. Talvez os jesuítas estejam por trás disso.

Adivinhações

(2010)

Em geral, adivinhos, magos ou astrólogos usam expressões ambíguas que servem para qualquer situação. Quem ouve dizer "você é uma pessoa doce, mas que sabe se impor" gosta de ver estas suas duas virtudes reconhecidas, mesmo que sejam mutuamente contraditórias. É por isso que os magos prosperam, mas o que dizer das previsões pontuais que são descaradamente (e regularmente) desmentidas pelos fatos?

O CICAP, ou seja, o Comitê Italiano para o Controle das Afirmações sobre a Paranormalidade, faz regularmente um monitoramento anual das previsões astrológicas do ano anterior.

O intérprete de Nostradamus, Luciano Sampietro, previu um atentado mortal contra o papa em 2009; Peter Van Wood preconizou (para 2009), no jornal *Nero su Bianco*, terremotos na Grécia, Croácia, Indonésia e Amsterdã, mas felizmente nada na Itália. O mago Otelma prenunciou que a integridade pessoal de Obama estaria correndo perigo no outono.

A sensitiva Teodora Stefanova advertiu no site *Quotidianonet* que o próximo secretário geral da OTAN seria Solomon Passy, o *Almanacco di Barbanera* afirmou que a China encontraria uma solução para a situação do Tibet, Johnny Traferri, aliás, mago Johnny (*La Nazione*) previu um atentado contra Obama em março e ainda acrescentou: "Ocorrerão suicídios coletivos, um grande homem da televisão será assassinado e haverá um luto terrível no esporte."

Para a Itália, a astróloga Horus (*Venerdì di Repubblica*) antecipou que as importantes reformas anunciadas desde sempre se realizariam até o fim do ano, Luisa De Giuli (TG COM, Mediaset on-line) disse que, até junho de 2009, os esforços legislativos para reequilibrar os desequilíbrios sociais teriam sucesso; para o astrólogo Mauro Perfetti (*Quelli che il calcio*), o Torino conseguiria escapar da série B, e para a astróloga Meredith Duquesne (*Le Matin* on-line) a história de amor entre Carla Bruni e Sarkozy não passaria de setembro de 2009 (em seguida, ela precisou: "Mas não posso garantir: não sou vidente." Menos mal).

Agora imaginem que toda vez que um médico prescreve um medicamento, o doente morre. Ou que todos saibam que um certo advogado perde todas as causas. Ninguém mais os procuraria. No entanto, no que diz respeito aos adivinhos, qualquer um pode verificar no fim do ano que eles erraram quase tudo, mas quase todo mundo continua a ler horóscopos e a pagar os oráculos para o ano seguinte. É evidente que as pessoas não querem saber, mas apenas satisfazer a uma necessidade de crer, mesmo que seja em coisas evidentemente equivocadas. O que dizer? Os deuses cegam aqueles que querem perder. E no fim das contas, o comportamento com magos e astrólogos espelha também o procedimento em relação aos políticos que aparecem na TV.

É claro que de vez em quando os astrólogos acertam o alvo, mas todos nós poderíamos desempenhar sua função se fizéssemos previsões como estas, todas publicadas em algum lugar: piques muito altos de violência por parte de fundamentalistas e terroristas; relações difíceis entre israelenses e palestinos; alguns escândalos ligados a empreiteiras na Itália; Rocco Buttiglione pode continuar se mantendo, mas será cada vez mais difícil; o ano não será só flores para Veltroni; há quem esteja pior que Leoluca Orlando; Umberto Bossi terá de continuar de olho na saúde; se tem alguma coisa que pode deter Giulio Andreotti é a roda do tempo; Lamberto Dini: quem viver verá (esta pérola é da astróloga Antonia Bonomi). Cereja do bolo do mago Otelma: "Será cada vez mais difícil encontrar estacionamento."

Última notícia do CICAP. A sensitiva Rosemary Altea, que anos atrás, no programa de Maurizio Costanzo, colocou alguns infelizes em contato com seus caros defuntos, foi roubada em 200 mil dólares por uma de suas funcionárias, Denise M. Hall. Como foi que não previu isso? Faz lembrar a anedota daquele sujeito que bate numa porta em que está escrito "adivinho" e lá de dentro uma voz responde: "Quem é?"

Não acreditem em coincidências

(2011)

Alguém escreveu que os inimigos de Berlusconi eram (e são) dois, os comunistas e os magistrados, e que nas últimas eleições administrativas venceram um (ex)comunista e um (ex)magistrado. Outros observaram que, em 1991, quando Craxi, presidente do Conselho de Ministros, convidou os italianos a passar o fim de semana na praia em vez de votar, o referendo sobre o sistema eleitoral teve um sucesso notável e foi ali que teve início a derrocada política de Craxi. Poderíamos continuar: Berlusconi assumiu o poder em março de 1994 e, em novembro, os rios Po, Tanaro e muitos de seus afluentes transbordam, devastando as províncias de Cuneo, Asti e Alessandria; Berlusconi voltou ao poder em 2008 e em menos de um ano tivemos o terremoto do Aquila.

São coincidências certamente divertidas, mas não valem absolutamente nada (exceto o paralelo Berlusconi-Craxi). O jogo das coincidências fascina paranoicos e conspiradores desde tempos imemoriáveis, mas qualquer um pode fazer o que quiser com coincidências, sobretudo de datas.

Uma orgia de coincidências foi identificada no atentado às Twin Towers e alguns anos atrás, em *Scienza e Paranormale*, Paolo Attivissimo citou uma série de especulações numerológicas a respeito do 11 de Setembro. Para citar só algumas, New York City tem 11 letras; Afghanistan tem 11 letras; Ramsin Yuseb, terrorista que tinha ameaçado destruir as torres, tem 11 letras; George W. Bush tem 11 letras; as duas torres gêmeas formavam um 11; Nova York é o décimo-primeiro Estado; o primeiro avião a bater nas torres era o voo número 11, o qual transportava 92 passageiros e 9 + 2 = 11; o voo 77, que também se chocou contra as torres, tinha 65 passageiros e 6 + 5 = 11; a data 9/11 é igual ao número de emergência americano, 911, cuja soma interna é 11; o número total das vítimas de todos os aviões sequestrados é 254, cuja soma interna é 11; 11 de setembro é o 254º dia do calendário anual e sua soma interna dá 11.

Infelizmente, New York só tem 11 letras se acrescentarmos City, o Afeganistão tem 11 letras, mas os sequestradores não vinham de lá, e sim da Arábia

Saudita, do Líbano e dos Emirados Árabes, Ramsin Yuseb tem 11 letras mas, se em vez de Yuseb fosse escolhida a transliteração Yussef, a conta não daria certo, George W. Bush só tem 11 letras se incluirmos a *middle initial*, as torres desenhavam um 11, mas também um 2 em algarismos romanos, o voo 77 não atingiu as torres, mas o Pentágono e não transportava 65, mas 59 passageiros, o número das vítimas não é 254, mas 265 e assim por diante.

Outras coincidências que circulam na internet? Lincoln foi eleito para o Congresso em 1846, Kennedy foi eleito em 1946, Lincoln foi eleito presidente em 1860, Kennedy, em 1960. As esposas dos dois perderam um bebê quando residiam na Casa Branca. O secretário de Lincoln se chamava Kennedy e o secretário de Kennedy se chamava Lincoln. O sucessor de Lincoln foi Johnson (nascido em 1808) e o sucessor de Kennedy, Lyndon Johnson, nasceu em 1908.

John Wilkes Booth, que assassinou Lincoln, nasceu em 1839, e Lee Harvey Oswald, em 1939; Lincoln foi alvejado no Ford Theater, Kennedy foi atingido num automóvel Lincoln produzido pela Ford.

Lincoln foi alvejado num teatro e seu assassino buscou esconderijo num depósito. O assassino de Kennedy atirou de um depósito e foi se esconder num teatro. Tanto Booth quanto Oswald foram mortos antes dos respectivos processos.

Cereja (meio vulgar) do bolo, mas que só funciona bem em inglês: uma semana antes de ser morto, Lincoln esteve "*in*" Monroe, Maryland. Uma semana antes de ser morto, Kennedy esteve "*in*" Monroe, Marilyn.

A conspiração sobre as conspirações

(2014)

Massimo Polidoro, um dos mais ativos colaboradores do CICAP (o Comitê Italiano para o Controle das Afirmações sobre a Paranormalidade) e da revista *Query*, publicou pela editora Piemme o livro *Rivelazioni. Il libro dei segreti e dei complotti* (2014), um de seus muitos trabalhos sobre as várias notícias falsas que circulam na mídia e até na cabeça de pessoas que, em geral, consideramos responsáveis. Imagino que, com um título tão cativante, Polidoro pretendesse atrair os apaixonados por todos os tipos de segredos, aqueles de quem John Chadwick, que decifrou a escrita miceniana conhecida como Linear B, dizia: "O desejo de revelar segredos está profundamente enraizado na natureza humana: a promessa de participar de conhecimentos secretos negados a outros excita até a mente menos curiosa."

É bem verdade que há uma certa diferença entre decifrar uma escrita que tinha sentido para um determinado grupo e imaginar que os americanos não foram à Lua, que o 11 de Setembro foi uma conspiração de Bush ou até dos judeus ou que existe mesmo um Código Da Vinci. Mas é justamente aos seguidores desta segunda seita que Chadwick se dirige e não somente por (legítima) especulação comercial: é que, com tom afável, seus breves capítulos despertam muitas expectativas, mas no final concluem que a conspiração que deu origem ao assassinato de Kennedy, o verdadeiro fim de Hitler, os segredos de Rennes-le-Château, Jesus casando com Madalena nada mais são ou foram que informações falsas.

Por que essas "barrigas" fazem sucesso? Porque prometem um saber negado aos outros e por muitas outras razões. Para explicá-las, Polidoro se remete ao célebre ensaio de Popper sobre a teoria social da conspiração. E cita os estudos de Richard Hofstadter, para quem o gosto pelas conspirações deve ser interpretado através da aplicação de categorias psiquiátricas ao pensamento social. Trata-se de dois fenômenos de paranoia. Salvo que o paranoico psiquiátrico vê o mundo inteiro conspirando contra ele, enquanto o paranoico social considera que a perseguição dos poderes ocultos visa seu próprio grupo, nação ou religião. O paranoico social é, eu diria, mais perigoso que o psiquiátrico, pois compartilha suas obsessões com outros milhões de pessoas e acha que age desinteressadamente contra a conspiração. O que explica muitas coisas que acontecem hoje no mundo, além das muitas que ocorreram ontem.

E Polidoro cita também Pasolini, quando diz que a conspiração nos faz delirar porque nos libera do confronto com a realidade. Ora, o fato de que o mundo esteja cheio de conspiradores pode nos deixar indiferentes: se alguém considera que os americanos não foram à Lua, pior para ele. Mas eis que estudos recentes de Daniel Jolley e Karen Douglas concluem que "a exposição a informações que favorecem a teoria da conspiração reduz a intenção dos sujeitos de envolver-se na política, se comparados com sujeitos expostos a informações que contestam a teoria da conspiração". De fato, se estou convencido de que a história do mundo é dirigida por sociedades secretas, sejam os Illuminati ou o grupo Bilderberg, que se preparam para instaurar uma nova ordem mundial, o que posso fazer? Nada, conformar-me — e deixar para lá. Portanto, toda e qualquer teoria da conspiração direciona a imaginação pública para perigos imaginários, afastando-a das ameaças autênticas. Como certa vez sugeriu Chomsky, imaginando quase uma conspiração das teorias da conspiração, quem se beneficia com as fantasias sobre supostas conspirações são exatamente as instituições que a teoria da conspiração pretendia atingir. Quer dizer, ao imaginar que Bush derrubou as duas torres para justificar a invasão do Iraque, evoluímos em meio a várias alucinações e deixamos de analisar as técnicas e as várias razões que levaram Bush a intervir no Iraque e a influência dos *neocons* sobre ele e sobre sua política.

O que poderia nos levar a suspeitar que quem divulgou notícias sobre a conspiração de Bush contra as duas torres foi o próprio Bush. Mas não somos tão conspiradores assim.

Sobre os *mass media*

A hipnose radiofônica

(2000)

Falei, algumas *Bustinas* atrás, das sensações experimentadas por um jovem que, nas noites de guerra, ouvia rádio: música, Rádio Londres, mensagens para a Resistência. Estas lembranças estão impressas em minha memória e nela permanecem vivas e mágicas. Um jovem dos tempos de hoje conservará lembranças tão profundas dos telejornais sobre a Guerra do Golfo ou do Kossovo?

Foram perguntas que me coloquei na semana passada quando — por ocasião do Prix Italia — ouvimos alguns trechos de transmissões radiofônicas dos últimos setenta anos. A resposta vinha de uma célebre distinção de Marshall McLuhan (que foi, aliás, antecipada por muitos que escreveram sobre o rádio, de Brecht a Benjamin, de Bachelard a Arnheim) entre meios quentes e meios frios. Um meio quente ocupa um único sentido e não nos deixa espaço para interagir: tem uma força hipnótica. Um meio frio ocupa vários sentidos, mas nos atinge de modo fragmentado e exige nossa colaboração para preencher, conectar e elaborar o que recebemos. Assim, para McLuhan são quentes uma conferência e um filme, a que assistimos sentados e passivos, e frios um debate ou programa de TV; é quente uma fotografia de alta definição, e fria, uma história em quadrinhos, que representa a realidade em traços esquemáticos.

Quando uma das primeiras peças de radioteatro da história radiofônica foi ao ar, o público foi convidado a ouvir no escuro. Lembro das noites em que o rádio transmitia a comédia semanal e meu pai sentava numa poltrona, à meia-luz, o ouvido colado no alto-falante, e ouvia durante duas horas. Eu sentava em seus joelhos e, embora não entendesse muita coisa daquelas histórias, aquilo fazia parte de um ritual. Esta era a força do rádio.

Adorno foi um dos primeiros a lamentar que, chegando com abundância através do rádio, a música perdia sua função quase litúrgica para transformar-se em pura mercadoria. Mas Adorno pensava no modo como se pode corromper o gosto de um musicófilo e não no modo como um adolescente pode nascer para a música. Recordo a intensidade com que seguia aqueles sons quando, graças ao rádio, descobri a música clássica e, seguindo a programação semanal divulgada na revista *Radiocorriere*, sintonizava num daqueles breves momentos de uma *polonaise* de Chopin ou mesmo de um único movimento de sinfonia.

O rádio de hoje ainda é assim, mas será assim amanhã? A comédia foi para a TV, a música é baixada da internet e o rádio vem sendo usado cada vez mais como som ambiente. O rádio não tem mais função hipnótica para quem ouve numa autoestrada (felizmente, do contrário todos acabariam batendo em algum caminhão): é manobrado numa espécie de *zapping*, como fazemos com o controle remoto, ainda mais porque a cada dez quilômetros a estação se perde e temos de procurar outra. E a preferência acaba caindo na conversa fiada de alguém que fala de assuntos irrelevantes com Jessica di Piacenza ou Salvatore di Messina.

Felizmente, os rádios custam cada vez menos e são cada vez mais bonitos, parecem samurais. É verdade que são usados mais para CDs ou fitas cassete do que para explorar (como acontecia antigamente, em ondas curtas) sons que chegavam de cidades misteriosas chamadas Tallin, Riga, Hilversum. Mas a história dos meios de comunicação de massa não permite profecias. Talvez alguma inovação tecnológica inesperada traga o rádio de volta ao centro das nossas experiências mais memoráveis e quem sabe esses bibelôs fascinantes ainda não nos reservem novas formas de "calor" que nem sequer imaginamos.

Compraremos pacotes de silêncio?

(2000)

Em um de seus últimos artigos na revista *Panorama*, Adriano Sofri previa que (uma vez que o silêncio era melhor esquecer), a linha do futuro será o contrarrumor, rumores agradáveis para se sobrepor aos desagradáveis. A ideia evoca o *Gog* de Papini, mas não se trata do futuro: é o que já está acontecendo. Basta pensar nas músicas de aeroporto, suaves e invasivas, que servem para amenizar o barulho dos aviões. Mas dois decibéis ruins somados a um decibel bom não fazem um decibel e meio, mas três decibéis. A emenda é pior que o soneto.

O silêncio é um bem que está desaparecendo até dos locais a ele consagrados. Não sei o que acontece nos mosteiros tibetanos, mas compareci a uma grande igreja de Milão, que convidou excelentes cantores de *gospels*, os quais gradativamente envolveram os fiéis numa participação, com efeitos de discoteca de Rimini, que talvez fosse mística, mas que, em matéria de decibéis, parecia mais um círculo do inferno. A certa altura, fui embora murmurando "*non in commotione, non in commotione Dominus*" (quer dizer, Deus pode até estar em todos os lugares, mas dificilmente será encontrado em meio à balbúrdia).

Nossa geração dançava ao som da música sussurrante de Frank Sinatra e Perry Como, esta precisa de *ecstasy* para suportar os níveis sonoros do sábado à noite. Ouve música nos elevadores, passeia com ela num fone de ouvido, ouve ao andar de carro (junto com o ronco do motor), trabalha com fundo musical enquanto o rumor do tráfego entra pela janela do escritório. Nos hotéis americanos não há nenhum quarto que não retumbe de máquinas ansiosas e ansiogênicas. Ao nosso redor, vemos pessoas que, aterrorizadas pelo silêncio, buscam rumores amigos no celular.

Talvez as gerações futuras estejam mais adaptadas ao rumor, mas, segundo tudo o que sei sobre evolução das espécies, estes processos de adaptação costumam durar milênios e, para um percentual de indivíduos que se adaptam, milhares morrem pelo caminho. Depois do belo "domingo a pé" de 16 de janeiro, quando nas grandes cidades as pessoas se locomoviam a cavalo ou de patins, Giovanni Raboni observou no *Corriere* que os cidadãos giravam pelas ruas desfrutando do mágico silêncio inesperadamente reencontrado. É verdade. Mas quantos foram caminhar na rua desfrutando do silêncio e quantos ficaram em casa recostados no sofá com a televisão no volume máximo?

O silêncio está prestes a se tornar um bem caríssimo e, de fato, só está à disposição de pessoas abastadas que podem pagar mansões em meio ao verde ou de místicos da montanha com mochilas nas costas, que ficam tão inebriados pelos silêncios incontaminados das alturas que perdem a cabeça e acabam caindo em alguma fenda, de modo que não demora para que toda a área seja poluída pelo ronco dos helicópteros dos socorristas.

Ainda vamos chegar ao momento em que aqueles que não aguentam mais o barulho poderão comprar pacotes de silêncio, uma hora num quarto forrado como o de Proust ao preço de uma poltrona no Scala de Milão. Como réstia de esperança, pois infinitas são as astúcias da Razão, observo que — à exceção dos que usam o computador para baixar suas músicas barulhentíssimas — todos os outros poderão encontrar o silêncio justamente diante da tela luminosa, de dia e de noite: basta usar o controle e desligar o áudio.

O preço deste silêncio será a renúncia ao contato com os próprios semelhantes. É, aliás, o que faziam os Padres do Deserto.

Existem dois Grandes Irmãos

(2000)

No final de setembro, aconteceu em Veneza um congresso internacional sobre a "*privacy*". A sombra do *Big Brother* rondou muitas vezes as discussões, mas Stefano Rodotà, fiador da proteção dos dados pessoais, advertiu no início que o programa em si não viola a privacidade de ninguém.

Não há dúvida de que ele espicaça o gosto voyeurístico do telespectador, que se deleita vendo alguns indivíduos numa situação inatural, fingindo cordialidade recíproca enquanto estão, de fato, se esfolando mutuamente. Mas o povo é mau e sempre gostou de ver os cristãos dilacerados pelos leões, os gladiadores que entram na arena sabendo que sua sobrevivência depende da morte do companheiro; sempre pagou para ver as deformidades das mulheres gordas nos parques de diversões, os anões expulsos aos chutes pelo palhaço no circo ou a execução de condenados em praça pública. Se as coisas são assim, o *Big Brother* é mais moral e não apenas porque ninguém morre ou porque os participantes arriscam no máximo um distúrbio psicológico — não mais grave do que aqueles que o levaram a participar do programa. É que os cristãos teriam certamente preferido ficar rezando nas catacumbas, o gladiador seria mais feliz se fosse um patrício romano, o anão, se tivesse o físico do Rambo, a mulher gorda, se tivesse o corpo de Brigitte Bardot, e o condenado à morte, se tivesse obtido a graça. Já os concorrentes do *Big Brother* são voluntários e estariam dispostos até a pagar para obter aquilo que para eles é um valor primário, ou seja, a exposição pública e a notoriedade.

O aspecto deseducador do *Big Brother* não está aí, mas justamente no título que alguém escolheu para este jogo. Talvez muitos espectadores não saibam que *Big Brother* (Grande Irmão) é uma alegoria inventada por Orwell em seu livro *1984*: o Big Brother era um ditador (cujo nome evocava o *Little Father* ou Paizinho, isto é, Stalin) capaz de espiar, sozinho (ou com uma *nomenklatura* restrita) todos os seus súditos, minuto a minuto, onde quer que estivessem. Situação atroz, que recorda o Panóptico de Bentham, no qual os carcereiros podem espiar os encarcerados que, por sua vez, não têm como saber se e quando são espiados.

Com o Big Brother de Orwell, pouquíssimos espiavam todos. Com o *Big Brother* televisivo, ao contrário, todos podem espiar pouquíssimos. E assim, vamos nos acostumar a pensar no *Big Brother* como algo de muito democrático e sumamente agradável e, ao fazê-lo, esqueceremos que às nossas costas, enquanto vemos o programa, está o verdadeiro Big Brother, aquele que é tema dos congressos sobre a privacidade, constituído pelos vários grupos de poder que controlam quando entramos num determinado site da web, quando pagamos um hotel com cartão de crédito, quando compramos qualquer coisa pela internet, quando o hospital diagnostica uma doença nossa e até quando circulamos num supermercado monitorado por um circuito interno de TV. Todos sabemos que, se tais práticas não forem rigorosamente controladas, será possível acumular a respeito de cada um de nós uma massa impressionante de dados que nos tornariam totalmente transparentes, impedindo qualquer intimidade e discrição.

Quando assistimos ao *Big Brother* na TV somos, no fundo, como um cônjuge que, levemente incomodado por estar flertando inocentemente num bar, não sabe que está sendo corneado por sua cara metade de modo bem mais consistente. E assim, o título *Big Brother* nos ajuda a não saber ou a esquecer que naquele mesmo instante alguém está rindo de nós pelas costas.

Roberta

(2000)

Roberta e as classes dominantes. Para se ter uma ideia do *Big Brother* bastam, como aconteceu comigo, duas ou três noites de quinta-feira, quando a porca torce o rabo. Quanto ao resto, tentei me conectar via internet e, com baixa definição, vi um senhor tatuado de calção fritando um ovo na frigideira. Resisti um pouco, mas logo encontrei coisa melhor para fazer. Mesmo assim, de vez em quando é possível captar trechos de psicologia média italiana que podem interessar pelos menos aos sociólogos. Tomemos o caso da famigerada Roberta, que, alvoroçada e extrovertida como era, foi repudiada pela Itália unida, reduzindo o apartamento do *Big Brother* a um cemitério.

Em suas desesperadas tentativas de tornar-se odiosa, Roberta ousou afirmar que era superior a seus companheiros, em geral uns brutos, porque costuma sair para jantar com antiquários. Como reação, não só os seus companheiros, mas também os telespectadores ativos passaram a vê-la como alguém pertencente às classes dominantes e, portanto, merecedora de punição. Ninguém pensou que os membros das classes dominantes não são os que jantam com antiquários (se não for, é claro, o presidente da Christie's), mas os que convocam o antiquário à sua casa para examinar um Rafael de um metro por oitenta centímetros ou um ícone russo do século XI.

Pertencem a estas classes dominantes as pessoas que fecharam Roberta e seus amigos à chave num apartamento que parece ter sido decorado pelo inspetor Derrick.

Por que aceitamos que os artistas usem drogas. Nas últimas semanas, alguém escreveu para a coluna de Indro Montanelli no *Corriere della Sera* perguntando por que nos escandalizamos tanto quando um ciclista ou jogador de futebol usa algum tipo de substância estimulante, mas achamos fascinante que alguns grandes artistas fumassem ópio ou buscassem inspiração no LSD ou na cocaína. À primeira vista, a pergunta é sensata: se consideramos imerecida uma etapa vencida com a ajuda de aditivos químicos, por que deveríamos admirar uma poesia que não nasce do gênio do poeta, mas talvez de uma substância injetada em suas veias?

Contudo, esta diferença entre severidade esportiva e tolerância artística esconde (mesmo para aqueles que não se dão conta disso) uma verdade profunda e este comportamento instintivo da opinião pública revela muito mais que qualquer teoria estética. O que desperta nossa admiração nas façanhas esportivas não é que uma bola entre no gol nem que uma bicicleta supere a linha de chegada antes de uma outra (uma vez que são fenômenos que a física pode explicar perfeitamente). O que nos interessa é admirar um ser humano que sabe fazer certas coisas melhor que nós. Se as bolas fossem mandadas para o gol por um canhão, o futebol perderia qualquer interesse.

Na arte, ao contrário, admiramos sobretudo a obra e apenas secundariamente as qualidades físicas ou psíquicas de quem a realizou. Tanto é verdade que consideramos belíssimas e apreciamos obras cujo autor é uma pessoa de escassa moralidade, nos comovemos com Aquiles e Ulisses sem saber sequer se Homero existiu realmente, a *Divina comédia* seria ainda mais maravilhosa se soubéssemos que foi digitada por acaso no computador por um macaco, também apreciamos como obra de arte alguns objetos produzidos pela natureza ou pelo acaso e nos emocionam as ruínas que — enquanto tais — não foram programadas por nenhum ser humano excepcional. Diante da magia da obra, estamos dispostos a transigir sobre o modo como o artista chegou a ela. E permitimos a Baudelaire todos os seus paraísos artificiais, desde que ele nos dê *As flores do mal*.

A missão do romance policial

(2001)

Bernard Benstock era um grande estudioso americano de Joyce e depois de seu desaparecimento precoce, sua esposa doou sua coleção joyciana para a Escola Superior de Intérpretes e Tradutores de Forlì. Uma outra coleção de quase setecentos volumes dedicada ao romance policial foi doada este ano. Na semana passada, enquanto se homenageava o benfeitor, muitos se perguntavam por que tantos pensadores, críticos e estudiosos em geral cultivam uma paixão pelo romance policial. Poderíamos dizer, é claro, que quem precisa ler livros muito exigentes gosta de relaxar à noite com leituras mais leves. Mas por que, em geral, com tanta devoção? As razões, a meu ver, são três.

Uma é claramente filosófica. A essência do policial é eminentemente metafísica e não é por acaso que, em inglês, o gênero é chamado de *whodunit*, ou seja, quem foi, qual foi causa disso? O pré-socráticos já se colocavam esta mesma questão e desde então nunca paramos de levantá-la. Mesmo as cinco vias para a demonstração da existência de Deus, que estudamos em são Tomás, são uma obra-prima de investigação policial: dos indícios que encontramos no mundo da nossa experiência remontamos, focinhos no chão como um cão farejador, até o início daquela cadeia de causas e efeitos ou o primeiro motor de todos os movimentos...

Só que hoje (de Kant em diante) sabemos que, se remontar de um efeito a uma causa é lícito no mundo da experiência, o procedimento é bastante dúbio quando se remonta do mundo a algo que está fora do mundo. E vem daí a grande consolação metafísica que nos oferece o romance policial, no qual até a causa última e motor oculto de todos os movimentos não se encontra fora do mundo do romance, mas dentro e faz parte dele. Assim, o romance policial nos dá a cada noite esta consolação de que a metafísica (ao menos para muitos de nós) nos nega.

A segunda razão é científica. Muitos demonstraram que os processos de investigação utilizados por Sherlock Holmes e seus descendentes têm grande afinidade com os métodos de pesquisa, seja nas ciências naturais, seja nas humanas, quando se pretende encontrar a chave de um texto ou o primeiro da estirpe de uma série de manuscritos. Esta atividade, só aparentemente divinatória, era chamada equivocadamente por Holmes — notoriamente ignorante de quase tudo — de dedução, enquanto Peirce preferia *abdução*, sendo esta, com algumas diferenças, também a lógica da hipótese de Popper.

Por fim, uma razão literária. Cada texto exige ser lido idealmente duas vezes, uma para saber o que diz e outra para apreciar como o diz (e daí a plenitude do gozo estético). O policial é um modelo (reduzido, mas exi gente) de texto que, uma vez descoberto quem é o assassino, nos convida, implícita ou explicitamente, a olhar para trás para entender como o autor nos levou a formular hipóteses falaciosas ou para decidir que, na verdade, ele não nos escondeu nada, nós é que não soubemos olhar as coisas tão bem quanto o detetive.

Uma experiência de leitura que diverte e ao mesmo tempo oferece uma consolação metafísica, um convite à pesquisa e um modelo de investigação para obras de mistério bem mais insondável, é certamente um bom auxílio na Missão do Sábio.

Os aliados de Bin Laden

(2001)

O debate, não digo sobre a censura, mas sobre a prudência dos meios de comunicação está agitando todo o mundo ocidental. Em que medida, ao dar uma notícia, é possível favorecer ações de propaganda ou até contribuir para divulgar mensagens em código vindas dos terroristas?

O Pentágono convida jornais e televisões à prudência, o que é óbvio, pois nenhum exército gosta que sejam divulgados seus planos ou os apelos do inimigo. A mídia, já habituada a uma liberdade absoluta, não consegue se adaptar a uma economia de guerra, na qual (outrora) quem divulgava notícias contrárias à segurança nacional era fuzilado. É difícil desatar este nó, pois numa sociedade das comunicações, à qual se acrescenta hoje a internet, a discrição já não existe mais.

Seja como for, o problema é mais complexo que isso. Todo ato de terrorismo (a história é velha) é levado a cabo para lançar uma mensagem, uma mensagem que, justamente, espalhe terror ou, no mínimo, inquietação ou desestabilização. Sempre foi assim, mesmo com os terroristas que hoje definiríamos como "artesanais", aqueles de antigamente, que se limitavam a matar um indivíduo ou a colocar uma bomba na esquina da rua. A mensagem terrorista desestabiliza ainda que o impacto seja mínimo, que a vítima seja pouco conhecida. E muito mais se a vítima for conhecida e for símbolo de alguma coisa.

Basta lembrar o salto de qualidade dado pelas Brigadas Vermelhas quando passaram do assassinato de jornalistas ou consultores do poder político, ao fim e ao cabo desconhecidos do grande público, para a captura, a lancinante detenção e finalmente o assassinato de Aldo Moro.

Ora, qual era o propósito de Bin Laden ao atingir as torres gêmeas? Criar "o maior espetáculo da Terra", nunca imaginado nem pelos filmes-catástrofe, dar a imagem visual do assalto aos símbolos mesmo do poder ocidental e mostrar que mesmo os maiores santuários deste poder podiam ser violados. O propósito de Bin Laden não era atingir um certo número de vítimas (que foram um valor agregado para seus objetivos): desde que as torres fossem atingidas (e tanto melhor se desabassem), ele estaria disposto até a aceitar metade de vítimas. Não estava fazendo uma guerra, onde o número de inimigos eliminados importa, estava justamente lançando uma mensagem de terror, e o que contava, portanto, era a imagem.

Ora, se o objetivo de Bin Laden era atingir a opinião pública mundial com aquelas imagens, o que aconteceu? Os meios de comunicação de massa foram obrigados a dar a notícia, claro. Assim como também foram obrigados a noticiar o dia seguinte, o socorro, as escavações, a *skyline* mutilada de Manhattan.

Mas eram realmente obrigados a repetir aquela notícia todo dia e durante pelo menos um mês, com fotos, vídeos, infinitos e reiterados depoimentos de testemunhas oculares, renovando a imagem daquela ferida aos olhos de todos? É muito difícil responder. Os jornais aumentaram suas vendas com aquelas fotos, as TVs aumentaram a audiência com a repetição daqueles vídeos, o próprio público pedia para rever aquelas cenas terríveis, seja para cultivar a própria indignação, seja talvez por sadismo inconsciente. Talvez fosse impossível fazer diferente e a emoção dos dias que se seguiram ao 11 de Setembro impediu que a imprensa e as televisões do mundo inteiro selassem qualquer compromisso com a discrição e, portanto, ninguém poderia silenciar por conta própria sem perder pontos para a concorrência.

É fato que, ao fazê-lo, os meios de comunicação deram bilhões de dólares de publicidade gratuita de presente a Bin Laden, na medida em que mostraram diariamente as imagens criadas por ele justamente para que todos vissem; os ocidentais, como motivo de desestabilização, seus seguidores, como motivo de orgulho.

Enquanto isso, o processo segue e Bin Laden continua a obter bons resultados com pouco gasto, se pensarmos que os atentados com antraz de fato estão provocando um número negligenciável de vítimas se compararmos com o das torres gêmeas, mas estão aterrorizando muito mais, pois ameaçam todo mundo, mesmo os que não andam de avião e não moram perto dos símbolos do poder.

Assim, poderíamos dizer que, ao mesmo tempo que o reprovavam, os *mass media* foram os melhores aliados de Bin Laden, que venceu, portanto, a primeira rodada.

Como consolo diante da confusão provocada por esta situação aparentemente insolúvel, lembremos que quando as Brigadas Vermelhas aumentaram seu poder de fogo com a captura e morte de Moro, a mensagem foi tão avassaladora que acabou virando contra seus próprios autores: a desagregação produziu a aliança das várias forças políticas, a rejeição popular e o declínio dos terroristas começou naquele momento.

O futuro dirá se o espetáculo exibido por Bin Laden, justamente por ultrapassar qualquer limite, indo além do suportável, não engendrou um processo que dará início à sua ruína. Neste caso, a mídia terá vencido.

Ir ao mesmo lugar

(2001)

Como sempre dizemos, estamos vivendo amplamente realidades virtuais. Conhecemos o mundo através da televisão, que muitas vezes não o retrata tal como é, mas trata de reconstruí-lo (reconstruía a Guerra do Golfo com fragmentos do repertório) ou até de construí-lo novamente (*Big Brother*). Cada vez mais, vemos apenas simulacros da realidade.

Contudo, hoje as pessoas começaram a viajar como nunca antes. Cada vez mais gente, cujos pais foram no máximo a uma cidade vizinha, declara que visitou lugares com os quais eu, viajante compulsivo, ou melhor, profissional, ainda me limito a sonhar. Nenhuma praia exótica, nenhuma cidade perdida é desconhecida da maioria, que passa o Natal em Calcutá e o verão na Polinésia. Não deveríamos, portanto, ver esta paixão turística como uma forma de fugir da realidade virtual para ver "a própria coisa, *the Real Thing*"?

É verdade: embora distraído, o turismo representa para muitos um modo de se reapropriar do mundo. Só que antes a experiência da viagem era decisiva, voltávamos diferentes do que éramos ao partir, enquanto agora só se encontra gente que volta sem ter sido tocada nem minimamente pela fascinação do Outro Lugar. Retornam e só pensam nas próximas férias, não falam de nenhuma iluminação transformadora.

Talvez isso aconteça porque hoje os locais de peregrinação real fazem o possível para ficarem parecidos com os locais de peregrinação virtual. Certa vez, um especialista me contou que um circo equestre gasta um dia inteiro limpando e maquiando o elefante (por natureza desordenado e porcalhão) para que à noite pareça exatamente com os elefantes que os espectadores viram no cinema ou em fotografias. Assim também, tudo que o local turístico deseja é ficar igual à sua própria imagem glamourizada pela mídia. Naturalmente, é preciso que o turista seja levado aos locais adaptados ao virtual e que não veja os outros, isto é: que visite templos e mercados, mas não leprosários; ruínas restauradas e não as que foram saqueadas por ladrões de catacumbas. Às vezes, os locais de peregrinação são construídos do zero tais como foram divulgados pela mídia e não faz muito tempo ficamos sabendo da oferta de visitas dominicais a um certo *Mulino Bianco* que era exatamente igual ao moinho branco que é símbolo de uma marca de biscoitos, sem falar, é claro, da Disneylândia ou da Veneza reconstruída em Las Vegas.

Ocorre também que todos os lugares tendem a se parecer e dessa vez a globalização tem tudo a ver com a história. Penso em alguns lugares mágicos de Paris, como Saint-Germain, onde pouco a pouco estão desaparecendo os velhos restaurantes, as livrarias à meia-luz, as lojinhas dos velhos artesãos, substituídos por lojas de estilistas internacionais, que por sua vez são as mesmas que podemos encontrar na Fifth Avenue em Nova York, em Londres, em Milão. As principais ruas das grandes cidades se parecem cada vez mais umas com as outras, além de exibirem as mesmas lojas.

Alguém pode objetar que, embora tendam a ficar idênticas, as grandes cidades mantêm uma fisionomia própria porque uma tem a Torre Eiffel, a outra, a Torre de Londres; uma, o Domo de Milão, a outra, São Pedro. É verdade, mas está cada vez mais disseminada a mania de iluminar igrejas, torres e castelos com feéricas luzes coloridas que fazem desaparecer, sob o triunfo elétrico, as estruturas arquitetônicas, de modo que até os grandes monumentos correm o risco de ficar cada vez mais parecidos (pelo menos aos olhos dos turistas), pois estão se transformando em mero suporte para jogos de luz de estilo internacional.

Quando tudo for igual a tudo, ninguém mais fará turismo para descobrir o mundo verdadeiro, mas para encontrar sempre, onde quer que esteja, aquilo que já conhece e que poderia ver perfeitamente ficando em casa diante da TV.

Mandrache, um herói italiano?

(2002)

Art Spiegelman veio a Milão para apresentar sua coleção de belíssimas capas da *New Yorker*. Spiegelman ficou famoso por seu formidável *Maus*, onde demonstrou que os quadrinhos podem falar do Holocausto com a força de uma grande saga, mas continua presente comentando os eventos do nosso tempo com histórias capazes de fundir a atualidade e a polêmica engajada com afetuosas revisitações da história dos *comics*. Em suma, considero Spiegelman um gênio.

Estávamos comendo um aperitivo em minha casa e aproveitei para mostrar minha coleção de quadrinhos dos tempos de outrora, alguns velhos originais e algumas boas reproduções anastáticas e ele ficou muito admirado com as capas dos velhos álbuns Nerbini para *L'Uomo Mascherato* [O Fantasma], *Mandrake*, *Cino e Franco* [Tim & Tom] e *Flash Gordon*. Nem tanto por Gordon, que é sempre um mito mesmo do outro lado do oceano, mas pelos outros três. Quem pegar uma boa história em quadrinhos escrita na América, com certeza vai encontrar o Fantasma (*The Phantom*) e companheiros, mas — mesmo na internet — constatará que as grandes revisitações giram em torno do Super-Homem e da brigada de super-heróis como o Homem Aranha, que o Batman foi atualizado em chave pós-moderna e que redescobriram (como fez Spiegelman num livro delicioso) o mais antigo super-herói, *Plastic Man* [Homem Borracha]. Mas tentem buscar *Tim & Tom* (série de quadrinhos cujo título original é, aliás, *Tim Tyler's Luck*): há muitíssimas menções ao filmeco ou telefilme extraído dos quadrinhos (assim como a penosíssima série baseada em Gordon, agora objeto de culto *trash*), mas fala-se bem pouco das tirinhas originais.

Pois parece, explicava Spiegelman, que o Fantasma, Mandrake e companhia são muito mais populares na Itália do que em sua terra. Spiegelman perguntou qual seria o motivo disso e dei uma explicação, que é aliás de uma testemunha histórica que os viu nascer e chegar, quase imediatamente depois da publicação americana, às improváveis e estropiadas traduções italianas (entre outras coisas, as capas de alguns álbuns Nerbini preferiram a escrita *Mandrache*, num provável esforço de italianização). A questão era que, comparados aos quadrinhos do regime (basta citar *Dick Fulmine*, *Romano il Legionario* e os adolescentes do *Corriere dei Piccoli* que levavam a civilização à Abissínia ou realizavam façanhas mirabolantes com os falangistas contra os cruéis milicianos vermelhos), Gordon vinha revelar aos jovens italianos que era possível lutar pela liberdade do planeta Mongo contra um impiedoso e sanguinário autocrata como Ming; que o Fantasma não lutava contra o povo de cor, mas com ele, para derrotar aventureiros brancos; que existia uma África imensa percorrida pela Patrulha para prender os traficantes de marfim; que havia heróis que não envergavam camisas negras, mas fraque e a cartola, que Achille Starace insistia em chamar de "tubo de estufa", e tantas outras coisas, para encerrar com a revelação da liberdade de imprensa com as aventuras de Topolino [Mickey] jornalista, antes mesmo (ainda no pós-guerra) que Humphrey Bogart chegasse às nossas telas dizendo ao telefone: "Isso é a imprensa, baby" (no original "*This is the power of the press, baby, and there is nothing you can do about it*"). Estes tempos trazem lágrimas ao olhos: para quando será o retorno de Mickey agora telejornalista?

Em suma, naqueles anos obscuros, os quadrinhos americanos nos ensinaram algo e marcaram nossas vidas, mesmo adultas. E já que estamos falando desse assunto, permitam-me uma antecipação e um conselho a jornais, semanários e programas televisivos. A cada ano, celebramos um aniversário, de um autor, de um livro ou de um evento memorável. Pois bem, preparemo-nos (e temos seis meses de antecedência) para comemorar o septuagésimo aniversário do fabuloso ano de 1934.

Em janeiro, é lançada na América a primeira aventura de Flash Gordon e, como apêndice, Jim das Selvas, desenhados por Alex Raymond. Duas semanas depois, do mesmo autor, O agente secreto X-9 (com texto de Dashiell Hammet!). Em outubro, sai na Itália *L'Avventuroso* com a primeira aventura de Gordon, salvo que o herói não é apresentado como jogador de polo (burguês demais), mas como capitão da polícia. Podemos deixar de lado o surgimento, em março, daqueles que na Itália foram chamados de *Bob Star e la Radiopattuglia*, mas eis que, em junho, entra em cena o Mandrake de Lee Falk e Phil Davis, e em agosto, o Li'l Abner de Al Capp (que só chegará por aqui no pós-guerra). Em setembro, Walt Disney estreia Donald Duck: já pensaram, o Pato Donald comemora setenta anos! Em outubro, *Terry e os piratas*, de Milton Caniff (que sairá timidamente por aqui nos anos seguintes, no apêndice dos Albi Juventus, em capítulos e com o título de *Sui mari della Cina*). No mesmo ano, na França, nasce *Le Journal de Mickey*, com as histórias do Mickey em francês.

Digam-me se não é um ano interessante para nossas nostalgias.

Ulti mano tícia

(2003)

Quando eu era menino, meu pai me dizia que, para saber como se pronunciava um nome estrangeiro, era preciso prestar atenção ao *speaker* do Giornale Radio (creio que o mais famoso se chamava Kramer). Só com ele podíamos aprender, por exemplo, que Churchill se pronunciava "*ciercill*" [tchêrtchill] e não — como se fazia na época, quando a única língua mais ou menos conhecida era o francês — "sciurcil" [chiurtchil]. Mas para saber como se escrevia o nome de um personagem ou de uma cidade bastava olhar os jornais, sobretudo a terceira página.

Hoje nenhum pai poderia dar esta útil informação a seus filhos, pois entre os locutores de programas musicais e telejornais, os nomes estrangeiros são horrivelmente deturpados (nenhum anúncio de concerto consegue dizer, falando de Boulez, "pièrr bulès", mas sim "pierre bulé". Sem falar nos jornais que escrevem "Beaudealaire" e "Simone de Beauvoire".

Esta decadência dos costumes é incrementada pelo uso de expressões estrangeiras mesmo quando não é necessário: exemplar é o caso de *pole position*, que poderia muito bem ser traduzida como primeira posição ou posição dianteira e que muitas vezes dá lugar a *pool position*, expressão que — se existisse em inglês — significaria algo como posição da piscina.

Mas o verdadeiro problema ocorre quando o uso da expressão estrangeira é indispensável e são feitas italianizações muito estranhas. Temos termos estrangeiros já italianizados e dizemos Sorbona em vez de Sorbonne, mas dizer Collegio Francese seria estranho e dizemos justamente Collège de France. Pior é a questão das universidades americanas. Nossos jornais falam comumente de Università di Harvard e Università di Yale, embora Harvard e Yale sejam nomes próprios, como acontece, por exemplo, com a Università Bocconi. Seria como se os estrangeiros falassem de uma Universidade de Bocconi (onde ficará esta encantadora cidadezinha?), Universidade de Iulm (com certeza em Baden-Württemberg), de Universidade de Cattolica (em concorrência feroz com o ateneu de Gabice Mare).

Poucos dias trás, em um jornal de grande circulação falava se, numa correspondência da América, de universidade SUNY. Ora, SUNY quer dizer State University of New York (como CUNY significa City University of New York), ou seja, ou se escreve SUNY e ponto final (mas os italianos poderiam não entender) ou se escreve por extenso State University of New York, com nome e sobrenome, ou traduzindo, Universidade do Estado de Nova York. Mas não se pode chamar a New York University (NYU) de Universidade de Nova York porque se trata de uma universidade particular que escolheu usar o nome da cidade. Ainda não verifiquei se alguém, falando da Columbia University, já usou Universidade de Colúmbia, mas isso não me espantaria.

Medo de usar siglas? Mas escrevemos KGB, pronunciando tranquilamente "*cheghebe*" [queguebê] ou "*cappagibi*" e — não podendo escrever *Komkitet Gosudarstvennoi Bezopasnosti*, pois daria um nó na língua de quem se atrevesse a pronunciá-lo — também não ousamos escrever Comitê de Segurança do Estado, pois ninguém saberia do que se trata. Portanto, por que não Yale University, compreensível até para o último dos iletrados?

Recentemente, ao fazer a enésima reclamação ao diretor de um grande jornal, lamentei que não existisse mais nas redações a figura admirável do revisor gráfico, que conhecia de cor o dicionário enciclopédico *Novissimo Melzi* e não deixava escapar o menor errinho. A óbvia e desconsolada resposta é que hoje o artigo não só chega diretamente do computador do jornalista e vai para a impressão, mas que um jornal de grande circulação pode superar, com seus suplementos, as cem páginas e ninguém poderia verificar esta quantidade de material, linha a linha e até meia-noite.

Estamos, portanto, condenados a ler jornais que contêm numerosos "erros de impressão", como a mítica página do primeiro número de *O eco do mundo*, corajoso jornal de *Mickey jornalista*, com pérolas (na tradução italiana) como "*ulti meno tizie*" e "*un del'inquente ha restato*".*

Naturalmente, escrever nomes estrangeiros de forma correta é sempre difícil. Um distinto colega alemão, mesmo me conhecendo muito bem, tanto que me enviou um convite para participar de uma determinada iniciativa, endereçou-o a "Umberto Ecco". Entro em fibrilação cada vez que cito Lucien Goldmann ou Erving Goffman, porque fico na dúvida sobre qual dos dois se escreve com dois enes (e devo dizer que são amigos aos quais escrevo com regularidade). Mas quando acontece, simplesmente verifico na internet ou na *Garzantina*.

O motivo pelo qual justamente os jornalistas e às vezes os redatores editoriais evitam este ritual necessário permanece um mistério.

Minculpop e umbigo

(2003)

Não sei se quando esta *Bustina* chegar às bancas ainda estará em curso a polêmica sobre a escola para assistentes de palco em Nápoles, mas o caso se presta a algumas considerações que podem permanecer mesmo no futuro. Em geral, ser assistente de palco não é uma profissão inadequada e algumas delas acabaram se transformando em apresentadoras ou divas do segundo escalão. Numa sociedade do espetáculo, é normal que uma moça bonita deseje seguir esta carreira.

Contudo, organizar uma escola pública para assistentes de palco é mais ou menos como organizar uma escola pública para poetas. Se fosse criado um curso para poetas com cem vagas, não seria impossível, se a Providência desse

* Algo como: "ulti mano tícia" e "um delincuente em carcerado". [*N. da T.*]

uma mãozinha, que um dos participantes realmente se tornasse um poeta de verdade, mas é certo que os outros 99 levarão uma vida de frustrações, maldizendo o emprego no banco e inundando as editoras com manuscritos regularmente rejeitados. Comparação imprópria? Na hipótese de que cada emissora produza dois programas noturnos que precisem de duas assistentes cada um, contando com um total de dez emissoras (deixando de lado as que se dedicam à venda de tapetes onde, até como assistente de palco, é difícil ter sucesso), podemos calcular que quarenta assistentes de palco terão emprego a cada noite. Não vale calcular 280 assistentes de palco por semana, porque pelo menos um dos dois programas é diário e usa sempre as mesmas assistentes. Portanto, multiplicando vinte por sete, mais vinte fixas, temos 160 assistentes que, presumivelmente, terão trabalho durante um ano solar. Teriam as diplomadas da escola mais oportunidades que os poetas, não falo daqueles que se tornam grandes, mas daqueles que pelo menos publicam em revistas literárias de alguma dignidade ou em folhetos em editoras especializadas?

Além disso, um poeta que dá certo dura a vida inteira, enquanto uma assistente de palco tem diante de si apenas uns poucos anos de atividade. Enfim, visto que nem todas as que se diplomarem na escola poderão se tornar assistentes de *Striscia la notizia*, há um forte risco de que a maioria delas se transforme em mão de obra para programações locais, sem conseguir satisfazer seus sonhos de glória.

Saiu recentemente uma brochura francesa, *Elementi per una teoria della Jeune-Fille* (Bollati Boringhieri, 2003), que vê não só as várias assistentes de palco, mas em geral as moças que se curvam aos ditames da moda (umbigo de fora e coisas do gênero) como vítimas de uma sociedade que as incita a vender força de sedução em lugar de força de trabalho, novo ópio do povo. No *Panorama*, Giampiero Mughini resenhou o livro manifestando um alegre ceticismo, uma vez que, dizia ele, na verdade estas imagens conclamam, seja como for, ao sonho da beleza feminina "sem o qual não há vida", e concluía: "Obrigado por existirem, ó amadas narcisas." Como não sou insensível ao fascínio da beleza feminina, posso entender o bálsamo que Mughini extrai destas visões. Contudo, também é possível extrair grandes satisfações de uma tourada, mas quem pensa no touro? O problema não é Mughini, são as moças.

Certos programas não poderiam viver sem belezas seminuas e rebolativas; outros, como alguns de perguntas e respostas a que assisto com prazer (Amadeus e Scotti), poderiam funcionar perfeitamente sem que no final aparecesse uma assistente sorridente ao lado da infeliz derrotada, muitas vezes inferior em formosura. Em ambos os casos, mesmo o antifeminista mais raivoso terá de admitir que se trata de empregar mulheres-objeto. Sem rodeios, se elas fossem mulheres-sujeito, elas é que fariam as perguntas e Amadeus apareceria de sunga no final. Mas ao contrário, Amadeus é o garante do pensamento ("Não, senhora, a ipecacuanha não é um réptil centro-americano"), enquanto a moça está ali justamente para que Mughini, como ele mesmo honestamente admite, seja grato porque ela existe.

Se este não é o papel da mulher-objeto, então a única mulher-objeto é a prostituta, mas somente quando foi arrastada por um tráfico, quanto às outras podemos dormir em paz; mas se é, fazer uma escola em parte pública para encorajar as moças a se tornarem mulheres-objeto não me parece uma boa ideia.

A última consideração é que ninguém nunca se perguntou por que Ricci, de *Striscia la notizia*, chamou suas moças (que sabiam, aliás, dançar e dizer algumas gracinhas) de "*veline*". *Velina* era o nome que davam à comunicação, escrita justamente em papel velino, que o MINCULPOP, Ministério da Cultura Popular, órgão de propaganda do regime fascista, mandava aos jornais para dizer sobre o que poderiam falar e sobre o que não poderiam. Como o *Striscia* nasceu como paródia de um telejornal (e depois se tornou mais confiável do que aquilo que parodiava, mas isso é outra história), é claro que Ricci fez a ironia de dar o nome de *veline* às musas dos dois apresentadores. Foi assim que o nome surgiu e hoje é usado como se quisesse dizer, sei lá, "pequenas velas". Em todo caso, ninguém mais lembra o torpe episódio de censura que lhe deu origem.

As *veline* do MINCULPOP serviam para evitar que os italianos pensassem demais. Não diria que as *veline* de umbigo de fora tenham deliberadamente a mesma função, mas que faz pensar, lá isso faz.

O público faz mal à televisão?

(2004)

Meu colega e amigo Jorge Lozano, que ensina semiótica e teoria da comunicação na Universidade Complutense, telefonou-me de Madri e disse: "Viu o que aconteceu por aqui? Confirma tudo o que vocês escreveram nos anos 1960. Estou mandando meus alunos relerem aquela comunicação sua, com Paolo Fabbri, Pier Paolo Giglioli e outros, em Perugia, em 1965, a sua intervenção sobre a guerrilha semiótica em Nova York, em 1957, e aquele seu ensaio de 1973, *Il pubblico fa male alla televisione*? Já estava tudo lá."

Claro que é bom ser declarado profeta, mas observei a Lozano que na época não estávamos fazendo profecias: trazíamos à luz algumas linhas tendenciais que já existiam. Certo, tudo bem, ponderou Jorge, mas os únicos que não leram estes textos foram justamente os políticos. Pode ser. A história é a seguinte: naqueles anos 1960, início de 1970, muitos já diziam, em ocasiões diversas, que certamente a televisão e os meios de comunicação de massa em geral são um instrumento poderosíssimo, capaz de controlar aquilo que então chamávamos de "mensagens" e que a análise destas mensagens revelava como elas podiam influenciar as opiniões dos usuários e até forjar consciências, observando também que aquilo que as mensagens intencionalmente diziam não coincidia necessariamente com a leitura do público. Os exemplos mais banais eram que a imagem de um desfile de vacas é "lida" de modo diferente por um açougueiro europeu e por um brâmane indiano, que a publicidade de um Jaguar desperta desejo num espectador abastado e frustração num deserdado. Em suma, uma mensagem visa certos efeitos, mas pode confrontar-se com situações locais, com diferentes disposições psicológicas, desejos, medos, e produzir um efeito bumerangue.

Foi o que aconteceu na Espanha. As mensagens do governo pretendiam dizer "acreditem em nós, o atentado é obra do ETA", mas — justamente por serem tão reiteradas e peremptórias — a maior parte dos usuários leu "temos medo de dizer que foi a Al-Qaeda". E aqui se inseriu um segundo fenômeno, definido na época como "guerrilha semiológica": se alguém detém o controle das emissoras, não é possível ocupar a primeira cadeira diante das câmeras, mas podemos ocupar idealmente a primeira cadeira diante de cada televisor.

Em outras palavras, a guerrilha semiológica devia consistir numa série de intervenções realizadas não de onde parte a mensagem, mas aonde ela chega, induzindo os usuários a discuti-la, a criticá-la, a não recebê-la passivamente. Nos anos 1960, esta "guerrilha" era concebida de modo arcaico, como operação de panfletagem, organização de "telefóruns" com base no modelo do cinefórum, intervenções volantes nos bares onde a maior parte das pessoas ainda se reunia diante do único aparelho de televisão do bairro. Mas, na Espanha, o que deu um tom e uma eficácia muito diferente a esta guerrilha é que vivemos na era da internet e do celular. Assim, a "guerrilha" não foi organizada por grupos de elite, por ativistas de qualquer espécie, por alguma "figura de proa", mas desenvolveu-se espontaneamente, como uma espécie de tambor, de divulgação boca a boca de cidadão para cidadão.

O que provocou a crise do governo Aznar, me diz Lozano, foi um turbilhão, um fluxo irrefreável de comunicações privadas que assumiu dimensões de fenômeno coletivo; as pessoas se movimentaram e, ao mesmo tempo que viam TV e liam os jornais, elas se comunicavam umas com as outras, questionando a veracidade do que liam e ouviam. A internet também dava acesso à imprensa estrangeira e as notícias eram confrontadas, discutidas. Em algumas horas, formou-se uma opinião pública que não pensava e não dizia aquilo que a televisão queria que pensasse. Foi um fenômeno que marcou época, o público pode realmente fazer mal à televisão. Talvez subentendesse: *No pasaran!*

Quando, num debate há algumas semanas, sugeri que a televisão é controlada por um único patrão, mas uma campanha eleitoral pode, ao contrário, ser feita por homens-sanduíche que percorrem as ruas para informar sobre aquilo que a televisão não diz, não estava apenas enunciando uma proposta divertida. Pensava realmente nos infinitos canais alternativos que o mundo da comunicação coloca à nossa disposição: é possível verificar uma informação controlada até através de mensagens de celular, em vez de transmitir apenas "te amo".

Diante do entusiasmo do meu amigo, respondi que por aqui os meios de comunicação alternativos talvez não estejam tão desenvolvidos, visto que se faz política (porque é política, e trágica) ocupando um estádio e interrompendo uma partida, e que nossos possíveis autores de uma guerrilha semiológica estão mais interessados em fazer mal uns aos outros do que em fazer mal à televisão. De todo modo, fica a lição espanhola.

Testemunho em causa própria

(2005)

Quando a publicidade diz que o produto X é o melhor de todos, claro que não pretende que as pessoas acreditem. O que interessa é que as pessoas identifiquem o produto para poder reconhecê-lo nos supermercados. Se a publicidade não pretende que acreditem nela, então para que serve o *testimonial*, isto é, o personagem famoso que aparece para garantir a qualidade do produto? Aparentemente sua presença deveria confirmar que uma pessoa simpática e/ou autorizada também recomenda o produto, e a coisa seria ainda mais convincente se a testemunha pertencesse à mesma área técnico-mercadológica do produto (um célebre jogador de futebol parece mais confiável testemunhando a favor de um determinado par de chuteiras do que de uma marca de água mineral).

Mas o que se vê com maior frequência é o jogador de futebol anunciando a água mineral, ao mesmo tempo que todo mundo sabe muito bem (a menos que se trate de um apelo de utilidade pública) que o *testimonial* é pago a peso de ouro e que, portanto, seu testemunho não é determinado necessariamente pela admiração pelo produto. A verdade é que não importa se o público acredita na boa fé do sujeito testemunhante, basta que se sinta atraído por sua aparição, dando, assim, visibilidade à mensagem.

Foi na publicidade americana, bem antes de nós, que surgiu a figura do testemunhante "interno": quem garante o produto não é mais um sujeito vindo do exterior (ator, cientista, esportista), mas o próprio produtor (como se dissesse: "se quem produz esta coisa são pessoas como eu, ou seja, iguais a você, você pode confiar"). É uma prática perigosa: não quero criar polêmica e não vou citar nomes, mas lembro de ter visto um vídeo de um produtor com um rosto tão desagradável que me perguntei se compraria um carro usado na mão dele.

Para evidenciar este risco, recordemos que o público também é atraído por figuras sedutoras que não vêm da vida real, mas foram criadas pela própria publicidade (basta pensar em Megan Gale)* e, portanto, também é possível mostrar um produtor "virtual", ou seja, um ator que garante ser o produtor, que por sua vez se garante a si mesmo e a seu produto. A versão abertamente paródia desta prática (baseada numa feliz homonímia) é dada por Gerry Scotti, que anuncia o arroz Scotti, falando com um misterioso dr. Scotti, mas fazendo pensar que o arroz tem todas as simpáticas propriedades do Scotti visível e não do oculto.

Mas falemos agora do sr. Giovanni Rana. Quem é o sr. Rana? Um produtor de massas alimentícias que ficou famoso por anunciar pessoalmente as suas massas. O sr. Rana representa o caso típico de "testemunhante testemunhado", ou melhor, de testemunhante se autotestemunhando, pois, ao aparecer no vídeo, ele testemunha, por um lado, que é o sr. Rana e, por outro, atesta a qualidade dos produtos Rana. O garante das massas Rana é o verdadeiro sr. Rana ou um ator que interpreta o papel de sr. Rana? Não creio que o público se coloque esta pergunta: o sr. Rana da TV deixou de ser uma pessoa vinda da vida real para se tornar um personagem do imaginário publicitário.

Mas tenho visto na TV um certo comercial (que não é de uma massa, mas creio que de algo relacionado a telefones) em que o mesmo sr. Rana aparece como sujeito testemunhante. Creio que se trata de uma coisa absolutamente nova. Ao introduzir na ficção publicitária A um personagem vindo de uma outra ficção publicitária B, ou seja, usando como testemunhante de A um personagem que em B era testemunha de si mesmo, podemos dizer (parafraseando Sraffa) que se criou uma produção publicitária por meio de publicidade. É como se o Mickey aparecesse para garantir que o Lobo Alberto existe de verdade ou vice-versa.

---

* Modelo australiana que foi o rosto da Omnitel (mais tarde Vodafone), operadora italiana de telecomunicações, de 1999 a 2006. [*N. da T.*]

Em toda essa história, uma coisa fica clara: fascinado pela entrada em campo deste problemático sr. Rana e por esta irrupção de um imaginário no outro (como no filme *Hellzapoppin'*, onde um baile é invadido por índios a cavalo saídos por engano de outro filme), afinal não consigo lembrar o que era mesmo que o comercial anunciava. Não se trata, no entanto, de um problema inédito e ocorre cada vez mais: se o esquete é atraente ou mesmo memorável (todos lembrarão do célebre "buonasera!"), as pessoas recordam a situação cômica, mas não o produto.

É que, para que a marca seja memorizada, é necessário que faça parte do desfecho eficaz e memorável. Pensem em "No Martini, no party", na história do menino que erra o nome da Simmenthal ou no clássico carrossel com o inspetor Rock (eu também cometi um erro: nunca usei a brilhantina Linetti!).

Por que outros publicitários (e sobretudo outros clientes) são suicidas a ponto de renunciar, por amor à piada, à memorização da marca? Confesso que este é um mistério que ainda não consegui resolver.

Dai-nos hoje o delito nosso de cada dia

(2005)

Considero que, se o furacão que destruiu Nova Orleans não tivesse encontrado uma terra escavada, nivelada, dragada, desmatada, saqueada, seus efeitos teriam sido menos nefastos. Creio que todos estamos de acordo sobre isso. O que desencadeia o debate é saber se um furacão aqui, um tsunami ali são ou não consequências do superaquecimento do planeta. Esclareço logo que, mesmo não sendo detentor de um saber científico a este respeito, estou convencido de que a alteração de muitas condições ambientais provoca fenômenos que não teriam acontecido se tivéssemos dado mais atenção ao destino do planeta e, portanto, sou favorável ao protocolo de Quioto. Mas também considero que tornados, ciclones e tufões sempre existiram, do contrário não teríamos as belas páginas de Conrad ou os famosíssimos filmes dedicados a tais desastres.

Arrisco dizer, portanto, que nos séculos passados ocorreram cataclismos tremendos, que mataram dezenas de milhares de pessoas e que talvez tenham ocorrido com o mesmo intervalo de tempo (pequeníssimo) que se verificou entre o tsunami asiático e o Katrina americano. De alguns, ouvimos até falar, de poucos nasceu até uma literatura, como os terremotos de Pompeia e de Lisboa, sobre outros circularam notícias imprecisas e aterrorizantes, como a erupção do Krakatoa, mas ao fim e ao cabo creio que podemos supor que dezenas e até centenas de outros cataclismos tenham ceifado litorais e populações distantes enquanto nós tratávamos de outros assuntos. O que acontece, portanto, é que no mundo globalizado a rapidez da informação permite o conhecimento (imediato) de qualquer evento trágico ocorrido até no canto mais remoto do globo, dando a impressão de que hoje em dia acontecem muito mais cataclismos que antigamente.

Por exemplo, creio que um espectador médio de TV deve perguntar que vírus misterioso faz com que tantas mães matem seus filhos. E aqui é difícil acusar o buraco na camada de ozônio. Deve haver outro motivo por trás disso. De fato, há, mas é pela frente, ou melhor, não é secreto nem oculto. O infanticídio sempre foi, no curso dos séculos, um esporte bastante praticado e os gregos já iam ao teatro chorar com Medeia que, como se sabe, matou os filhos há milênios e só para se vingar do marido. Contudo, que nos sirva de consolo, nos bilhões de habitantes do planeta, as mães assassinas sempre formaram um percentual com muitos zeros na frente e, portanto, não devemos olhar com suspeita todas as jovens senhoras que passam por nós com carrinhos de bebê.

No entanto, quem assiste a um dos nossos telejornais tem a impressão de que vivemos num círculo do inferno, onde não somente as mães matam uma criança por dia, mas os adolescentes atiram, os que vêm de fora da União Europeia roubam, os pastores cortam orelhas, os pais fuzilam toda a família, os sádicos injetam água sanitária em garrafas de água mineral, sobrinhos afetuosos cortam os tios em fatias. Naturalmente, é tudo verdade, mas é tudo estatisticamente normal e naturalmente ninguém recorda os anos felizes e pacíficos do pós-guerra, quando a saponificadora Leonarda

Cianciulli derretia os vizinhos em soda cáustica, Rina Fort quebrava a cabeça dos filhos do amante a marteladas e a condessa Bellentani perturbava os jantares VIP a tiros.

Ora, se é "quase" normal que de vez em quando uma mãe mate seu próprio filho, é menos normal que tantos iraquianos e americanos explodam diariamente. No entanto, sabemos tudo sobre as crianças mortas, mas bem pouco sobre o número de adultos mortos. Os jornais sérios dedicam algumas páginas aos problemas políticos, econômicos, culturais, outras, às cotações da bolsa, aos anúncios de emprego e aos obituários que constituíam a leitura apaixonada de nossas avós e só consagram à crônica policial algumas poucas páginas internas, à exceção dos casos realmente enormes. Melhor dizendo, antigamente davam ainda menos espaço ao assunto do que hoje, tanto que os leitores sedentos de sangue tinham de comprar publicações especializadas, como *Crimen* — assim como deixavam, é bom lembrar, as fofocas televisivas para as revistinhas ilustradas que se encontravam nos cabeleireiros.

Ora, os telejornais, ao contrário, depois das justas notícias sobre guerras, chacinas, ataques terroristas e similares, depois de algumas prudentes indiscrições sobre a atualidade política, mas sem assustar demais os telespectadores, dão início à sucessão dos crimes, matri-sorori-uxori-fratri-infanti-cídios, roubos, sequestros, tiroteios e — para que nada falte ao espectador — parece que as cataratas do céu se abrem todo o dia sobre nossas terras e mandam chover como nunca havia chovido antes, uma chuva capaz de fazer o dilúvio universal parecer um pequeno incidente hidráulico.

É justamente aí que temos alguma coisa por trás, ou melhor, na frente. É que, não querendo se comprometer demais com notícias política e economicamente perigosas, os diretores dos nossos TeleNiagaras fizeram a escolha-*Crimen*. Uma boa sequência de cabeças partidas a machadadas mantém as pessoas calmas e não insufla ideias nefastas na cabeça de ninguém.

Talvez Agamenon fosse pior que Bush

(2007)

Estava sentado no trem lendo o jornal quando um senhor a meu lado começou a falar: "Em que tempo vivemos! Com certeza já leu hoje sobre o sujeito que matou a mulher grávida. E os dois que, uns meses atrás, massacraram a família dos vizinhos só porque estavam ouvindo rádio alto demais? E a prostituta romena que enfiou um guarda-chuva no olho de outra moça por uma briguinha qualquer? E a quantidade de mães que mataram os filhos nos últimos tempos? E aquele que matou a filha (nem preciso dizer que não é da União Europeia e ainda por cima é muçulmano) para impedir que casasse com um cristão? E um tempo atrás, a mocinha de Novi que massacrou a mãe e o irmãozinho pequeno? E os outros, que raptaram o filho do vizinho e depois assassinaram o menino porque chorava demais? O que está acontecendo, afinal?"

Respondo observando que evidentemente ele ainda não sabia de tudo. Se tivesse lido com atenção o que li (talvez na internet) perceberia que a lista não para por aí.

Leu a respeito da história de Piacenza? Para obter as graças de um sujeito que poderia garantir o sucesso de sua empresa, o sr. Mennini lhe entrega a filha mesmo sabendo que é um homem sem escrúpulos, capaz de cometer barbaridades, e parte em seguida para sua viagem de negócios, tranquilo como um abade. Nesse meio-tempo, com o marido distante, um gigolô promissor, de nome Egídio, consola a sra. Mennini, torna-se seu amante, se instala na casa e, com a ajuda da esposa, mata o sr. Mennini quando ele retorna ao lar. Jogam a culpa em alguém, comparecem chorando ao funeral, mas o filho de Mennini percebe tudo e volta do exterior onde tinha uma bolsa Erasmus, mata Egídio e, não satisfeito, mata também a própria mãe (e a própria irmã tenta salvá-lo fornecendo falsos indícios aos investigadores). "Que história, que horror", comenta suspirando o meu vizinho.

E a sra. Medi di Molfetta? Abandonada pelo marido, resolve se vingar e, como sabe que ele é muito ligado aos filhos, decide matá-los. "Realmente não existe mais religião, antes pelo menos cortavam os próprios testículos para se vingar da mulher, mas essa aí assassina o sangue de seu sangue para castigar o marido", lamenta-se o vizinho. "Diga-me, isso é uma mãe? Para mim é influência da TV e desses programas violentos feitos pelos comunistas."

Insisto. Talvez o senhor não tenha lido a história de um tal de Croni di Saturnia que, não lembro mais se o motivo era uma herança ou alguma outra coisa, primeiro corta os testículos do pai e depois — como não quer filhos, até com uma certa razão, dada a experiência que tem do amor filial — provoca um aborto na própria mulher e come os pobres fetos. E o senhor diz: "Talvez fosse adepto de alguma seita satânica, talvez jogasse pedras de cima das pontes da autoestrada, talvez todos na cidade pensassem que era uma boa pessoa. Também pudera, não? Este mesmo jornal que o senhor está lendo aí defende o aborto e o casamento entre travestis..."

Veja, digo eu, que a maior parte dos delitos sexuais é cometida no interior do núcleo familiar. Deve ter ouvido falar de Lai di Battipaglia, assassinado pelo filho, que em seguida se envolve com a mãe, até que um dia ela não suporta mais e se mata. E numa cidadezinha não muito distante, os irmãos Tiesti começam matando o meio-irmão por interesse, depois um dos dois se torna amante da mulher do outro, e o outro, por vingança, mata os filhos do primeiro, assa os corpos na grelha, lhe oferece na ceia, que o outro degusta sem saber o que está comendo.

Jesus, meu Jesus, exclama meu interlocutor, mas eram italianos ou vinham de fora da União Europeia? Não, explico eu, mudei um pouco os nomes e lugares. Eram todos gregos e li suas histórias não nos jornais, mas no dicionário de mitologia. O sr. Mennini era Agamenon, que sacrifica a própria filha aos deuses para obter sucesso em sua expedição a Troia; o jovem Egídio, que o mata, é Hegisto, e a esposa infiel é Clitemnestra, que em seguida é morta por seu filho Orestes. A sra. Medi era Medeia, o sr. Croni era Cronos, para os romanos Saturno, o sr. Lai era o Laio assassinado por Édipo, a mulher que comete incesto é Jocasta. Por fim, os irmãos Tiesti eram Tieste, que come os próprios filhos, e seu irmão Atrei. E estes são os mitos fundadores de nossa civilização, e não apenas as núpcias de Cadmo e Harmonia.

É que naquela época escreviam-se, de quando em quando, tragédias ou poemas sobre estas histórias, enquanto hoje os jornais estão atentos a todos os crimes de sangue, com os quais preenchem duas e até três páginas. Calcula-se, ademais, que hoje somos 6 bilhões, enquanto na época a população do mundo limitava-se a algumas dezenas de milhões: guardadas as devidas proporções, matava-se mais então do que agora. Pelo menos na vida cotidiana, guerras excluídas. E talvez Agamenon fosse até pior que Bush.

Rua com as ruas!

(2008)

Tudo bem que no verão, sobretudo em agosto, no meio das férias, não há muitas novidades a contar, exceto alguns massacres na Georgia, que despertam menos interesse que as Olimpíadas, mas a retomada de um tema, que ousarei chamar de eterno, chamou minha atenção nas últimas semanas. Em algum lugar, voltaram a discutir por que dar a uma rua o nome de um personagem comprometido com o fascismo ou de figuras controversas como a de Bettino Craxi — ou cancelar o nome de uma rua, talvez na Romagna, onde é notável, nos pequenos centros, a abundância de ruas Carlo Marx e ruas Lenin. Francamente, a coisa ficou insuportável e só há um modo de resolver: uma lei que proíba dar às ruas o nome de alguém que não esteja morto há pelo menos cem anos.

Naturalmente, com a lei dos cem anos, à exceção de Marx, certamente vai aparecer alguém, em 2045, querendo dar o nome de Benito Mussolini a uma rua, mas paciência, nossos netos, já quarentões (sem falar de eventuais bisnetos) terão ideias confusas sobre o personagem. Hoje, os bons católicos romanos passeiam tranquilamente pela rua Cola di Rienzo, sem saber que ele não apenas teve também a sua praça Loreto, mas que foram os maçons pós-ressurgimentais que deram seu nome a tão importante rua, para fazer raiva ao papa.

É importante considerar também que, pelo menos no que diz respeito a personagens defuntos, dar o nome de alguém a uma rua é o modo mais fácil de condená-lo ao esquecimento público e a um fragoroso anonimato. Com exceção de alguns raros casos, como Garibaldi ou Cavour, ninguém sabe quem são os personagens que dão nome a uma praça ou rua — e se foram conhecidos na época, com o tempo acabaram por se tornar, na memória coletiva, uma rua e nada mais. Na minha cidade natal, passei milhares de vezes pela rua Schiavina, sem jamais me perguntar quem teria sido ele (mas agora sei: era um analista oitocentista), sem falar em Lorenzo Burgonzio (aprendi depois na internet que era o autor de um *Le notizie istoriche in onore di Maria Santissima della Salve*, Vimercato Editore, 1738).

Desafio os muitos milaneses que moram nas ruas Andegari, Cusani, Bigli ou Melzi d'Eril a dizer quem eram as pessoas que mereceram tal honra. Talvez alguém que tenha estudado saiba que Francesco Melzi d'Eril foi vice-presidente da República italiana no período napoleônico, mas creio que o passante normal, que não seja historiador de profissão, saiba pouco sobre as famílias Cusani, Bigli ou Andegari (alguns sustentam, aliás, que o nome tem origem no termo céltico *andeghee*, que significa espinheiro-alvar).

A toponomástica não só condena à *damnatio memoriae*, mas também pode acontecer que o nome de um personagem de bem vá parar numa rua mal-afamada e que o infeliz seja usado pelos séculos dos séculos para referências libertinas. Retornando à Turim dos meus tempos universitários, recordo que a rua Calandra era maliciosamente (e para os bem-pensantes, tristemente associada a duas casas de tolerância, embora pretendesse homenagear Edoardo Calandra, respeitável escritor oitocentista. E a praça Badori, que celebrava um grande tipógrafo e era sede do ilustre Conservatório Musical, servia então de ponto de encontro noturno de homossexuais (e tentem entender o que isso podia significar nos anos 1950) e, portanto, o topônimo indicava por metonímia (continente por conteúdo) quem se dedicava a prazeres diversos da tipografia e da música clássica. Sem falar que, em Milão, o bordel mais frequentado pela soldadesca ficava na rua Chiaravalle e ninguém conseguia pronunciar sem um sorrisinho o nome da nobre e famosa abadia.

Mas então, que nome daremos às ruas? Os administradores públicos terão de fazer algum esforço de imaginação, pois não poderão pescar no repertório familiar dos Giuseppe Bottai ou dos Italo Balbo, mas terão de redescobrir, sei lá, Salvino degli Armati, provável inventor dos óculos, ou Bettizia Gozzadini (primeira mulher a ensinar numa universidade na Bolonha medieval) ou até Uguccione della Faggiola e Facino Cane, que não eram propriamente santos, mas se for por isso, Balbo também não era. Por outro lado, Nova York sobrevive muito bem com ruas designadas apenas por números, o que não é tão diferente de batizar, como em Milão, uma via pública como rua Larga. E existem nas centenas de cidades da Itália belíssimas ladeiras do Grilo, ruas do Urso ou da Espiga, ruas da Colina e poderíamos acrescentar uma rua das Tílias (existe uma em Berlim), rua dos Amieiros e assim por diante, botanizando.

Barcos das popozudas

(2009)

Pensamento número um — Estou em Paris jantando com amigos franceses e um deles diz aos outros que a televisão italiana é uma alegria, pois basta sintonizar um programa qualquer, não necessariamente de variedades, para aparecerem belas moças seminuas, até mesmo em programas jornalísticos ou de perguntas e respostas. Todos arregalam os olhos (será que existem mesmo televisões assim?) e um deles diz que precisa realmente estender seu abonamento via satélite para pegar as TVs italianas. Outro comenta que assim dá para entender por que os italianos perdoam todos os políticos que saem com mocinhas. Foram educados assim. Fico um pouco aborrecido. Na verdade, não somos todos viciados em sexo.

Dois dias depois, estou em Roma Termini, onde reinam dois enormes cubos publicitários da TTT Lines Napoli-Catania. Podemos entrever os ferry-boats de linha desta companhia, mas sobretudo uma série de moças, todas de costas e bastante despidas, de modo a destacar suas graças calipígias. Uma grande inscrição, talvez temerosa de que os traseiros não atraiam suficiente atenção, recita: "Temos as popas mais famosas da Itália." Para quem não entende piadas, talvez seja necessário explicar que, com arguto duplo sentido, a escrita é uma alusão à traseira dos barcos e ao traseiro das moças. Será que meus amigos franceses tinham razão?

Pergunta: "Você permitiria que seus filhos fossem educados pelo diretor do departamento de propaganda da TTT Lines?" Meu medo é que muitos italianos respondam sim, esperando que seus filhinhos se transformem em espertos garotões com os mais belos mastros da Itália.

Pensamento número dois — A Liga Norte apresentou ao Senado um projeto de lei que prevê o ensino obrigatório dos dialetos locais no ensino básico. Naturalmente, a Aliança Nacional se opõe, do contrário se chamaria Aliança Regional. O *Corriere* de 31 de maio publicou um belíssimo artigo de Dario Fo, num *grammelot* todo seu, que com um pouco de boa vontade poderia passar por padano oficial (se isso existisse); só que no final temos a tradução em bom toscano e ficamos sabendo que Fo está ironizando a proposta.

Creio que deveríamos fazer alguma coisa para que as crianças de amanhã também possam desfrutar do *Mistero buffo*. Mas como a mãe dos tolos está sempre grávida, parece que existe também um projeto propondo que o Ressurgimento seja estudado em bases regionais, ou seja, os turinenses ouviriam falar de Cavour e Garibaldi, enquanto os napolitanos aprenderiam sobre Franceschiello, Fra Diavolo e o Cardeal Ruffo. Ora, seria justo dizer também aos turinenses e aos lígures que Nino Bixio não se comportou muito bem na Sicília, em Bronte, mas educar os meridionais no culto aos bandoleiros do pós-Ressurgimento seria como mantê-los fora da história. Assim como ensinar apenas o dialeto às crianças de Gemonio impediria que quando crescessem pudessem emigrar para outras regiões ou mesmo para o exterior. Uma covardia contra inocentes, que não devem responder pela ignorância dos pais.

Ora, Tullio De Mauro repetiu à exaustão que o grande legado da televisão dos anos 1950 foi difundir um italiano padrão por toda a península, de modo que aqueles que foram separados do progresso porque só conheciam o próprio dialeto puderam se inserir na fase que foi chamada de milagre econômico italiano. Mas disse igualmente que, neste processo de padronização linguística, seria um pecado perder totalmente as próprias raízes. Na minha cidade natal, todo ano é levado à cena o *Gelindo*, terna e engraçadíssima fábula natalícia, toda em dialeto, mas constatei que o espetáculo vem padecendo há anos dois tipos de crise: por causa da imigração é difícil encontrar jovens que saibam falar dialeto e mais ainda conquistar novos espectadores capazes de entendê-lo. E seria uma grande pena que uma tradição tão bela morresse.

Portanto, não veria com maus olhos, uma vez garantido um bom conhecimento da língua nacional a todas as crianças, uma hora semanal dedicada ao dialeto local. A coisa será altamente educativa lá onde as crianças ainda são expostas ao dialeto (de modo que possam comparar seu léxico e sintaxe com os da língua italiana), mas certamente surgiriam problemas numa escola milanesa, onde a maioria são chineses ou romenos. Nesse caso, que ocorra então (opcional) depois da aula e quem sabe não vai divertir até os chineses.

Tempos atrás, um negro que não podia ser mais negro vendia isqueiros em Milão e abordava os passantes num dialeto milanês puríssimo, reclamando dos "brütt terùn"* que estavam por toda parte. Filho de uma boa senhora, com certeza, mas fazia ótimos negócios.

Proletários de todo o mundo, o estudo das línguas vos fará livres.

Alto médio baixo

(2010)

No suplemento cultural do *Repubblica* de sábado passado, Angelo Acquaro e Marc Augé retomaram, por ocasião da publicação do livro *Mainstream* de Frédéric Martel (Feltrinelli, 2010), a propósito de novas formas de globalização da cultura, uma questão que reaparece regular-

---

* Em italiano, *brutti terroni*, que corresponderia aproximadamente a "caipiras de merda". [*N. da T.*]

mente todo ano, mas sempre a partir de novos pontos de vista, ou seja, qual é hoje a linha de corte entre Alta Cultura e Baixa Cultura.

Se esta distinção pode parecer bizarra para alguns jovens que ouvem indiferentemente Mozart e música étnica, devo recordar que era um tema candente por volta da metade do século passado e, mais ainda, que Dwight MacDonald, num belo e aristocracíssimo ensaio de 1960 (*Masscult e Midcult*) identificava não dois, mas três níveis. A alta cultura era representada, só para esclarecer, por Joyce, Proust, Picasso, enquanto aquela que era chamada de *Masscult* incluía toda a pacotilha hollywoodiana, as capas do *Saturday Evening Post* e o rock (MacDonald era um daqueles intelectuais que não tinham televisão em casa, enquanto os mais abertos ao novo tinham uma na cozinha).

Mas MacDonald delineava também um terceiro nível, o *Midcult*, uma cultura média representada por produtos de entretenimento que tomavam emprestados alguns estilos da vanguarda, mas que era fundamentalmente *kitsch*. Entre os produtos *Midcult*, MacDonald colocava Alma Tadema e Edmond Rostand, no passado, e em seus tempos, Somerset Maugham, o último Hemingway, Thornton Wilder — e provavelmente teria incluído muitíssimos livros publicados pela Adelphi, que ao lado de testemunhos da mais alta das altas culturas alinhava autores como Maugham, justamente, Márai e o sublime Simenon (MacDonald teria classificado o Simenon-não--Maigret como *Midcult*, e o Simenon-Maigret, como *Masscult*).

Mas a divisão entre cultura popular e cultura aristocrática é menos antiga do que se pensa. Augé cita o caso dos funerais de Hugo que reuniram centenas de milhares de pessoas (Hugo era *Midcult* ou alta cultura?), as tragédias de Sófocles eram assistidas até pelos peixeiros de Pireu, *Os noivos*, de Manzoni, ganharam, assim que surgiram, uma série impressionante de edições piratas, sinal de sua popularidade — e não podemos esquecer o ferreiro que estropiava os versos de Dante, irritava o poeta, mas demonstrava ao mesmo tempo que sua poesia era conhecida até pelos analfabetos.

É verdade que os romanos abandonavam uma representação de Terêncio para ver lutas de ursos, mas na verdade, muitos intelectuais de hoje também renunciam a um concerto para ver o futebol. O fato é que a distinção entre duas (ou três) culturas só é nítida quando as vanguardas históricas adotam o objetivo de provocar o burguês e, portanto, promovem a valor a não legibilidade ou a recusa da representação.

Esta fratura se manteve até o nosso tempo? Não, pois músicos como Berio ou Pousseur levaram o rock muito a sério e muitos cantores de rock conhecem música clássica bem melhor do que se pensa, a Pop Art embaralhou os níveis, o primado da ilegibilidade envolve hoje muitos quadrinhos extremamente refinados, muitas das músicas dos *spaghetti western* são revisitadas como música de concerto, basta assistir aos leilões de arte num canal de vendas para ver que espectadores claramente não sofisticados (é evidente que quem compra um quadro pela TV não é membro da elite cultural) adquirem telas abstratas que seus pais definiriam como pintura feita por um macaco e, como diz Augé, "existe sempre um intercâmbio subterrâneo entre alta cultura e cultura de massa e muitas vezes a segunda se alimenta com a riqueza da primeira" (exceto que eu acrescentaria: "e vice-versa").

No máximo, hoje a distinção dos níveis deslocou-se dos conteúdos ou das formas artísticas para os modos de fruição. Quero dizer que hoje a diferença não está mais entre Beethoven e "Jingle bells". A fruição de Beethoven transformado em toque de celular ou música de aeroporto (ou elevador) ocorre na desatenção, como diria Benjamin, e portanto torna-se (para quem o usa deste modo) muito parecida com um motivo publicitário. Ao contrário, um *jingle* nascido para anunciar um detergente pode se tornar objeto de atenção crítica e de apreciação por um achado rítmico, melódico ou harmônico. Mais que o objeto, muda o olhar, há o olhar atento e o olhar desatento, e para um olhar (ou ouvido) desatento é possível oferecer até Wagner como trilha sonora para *Ilha dos famosos*. Enquanto os mais refinados podem se retirar para ouvir *Non dimenticar le mie parole* num antigo vinil.

"Intelectualmente falando"

(2011)

Numa noite da semana passada, em Jerusalém, um jornalista italiano me disse que uma agência de notícias tinha enviado à Itália uma nota informando que eu teria dito, numa conferência de imprensa matutina, que Berlusconi era igual a Hitler e que alguns autorizados representantes da maioria já tinham dado declarações sobre a minha "delirante" declaração que, na opinião deles, ofendia toda a comunidade hebraica (*sic*). A qual tinha evidentemente mais o que fazer, uma vez que no dia seguinte vários jornais israelenses reportavam amplas coberturas da tal conferência de imprensa (o *Jerusalem Post*, bondade sua, trazia uma chamada na primeira página e matéria na terceira página quase inteira), mas nem sequer mencionava Hitler, discorrendo sobre as verdadeiras questões então discutidas.

Nenhuma pessoa sensata, por mais crítica que seja em relação a Berlusconi, pensaria em compará-lo com Hitler, visto que Berlusconi não desencadeou um conflito mundial com 50 milhões de mortos, não massacrou 6 milhões de judeus, não fechou o parlamento da República de Weimar, não constituiu batalhões de camisas marrons, SS e assim por diante. O que realmente aconteceu naquela manhã?

Muitos italianos ainda não se deram conta de quanto o nosso primeiro-ministro é desacreditado no exterior, de modo que quando devemos responder às perguntas dos estrangeiros, às vezes somos levados até a defendê-lo, por amor à bandeira. Um importuno queria que eu dissesse que, como Berlusconi, Mubarak e Kadafi relutam ou relutaram a pedir demissão, Berlusconi seria então o Kadafi italiano. Tive de responder, obviamente, que Kadafi era um tirano sanguinário que mandava atirar nos próprios compatriotas e que chegou ao poder por meio de um golpe de Estado, enquanto Berlusconi tinha sido regularmente eleito por uma parte consistente dos italianos ("infelizmente", acrescentei). Portanto, disse brincando, se quisermos mesmo estabelecer analogias a qualquer custo, poderíamos comparar Berlusconi com Hitler só porque os dois haviam sido regularmente eleitos. Reduzida a incauta hipótese *ad absurdum*, retornamos às coisas sérias.

Quando me falou da nota da agência, o colega italiano comentou: "Sabe como é, o jornalista precisa desencavar a notícia mesmo quando está escondida." Não concordo, o jornalista deve dar a notícia quando ela de fato existe e não criá-la. Mas isso também é um sinal da situação provincial em que se encontra o nosso país: não interessa se os destinos do planeta estão sendo discutidos em Calcutá, mas apenas se alguém em Calcutá disse alguma coisa a favor ou contra Berlusconi.

Um aspecto curioso da história, como pude constatar ao voltar para casa, é que em todos os jornais que trataram do assunto, minhas supostas declarações, sempre entre aspas, vinham do comunicado original de agência de notícias, que dizia que eu teria definido minha rápida menção a Hitler como "um paradoxo intelectual" ou que teria mencionado o paralelo "intelectualmente falando". Ora, talvez eu pudesse, num estado de embriaguez, comparar Berlusconi a Hitler, mas nem no nível máximo de alcoolemia usaria expressões insensatas como "paradoxo intelectual" ou "intelectualmente falando". A que coisa se opõe o paradoxo intelectual? Ao manual, ao sensorial, ao rural? Não se pode pretender que todos conheçam de cor e salteado a terminologia da retórica ou da lógica, mas certamente "paradoxo intelectual" é uma elocução de analfabeto e quem afirma que alguém disse algo "intelectualmente falando" está se expressando de maneira medíocre. Isso significa que as aspas do comunicado eram efeito de uma tosca manipulação da palavra alheia.

Em cima de um material tão evidentemente pobre criou-se uma virtuosa campanha de indignação para difamar, como sempre, quem não gosta do premiê ou usa meias turquesa. Sem que ninguém tivesse a ideia de observar pelo menos que não é possível comparar Berlusconi a Hitler pois Hitler era notoriamente monogâmico.

Investigados e vilões

(2012)

Lembro de ter reclamado, numa antiga *Bustina*, do mau hábito dos filmes e telefilmes que vemos na telinha de mostrar casais na cama que, antes de adormecer, (i) copulam, (ii) brigam, (iii) ela diz que está com dor de cabeça, (iv) viram desanimados cada um para o seu lado e dormem. Nunca, digo nunca, nem um único deles apareceu lendo um livro. E depois reclamamos que as pessoas, que se comportam de acordo com os modelos televisivos, leem tão pouco.

Mas há pior. O que acontece se um comissário ou um oficial de polícia entra em sua casa e começa a fazer perguntas, às vezes nem mesmo embaraçosas? Quando se trata de um calejado delinquente finalmente desmascarado, de um mafioso fichado ou de um *serial killer* neurótico, talvez responda com insultos e caretas ou se jogue no chão fingindo um ataque epiléptico. Mas se você é uma pessoa normal e correta, convidará o funcionário a sentar e responderá educadamente às perguntas que fizer, talvez com uma ponta de preocupação, mas sentado polidamente diante dele. E se você for só um pouquinho culpado, vai tomar ainda mais cuidado para não causar atritos.

Mas o que acontece nos telefilmes policiais (aviso logo, para não passar por moralista aristocrático, que os vejo com prazer, sobretudo os franceses e alemães nos quais, à exceção de *Cobra 11*, não há excessos de violência e de explosões de tetranitratoxicarbono)? O que acontece sempre (prestem atenção, sempre) é que, quando o policial entra e começa a perguntar, o cidadão volta a fazer suas coisas, debruça na janela, acaba de fritar seus ovos com bacon, arruma a sala, escova os dentes, pouco faltando para que vá urinar, senta na mesa para assinar alguns papéis, corre para atender o telefone, ou seja, se agita como um esquilo fazendo tudo o que pode para dar as costas ao investigador e, passado um tempo, pede rudemente que vá embora porque tem mais o que fazer.

Mas isso são modos? Por que os diretores de telefilmes teimam em instilar na mente dos espectadores que os agentes de polícia devem ser tratados como importunos vendedores de aspirador de pó? Podem objetar que o investigado mal-educado costuma avivar o desejo de vingança do espectador, que vai se deleitar mais tarde com a vitória do detetive humilhado, e será verdade. Mas e se os muitos espectadores menos civilizados começarem, na primeira ocasião, a receber os policiais a pontapés, pensando que esta é nova moda? Será que o público que compra e assiste a telefilmes não se preocupa com isso porque certas pessoas muito mais importantes que os pequenos criminosos investigados pelo comissário Siska já nos ensinaram que é possível se recusar a comparecer ao tribunal?

A verdade é que o diretor de telefilmes sabe que não pode manter dois atores parados frente a frente se a duração do interrogatório for maior que alguns segundos e precisa movimentar a cena de alguma maneira. E, portanto, faz o investigado se mexer. E por que o diretor não pode sustentar, e obrigar o espectador a suportar, alguns minutos com duas pessoas olhando-se frente a frente, sobretudo se discutem coisas de grande e dramático interesse? Ora, porque para fazer isso o diretor precisa ser no mínimo um Orson Welles e os atores devem ser Anna Magnani, Emil Jannings em *Anjo azul*, Jack Nicholson em *The Shining*, gente que sabe sustentar o primeiro e o primeiríssimo plano e expressar seu estado de ânimo com um olhar, um movimento da boca. Em *Casablanca*, Ingrid Bergman e Humphrey Bogart podiam conversar durante vários minutos sem que Michael Curtiz (que não era, aliás, nenhum Eisenstein) se permitisse nem mesmo um plano americano. Mas quando se é obrigado a girar um episódio por semana (e às vezes dois), o produtor não pode ter nem mesmo Curtiz e devemos nos dar por satisfeitos se os atores conseguem, como nos policiais alemães, dar o melhor de si enquanto comem um sanduíche de *wurstel* entre uma consulta ao computador e outra.

Me deixe terminar, *vaiassa*!*

(2013)

Espero que o diretor do *Espresso* não fique aborrecido se disser que a revista que leio toda semana e sempre com maior interesse é a *Settimana enigmistica*, mesmo porque não oferece apenas os seus próprios conteúdos, mas pede minha colaboração para complementar suas 48 páginas.

Muito instrutivas são as definições das palavras cruzadas. A tradição italiana é diferente da francesa, onde a definição é proposta como um enigma. É famoso o exemplo citado por Greimas de "amigo dos simples", que devia ser decifrado como "herborista" (prevendo que o decifrador soubesse que os simples são tradicionalmente plantas com virtudes curativas, usadas pelos médicos de outrora). As definições das palavras cruzadas italianas apelam antes a opiniões difundidas e aceitas comumente, por exemplo, a solução para "diz respeito a massas e hortaliças" seria "dieta mediterrânea" e para "serpente americana", "boa".

Ora, encontrei numa página de palavras cruzadas a definição "animam os *talk shows*" e pensei, à primeira vista, que a definição se referisse à presença de celebridades ou a alguma referência à atualidade. Nada disso, a solução era "confrontos". O compilador da definição fez apelo, portanto, à opinião corrente de que um *talk show* é interessante não por ter um apresentador popular, como Vespa, por contar com participantes como um exorcista ou Vladimir Luxuria ou ainda por tratar de temas como pedofilia ou a tragédia de Ustica. Todos estes elementos são, é claro, acessórios importantes e seria tedioso um *talk show* comandado por um filólogo bizantino, que tivesse como convidada uma carmelita enclausurada afetada por um mutismo secundário ou discutisse temas como o papiro de Artemidoro. Contudo, o que o espectador realmente deseja é o confronto.

---

* Vocábulo do dialeto napolitano que originalmente designava uma serva ou doméstica e mais tarde passou a ser usado como sinônimo de mulher de baixa condição social, espalhafatosa e vulgar. Em português, poderia corresponder a "bagaceira". [*N. da T.*]

Já assisti a um *talk show* ao lado de um velha senhora que, toda vez que os participantes falavam ao mesmo tempo, reagia: "Por que ficam se interrompendo? Não dá para entender uma palavra! Não poderiam falar um de cada vez?" — como se um *talk show* italiano fosse um dos memoráveis programas de Bernard Pivot, nos quais o apresentador avisava ao falante que era hora de ceder a vez ao vizinho com um sinal do dedo mindinho.

A verdade é que os espectadores dos *talk shows* só se divertem quando as pessoas brigam e não importa sequer o que dizem (que em geral é percebido como irrelevante), mas o modo como fazem cara de ódio, berrando "me deixe terminar, não interrompi quando era sua vez" (e esta reação faz parte, obviamente, do jogo da interrupção) ou se insultam com epítetos caídos em desuso, como "*vassaia*", que a partir daí são retomados pela última edição dos dicionários como dialetismos reconhecidos. Assiste-se a um *talk show* como a uma rinha de galos ou a um evento de *wrestling*, onde não importa se os contendentes estão fingindo, assim como nas comédias de Ridolini não importa se uma torta acaba na cara de alguém, o que importa é fazer de conta que foi para valer.

Tudo isso seria perfeito se os *talk shows* fossem apresentados como meros programas de entretenimento estilo *Big Brother*. Mas alguém já definiu *Porta a porta* como a Terceira Câmara — ou antecâmara do tribunal. O que será discutido no parlamento ou a sentença final sobre quem estrangulou uma tal moça é antecipado pelo *talk show* de tal modo que torna irrelevante, ou em todo caso predeterminada, a seção parlamentar ou a sentença do Tribunal de Justiça.

Logo, se o que conta não são os conteúdos, mas a forma do confronto, é como se uma aula universitária sobre a *consecutio temporum* fosse antecipada e, portanto, inutilizada, por um discurso em *grammelot* de Dario Fo ou um improviso delirante de Massimo Troisi.

E depois lamentamos que o povo se mostra cada vez mais desinteressado pelo que ocorre em Montecitorio ou no Palácio Madama ou pelo que dirá a Suprema Corte e que está deixando de votar.

Agitado ou misturado?

(2013)

Uma carta enviada a Antonio D'Orrico na *Sette*, suplemento do *Corriere*, informa — como D'Orrico já havia, aliás, relevado — que numa recente tradução de *Viva e deixe morrer*, James Bond pede um Martíni, mas feito com Martini "Rosso". Heresia falar de um martíni com vermute doce, mas uma tradução italiana anterior falava de gim com Martíni & Rossi, o que é completamente diferente. É verdade que, segundo algumas crônicas antigas, o primeiro coquetel Martini inventado na América no século XIX levaria duas onças de "Martini and Rosso" italiano, uma onça de gim Old Tom, mais marrasquino e algum outro ingrediente que suscitaria o horror de qualquer pessoa bem-educada. Mas, ainda que o Martini Rosso tenha surgido em 1863, segundo outros especialistas, o coquetel Martini se difundiu inicialmente na forma atual, não com vermute Martini, mas com Noilly Prat, e o nome, Martini, dado ao coquetel original, viria de uma cidade californiana (Martinez) ou de um barman chamado Martinez. Em suma, sobre toda esta intricadíssima história indico a leitura do fundamental *Martini straight up*, de Lowell Edmunds, traduzido na Itália em 2000, pela Archinto, como *Ed è subito Martini*.

Ora, o que bebe James Bond? Na realidade, bebe de tudo; é famoso o *incipit* de *Godfinger* que, mal traduzido na tradução de 1964, recitava: "James Bond estava sentado na sala de espera do aeroporto de Miami. Já havia bebido dois bourbons duplos e agora refletia sobre a vida e a morte" — como se Bond estivesse simplesmente esperando o avião como um passageiro da classe turística. Eis o que escreveu Fleming (mestre de estilo): "James Bond, with two double bourbon inside him, sat in the final departure lounge of Miami Airport and though about life and death." Mas o primeiro Martini que 007 bebeu, em *Casino Royale* (e não *Casinò Royal*, como na edição italiana) é aquele que mais tarde passaria à história como Vesper Martini: "Três medidas de Gordon, uma de vodca, meia de China Lillet. Verse no shaker, agite até ficar bem gelado e acrescente em seguida uma bela casquinha de limão." China Lillet é outro, e raro, tipo de vermute *dry*, e Bond também bebe um Vesper Martini no filme *Quantum of Solace*.

Na realidade, Bond costuma beber o Martini como nós o conhecemos, mas quando faz o pedido, especifica *shaken, not stirred*, o que quer dizer, coloque os ingredientes numa coqueteleira (*shaker*) para agitar ou "shakerar" (como acontece com vários outros coquetéis), mas não misturar num copo misturador. O problema é que, a partir de Hemingway, para fazer um bom Martini é preciso colocar uma dose de Martini Dry num misturador já cheio de gelo, versar o gim, misturar ou "mixar" e depois passar a bebida para o clássico copo triangular, no qual se insere no final uma azeitona. Mas os entendedores querem que, depois de colocar o Martini e misturar bem, descarte-se o vermute por meio de um coador de modo que reste apenas uma pátina dando sabor ao cubos de gelo, para então colocar o gim e depois versá-lo na taça, bem frio e com um leve sabor de *dry Martini*. A relação entre gim e vermute varia de um conhecedor a outro, inclusive a versão que diz que bastaria um raio de luz atravessando a garrafa do vermute até tocar o gelo e ponto final. Na versão que os americanos chamam de *Gin Martini on the rocks*, o gelo também vai para a taça, o que deixa os mais refinados horrorizados.

Como pode um conhecedor como Bond pedir o Martini "shakerado" e não *mixed*? Há quem diga que "shakerar" o Martini introduz mais ar na mistura (diz-se *bruising the drink*), melhorando seu sabor. Pessoalmente, não acho que um *gentleman* como Bond quisesse seu Martini "shakerado". De fato, existem sites na internet que garantem que a frase, embora apareça nos filmes, nunca apareceu nos romances (assim como não se encontra o "elementar, meu caro Watson" em Conan Doyle), exceto, talvez, associada ao discutido Vodka Martini. Devo confessar que, se tivesse que verificar as obras completas de Fleming, sabe-se lá quando teria escrito esta *Bustina*.

Datas demais para Nero Wolfe

(2014)

Por razões ligadas puramente a disposições de espírito, dediquei os dois meses que antecedem o Natal à releitura (ou à leitura do zero) das oitenta histórias do detetive Nero Wolfe e, imergindo naquele amável universo, encontrei alguns problemas que já obcecaram os aficionados de Rex Stout. O primeiro entre todos: em que número ficava ou fica a famosa casa de tijolos da 35th Street West? *The Wolfe Pack* (associação de apaixonados pelas histórias de Nero Wolfe) induziu a cidade de Nova York a colocar, em 1966, uma placa comemorativa no número 454, mas no curso de seus romances, Stout mencionou diversos números — em *Onde está o pai?* é 506; em *Clientes demais*, 618; em *O livro assassino*, 902; em *O tigre macabro*, 914; em *A caixa vermelha*, 918; em *A voz do morto*, 922; em *A morte bateu à porta*, 939 etc.

Mas quem dera fosse essa a única incerteza da saga: somos informados de que Wolfe, de origem montenegrina, teria nascido em Trenton e já era rapaz quando foi para Montenegro, mas Wolfe cita várias vezes o fato de ter se tornado cidadão norte-americano bem tarde e, portanto, não poderia ter nascido em Nova Jersey. Teria nascido provavelmente em 1892 ou 1893. Mas se isso fosse verdade, em sua última história, de 1975, teria 83 anos, embora pareça tão jovem quanto na primeira, de 1934. Isso sem falar em Archie Goodwin, que segundo vários indícios teria nascido entre 1910 e 1912, mas em histórias que se desenrolam explicitamente na época da guerra do Vietnã ou até depois, quando já deveria ter quase 60 anos, continua a se apresentar como o *playboy* trintão de sempre, capaz de atrair as jovens mais fascinantes e de derrubar com um direto magistral vários personagens bem mais robustos que ele.

Em suma, como um autor que descrevia sem variações de livro a livro a planta da casa de Wolfe, os alimentos que comia, as 10 mil orquídeas que cultivava, espécie por espécie, nunca pensou em manter um fichário (biograficamente confiável) com os dados de seus personagens? A explicação tem de ser outra.

São muitas as sagas em que os personagens não têm idade e não envelhecem jamais. Super-Homem não tem idade, tampouco a Little Orphan Annie (cuja infância eterna deu motivo a muitas paródias) e menos ainda o Fantasma, noivo de Diana Palmer por mais de cinquenta anos. O que permitia que seus autores os colocassem em ação num eterno presente. Foi o que aconteceu com Wolfe e Goodwin, perenemente jovens. Mas ao mesmo tempo, as histórias de Stout se sustentam também na precisão dos detalhes, na ambientação histórica (Wolf e Archie participam da Segunda Guerra Mundial como agentes do governo e convivem com o macarthismo), nos detalhes quase obsessivos das ruas, das esquinas, das lojas, dos percursos de táxi e assim por diante. Como manter numa eternidade imóvel histórias que necessitavam de referências contínuas a momentos históricos e a ambientes precisos? Confundindo as ideias do leitor.

Ao fazer rodopiar diante dos olhos de nossa memória uma série de datas discordantes e anacronismos insuportáveis para quem lê com uma calculadora na mão, Stout queria nos colocar, ao mesmo tempo que fingia um realismo exasperado, numa situação quase onírica. Ou seja, tinha uma concepção nada banal da ficção literária e não é por acaso que começou sua carreira, embora com pouco sucesso, como um escritor quase experimental, em *Due rampe per l'abisso.* Conhecia os mecanismos da recepção: não presumia que seus leitores fizessem como eu e lessem toda a sua obra de uma só vez, pois sabia que retornavam a seus livros em intervalos anuais e, portanto, já com a memória confusa acerca das cronologias. Jogava com a recordação fiel (e a expectativa) das situações recorrentes (tiques de Wolfe, mecanismos das noitadas conclusivas, passagens pela cozinha), mas também com o esquecimento dos grandes eventos. E, de fato, podemos reler as histórias várias vezes com o prazer de reencontrar sempre os mesmos elementos invariáveis, mas esquecidos da coisa mais importante, ou seja, quem era o assassino.

E tudo o mais

(2014)

É natural que as pessoas que chegaram a uma idade mais que madura se sintam incomodadas com os desenvolvimentos da língua e não consigam aceitar os novos usos dos adolescentes. Sua única esperança é que tais usos durem o tempo de uma manhã, como ocorreu com expressões como *matusa* (anos 1950/60 e quem ainda a usa revela que é, justamente, um/a *matusa*) ou *bestiale* (ouvi uma senhora de idade incerta usando-a e logo vi que era uma mocinha dos distantes anos 1950). Mas enquanto os novos usos circulam entre os jovens, posso dizer que é problema deles e que às vezes é muito divertido. Mas podem se tornar incômodos quando nos envolvem.

Não consigo mais suportar, desde os meus 80 anos, que me chamem de "prof". Alguém chama um engenheiro de "eng" ou um advogado de "adv"? No máximo, chamavam os doutores de "doc", mas era no velho oeste e em geral o "doc" em questão estava morrendo tísico e alcoolizado.

Nunca protestei explicitamente, mesmo porque o uso revelava uma certa afetuosa familiaridade, mas a coisa me incomodava e me incomoda ainda. Era melhor quando, em 68, os estudantes e os funcionários me chamavam de Umberto, descartando o senhor.

Uma outra coisa a que estava habituado é que as mulheres se dividiam entre *bionde* e *brune*,* mas de repente, *bruna* ficou fora de moda e é bem verdade que me faz pensar nas canções dos anos 1940 e nos penteados com franjinha. O fato é que de repente os jovens, mas também os adultos começaram a usar *mora* (outro dia, li num jornal que um certo bailarino clássico é um "*bel moro*"). Expressão horrível, pois antigamente *mora* era reservado às odaliscas muçulmanas que dançavam sobre os cadáveres dos últimos defensores de Famagosta e hoje me faz pensar no apelo vulgar de um rapazola de camiseta que grita para a moça que passa "ehi, bella mora!" e fatalmente vêm à memória as gostosonas de Boccasile ou as jovens italia-

* Louras e morenas. Logo abaixo, o termo *mora* também corresponde a morena. [*N. da T.*]

nas que venciam o concurso Cinco Mil Liras por um Sorriso, cheirando a perfumes nacionais populares e com uma floresta sob as axilas.

Mas assim são as coisas: as louras continuam louras (louro platinado ou cinza ou mel, como quiserem), enquanto quem tem os cabelos escuros virou *mora*, mesmo que tenha o rosto de Audrey Hepburn. Em suma, prefiro os ingleses que dizem *dark-haired* ou *brunette*.

Dito isso, não é que eu seja misoneísta, e pouco a pouco fui absorvendo em meu léxico, se não como falante ativo, pelo menos como ouvinte passivo, *gasato, rugare, tavanare, sgamare, assurdo, punkabbestia, mitico, pradaiola, pacco, una cifra, lecchino, rinco, fumato, gnocca, cannare, essere fuori come un citofono, caramba, tamarro, abelinato, fighissimo, allupato, bollito, paglia e canna, fancazzista, taroccato, fuso, tirarsela.**

Dias atrás, um adolescente de 14 anos me informou que, em Roma, embora ainda entendam o que quer dizer *marinare*, ninguém mais usa *bigiare*, mas sim *pisciare la scuola.***

De todo modo, para ser sincero devo dizer que prefiro os neologismos juvenis ao vício adulto de dizer *e quant'altro* [e tudo o mais] a toda hora. Não poderiam usar assim por diante ou etc.? Por sorte, já desapareceram *un attimino* [um segundinho] e o *esatto* que fez com que a Itália se transformasse na bela terra onde o exato soa,*** mas *e quant'altro* continua mesmo nos discursos de pessoas sérias e só se iguala, na França, ao uso irrefreável de *incontournable* que serve para dizer (ouçam, ouçam) que alguma coisa é importante (ou até mesmo imprescindível). *Incontournable* é aquilo com que nos deparamos, mas não podemos desviar e temos que enfrentar; pode ser uma pessoa, um problema, o fim do prazo para pagamento dos impostos, a obrigatoriedade da focinheira para os cães ou a existência de Deus.

---

* Correspondendo aproximadamente a: metido, reclamar, pentelhar, flagrar, absurdo, megapunk, mítico, sirigaita, furento, uma nota, puxa-saco, retardado, fumado, vadia, fumar um, estar doidão, caramba, tosco, lento, gatíssimo, tesudo, no bagaço, coroa, vagabundo, fajuto, exausto, tirar onda. [*N. da T.*]

** Todas as três expressões têm o significado de enforcar ou matar aula. [*N. da T.*]

*** Referência ao verso 80 do canto XXXIII do Inferno da *Divina comédia* de Dante Alighieri, que se refere à Itália como o "*bel paese là dove l'sì suona*", a "bela terra onde o *si* ressoa", na tradução de Cristiano Martins. [*N. da T.*]

Paciência, melhor os vícios linguísticos que o uso impróprio da língua. Recentemente, um certo deputado, querendo dizer que não se estenderia demais, afirmou no parlamento que seria "circunciso". Teria sido preferível que tivesse se limitado a dizer "serei breve e tudo o mais". Nota-se pelo menos que não era antissemita.

Infeliz o país

(2015)

Imprensa e TV comemoraram com satisfação o êxito da operação de resgate do *Norman Atlantic*. Houve mortos e desaparecidos, mas no conjunto as operações de socorro foram eficientes. A mídia deu uma atenção especial ao caso do comandante Argilio Giacomazzi que, depois de dirigir as operações do socorro a bordo, foi o último a deixar a nave. O caso não poderia deixar de chamar atenção, depois daquele episódio do "abominável homem das naves", mas em certas reportagens começou a despontar o apelativo *herói*.

Impossível frear a ênfase da mídia que, quando alguém se opõe a alguma coisa, logo escreve que *trovejou* contra ela, como se fosse um Júpiter Olímpico. As pessoas não se opõem mais ou ficam encrencadas, mas trovejam ou estão no olho do furacão (o que, aliás, é um erro, pois no olho do furacão reina a calma, mas emociona o público).

Retornemos ao capitão Giacomazzi. Sei muito bem que estou me pronunciando em atraso, pois Luciano Canfora, por exemplo, já expressou ideias com as quais concordo no jornal on-line *Lettera 43* de 2 de janeiro. Mas não será mal retornar ao assunto. O capitão Giacomazzi é certamente uma pessoa digna (mesmo que ficasse provado que teve alguma corresponsabilidade nas causas do acidente) e espera-se que, no futuro, todos os capitães se comportem como ele. Mas não é um herói: é um homem que cumpriu honestamente e sem covardia o seu dever. Está nas cláusulas do contrato de um capitão que ele deve ser o último a abandonar o barco e que o cumprimento deste dever comporta certamente um risco, assim como está nas cláusulas do contrato de um paraquedista o perigo de morrer num conflito armado.

Quem é um herói? Se a referência for a teoria dos heróis de Carlyle, é herói o grande homem, dotado de muito carisma, que deixou sua marca na história; neste sentido, são heróis tanto Shakespeare quanto Napoleão, independentemente do fato de terem sido eventualmente (*absit iniuria*) grandes medrosos. A ideia de Carlyle foi descartada tanto por Tolstoi quanto, mais tarde, pelos historiadores da vida material que deram menos importância aos grandes eventos e estudaram antes as estruturas econômicas e sociais ou as tendências coletivas. No entanto, ao recorrer a dicionários ou enciclopédias, emerge sempre a noção de que um herói é aquele que realiza um ato excepcional, que não lhe foi exigido, com risco da própria vida e para beneficiar o próximo. Herói era Salvo D'Acquisto: ninguém lhe pediu que assumisse uma responsabilidade que não era sua e se colocasse diante do pelotão de fuzilamento para salvar os habitantes de sua cidadezinha, mas, superando os que seriam os seus deveres, foi o que ele fez e morreu por isso. Para ser herói não é necessário ser um soldado ou um comandante: é herói quem coloca a vida em perigo para salvar uma criancinha que está se afogando ou um companheiro preso numa mina ou quem renuncia à monotonia de um hospital de seu país para ir arriscar a vida na África junto às vítimas do ebola. Por outro lado, parece que o próprio Giacomazzi, entrevistado ao retornar, disse: "Os heróis não servem para nada, nossos pensamentos devem ir somente para aqueles que já não estão entre nós." Um modo sensato de fugir das santificações midiáticas.

Por que, ao tratar de uma pessoa, certamente dotada de coragem e sangue frio, que cumpre seu dever, se fala em herói? Brecht recordava (em seu *Galileu*) que infeliz é o país que precisa de heróis. Por que infeliz? Porque lhe faltam as pessoas normais que fazem aquilo que se comprometeram a fazer de modo honesto, sem roubar ou fugir das próprias responsabilidades e fazem isso (hoje se diz banalmente) "com profissionalismo". Na falta de cidadãos normais, um país busca desesperadamente um personagem heroico e distribui medalhas de ouro a torto e a direito.

Um país infeliz é, portanto, aquele em que, como ninguém mais sabe qual é o seu dever, busca desesperadamente um líder, a quem confere carisma, que lhe diga o que deve fazer. O que, se bem me lembro, era uma ideia expressa por Hitler em *Mein Kampf*.

O tempo e a história

(2015)

Quem não gosta da TV *trash* não é obrigado a passar a noite jogando buraco. Basta ver RAI Storia, que é o melhor canal da RAI, aconselhável sobretudo para os jovens, para que não percam a memória do que fomos. O programa que acompanho quase todo dia é *Il Tempo e la Storia*, apresentado por Massimo Bernardini. Se encolhessem a vinheta de apresentação seria melhor (entre o início da vinheta e o começo real dá tempo até de tirar água do joelho), mas mesmo assim é imperdível.

Dias atrás, o episódio era dedicado às instituições para a educação da infância e da juventude propostas pelo governo fascista (GIL, filhos da loba, pequenas italianas, textos escolares etc.). A certa altura, veio à tona uma pergunta: esta educação totalitária de uma geração moldou profundamente o caráter dos italianos? Impossível deixar de recordar a observação de Pasolini de que o caráter nacional foi mais modificado pelo neocapitalismo do pós-guerra em diante do que pela ditadura. Seguiu-se um debate entre Bernardini e a historiadora Alessandra Tarquini, mas discutiram antes a influência do fascismo do que a do neocapitalismo.

É certo (extremistas neofascistas à parte) que alguma coisa da herança fascista permaneceu no caráter nacional e reemerge a todo momento: por exemplo, o racismo, a homofobia, o machismo crescente, o anticomunismo e a preferência pelas direitas — mas definitivamente, tais comportamentos também eram próprios da *Italietta** pré-fascista. Creio, no entanto, que Pa-

* Epíteto que designa uma Itália de mentalidade estreita, provinciana e pequeno-burguesa. [*N. da T.*]

solini tenha razão: o caráter nacional foi influenciado mais profundamente pela ideologia do consumo, pelos sonhos do liberalismo, pela televisão — e não precisa ir incomodar Berlusconi, que no máximo é um filho e não o pai desta ideologia, nascida provavelmente com o *chewing gum* dos libertadores, com o plano Marshall e com o *boom* econômico dos anos 1950.

O que o fascismo pedia (e impunha) aos italianos? Crer, obedecer e combater, cultuar a guerra, ou melhor, o ideal da bela morte, enfrentar qualquer obstáculo, fazer o máximo de filhos possível, considerar a política como o fim máximo da existência, considerar que os italianos são o povo eleito. Estes traços permaneceram no caráter italiano? Nem em sonho. Curiosamente, aliás, podem ser reencontrados no fundamentalismo muçulmano — conforme observava Hamed Abdel-Samad no *Espresso* da semana passada. É lá que se encontra o culto fanático da tradição, a exaltação do herói e o "*viva la muerte*", a submissão da mulher, o sentido da guerra permanente e o ideal do Livro e do Mosquete. Os italianos absorveram bem pouco estas ideias (à exceção dos terroristas de direita e de esquerda, mais dispostos, eles também, a matar os outros que a morrer como camicases): prova disso é o modo como acabou a Segunda Guerra Mundial. Paradoxalmente, o enfrentamento voluntário da morte só esteve presente em um momento, final e trágico, nas últimas rajadas entre Salò e *partigiani*. Uma minoria.

O que, ao contrário, propunha o neocapitalismo em suas várias declinações, até o berlusconismo? Comprar por direito, talvez em prestações, automóvel, geladeira, máquina de lavar e televisão; considerar a evasão fiscal uma exigência humaníssima; dedicar as noites à diversão, inclusive à contemplação de bailarinas seminuas (e hoje, no extremo limite, à pornografia *hard* ao alcance de um clique); não se preocupar muito com a política, comparecendo cada vez menos às eleições (este é, no fundo, o modelo americano); limitar o número de filhos para evitar problemas econômicos, em suma, tentar viver de maneira agradável evitando demasiados sacrifícios. A maioria da sociedade italiana adaptou-se com entusiasmo a este modelo. E aqueles que se sacrificam e vão prestar assistência aos desesperados do Terceiro Mundo são uma pequena minoria. Gente — como muitos dizem — que foi procurar sarna para se coçar em vez de ficar em casa tranquilamente vendo TV.

Várias formas de racismo

Filosofar no feminino

(2013)

A velha afirmação filosófica de que o homem é capaz de pensar o infinito enquanto a mulher dá sentido ao finito pode ser lida de várias maneiras, como por exemplo: como o homem não sabe fazer filhos, tem de se consolar com os paradoxos de Zenon. Mas com base em afirmações desse tipo difundiu-se a ideia de que a história (pelo menos até o século XX) nos trouxe grandes poetisas e narradoras importantíssimas, e cientistas em várias disciplinas, mas não mulheres filósofas e mulheres matemáticas.

Mas distorções deste gênero fundamentaram por muito tempo a persuasão de que as mulheres não eram dotadas para a pintura, exceto as habituais Rosalba Carriera ou Artemisia Gentileschi. É natural, na medida em que a pintura era basicamente afresco em igrejas e subir num estrado de saia não seria decente, assim como não era trabalho de mulher dirigir um ateliê com trinta aprendizes, mas assim que surgiu a pintura de cavalete, as mulheres pintoras começaram a vir à tona. É um pouco como dizer que os judeus foram grandes em muitas artes, mas não na pintura, até o surgimento de Chagall. É verdade que a cultura judaica era eminentemente auditiva e não visual e que as divindades não deviam ser representadas em imagens, mas existe uma produção visual de indubitável interesse em muitos manuscritos hebraicos. O problema é que era difícil, nos séculos em que as artes figurativas estavam nas mãos da Igreja, que um judeu fosse encorajado a pintar madonas e crucificações. Em suma, seria como espantar-se por não haver nenhum papa judeu.

As crônicas da universidade de Bolonha citam professoras como Bettisia Gozzadini e Novella d'Andrea, tão belas que davam suas aulas atrás de um véu para não perturbar os estudantes, mas que não ensinavam filosofia. Nos manuais de filosofia não encontramos mulheres ensinando dialética ou teologia. Heloísa, brilhantíssima e infeliz aluna de Abelardo, teve de contentar-se em ser abadessa.

Mas a questão das abadessas não deve ser menosprezada e uma filósofa do nosso tempo, Maria Teresa Fumagalli, escreveu muitas páginas sobre o tema. Uma abadessa era uma autoridade espiritual, organizativa e política e desempenhava funções intelectuais importantes na sociedade medieval. Um bom manual de filosofia deve incluir entre os protagonistas da história do pensamento grandes místicas como Caterina da Siena, sem falar de Hildegarda de Bingen que, no que diz respeito a visões metafísicas e perspectivas sobre o infinito, nos dá pano para manga até hoje.

A objeção de que a mística não é filosofia não se sustenta, pois as histórias da filosofia garantem espaço para grandes místicos como Suso, Tauler ou Eckhart. E dizer que grande parte da mística feminina dava maior destaque ao corpo do que às ideias abstratas seria como dizer, por exemplo, que o nome de Merleau-Ponty deve desaparecer dos manuais de filosofia.

As feministas escolheram como heroína, há um bom tempo, Hipátia de Alexandria, que era professora de filosofia platônica e de alta matemática, no século V. Hipátia transformou-se num símbolo, mas infelizmente de suas obras restou somente a lenda, pois todas se perderam, assim como perdida estava ela própria, feita literalmente em pedaços por uma multidão de cristãos enfurecidos instigados, segundo alguns historiadores, por Cirilo de Alexandria que depois, mas felizmente não por isso, seria canonizado santo. Mas Hipátia era a única?

Menos de um mês atrás foi publicado na França (por Arléa) um livrinho, *Histoire des femmes philosophes*. Se quisermos saber quem é o autor, Gilles Ménage, descobriremos que viveu no século XVII, era latinista e preceptor de Madame de Sévigné e de Madame de Lafayette e que seu livro, publicado em 1690, intitulava-se *Historia Mulierum Philosopharum*. E são muitas além de Hipátia: embora dedicado principalmente ao período clássico, o livro de Ménage apresenta uma série de figuras apaixonantes, Diotima, a socrática, Areta de Cirene, Nicareta de Mégara, Hipárquia, a cínica, Teodora, a peripatética (no sentido filosófico do termo), Leôncia, a epicurista, Temistocleia, a pitagórica. Consultando os textos antigos e as obras dos pais da Igreja, Ménage encontrou menções a 65 filósofas, embora entendesse a filosofia num sentido bastante lato. Levando em consideração que na sociedade grega a mulher era confinada entre os muros domésticos, que os filósofos preferiam passar seu tempo com rapazes do que com mocinhas e que, para gozar de notoriedade pública, uma mulher teria de ser uma cortesã, fica claro o esforço que estas pensadoras devem ter feito para conseguir se afirmar. Além disso, Aspásia ainda é lembrada antes como cortesã, embora de alta qualidade, esquecendo que era versada em retórica e filosofia e que Sócrates (além de Plutarco) frequentava sua casa com interesse.

Folheei pelo menos três enciclopédias filosóficas hodiernas e não encontrei nenhum traço destes nomes (exceto Hipátia). Não é que não existissem mulheres que filosofassem. É que os filósofos preferiram esquecê-las, talvez depois de terem se apropriado de suas ideias.

Onde está o antissemitismo?

(2003)

Uma série de acontecimentos recentes (não somente atentados, mas também sondagens preocupantes) trouxe de volta ao primeiro plano a questão do antissemitismo. É difícil distinguir a oposição à política de Sharon (com a qual concordam muitos judeus) do anti-israelismo e este do antissemitismo, mas a opinião pública e a mídia tendem a transformar tudo em farinha do mesmo saco. Além disso, parece que a opinião pública ocidental repousa sobre dois pensamentos consoladores: o antissemitismo é uma questão árabe e, na Europa, diz respeito apenas a uma estreita faixa de *skinheads* neonazistas.

A Europa nunca soube fazer a distinção entre antissemitismo religioso, popular e "científico". O antissemitismo religioso certamente foi responsável pelo antissemitismo popular: dizer que os judeus eram um povo deicida justificou muitos *pogroms*, mesmo porque, para os povos europeus, era difícil assimilar grupos dispersos pela diáspora, mas decididos a conservar suas tradições. Os adeptos de um culto do Livro e, portanto, da leitura, eram vistos, num universo de analfabetos, como perigosos intelectuais que falavam uma língua desconhecida. Mas entendo por antissemitismo "científico" aquele que sustenta com argumentos histórico-antropológicos a superioridade da raça ariana sobre a hebraica e a doutrina política da conspiração judaica para a conquista do mundo cristão, cuja expressão máxima são os *Protocolos dos sábios de Sião*, que também é produto da *intelligentsia* europeia.

No mundo árabe não existe antissemitismo teológico, pois o Corão reconhece a tradição dos grandes patriarcas da Bíblia, de Abraão a Jesus. No período de sua expansão, os muçulmanos foram bastante tolerantes em relação aos judeus e aos cristãos: cidadãos de segunda categoria, eles podiam, desde que pagassem seus impostos, seguir sua própria religião e desenvolver seus comércios. Não sendo religioso, o antissemitismo islâmico é hoje de natureza exclusivamente étnico-política (as motivações religiosas são de apoio, não de fundamento). Se os sionistas do século XIX tivessem estabelecido o novo Estado de Israel em Utah, os árabes não seriam antissemitas. Não quero ser mal compreendido: por razões históricas e religiosas, os judeus tinham todo o direito de escolher a Palestina, sua penetração foi pacífica durante um século, eles têm pleno direito de permanecer lá, pois conquistaram isso com trabalho. No entanto, o antissemitismo árabe é territorial, não teológico.

Mais grave é, ao contrário, a responsabilidade europeia. O antissemitismo popular sustentado pelo antissemitismo religioso produziu massacres, mas locais e não programados. O verdadeiro antissemitismo "científico" nasce no final do século XVIII e no século XIX, não na Alemanha, mas na Itália e, sob alguns aspectos, na França legitimista. É na França que avançam as teorias do racismo, ou melhor, das raízes étnicas da civilização, e é entre a França e a Itália que se elabora a teoria da conspiração judaica, que teria sido responsável primeiro pelos horrores da Revolução Francesa e, em seguida, por uma trama que visava subjugar a civilização cristã. A história provou que os *Protocolos* eram produto dos jesuítas legitimistas e dos serviços secretos franco-russos e só mais tarde foram adotados como obra indiscutível seja pelos reacionários tzaristas, seja pelos nazistas. Também na internet, a maior parte dos sites antissemitas tem como base este antissemitismo "científico" europeu.

É preciso reconhecer que o nobre deputado Fini está fazendo o seu melhor para descolar a história remota de seu partido político do antissemitismo. Mas basta ir a qualquer livraria especializada para encontrar os discursos de Mussolini e os *Protocolos*, junto com livros de ocultismo sobre o Graal. Curiosa mistura utilizada por um ideólogo de nossa direita como Julius Evola, sempre presente nestas livrarias.

Naturalmente, também existem organizações terroristas que, independentemente de Fassino ou de D'Alema, se proclamam "comunistas". Mas a esquerda italiana ganhou no campo, com os próprios mortos, o direito de distinguir-se destas franjas extremistas, sustentando o Estado contra a deriva terrorista. Quem coloca tudo no mesmo saco é Berlusconi que, no entanto — embora politicamente eficaz —, não constitui uma autoridade cultural. A direita do deputado Fini fez o mesmo? Estaria disposta a dizer que Evola, embora fosse um doido bastante simpático, cientificamente condenável, mas narrativamente agradável, era um antissemita furioso e não deixou de sê-lo nem depois da guerra? Quem será responsável, na escola e na educação permanente dos adultos, por desmantelar as loucuras do antissemitismo "científico", do qual era cúmplice, nos números delirantes de La *difesa della razza*, o nobre deputado Almirante?

É um dever e uma necessidade defender-nos do terrorismo árabe. Mas pelo menos combatendo, no plano da educação contínua, os inimigos que temos em casa e que são os inspiradores do antissemitismo árabe.

Quem disse para usar véu?

(2006)

Sobre o véu já se disse tudo e o contrário de tudo. A posição expressa por Prodi me parece muito sensata: caso se entenda por véu aquela espécie de lenço que deixa o rosto descoberto, quem quiser que o use (além do mais, se um juízo estético não soar irreverente, embeleza o rosto e deixa todas parecidas com madonas de Antonello da Messina). Diferente é o caso de qualquer outra forma de véu que impeça a identificação, pois a lei não permite isso. Naturalmente, esta proibição poderia dar origem a outras discussões, pois então deveriam ser proibidas também as máscaras de carnaval (e quem lembra de *Laranja mecânica* sabe que é possível cometer crimes atrozes com máscaras divertidas). Mas vamos dizer também que estes são problemas marginais.

Se temos um signo em todos os casos nos quais alguma coisa está no lugar de alguma outra numa relação ou capacidade, o véu muçulmano é um fenômeno semiótico, assim como os uniformes, cuja função primária não é proteger o corpo das intempéries, e os capuzes (muitas vezes graciosíssimos) das freiras. Por isso o véu suscita tantas discussões, enquanto ninguém discute sobre os lenços que nossas antigas camponesas usavam na cabeça e que não tinham nenhum valor simbólico.

O véu é criticado porque seria usado para afirmar uma identidade. Mas não é proibido ostentar uma identidade ou pertencimento e é isso que se faz quando se usa o distintivo de um partido, um hábito de capuchinho ou uma túnica laranja e a cabeça raspada. Uma pergunta interessante a este respeito é se as moças muçulmanas têm de usar véu por ser uma imposição do Corão. Ora, acabou de ser publicado *Islam* (Electa, 2006), de Gabriele Mandel Khân, vigário-geral na Itália da fraternidade sufi Jerrahi Halveti, que me parece ser uma ótima introdução à história, à teologia, aos usos e costumes do mundo muçulmano. O texto especifica que o véu que cobre o rosto e os cabelos é um costume pré-islâmico, devido talvez a razões climáticas, mas que não é prescrito pela Sura 24 do Corão, sempre citada nestes casos, que convida, ao contrário, a cobrir o seio.

Temendo que a tradução de Mandel fosse um pouco, como dizer, modernista-moderada, fui procurar na internet a tradução italiana do Corão por Hamza Piccardo, sob o controle doutrinal da União das Comunidades e Organizações Islâmicas na Itália, e lá encontrei toda a passagem: "E diz às crentes que abaixem o olhar e sejam castas e que não mostrem, de seus ornamentos, senão aquilo que aparece; que deixem cair seu véu até o peito e não mostrem seus ornamentos a outros que não sejam seus maridos, seus pais, os pais de seus maridos, os seus filhos, os filhos de seus maridos, os seus irmãos, os filhos de seus irmãos, os filhos de suas irmãs, as mulheres deles, as escravas que possuam, os servos homens que não tenham desejo, os rapazes impúberes que não têm interesse pelas partes escondidas das mulheres." Empenhado, fui afinal consultar o Corão na clássica tradução de Alessandro Bausani, grande iranista (editado pela BUR) e lá também encontrei, com poucas variações lexicográficas, a prescrição "e se cubram os seios com um véu".

Para alguém como eu, que não sabe árabe, três testemunhos de proveniências tão diversas são suficientes. O Corão convida simplesmente ao pudor, e se tivesse sido escrito atualmente no Ocidente, recomendaria que também se cobrisse o umbigo, pois é no Ocidente que se pratica hoje a dança do ventre na rua.

Quem, então, convocava as mulheres a velar-se? Mandel mostra uma certa satisfação ao revelar que era são Paulo (primeira carta aos Coríntios), mas Paulo limitava este dever às mulheres que pregam ou profetizam. Mas muito antes do Corão, Tertuliano (que sem dúvida era um montanista heterodoxo, mas sempre um cristão) tinha escrito em *Sobre os ornamentos das mulheres*: "Devem agradar apenas a seus maridos. E quanto mais os agradarem, menos estarão preocupadas em agradar aos outros. Não se preocupem, ó abençoadas, nenhuma mulher é feia para seu marido... Cada marido exige o tributo da castidade, mas não deseja a beleza se é cristão... Não digo isto para sugerir uma aparência totalmente rude e selvagem, nem pretendo persuadi-las de que é bom ser desleixada e sem asseio, mas (aconselho) a medida e o justo limite ao cuidar do corpo... De fato, pecam contra Ele as mulheres que se atormentam a pele com cosméticos químicos, maquiam as faces com carmim e alongam os olhos com fuligem... Deus ordena que usem véu para que, penso eu, sua cabeça não possa ser vista." Eis por que em toda a história da pintura, tanto Nossa Senhora quanto as mulheres piedosas aparecem veladas como tantas graciosas muçulmanas.

Judeus, maçons e *radical chic*

(2007)

Enquanto escrevo, a discussão jornalística sobre o caso de dom Gelmini ainda não serenou e quero dizer antes de mais nada que não estou muito interessado em saber se as acusações contra ele são justas ou equivocadas, pois errar é humano, seja quando erra o padre, seja quando erra o magistrado, e quanto ao resto, trata-se de assuntos pessoais. Por outro lado, admito que os acusadores não somente são presos ou pessoas com ficha criminal, como carregam histórias de droga e se é possível imaginar, sob o império da droga, até um ataque de monstros com olhos de inseto, também é possível imaginar que foi beijado por um eclesiástico octogenário, pois o horror (como sabia Lovecraft) nunca tem fim.

Contudo, o aspecto mais interessante da história (que no entanto foi liquidado em dois dias) é a afirmação de que as acusações vinham de um conluio judaico e *radical chic*. Depois, diante da reação judaica, dom Gelmini se corrigiu dizendo que se referia aos maçons e os maçons são como o Opus Dei ou os jesuítas, quanto menos falarem deles, melhor acham. Sendo assim, não deram continuidade à coisa, mesmo porque ninguém nunca matou 6 milhões de maçons (fuzilaram apenas alguns carbonários em tempos ressurgimentais) e, portanto, são menos sensíveis que os judeus.

Mas não demoraram a aparecer alguns artigos (recordo os de Serra e de Battista) observando que a citação de dom Gelmini revelava ecos (conscientes ou inconscientes) de antigas polêmicas clericais e que isso constituía o aspecto mais triste do caso. De fato, é mais que sabido que, antes de alimentar os *Protocolos dos sábios de Sião*, a ideia da conspiração judaico-maçônica nasceu em ambiente jesuíta e percorreu toda a polêmica anti-Revolução Francesa primeiro e depois anti-Ressurgimento.

Mas como o próprio Vaticano tinha renunciado havia muito tempo a essa ideia da conspiração judaico-maçônica, a imagem parecia sepultada nas poeirentas bibliotecas de seminários episcopais, deixando os copyrights para Adolf Hitler e Bin Laden. No entanto, eis que um sacerdote que vive hoje e que presumivelmente frequentou o seminário nos anos 1930 (depois da Conciliação) demonstra que conservou nos recessos da alma as lembranças, pelo menos verbais, do monstro que obcecou seus mestres mais velhos.

Em 1992, um pobre cardeal que efetivamente não pensava nos judeus, mas em atacar a máfia, resolveu defini-la como "sinagoga de Satanás". Escândalo. Logo explodiu a polêmica, da qual participei com duas *Bustinas*. Quem justificava o uso da expressão recordava que, nos dicionários, sinagoga também tem o significado de reunião, ajuntamento, conventículo e que já era mencionada no Apocalipse. Mas é fato que o termo não só aparece no Apocalipse num contexto antijudaico, como seu uso corrente deve-se a um livro publicado em 1893 por monsenhor Meurin, *A sinagoga de Satanás*, que pretendia demonstrar que a maçonaria, seita de adoradores de Lúcifer, era permeada pela cultura judaica (assim como, e aqui Meurin era bastante pródigo, os escritos de Hermes Trismegisto, os gnósticos, os adoradores da serpente, os maniqueístas, os Templários e os cavaleiros de Malta) e que através dela os judeus miravam a conquista do mundo.

Ora, depois do livro endemoniado de Meurin (que obteve grande sucesso na época) não se pode mais usar impunemente a expressão "sinagoga de Satanás", assim como não se pode agitar uma bandeira com a suástica afirmando que se trata apenas de um venerável e inocente símbolo astral de origens pré-históricas.

Registrei algumas *Bustinas* atrás o reaparecimento de acaloradas polêmicas anticlericais e antirreligiosas, de um lado, e a retomada, de outro, da polêmica clerical e sanfedista contra o mundo moderno e (entre nós) contra os mitos do Ressurgimento e a ideologia do Estado unitário. Passos de caranguejo... Mas talvez tenha me equivocado: não se trata de um retorno paradoxal a polêmicas já mortas, mas antes de um naturalíssimo retorno do recalcado, de algo que sempre esteve ali e só não era mais mencionado por boa educação. Mas quem foi educado no temor da conspiração judaica não esquece nunca, nem que seja por meio de frases feitas — e mesmo quando uma pátina de atualização cultural permite acrescentar expressões como "radical chic". Em suma, parece que tem muita gente que nunca deixou de ler (nem que fosse na calada da noite) os romances do padre Bresciani.

Nesta história, o único aspecto que me espantou é que, em seu confuso citacionismo, dom Gelmini tenha trazido à baila até os maçons. Belo senso de gratidão, visto que recebeu (limito-me ao que ele mesmo disse) generosíssimos financiamentos de Silvio Berlusconi, ex-membro da P2, carteira 1816, código E.19.78, grupo 17, fascículo 0625.

As contradições do antissemita

(2009)

Daniel Barenboim pediu a um grande número de intelectuais de todo o mundo que subscrevessem um abaixo-assinado sobre a tragédia que está ocorrendo na Palestina. À primeira vista, seu apelo é quase óbvio e pede apenas que sejam usados todos os meios possíveis para pressionar por uma mediação enérgica. Mas é significativo que parta de um grande artista israelense: sinal de que as mentes mais lúcidas e reflexivas de Israel dizem que é preciso parar de perguntar quem tem ou não tem razão e começar a dar vida à convivência entre os dois povos. Nesta perspectiva, é perfeitamente possível compreender manifestações de protesto político contra o governo israelense, se não acontecessem em geral sob o signo do antissemitismo. Se não são os próprios participantes que fazem profissão explícita de antissemitismo, serão os jornais nos quais leio, como se fosse a coisa mais óbvia do mundo, "manifestação antissemita em Amsterdã" e coisas do gênero. A coisa parece tão normal que parece anormal considerá-la anormal. Mas devemos nos perguntar se chamaríamos de antiariana uma manifestação política contra o governo Merkel ou de antilatino um protesto contra o governo Berlusconi.

Não será no espaço de uma *Bustina* que poderemos tratar do problema milenar do antissemitismo, de suas ressurgências por assim dizer sazonais, de suas várias raízes. Um comportamento que sobrevive durante 2 mil anos tem alguma coisa de fé religiosa, de credo fundamentalista e poderíamos defini-lo como uma das muitas formas de fanatismo que mortificaram nosso planeta no decorrer dos séculos. Se tantos acreditam na existência de um diabo que conspira para nos levar à danação, por que não acreditariam numa conspiração judaica para a conquista do mundo?

Gostaria de destacar, porém, que o antissemitismo, como todos os comportamentos irracionais e cegamente fidelistas, vive de contradições e não é capaz de percebê-las mas, ao contrário, alimenta-se delas sem embaraços. Por exemplo, nos clássicos do antissemitismo oitocentista, circulavam dois lugares-comuns, ambos usados segundo a necessidade: um, que os judeus, pelo fato de viverem em ambientes estreitos e escuros, eram mais sensíveis que os cristãos a infecções e doenças (e, portanto, perigosos); o outro, que por razões misteriosas mostravam-se mais resistentes a pestilências e outras epidemias, além de serem sensualíssimos, assustadoramente férteis e, portanto, perigosos como invasores do mundo cristão.

Havia outro lugar-comum amplamente usado tanto à direita quanto à esquerda, e uso como exemplos seja um clássico do antissemitismo socialista (Toussenel, *Les juifs rois de l'époque*, de 1847), seja um clássico do antissemitismo católico legitimista (Gougenot des Mousseaux, *Le Juif, le judaïsme et la judaïsation des peuples chrétiens*, de 1869). Em ambos os casos, nota-se que os judeus nunca se dedicaram à agricultura, permanecendo, portanto, alheios à vida produtiva do Estado onde viviam; em compensação, dedicavam-se completamente às finanças, ou seja, à posse do ouro porque, sendo nômades por natureza e prontos a abandonar o Estado que os hospedava, arrastados por suas esperanças messiânicas, podiam transportar consigo toda sua riqueza. Mas outros textos antissemitas da época, até os famigerados *Protocolos*, acusam os judeus de atentar contra a propriedade fundiária para apossar-se dos campos.

Dissemos que o antissemitismo não teme as contradições. Mas é fato que uma característica destacada dos judeus israelenses é que souberam cultivar as terras da Palestina, estabelecendo fazendas-modelo com métodos moderníssimos, e que lutam justamente para defender um território onde vivem de maneira permanente. E é justamente isso que o antissemitismo árabe, além de outros, censura neles, tanto é verdade que seu principal projeto é a destruição do Estado de Israel.

Em suma, para o antissemita, se o judeu está de passagem em sua casa é ruim, se está radicado em casa própria, também é ruim. Naturalmente, sei muito bem qual será a objeção: o local onde Israel se instalou era território palestino. Mas não foi conquistado pela violência e dizimação dos autóctones, como a América do Norte, ou até com a destruição de alguns Estados governados por seu legítimo monarca, como a América do Sul, mas no curso de lentas migrações e assentamentos, aos quais ninguém se opôs.

Em todo caso, se aquele judeu que, a cada vez que se critica a política de Israel, responde com uma acusação de antissemitismo é importuno, é bem mais inquietante a sensação causada por quem traduz imediatamente qualquer crítica à política israelense em termos de antissemitismo.

Malditos romenos

(2009)

O Palácio de Viminale tentou emitir alguns constrangidos comunicados segundo os quais 60,9% dos responsáveis pelos casos de estupro são cidadãos italianos (os sociólogos, aliás, já sabiam que a imensa maioria dos estupros acontece em família, e bem fizeram Berlusconi, Casini, Fini e outros em divorciar-se para evitar situações tão dramáticas). Quanto ao resto, visto que os romenos estão na moda, parece que eles são responsáveis por apenas 7,8%, enquanto outros 6,8% cabem aos marroquinos (que, aliás, como ensinaram Moravia e Sophia Loren em *La Ciociara*, já haviam feito sua parte mais de sessenta anos atrás).

Ora, não me venham com essa. E as rondas, então? Terão de se voltar agora contra os bergamascos? É oportuno recordar a nefasta participação dos romenos,* logo depois da guerra, no massacre de Villarbasse, mas por sorte a pena de morte ainda existia naquela época e, justamente, foram fuzilados La Barberu, Johann Puleu, Johann L'Igntolui e Franzisku Sapuritulu. Romena era também Leonarda Cianciullui, a saponificadora, e como diz o nome claramente estrangeiro, também devia ser romena Rina Fort, autora do massacre da via San Gregorio, em 1946. Isso sem falar na origem romena da condessa Bellentani (que quando solteira era Eminescu) que, em 1948, atirou no amante em Villa d'Este.

Já Maria Martirano não era romena, ao contrário do sicário Raoul Ghianu que, a mando de Giovanni Fenarolu, a matou em 1958 (todos devem lembrar do delito da via Monaci) e romeno era o maestro Arnaldu Graziosul, que, segundo dizem, matou a esposa em Fiuggi, em 1945. Romeno era o Petru Cavalleru, cuja gangue realizou um audacioso e sanguinário assalto em Milão e romenos eram os membros do infeliz bando da via Osoppo. Embora nunca descobertos, romenos eram os responsáveis pelo atentado da Banca dell'Agricoltura (certamente romenos eram Fredu e Venturu) e os autores do massacre da estação de Bolonha. Romenos eram os suspeitos de corrupção de juízes como o Previtului e Berluschescu, romeno o jovem Masu que, em 1991, matou os pais e os dois jovens Erika (típico nome extracomunitário) e Omar (romeno e ainda por cima muçulmano!), que mataram a mãe e o irmão dela em Novi Ligure.

Sem sombra de dúvida, romena era a senhora Franzonescu di Cogne, os dois cônjuges de Erba Olindu e Roza, romenos eram tanto Sindoara e Calvuli quanto seus assassinos, romenos os banqueiros que recentemente levaram à falência tantos poupadores, romenos os Filhos de Satanás, romenos os miseráveis que jogam pedras das pontes da autoestrada, romenos os sacerdotes pedófilos, romeno o assassino do comissário Calabresi, romenos os raptores e assassinos de Moro, Casalegno, Bachet, Tobagi, Biagi e outros, romenos os assassinos de Pecorelli e o bando da Uno Bianca e, para concluir, romenos os assassinos de Mattei, do bandido Giuliano, de Pisciotta, de Mauro De Mauro, dos irmãos Rosselli e de Matteotti.

---

* A partir daqui o autor passa a "romenizar" os nomes dos personagens envolvidos nos vários crimes citados: La Barbera, Giovanni Puleo, Giovanni D'Ignoti e Francesco Saporito, responsáveis pelo massacre de Villarbasse, são transformados em La Barberu, Johann Puleu, Johan L'Igntolui e Franzisku Sapuritulu, e assim por diante. [*N. da T.*]

Romenos eram Giulianu e os autores do massacre de Portella delle Ginestre, os culpados do caso Wilma Montesi (lembram-se do sombrio Piccionului?), o atiradores dos mortos de Reggio Emilia, os golpistas do Piano Solo; romenos eram os companheiros de lanche do monstro de Scandicci, os autores dos atentados em Falcone e Borsellino e do massacre da piazza della Loggia, em Brescia, da chacina do Italicus e de Ustica, do homicídio Pasolini (talvez rom, ele também); romenos os que atiraram nos joelhos de Montanelli, os comandos de via Fani e os assassinos de Coco, Occorsio, Alessandrini, Guido Rossa, Peppino Impastato, Pippo Fava, Piersanti Mattarella, Giorgio Ambrosoli, Ezio Tarantelli, Salvo Lima, don Pino Puglisi, Ilaria Alpi, Massimo d'Antona, Carlo Giuliani; romenos eram obviamente os responsáveis tanto pelo atentado contra o papa (agente da associação Lupu Grigiu) quanto pelo massacre de Dalla Chiesa e senhora, romeno o sequestrador de Emanuela Orlandi. Romenos, enfim, todos os membros do clã Timisoara, Badalamentu, Provenzanul, Liggiu, Bantadeu, Rijnara, romenos os estranguladores nazifascistas Tutu e Concutellului, obviamente membros das Guardas de Ferro de Codreanu.

Estes romenos destruíram a imagem de um país de pessoas honestas, tementes a Deus, alheias à violência, respeitosas das diferenças étnicas, religiosas e políticas. Ainda bem que percebemos a tempo que os culpados eram eles. Agora, com uma boa organização de rondas leguistas poderemos finalmente restaurar a lei e a ordem neste nosso desafortunado país.

Que vergonha, não temos inimigos!

(2009)

Já contei aqui mesmo nesta *Bustina* algumas de minhas aventuras com taxistas, aventuras estas que são mais interessantes em Nova York do que em qualquer outra parte do mundo e por três motivos. Primeiramente, são taxistas das mais variadas origens, línguas e cores; uma placa informa seus nomes e é cada vez mais divertido tentar entender se o motorista é turco, malês, judeu russo etc. Muitos deles mantêm seu rádio permanentemente ligado numa emissora que fala sua língua e só transmite suas canções. Às vezes ir do Village ao Central Park é como fazer uma viagem a Katmandu.

Em segundo lugar, em Nova York ser taxista não é uma profissão para a vida inteira, mas um trabalho provisório, o que significa que podemos encontrar no volante um estudante, um bancário desempregado, um recém-emigrado. Em terceiro lugar, os taxistas se sucedem em grupos: num determinado período, são majoritariamente gregos, depois todos paquistaneses, em seguida, porto-riquenhos, e assim por diante. Isso permite observações sobre as ondas migratórias e sobre o sucesso das várias etnias: quando um certo grupo desaparece dos táxis, isso quer dizer que está fazendo fortuna, que essa informação circulou entre eles, que todos estão passando para o negócio das tabacarias ou das verduras e que já mudaram para outra área da cidade, subindo mais um degrau social.

Portanto, à parte as diferenças psicológicas individuais (tem o histérico, o simpaticão, o engajado, o antiqualquer coisa etc.), o táxi é um ótimo observatório sociológico.

Semana passada encontrei um sujeito de cor, com um nome difícil de decifrar, que me esclareceu que era paquistanês. A certa altura, ele quis saber de onde eu vinha (em Nova York todo mundo vem sempre de algum lugar), contei que era italiano e ele começou a fazer perguntas. Parecia muito interessado na Itália, mas depois entendi que era só porque não sabia nada, não sabia onde ficava exatamente ou que língua falávamos (em geral, quando se conta a um taxista que na Itália se fala italiano, ele sempre fica espantado, pois está convencido de que se fala inglês no mundo inteiro).

Fiz uma rápida descrição de uma península com montanhas no meio, muitos litorais ao redor e muitas belas cidades. Perguntou quantos somos e ficou surpreso por sermos tão poucos. Depois perguntou se somos todos brancos ou de raça misturada e tentei passar a ideia de um país originariamente todo branco, mas que agora conta com alguns negros, em todo caso bem menos que na América. Naturalmente, quis saber quantos paquistaneses havia e não ficou contente em saber que talvez haja alguns, mas em menor número que os filipinos e os africanos e deve ter se perguntado o motivo que levou seu povo a evitar este país.

Cometi a gafe de dizer que existem também alguns indianos. Ele me olhou com desdém: errei ao juntar dois povos tão diversos e a nomear diante dele uma gente tão desagradavelmente inferior.

Por fim, perguntou quem eram nossos inimigos. Diante do meu "Como?", esclareceu que queria saber com que povo estávamos em guerra atualmente por reivindicações territoriais, ódios étnicos, repetidas violações de fronteiras, e assim por diante. Respondi que não estamos em guerra com ninguém. Pacientemente, ele explicou que só queria saber quem eram os nossos adversários históricos, aqueles que nos matam e que nós matamos. Repeti que inimigos nós não temos, que nossa última guerra foi há cinquenta e tantos anos e sem saber exatamente, aliás, quem eram os inimigos e quem eram os aliados. Não ficou satisfeito e expressou claramente sua convicção de que eu estava mentindo. Como é possível que exista um povo sem inimigos?

A coisa acabou por ali, saltei do táxi deixando dois dólares de gorjeta para compensá-lo por nosso indolente pacifismo. Em seguida ocorreu comigo aquele fenômeno que os franceses chamam de *esprit d'escalier*: assim que você desce a escada depois de conversar com alguém, lhe vem à mente a resposta perfeita para um comentário, a sacada genial que não conseguiu enxergar na hora.

Deveria ter respondido que não é verdade que os italianos não têm inimigos. Não têm inimigos externos ou pelo menos não são capazes de chegar a um acordo para estabelecer quem seriam eles, pois estão continuamente em guerra, mas interna. Os italianos fazem a guerra entre eles mesmos, antigamente cidade contra cidade, hereges contra ortodoxos, depois classe contra classe, partido contra partido, corrente de partido contra corrente do mesmo partido, em seguida região contra região e, por fim, governo e magistratura, magistratura e poder econômico, televisão pública contra televisão privada, aliados de coalisão contra aliados da mesma coalisão, departamento contra departamento, jornal contra jornal.

Não sei se ele entenderia, mas pelo menos não passaria pelo vexame de pertencer a um país sem inimigos.

Boicotemos os latinistas israelenses?

(2010)

Em janeiro de 2003, lamentei numa *Bustina* que a revista inglesa *The Translator*, dirigida por Mona Baker, conceituada curadora de uma *Encyclopedia of Translation Studies*, havia decidido (em protesto contra a política de Sharon) boicotar as instituições universitárias israelenses e que, portanto, havia pedido que dois estudiosos israelenses que faziam parte do comitê diretor da revista apresentassem suas demissões. Diga-se de passagem que os dois estudiosos divergiam notoriamente da política de seu governo, coisa que não parecia interessar a Mona Baker.

Na ocasião, observei que é preciso distinguir entre a política de um governo (ou até a Constituição de um Estado) e os fermentos culturais que agitam determinado país. Implicitamente, destacava que considerar todos os cidadãos de um país responsáveis pela política de seu governo era uma forma de racismo. Entre quem se comporta assim e quem afirma que, como alguns palestinos cometem atos terroristas, é preciso bombardear todos os palestinos, não há nenhuma diferença.

Agora foi apresentado em Turim um manifesto da Italian Campaign for the Academic & Cultural Boycott of Israel, que, sempre para censurar a política do governo israelense, diz o seguinte: "As universidades, os acadêmicos e os intelectuais israelenses, em sua quase totalidade, desempenharam e desempenham um papel de apoio a seus governos e são cúmplices de suas políticas. As universidades israelenses são também os locais onde se realizam alguns dos mais importantes projetos de pesquisa para fins militares, sobre novas armas baseadas na nanotecnologia e em sistemas tecnológicos e psicológicos de controle e opressão da população civil."

Assim sendo, o manifesto convoca a abster-se de participar de qualquer forma de cooperação acadêmica e cultural, de colaboração ou de projetos conjuntos com as instituições israelenses; a sustentar um boicote global das instituições israelenses em nível nacional e internacional, inclusive a suspensão de todas as formas de financiamento e de subsídios a estas instituições.

Não aprovo de forma alguma a política do governo israelense e vi com muito interesse o manifesto de tantíssimos judeus europeus contra a expansão dos assentamentos israelenses (manifesto que, com as polêmicas que suscitou, mostra que existe uma acesa dialética a respeito destas questões no mundo judaico, dentro e fora de Israel), mas considero mendaz a formação de que "os acadêmicos e os intelectuais israelenses, em sua quase totalidade, desempenharam e desempenham um papel de apoio a seus governos", pois todos sabemos que muitos intelectuais israelenses polemizaram e polemizam sobre tais temas.

Devemos nos abster de receber num congresso de filosofia todos os filósofos chineses uma vez que o governo de Pequim censura o Google?

Posso entender que (para sair do embaraçante argumento israelense), se souberem que os departamentos de física da universidade de Teerã ou de Pyongyang colaboram ativamente para a construção da bomba atômica em seus países, os departamentos de física de Roma ou de Oxford prefiram romper qualquer relação institucional com aqueles centros de pesquisa. Mas não vejo por que deveriam interromper suas relações com os departamentos de história da arte coreana ou de literatura persa antiga.

Vejo que meu amigo Gianni Vattimo participou do lançamento deste novo apelo ao boicote. Vamos então levantar a hipótese (por absurdo!) de que chegue a alguns países estrangeiros a informação de que o governo Berlusconi atenta contra o sagrado princípio democrático da divisão dos poderes, deslegitimando a magistratura, e que tem como base de sustentação um partido decididamente racista e xenófobo. Vattimo gostaria que, em protesto contra este governo, as universidades americanas deixassem de convidá-lo como *visiting professor*, ou que os comitês especiais para a defesa do direito decidissem eliminar todas as suas publicações das bibliotecas estadunidenses? Creio que clamaria que é injustiça e afirmaria que fazer isso é como considerar todos os judeus responsáveis por deicídio só porque o Sinédrio estava de mau humor naquela sexta-feira santa.

Não é verdade que todos os romenos são estupradores, todos os padres pedófilos, e todos os estudiosos de Heidegger, nazistas. E, portanto, qualquer posição política, qualquer polêmica em relação a um governo não deve envolver um povo inteiro e uma cultura inteira. E isto vale particularmente para a república do saber, onde a solidariedade entre estudiosos, artistas e escritores de todo o mundo sempre foi uma forma de defender, além de qualquer fronteira, os direitos humanos.

Conjuntivos e espancamentos

(2010)

Quinze dias atrás protestei contra um apelo ao boicote das instituições acadêmicas e dos intelectuais israelenses assinado por meu amigo Gianni Vattimo. Nunca questionei a divergência que qualquer um pode manifestar em relação à política do governo israelense, mas dizia que não se pode sustentar, como fazia o apelo, que "os acadêmicos e os intelectuais israelenses, em sua quase totalidade, desempenham e desempenharam um papel de sustentação de seus governos". Todos sabemos quantos intelectuais israelenses divergem desta política.

Recebi agora uma carta gentil de Vattimo e ao mesmo tempo outras mensagens de leitores que compartilham suas ideias. Vattimo escreve: "Estou me sentindo como alguém que foi censurado pelo uso indevido de um conjuntivo — entendo o quanto as palavras e a sintaxe são importantes para você, semiótico — numa discussão sobre os espancamentos na escola Diaz...* A pergunta essencial era: quantos intelectuais italianos do seu calibre ou, perdão, um pouco menores, assumiram publicamente uma posição contra o massacre de Gaza? E agora, quantos protestam a favor de Chomski, detido na fronteira?"

Ora, nunca censurei Vattimo a respeito do espancamento na Diaz ou por usar mal os conjuntivos, mas sim por querer espancar por desforra todos

---

* Por ocasião das reuniões do G8 de Gênova, em 2001, as escolas Diaz, Pertini e Pascoli, que sediavam o centro de coordenação do Fórum Social Gênova, foram invadidas pela polícia, que prendeu 93 ativistas, 61 dos quais foram levados para o hospital, três em estado grave e um em coma. [*N. da T.*]

os policiais italianos. Ideia que, creio eu, deveria ser rejeitada por qualquer pessoa de bom senso. Ao condenar uma categoria inteira ou mesmo um povo pelos erros de alguns, talvez não se cometa antissemitismo, mas certamente se comete racismo. A pergunta essencial de que ele fala não é por que não se fala de Gaza (acontecimento atroz) ou da execrável proibição de livre trânsito a Chomsky (que, aliás, se pronunciou contra o boicote). A pergunta essencial diz respeito ao boicote.

Todas as cartas que recebi se esforçavam para listar todos os argumentos contra a política do governo israelense, esquecendo que eu mesmo tinha afirmado que não a apoiava. Mas meu artigo perguntava se, com base na recusa da política de um governo, se pode banir da comunidade intelectual todos os estudiosos, cientistas, escritores do país governado por este governo.

Parece que meus críticos não veem nenhuma diferença entre os dois problemas. Vattimo, por exemplo, para sublinhar que a ideia do boicote incorre em antissionismo, mas não em antissemitismo, me escreveu o seguinte: "Seriam antissemitas os muitos judeus antissionistas que sentem sua religiosidade judaica ameaçada justamente por esta política de potência?" Mas é justamente este o ponto. Se admitimos, e seria difícil não fazê-lo, que existem muitos judeus (também em Israel, imaginem!) que recusam a política de potência de seu governo, por que então apelar a um boicote global que os atinge também?

São destes dias duas más notícias. Uma é que foram vetadas nas escolas dos extremistas religiosos israelenses as tragédias de Sófocles, Anna Karenina, as obras de Bashevis Singer e o último romance de Amos Oz. Aqui o caso não é com o governo, mas com os talibãs locais e sabemos que existem talibãs em toda parte (e havia também talibãs católicos que incluíram Maquiavel no Índex). Mas então (segunda má notícia) por que os boicotadores turinenses resolveram se comportar como talibãs ao protestar quando se quis dar o prêmio do salão do Livro (que foi realmente dado) a Oz? Em suma, não querem saber de Amos Oz em Mea Shearim (o bairro dos fundamentalistas de Jerusalém) e tampouco em Turim (cidade consagrada ao Sudário). Para onde deve ir este judeu errante?

Vattimo insiste em dizer que ser antissionista não é ser antissemita. Acredito. Sei muito bem que, quando ele disse há dois anos que estava quase acreditando nos *Protocolos dos sábios de Sião*, se tratava apenas de uma daquelas tiradas provocativas em que ele é mestre — pois nenhuma pessoa sensata e que fez seus estudos pode ler os *Protocolos* e considerar que aquele conjunto de autodenúncias que se contradizem entre si seja uma obra autêntica (e que os Sábios de Sião fossem tão idiotas). Mas Vattimo deve ter percebido que na internet, ao lado dos sites que condenam sua tirada, existem muitíssimos outros que, ao contrário, se regozijam. Toda tirada extremista corre o risco de estimular o consenso dos insensatos.

Mas Vattimo (e como o compreendo) não sabe renunciar às tiradas e conclui: "Ahmadinejad como ameaça de destruição de Israel? Mas alguém acredita mesmo nisso?" Bem, posso ser sentimental, mas um sujeito que quer fazer uma nação desaparecer da face da terra provoca um certo medo em mim. Pelas mesmas razões que fazem com que me preocupe com o futuro dos palestinos.

Cale-se, porco intelectual

(2010)

Esta minha *Bustina* sai a cada quinze dias, de modo que, se alguma coisa me interessa, tenho de esperar duas semanas para falar do assunto. Mas nunca é tarde demais. Portanto, no início de março, no *Corriere della Sera*, Ernesto Galli della Loggia (que não é um perigoso comunista) escreveu certas coisas que soavam críticas em relação ao Partito Della Libertà, e eis que Sandro Bondi, Ignazio La Russa e Denis Verdini, coordenadores do partido, escreveram para o mesmo jornal, no dia 4 de março, uma carta que expressava sua discordância. Não entro no mérito da questão: livre é o comentarista para criticar um partido político e livres são os homens políticos para rebater tais críticas. O que me interessa é uma escolha lexicográfica feita pelos três representantes do PDL.

Eis o que escreveram: "Há críticas (...), que acabam por ser estéreis na medida em que não brotam de uma reflexão honesta sobre a realidade, mas de um pensamento autorreferencial, como diriam os intelectuais." A ideia de que as críticas de Galli della Loggia eram típicas de um "intelectual" aparecia também em outros trechos da carta, que diziam que quem faz críticas como aquelas se comporta "como se os fatos não existissem, num ambiente praticamente estéril, tendo como única companhia os seus livros prediletos e suas personalíssimas elucubrações".

A questão curiosa é que, se por intelectual se entende alguém que age com o pensamento mais do que com a ação manual, então fazem um trabalho intelectual não somente os filósofos e os jornalistas, mas também os banqueiros, os seguradores e certamente os homens políticos como Bondi (que, aliás, escreve poesias), La Russa e Verdini, os quais, ao que sei, não ganham seu sustento cavando a terra. E mais, se é intelectual não apenas quem trabalha com o pensamento, mas também quem com o pensamento desenvolve uma atividade crítica (não importa o que critique e de que modo o faz), mais uma vez os signatários da carta deveriam se ver como exemplos de trabalhadores intelectuais.

A questão é que a palavra "intelectual" tem conotações históricas particulares. Embora alguém tenha descoberto que apareceu pela primeira vez em 1864, em *Chevalier des Touches* de Barbey d'Aurevilly, depois em 1879, em Maupassant, e em 1886 em Léon Bloy, ela só foi usada sistematicamente no curso do famigerado caso Dreyfus, pelo menos a partir de 1898, quando um grupo de escritores, artistas e cientistas como Proust, Anatole France, Sorel, Monet, Renard, Durkheim, sem falar de Zola, que mais tarde escreverá o seu cruciante *J'accuse*, declararam-se convictos de que Dreyfus havia sido vítima de uma conspiração, em grande parte antissemita, e pediram a revisão do processo. Eles foram definidos como intelectuais por Clemenceau, mas a definição logo foi retomada em sentido pejorativo por representantes do pensamento reacionário como Barrès e Brunetière, para indicar pessoas que, em vez de tratar de poesia, ciência ou outras arcanas especialidades (em suma, em vez de cuidar da própria vida), metem o nariz em questões para as quais não têm competência, como os problemas de espionagem internacional e de justiça militar (que deve, justamente, ser deixada aos militares).

Portanto, o intelectual era, para os antidreyfusistas, alguém que vivia em meio a seus livros e abstrações nebulosas e não tinha nenhum contato com a realidade concreta (e assim sendo, era melhor que ficasse calado). Esta valoração pejorativa transparece nas polêmicas da época, mas parece singularmente análoga às expressões usadas na carta de Bondi, La Russa, Verdini.

Ora, não ouso pensar que os três signatários da carta, embora certamente sejam intelectuais (tanto que ostentam o fato de conhecer o significado do termo "autorreferencial"), não o são a ponto de ter pleno conhecimento das polêmicas de 120 anos atrás. Simplesmente carregam nos genes as memórias de antigos vícios polêmicos, como justamente o de considerar (porco) intelectual qualquer um que pense as coisas (e logo, pense) diferente deles.

Maridos de mulheres desconhecidas

(2010)

A enciclopédia das mulheres (www.enciclopediadelledonne.it) registra um grande número de mulheres, de Catarina de Siena a Tina Pica, entre as quais muitíssimas que foram injustamente esquecidas; por outro lado, Gilles Ménage falava, desde 1690, em sua história das mulheres filósofas, de Diotima, a socrática, Areta, a cirenense, Nicareta de Mégara, Hipárquia, a cínica, Teodora, a peripatética (no sentido filosófico do termo), Leôncia, a epicurista, Temistocleia, a pitagórica, das quais sabemos pouquíssimo. E é justo que tantas delas tenham sido retiradas do esquecimento.

O que falta é uma enciclopédia das esposas. Costuma-se repetir muito que por trás de um grande homem há sempre uma grande mulher, a partir de Justiniano e Teodora até chegar, se quiser, a Obama e Michelle (é curioso que o inverso não seja verdade, basta ver as duas Elisabeth da Inglaterra). Mas em geral não se fala das esposas. Da Antiguidade clássica em diante, mais do que as mulheres, contavam as amantes. Clara Schumann ou Alma

Mahler viraram notícia por suas histórias extra ou pós-matrimoniais. No fundo, a única esposa que é sempre citada é Xântipe, e sempre para falar mal.

Caiu nas minhas mãos um texto de Pitigrilli, que recheava suas histórias com citações eruditas, errando muitas vezes os nomes (Yung por Jung, regularmente) e com frequência ainda maior as próprias histórias, pescadas sabe-se lá em quais efemérides. Na página em questão, ele recorda a advertência de são Paulo, "*melius nubere quam uri*", só casem se realmente não aguentarem mais (eis um bom conselho para os padres pedófilos), mas observa que a maior parte dos grandes, como Platão, Lucrécio, Virgílio, Horácio e outros, eram solteiros. Só que não é verdade, pelo menos não totalmente. É verdade quanto a Platão que, segundo Diógenes Laércio, só escrevia epigramas para jovenzinhos de muito boa aparência, embora tenha aceito duas mulheres entre seus discípulos, Lastênia e Axioteia, e tenha dito que todo homem virtuoso deve ter uma esposa. Com certeza, o casamento infeliz de Sócrates pesava sobre ele. Já Aristóteles casou-se primeiro com Pítia e, depois de sua morte, uniu-se a Herpilis, não se sabe se como esposa ou concubina, mas de todo modo convivendo em *more uxorio*, a ponto de recordá-la afetuosamente em seu testamento — à parte o fato de ela ter lhe dado um filho, Nicômaco, aquele que mais tarde dará nome a uma de suas Éticas.

Horácio nunca teve esposas nem filhos, mas suspeito, pelos escritos, que tenha dado lá os seus pulinhos. Quanto a Virgílio, parece que era tão tímido que não ousava se declarar, apesar dos rumores de que teve um caso com a esposa de Varius Rufus. Ovídio, porém, casou três vezes. Sobre Lucrécio, as fontes antigas não dizem quase nada, uma breve menção de são Jerônimo deixa entrever que, enlouquecido por uma poção do amor, ele cometeu suicídio (mas o santo tinha um certo interesse em tachar de louco um ateu perigoso como Lucrécio). Com base nesse relato, a tradição medieval e humanista enfeitou a história com uma misteriosa Lucília, esposa ou amante que fosse, feiticeira ou mulher apaixonada que obteve a poção de uma feiticeira; correu também o boato de que Lucrécio teria ele mesmo preparado a poção, mas, em todo caso, a imagem que restou de Lucília não é nada boa. A menos que a razão esteja com Pompônio Leto, segundo o qual Lucrécio se suicidou por causa de seu amor infeliz por um certo Reticências... (*sic*).

Séculos depois, Dante continuou a sonhar com Beatriz, mas casou-se com Gemma Donati, embora nunca fale disso. Todo mundo pensa que Descartes era solteiro (já que morreu muito cedo depois de uma vida bastante agitada), mas na verdade ele teve uma filha, Francine (morta com apenas 5 anos) com uma doméstica que conheceu na Holanda, Helena Jans van der Strom, que foi sua companheira durante alguns anos, embora ele só tenha falado dela como criada. No entanto, ao contrário do que dizem certas calúnias, ele havia reconhecido a filha — e segundo outras fontes teve várias outras aventuras. Em suma, tomando como celibatários os eclesiásticos e os personagens mais ou menos declaradamente homossexuais, como Cyrano de Bergerac (peço desculpas por dar uma notícia tão atroz aos fiéis de Rostand) ou Wittgenstein, só de Kant sabemos com certeza que era solteiro. Ninguém diria, mas até Hegel era casado e parece, aliás, que, além da fama de bom garfo, era um grande conquistador e teve inclusive um filho ilegítimo. Isso sem falar em Marx, ligadíssimo à esposa Jenny von Westphalen.

Mas um problema permanece: qual foi a influência de Gemma sobre Dante, de Helena sobre Descartes, sem falar em não muitas outras esposas sobre as quais a história se cala? E se todas a obras de Aristóteles tiverem sido escritas na verdade por Herpilis? Nunca saberemos. A História, escrita pelos maridos, condenou as esposas ao anonimato.

O retorno do pai Tomás

(2012)

O leitor que, numa manhã cinzenta deste maio chuvoso encontrasse, abandonado no trem, sem a capa e as duas primeiras folhas, este livro (romance?) de Furio Colombo, certamente se perguntaria por que o autor resolveu bancar o Dickens, com seus meninos macilentos expostos a ferozes punições corporais, por que decidiu evocar as vicissitudes do pobre Remy de *Sem família* no covil do sr. Garófoli, por que arremedou as histórias dos "pobres negros" do hoje insuportável *A cabana do Pai Tomás* ou, pior ainda, por que se limitou a apresentar como atuais as histórias do profundo sul estadunidense, onde os "pobres negros, sim, sinhô" eram jogados fora dos transportes públicos. Por favor, caro Colombo, vivemos em outros tempos — felizmente!

Nosso leitor certamente se surpreenderia se encontrasse o livro completo, com capa e prefácio, visse que tem o título de *Contro la Lega* (Laterza, por apenas nove euros e muitos horrores capazes de causar arrepios até em Stephen King) e não contém histórias inventadas, mas um detalhado relatório de episódios de racismo e perseguição perpetrados em vários municípios administrados pelo mencionado partido. São episódios que, enquanto deputado, Colombo tentou denunciar várias vezes no parlamento, recebendo certa feita a seguinte resposta, à guisa de motivado contra-argumento do deputado leguista Brigandì: "Cara de bunda!" (*sic*).

Este — infelizmente — não romance narra "uma história italiana, em que carabineiros e guardas urbanos destroem acampamentos nômades com tratores, entre duas e três da madrugada, aterrorizando as crianças" e em que as crianças rom, embora cidadãs italianas, são colocadas em turmas separadas e — como as crianças estrangeiras — ficam em jejum na hora da merenda escolar. O livro começa com a história da família Karis: o pai, cidadão italiano havia gerações, vivia em Chiari vendendo ferro-velho e uma leviana administração de centro-esquerda designou para ele uma casa pré-fabricada de três peças; a sucessiva administração padana (prefeito Mazzatorta) retomou o terreno porque "o plano regulador havia mudado", a casa dos Karis foi demolida, o município cancelou sua residência, as crianças não puderam mais ir à escola e a família inteira teve de viver num trailer: diante desse inaceitável caso de nomadismo, os guardas municipais batiam com barras de ferro no veículo, na calada da noite, caso o pai parasse para repousar ou fazer xixi.

Mas o livro fala de todo tipo de pessoas de fora da União Europeia. Em Termoli, um ambulante de Bangladesh foi detido, espancado e trancado dentro do porta-malas da viatura policial por agentes da polícia municipal. Em Parma, agentes municipais à paisana abordaram Emanuel Bonsu, jovem negro a caminho da escola noturna, e o espancaram violentamente, para descobrir só depois que, de fato, não era o traficante de drogas que pensavam que fosse. Num ônibus de Varese, um menino de 14 anos ordena a uma jovem da mesma idade que usava véu que levante e lhe dê o lugar, a jovem resiste e é atacada a socos e pontapés por ele e os colegas. Em Bergamo, uma passageira grita dentro do ônibus que seu celular foi roubado, o fiscal decide que o ladrão não poderia ser outro senão um jovem negro: param o ônibus, obrigam o jovem a despir-se, não encontram o celular (evidentemente, o ladrão não era ele), mas acham setenta euros que o fiscal sequestra e oferece à dita senhora, que aceita agradecida.

Estamos apenas na página 11 deste não romance e os capítulos seguintes abarcam desde as sevícias sofridas na Líbia por desesperados detidos no mar por militares italianos e devolvidos aos carrascos de Khedafi até ameaçar Gad Lerner, chamando-o acusatoriamente de "*nasone*",* num crescendo de agradáveis e romanescas atrocidades.

É curioso que os italianos se mostrem escandalizados diante de meia dúzia de diamantes roubados e dois ou três diplomas pagos (a bem dizer, formar-se na Albânia não seria índice de pouco racismo?) enquanto aceitam há anos que aconteçam todas estas coisas que o livro narra sumariamente.

Proust e os boches

(2013)

Tempos duros para quem acredita na União Europeia: diante de Cameron, que convoca seus compatriotas a decidir se ainda querem fazer parte dela (ou se algum dia quiseram), de Berlusconi, que um dia se declara europeísta, mas no dia seguinte, se não faz um apelo visceral aos velhos fascistas, convoca aqueles que consideram que estaríamos melhor com um retorno à lira, e da Liga Norte e seu provincianismo hipoeuropeu poderíamos dizer, em suma, que os ossos dos pais fundadores da Europa unida estremecem no túmulo.

* Narigão, modo depreciativo de referir-se aos judeus na Itália. [*N. da T.*]

No entanto, todos deveriam saber que no curso da Segunda Guerra Mundial morreram 41 milhões de europeus (digo apenas europeus, sem calcular os americanos e os asiáticos), massacrando-se uns aos outros e que desde então, salvo o trágico episódio balcânico, a Europa conheceu 68 (eu disse sessenta e oito) anos de paz; e se hoje alguém fosse dizer aos jovens que os franceses podiam se entrincheirar na linha Maginot para resistir aos alemães, que os italianos queriam quebrar a espinha da Grécia, que a Bélgica podia ser invadida e que aviões ingleses podiam bombardear Milão, este jovens (que talvez estejam passando um ano em algum outro país do continente dentro do programa Erasmus e que, depois dessa experiência, encontrarão uma alma gêmea que fala outra língua — e seus filhos crescerão bilíngues) pensariam que estamos inventando um romance de ficção científica. Os adultos também não percebem que hoje atravessam sem passaporte fronteiras que seus pais e seus avós cruzaram com um fuzil na mão.

Mas será mesmo que a ideia da Europa não consegue atrair os europeus? Bernard-Henri Lévy lançou recentemente um apaixonado manifesto, *Europe ou chaos*, que conclama à redescoberta de uma identidade europeia e que começa com uma ameaça inquietante: "A Europa não está em crise, está morrendo. Não a Europa como território, naturalmente. Mas a Europa como Ideia. A Europa como sonho e como projeto." O manifesto foi assinado por António Lobo Antunes, Vassilis Alexakis, Juan Luis Cebrián, Fernando Savater, Peter Schneider, Hans Christoph Buch, Julia Kristeva, Claudio Magris, Gÿorgy Konrád e Salman Rushdie (que apesar de não ser europeu, encontrou na Europa seu primeiro refúgio no início da perseguição contra ele). Como eu também assinei, encontrei-me com alguns cossignatários cerca de dez dias trás, no Théatre du Rond Point, em Paris, para um debate sobre o assunto. Um dos pontos que logo veio à tona, com o qual concordo plenamente, é que existe uma consciência da identidade europeia. Na ocasião, citei algumas páginas de *O tempo reencontrado*, de Proust: estamos em Paris durante a Primeira Guerra Mundial, toda noite, a cidade teme as incursões dos zepelins e a opinião pública atribui todo tipo de crueldades aos odiados boches. Pois bem, respira-se nas páginas proustianas uma atmosfera de germanofilia, que transparece nas conversas dos personagens. É germanófilo

Charlus, embora sua admiração pelos alemães não pareça depender tanto de identidades culturais, mas, antes, de suas preferências sexuais: "'Nossa admiração pelos franceses não deve nos levar a depreciar os inimigos [...]. Você não sabe o que é um soldado alemão, nunca o viu, como eu, desfilar em passo de parada, em passo de ganso.' E voltando ao tema da virilidade que já mencionara em Balbec [...], ele prosseguiu: 'Veja que belo espécime é o soldado alemão, uma criatura forte, sadia, que só pensa na grandeza de seu país, *Deutschland uber Alles*.'"

Aceitável para Charlus, embora algumas reminiscências literárias já se agitem em seus discursos filoteutônicos. Mas passemos a Saint-Loup, bravo soldado que morrerá em combate: "Saint Loup, para explicar certos contrastes de sombra e luz que haviam feito "o encanto de sua manhã" [...] não hesitava em referir-se a uma página de Romain Rolland ou mesmo de Nietzsche, com aquela independência dos que lutam no front e não temem, como os que ficam na retaguarda, pronunciar um nome alemão [...]. Comentando uma melodia de Schumann, citava apenas o título em alemão e não usava de circunlóquios para dizer que quando ouvira, ao amanhecer, os primeiros gorjeios na entrada de uma floresta, sentira-se inebriado, como se os pássaros lhe falassem daquele "sublime Sigfried" que esperava ouvir de novo depois da guerra". Ou ainda: "De fato, soube da morte de Robert de Saint-Loup, dois dias depois de voltar ao front, protegendo a retirada de seus homens. Jamais alguém alimentara menos ódio por um povo do que ele [...]. As últimas palavras que ouvi saírem de sua boca, seis dias antes, foram o início de um *lied* de Schumann, que ele cantarolava em minhas escadas, em alemão, tanto que tive de silenciá-lo por causa dos vizinhos." E Proust se apressava a acrescentar que a cultura francesa como um todo não se abstinha de estudar, mesmo então, a cultura alemã, embora com algumas ressalvas: "Um professor escrevia um livro notável sobre Schiller, resenhado nos jornais. Mas antes de qualquer comentário sobre o autor, informava--se, como se fosse um imprimátur, que ele estivera em Marne, em Verdun, que tinha cinco elogios em folha e dois filhos mortos. Só então, louvava-se a clareza e a profundidade de sua obra sobre Schiller, que se podia incluir entre os grandes, desde que, em vez de 'um grande alemão', se tomasse o cuidado de dizer 'um grande boche'."

Eis o que constitui a base da identidade cultural europeia: um longo diálogo entre literaturas, filosofias, obras musicais e teatrais. Nada que possa ser apagado, nem mesmo por uma guerra, e é nesta identidade que se funda uma comunidade que resiste ao maior dos obstáculos, a barreira linguística.

Mas se este senso da identidade europeia é fortíssimo junto às elites intelectuais, ele o seria também junto à gente comum? E refleti, então, sobre o fato de que ainda hoje cada país europeu celebra (na escola e nas manifestações públicas) os seus próprios heróis, todos personagens que mataram valorosamente outros europeus, a partir daquele Armínio que exterminou as legiões de Varo, de Joana D'Arc, de El Cid Campeador (uma vez que os muçulmanos contra os quais ele lutava eram europeus havia séculos), dos vários heróis do Ressurgimento italiano ou húngaro até os nossos mortos contra o inimigo austríaco. Mas ninguém nunca ouviu falar de um herói europeu? Eles nunca existiram? Quem eram então Byron ou Santorre di Santarosa, que decidiram lutar pela liberdade grega, ou os não poucos, Schindlers que salvaram a vida de milhares de judeus sem se preocupar em saber a que nação pertenciam e, enfim, os heróis não guerreiros, como De Gasperi, Monnet, Schumann, Adenauer, Spinelli? Indo buscar nos recessos da história, poderíamos encontrar outros casos para contar aos jovens (e aos adultos). Será que não é possível encontrar um Asterix europeu para que sua história seja contada aos europeus de amanhã?

Clássicos do nosso tempo

(2014)

Um TAR clássico. Um artigo de Giovanni Belardelli no *Corriere* de 30 de junho apontava um fato gravíssimo. Indignados porque seu filho, estudante do liceu clássico, havia sido reprovado por ter tirado três em matemática, quatro em física e três em história da arte, papai e mamãe resolveram recorrer ao Tribunal Administrativo Regional (TAR) de Lazio, em vez de dar no herdeiro um bons safanões, como fariam os pais reacionários de antigamente. E o TAR, do alto de sua autoridade, anulou a reprovação. Ora, é possível que três insuficiências, embora graves, não sejam suficientes para uma reprovação, mas tais coisas deveriam ser decididas por um conselho de professores ou algum órgão didático superior. Oferecendo o recurso ao incompetentíssimo TAR, encorajam-se aqueles pais que, quando os filhos têm notas ruins, em vez de chamá-los à responsabilidade, preferem protestar com os professores. Broncos educarão filhos igualmente broncos.

Mas tem mais. A sentença recita que um quatro em física e um três em matemática não são graves, já que se tratava de um liceu clássico. Portanto, estes intelectuais da Magna Grécia (como teria dito Agnelli) não sabem que o clássico permite a inscrição em faculdades de medicina, engenharia, matemática e outras ciências e que, mesmo para uma boa formação humanista, o segundo princípio da termodinâmica é tão importante quanto os mistérios do aoristo. *Quis custodiet custodes*? — quem reprovará os juízes do TAR de Lazio? Ou será que seus pais vão recorrer?

O esperto Teresio. Leio no jornal *Pagine hebraiche* uma lista comentada de ilustres fascistas, racistas e antissemitas que foram homenageados com nomes de ruas em alguns países: em Roma e em Nápoles, o reverenciado foi Gaetano Azzariti, já presidente do Tribunal da Raça, e outras ruas foram consagradas a Nicola Pende (Modugno di Bari, Bari e Modena), a Sabato Visco (Salerno), a Arturo Donaggio (Roma e Falconara): trata-se de três pessoas que, mesmo sendo famosas em outros campos, foram dos primeiros a subscrever, em 1938, o famigerado *Manifesto da raça*.

Mas paciência, todos sabem que os fascistas chegaram ao poder em muitos municípios e talvez os outros partidos não soubessem, quando o projeto foi votado, quem eram os cavaleiros assim homenageados. Além disso, sempre se pode dizer que todos eles tiveram seus méritos em outros setores e que, portanto, podemos perdoar o pecadilho eventual de uma adesão dada talvez por covardia, interesse ou excesso de zelo. Por acaso não perdoamos (ou quase) Heidegger, que acreditou no nazismo? E por pouca idade ou crua necessidade (vivendo no norte) não aderiram de alguma forma à República Social Italiana alguns personagens amáveis e justamente amados como Oscar Carboni, Walter Chiari, Gilberto Govi, Gorni Kramer ou Ugo Tognazzi? Salvo que nenhum deles jamais escreveu ou disse que 6 milhões de judeus deviam ser massacrados.

Mas o caso mais chocante é o de Castellamare del Golfo (Trapani), onde uma rua recebeu o nome de Teresio Interlandi (que, aliás, nem sequer nasceu por lá). Teresio Interlandi não era um cientista reconhecido, como Pende, ou um jurista respeitado mesmo na Itália pós-bélica, como Azzariti, mas um trapaceiro nojento que, com sua revista *La difesa della razza*, dedicou a vida inteira a semear o ódio racista e antissemita. Quem folheia as coleções anuais dessa publicação repugnante, ou lê a antologia reunida por Valentina Pisanty (Bompiani, 2006), percebe que só um personagem em completa e servil má-fé podia publicar as mentiras e absurdos típicos daquela revista. Estava esquecendo: sempre naqueles anos, Interlandi publicou também um *Contra judeos* e mesmo quem não sabe latim pode adivinhar qual era sua intenção.

Por outro lado, discute-se em Roma se dar ou não a uma rua o nome de Giorgio Almirante, que foi secretário editorial de *La difesa della razza*, com a justificativa (indiscutível) de que depois ele aceitou o jogo democrático (coisa que gostaria bem de ver) e foi até prestar seus respeitos diante do caixão de Berlinguer. Só que Berlinguer nunca escreveu libelos para encorajar o extermínio dos *kulaks*.

De *Maus* a *Charlie*

(2015)

Considero meu amigo Art Spiegelman um gênio. Seu *Maus* continua a ser um dos mais importantes textos literários (mesmo em quadrinhos) mais importantes sobre o Holocausto. Mas dessa vez não concordo com ele. Encomendaram-lhe um desenho para a capa de um número da revista *New Statesman* sobre a liberdade de pensamento. O desenho, publicado depois por outros jornais, é belíssimo (uma mulher ferozmente amordaçada). Mas quando Spiegelman pediu que publicassem também uma caricatura de Maomé, a revista não concordou. Diante disso, Spiegelman retirou os dois desenhos.

O caso do *Charlie Hebdo* suscitou muitas confusões (não dediquei uma *Bustina* a ele porque dei duas entrevistas logo depois do drama e, além do mais, a *Bustina* só viria a público duas semanas mais tarde, mas estava dolorosamente chocado, inclusive por guardar uma simpática caricatura com dedicatória que Wolisnki, morto no massacre, fez de mim no tempo em que nos encontrávamos no bar com toda a redação do *Linus*).

Volto à questão agora. Creio que estavam em jogo dois direitos e dois deveres. Pensando no papa Francisco, que disse que daria um soco em alguém que ofendesse sua mãe (chocando muita gente), quero destacar que ele não disse que mataria o ofensor. De fato, sabia que matar é proibido por um mandamento e, portanto, não podia deixar de condenar o ato dos terroristas que, com seus aliados degoladores do ISIS, representam a nova forma de nazismo (racismo, eliminação de quem é de outra etnia, projeto de conquista do mundo). Era nosso dever condenar o massacre e descer às ruas, como foi feito, para defender a liberdade de expressão.

Deve-se defender a liberdade de pensamento mesmo de quem não pensa como nós (Voltaire ensina). No entanto, se os jornalistas do *Charlie* não tivessem sofrido a feroz vingança que sofreram e o massacre não tivesse acontecido, todos teriam o direito de criticar suas caricaturas, não apenas de Maomé, mas também de Jesus e da Virgem, que têm grande afinidade com aquelas que Leo Taxil publicava no século XIX, representando a Madona grávida de uma pomba e são José cornudo.

Há um princípio ético que reza que não se deve ofender a sensibilidade religiosa dos outros, razão pela qual até quem blasfema em casa não se mete a blasfemar na igreja. Não devemos nos abster de caricaturar Maomé por temor de represálias, mas porque (e peço desculpas se a expressão é demasiado suave) é uma "descortesia". E não deveríamos caricaturar Nossa Senhora, mesmo que os católicos sejam (como são, pelo menos hoje) avessos a massacrar quem o fizer. Fiz, aliás, uma busca na internet e vi que nenhum dos sites que protestam contra a censura do *New Statesman* reproduziram o desenho de Spiegelman. Por quê? Por respeito aos outros ou por medo?

No caso de *Charlie*, estavam em jogo dois princípios fundamentais, mas era difícil mantê-los separados diante do horror perpetrado por quem estava errado. Portanto, era lícito defender o direito de exprimir-se, mesmo que de modo descortês, afirmando "Je suis Charlie". Contudo, se eu fosse *Charlie* não brincaria nem com a sensibilidade muçulmana, nem com a cristã (e tampouco com a budista, se fosse o caso).

Se os católicos ficam perturbados com ofensas à Virgem Maria, trate de respeitar seu sentimento — e no máximo escreva um prudente ensaio histórico para questionar a Encarnação. Mas se os católicos atirarem contra quem ofende a Nossa Senhora, trate de combatê-los com todos os meios.

Nazistas e antissemitas de todo tipo difundiram horrendas caricaturas dos "infames judeus", mas na verdade a cultura ocidental tolerou estas injúrias, respeitando a liberdade de quem as divulgava. No entanto, quando passaram da caricatura ao massacre, nós nos rebelamos. Ou seja, a liberdade de Drumont (no século XIX) de ser ferozmente antissemita foi respeitada, mas os carrascos nazistas foram enforcados em Nuremberg.

Sobre o ódio e a morte

Sobre o ódio e o amor

(2011)

Nos últimos tempos, escrevi a respeito do racismo, da construção do inimigo e sobre a função política do ódio pelo Outro ou pelo Diferente. Pensava que tinha dito tudo, mas numa discussão recente com meu amigo Thomas Stauder, surgiram (e trata-se de um daqueles casos em que ninguém sabe mais quem disse uma coisa, quem disse outra, mas apenas que as conclusões coincidiam) alguns elementos novos (ou, pelo menos, novos para mim).

Tendemos, com uma leviandade um pouco pré-socrática, a entender ódio e amor como dois opostos, que se confrontam simetricamente, como se odiássemos aquilo que não amamos e vice-versa. Mas entre os dois polos existem, obviamente, infinitas nuances. Ainda que usemos os dois termos metaforicamente, o fato de amar pizza e não gostar muito de sushi não significa que odeio sushi. Apenas gosto mais de pizza. E tomando os dois termos no sentido próprio, o fato de amar uma pessoa não significa que odeio todas as outras, no lado oposto do amor pode estar a indiferença (amo meus filhos e era indiferente ao motorista do táxi que peguei há duas horas).

Mas o verdadeiro x da questão é que o amor isola. Se amo loucamente uma mulher, pretendo que ela ame a mim e não a outros (pelo menos não no mesmo sentido), uma mãe ama apaixonadamente os filhos e deseja que eles a amem de modo privilegiado (mãe só tem uma) e jamais sentiria que ama com a mesma intensidade os filhos dos outros. Portanto, o amor é propriamente dito egoísta, possessivo, seletivo.

Certo, o mandamento do amor impõe que amemos o próximo como a nós mesmos (todos os 6 bilhões de próximos), mas na prática o que este mandamento recomenda é que não odiemos ninguém, sem pretender que amemos um esquimó desconhecido como amamos nosso pai ou nosso neto. O amor privilegiará sempre o meu netinho diante de um caçador de focas. E mesmo que não pense (como quer a conhecida lenda) que não me importa nem um pouco se um mandarim morrer na China (sobretudo se isso me trouxer alguma vantagem) e souber que os sinos dobram sempre por mim, serei sempre mais tocado pela morte de minha avó do que pela do mandarim.

O ódio, ao contrário, pode ser coletivo e deve sê-lo para os regimes totalitários, de modo que quando era pequeno a escola fascista me chamava a odiar "todos" os filhos de Álbion e toda noite Mario Appelius bradava no rádio o seu "Deus superamaldiçoe os ingleses". É o que desejam as ditaduras, os populismos e muitas vezes também as religiões em suas versões fundamentalistas, pois o ódio pelo inimigo une os povos, que ardem assim num mesmo fogo. O amor aquece meu coração em relação a poucas pessoas, o ódio ferve meu coração, junto daqueles que estão a meu lado, contra milhões de pessoas, contra uma nação, uma etnia, contra gente de cores e línguas diversas. O racista italiano odeia todos os albaneses ou romenos ou ciganos, Bossi odeia todos os meridionais (e se recebe um salário pago também com os impostos do meridionais, isso é realmente uma obra-prima da maledicência, onde o ódio se junta ao prazer do dano e do escárnio), Berlusconi odeia todos os juízes e pede que façamos o mesmo, e também que odiemos todos os comunistas, mesmo que signifique vê-los onde eles já não estão mais.

O ódio, portanto, não é individualista, mas generoso, filantrópico, e abraça num único alento imensas multidões. Somente os romances dizem que é belo morrer de amor, mas os jornais, ao menos quando eu era menino, apresentavam como belíssima a morte do herói, ceifado ao lançar uma bomba contra o odiado inimigo.

Eis por que a história de nossa espécie sempre foi marcada antes pelo ódio e pelas guerras e pelos massacres do que pelos atos de amor (menos confortáveis e muitas vezes exigentíssimos quando insistem em ir além do círculo do nosso egoísmo). Nossa propensão às delícias do ódio é tão natural que é fácil para os governantes dos povos cultivá-la, enquanto ao amor só nos convidam esses seres incômodos que têm o hábito desgostoso de beijar os leprosos.

Para onde foi a morte?

(2012)

Le Magazine Littéraire francesa dedica seu número de novembro a "Aquilo que a literatura sabe da morte". Li com interesse vários de seus artigos, mas fiquei decepcionado pelo fato de que, entre tantas coisas que não sabia, eles repetissem no fim das contas um conceito conhecidíssimo: a literatura sempre tratou do amor e da morte naturalmente juntos. Os artigos do periódico francês falam com fineza da presença da morte seja na narrativa do século passado, seja na literatura gótica pré-romântica. Mas poderiam dissertar sobre a morte de Heitor e sobre o luto de Andrômaca ou sobre os sofrimentos dos mártires em tantos textos medievais. Isso sem mencionar que a história da filosofia começa com o exemplo mais comum de premissa de um silogismo: "Todos os homens são mortais."

Creio que o problema seja outro e talvez esteja relacionado ao fato de que hoje se leem menos livros: nós nos tornamos incapazes de ajustar as contas com a morte. As religiões, os mitos, os ritos antigos tornavam a morte, embora sempre temível, familiar para nós. As grandes celebrações funerárias, os gritos das carpideiras, as grandes Missas de Réquiem nos habituavam a aceitá-la. Éramos preparados para a morte pelos sermões sobre o inferno e ainda na infância tive de ler as páginas sobre a morte do *Giovane provveduto* de dom Bosco, que não era só o padre sorridente que brincava com as crianças, mas tinha uma imaginação visionária e flamejante. Ele recordava que não sabemos onde a morte nos surpreenderá — na cama, no trabalho ou na rua, por rompimento de uma veia, por uma tosse, um ímpeto de sangue, uma febre, uma praga, um terremoto, um raio, "talvez logo após a leitura desta consideração". Neste momento, sentiremos a vista obscura, os olhos doloridos, a língua ardente, a garganta fechada, o peito oprimido, o sangue gelado, a carne consumida, o coração transpassado. Donde a necessidade de praticar o Exercício da Boa Morte: "Quando meus pés imóveis me avisarem que minha carreira neste mundo está prestes a acabar... Quando minhas mãos trêmulas e dormentes não puderem mais apertá-lo, Crucifixo meu bem maior, e malgrado meu tiver de deixá-lo cair sobre o leito de minha dor... Quando meus olhos ofuscados e desvairados pelo horror da morte iminente... Quando meus lábios frios e frementes... Quando minhas faces pálidas e lívidas inspirarem nos presentes compaixão e terror e meus cabelos banhados no suor da morte se arrepiarem em minha cabeça anunciando o fim próximo... Quando, agitada por horrendos e assombrosos fantasmas, minha imaginação mergulhar em tristezas mortais... Quando tiver perdido o uso de todos os sentidos... Jesus misericordioso, tenha piedade de mim."

Puro sadismo, dirão. Mas o que ensinamos hoje a nossos contemporâneos? Que a morte ocorre longe de nós, no hospital, que não se costuma mais seguir o féretro aos cemitérios, que não vemos mais os mortos. Não vemos mais os mortos? Mas nós os vemos continuamente, espirrando pedaços de cérebro nas janelas dos táxis, explodindo no ar, estatelando-se nas calçadas, caindo no fundo mar com um cubo de cimento nos pés, deixando rolar nos paralelepípedos suas cabeças cortadas — mas não somos nós, não são os nossos entes queridos, são os Atores. A morte é um espetáculo, mesmo nos casos em que a mídia fala da moça realmente estuprada ou vítima de um *serial killer*. Não vemos o cadáver dilacerado, pois ele nos recordaria a morte: só nos mostram os amigos chorosos que levam flores ao local do delito e, com um sadismo bem pior, os jornalistas que batem à porta da mãe para perguntar: "O que sentiu quando mataram sua filha?" Não se coloca a morte em cena, mas a amizade e a dor materna, que nos tocam de modo bem menos violento.

Assim, o desaparecimento da morte do nosso horizonte imediato de experiência vai nos deixar, quando o momento chegar, ainda mais aterrorizados diante deste evento que, no entanto, nos pertence desde que nascemos — e com o qual o homem sábio deve ajustar suas contas para a vida inteira.

O direito à felicidade

(2014)

Às vezes me vem a suspeita de que muitos dos problemas que nos afligem — isto é, a crise dos valores, a rendição às seduções da propaganda, a necessidade de aparecer na TV, a perda da memória histórica e individual, em suma, todas as coisas sobre as quais nos lamentamos em colunas como esta — são devidos à infeliz formulação da Declaração da Independência americana de 4 de julho de 1776, na qual, com maçônica confiança nas "magníficas sortes, e progressivas", os constituintes estabeleceram que "todos os homens são dotados do direito à vida, à liberdade e à busca da felicidade".

Já foi dito muitas vezes que se tratava da primeira afirmação, na história das leis fundadoras de um Estado, do direito à felicidade em vez do dever de obediência ou de outras severas imposições do gênero e à primeira vista tratava-se efetivamente de uma declaração revolucionária. Mas produziu equívocos por razões, ouso dizer, semióticas.

A literatura sobre a felicidade é imensa, a começar por Epicuro e talvez até antes, mas à luz do bom senso, parece que nenhum de nós sabe dizer o que é a felicidade. Se a felicidade é entendida como um estado permanente, a ideia de uma pessoa feliz a vida inteira, sem dúvidas, dores e crises sugere uma vida que corresponderia à de um idiota — ou no máximo de um personagem isolado do mundo, sem aspirações além de uma existência sem sobressaltos, o que me faz pensar em Filemon e Baucis. Mas até eles, poesia à parte, devem ter tido algum momento de perturbação, no mínimo uma gripe ou uma dor de dente.

A questão é que a felicidade, como plenitude absoluta, ou seja, a embriaguez, o estar nas nuvens, é uma situação muito transitória, episódica e de breve duração: é a alegria com o nascimento de um filho, com o amado ou a amada que revela corresponder ao nosso sentimento, talvez a exaltação de ganhar na loto, a conquista de uma meta (o Oscar, a taça do campeonato), ou mesmo um momento no curso de um passeio no campo, mas são sempre instantes transitórios e depois deles vêm os momentos de temor e tremor, dor, angústia ou pelo menos preocupação.

Além disso, a ideia de felicidade nos faz pensar sempre na nossa felicidade pessoal, raramente naquela do gênero humano e, aliás, somos levados muitas vezes a nos preocupar pouquíssimo com a felicidade dos outros para perseguir a nossa. Até a felicidade amorosa coincide com a infelicidade de um outro, o rejeitado, com o qual nos preocupamos pouquíssimo, saciando-nos com a conquista.

Esta ideia de felicidade permeia o mundo da publicidade e dos consumos, em que cada proposta é como um apelo à vida feliz, o creme para suavizar o rosto, o detergente que finalmente tira todas as manchas, o sofá pela metade do preço, o *bitter* para beber depois da tempestade, a carne em lata em torno da qual se reúne a família feliz, o carro bonito e barato e um absorvente que permite que você entre no elevador sem ter de se preocupar com o olfato alheio.

Raramente pensamos na felicidade quando votamos ou mandamos um filho para a escola, mas sim quando compramos coisas inúteis — e assim, acreditamos estar satisfazendo nosso direito à busca da felicidade.

E quando é que, ao contrário, já que não somos brutos sem coração, nos preocupamos com a felicidade do outro? Quando a mídia apresenta a infelicidade alheia, crianças negras que morrem de fome devoradas pelas moscas, doentes de males incuráveis, populações destruídas por tsunamis. Então estamos até dispostos a contribuir com uma esmola e, nos melhores casos, a destinar nossa cota permitida dos impostos a associações de utilidade pública.

É que a Declaração da Independência deveria ter dito que é reconhecido a todos os homens o direito-dever de reduzir a cota de infelicidade no mundo, inclusive naturalmente a nossa, e assim tantos estadunidenses teriam entendido que não deveriam se opor aos tratamentos médicos gratuitos — que eles não aceitam porque esta ideia bizarra parece lesiva a seu direito pessoal à felicidade fiscal.

A nossa Paris

(2015)

Na noite do massacre parisiense fiquei grudado na TV, como tantos outros. Conhecendo bem o mapa de Paris, tentava entender onde os acontecimentos se desenrolavam, calculando se algum amigo morava nas redondezas, a que distância estava da minha editora ou do restaurante que costumava frequentar. Tentava me acalmar pensando que ficavam bem longe, todos na margem direita, enquanto meu universo pessoal parisiense fica na esquerda.

Isso não diminuía em nada o horror e o choque, mas é como saber que você não estava no avião que acabou de cair sei lá onde. E naquela noite ainda não se pensava que aquilo poderia ter acontecido em nossas cidades. Tragédia era, e não se perguntem por quem os sinos dobram — mas era sempre tragédia alheia.

Contudo, comecei a sentir um vago mal-estar quando percebi que conhecia aquele nome, Bataclan. Finalmente, lembrei: de fato, foi lá que apresentei um de meus romances, com um lindo concerto de Gianni Coscia e Renato Sellani. Era, portanto, um lugar onde estive e onde podia estar ainda. Depois — na verdade, não depois, mas quase em seguida — reconheci o endereço: Boulevard Richard Lenoir era onde morava o comissário Maigret!

Podem dizer que não é lícito, diante de eventos tão assustadoramente "reais", trazer para a cena o imaginário. Mas não, o que explica por que o massacre parisiense atingiu o coração de todos, embora massacres tremendos tenham acontecido em outras cidades do mundo. É que Paris é a pátria de muitíssimos de nós justamente porque nossa memória mistura cidade real e cidade imaginária, como se ambas nos pertencessem ou tivéssemos vivido nas duas.

Tem uma Paris que é tão real quanto o Café de Flore e é aquela, digamos, de Henrique IV e de Ravaillac, da decapitação de Luís XVI, do atentado de Orsini contra Napoleão III ou da entrada das tropas do general Léclerc em 1944. Mas mesmo a respeito desses fatos, sejamos sinceros, recordamos mais o evento (do qual não participamos) ou sua representação romanesca e cinematográfica?

Vivemos a libertação de Paris nas telas com *Paris está em chamas?*, assim como vivemos uma Paris mais remota quando vimos *Les enfants du Paradis*, assim como entrar de noite na Place des Vosges provoca frêmitos que só sentimos nas telas, assim como revivemos o universo de Edith Piaf, mesmo que nunca a tenhamos conhecido, e como sabemos tudo sobre a Rue Lepic porque Yves Montand nos contou.

É na realidade que passeamos ao longo do Sena, parando diante das bancas dos *bouquinistes*, mas também revivemos tantos passeios românticos que conhecemos nos livros; olhando Notre-Dame de longe é impossível não pensar em Quasímodo e Esmeralda. Pertence à nossa memória a Paris do duelo dos mosqueteiros nos Carmelitas Descalços, a Paris das cortesãs de Balzac, a Paris de Lucien de Rubem-pré e de Rastignac, de Bel Ami, de Fréderic Moreau e Madame Arnoux, de Gravroche nas barricadas, de Swann e Odette de Crécy.

A nossa Paris "verdadeira" é aquela (hoje só imaginada) da Montmartre dos tempos de Picasso e Modigliani ou de Maurice Chevalier, e podemos incluir também *Um americano em Paris*, de Gershwin, e sua adocicada, mas memorável revisitação com Gene Kelly e Leslie Caron, e também aquela de Fantômas fugindo pelos esgotos e, justamente, do comissário Maigret — com quem vivemos todas as névoas, todos os bistrôs, todas as noites no Quai des Orfèvres.

É preciso reconhecer que muitas das coisas que entendemos sobre a vida e sobre a sociedade, sobre o amor e sobre a morte nos foram ensinadas por esta Paris imaginária, fictícia e, contudo, realíssima. Portanto, o golpe foi contra a nossa casa, uma casa onde vivemos muito tempo, mais do que em nossos endereços legais. Mas todas estas memórias nos fazem, contudo, esperar ainda pelo melhor, pois "*la Seine roule, roule...*".

Entre religião e filosofia

Todo vidente vê o que sabe

(2000)

Lendo nesses últimos dias o documento da irmã Lúcia sobre o terceiro segredo de Fátima, percebi um ar familiar. Só entendi depois: o texto, que a boa irmã não escreve como a menina analfabeta que era, mas em 1944, já uma monja adulta, é permeado de citações facilmente reconhecíveis do Apocalipse de são João.

Então Lúcia vê um anjo com uma espada de fogo que dá a impressão de querer incendiar o mundo. O Apocalipse fala de anjos que espalham fogo no mundo, por exemplo em 9.8, a propósito do anjo da segunda trombeta. É verdade que este anjo não tem uma espada flamejante, mas logo veremos de onde pode vir esta espada (à parte o fato de que a iconografia tradicional é bastante rica em arcanjos com espadas em fogo).

Em seguida, Lúcia vê a luz divina como se estivesse refletida num espelho: aqui a sugestão não vem do Apocalipse, mas da primeira epístola de são Paulo aos Coríntios (agora só vemos as coisas celestes *per speculum*, só depois poderemos vê-las face a face).

Depois disso surge um bispo vestido de branco: é um só, enquanto no Apocalipse os servos do senhor de branco vestidos, destinados ao martírio, aparecem em várias ocasiões (em 6.11, 7.9 e em 7.14), mas paciência.

Agora é um grupo de bispos e sacerdotes subindo uma montanha íngreme e chegamos ao Apocalipse 6.12, onde são os poderosos da Terra que se escondem entre grutas e rochedos de um monte. Então, o santo padre chega a uma cidade "meio em ruínas", tendo encontrado no caminho as almas dos cadáveres: a cidade é mencionada em Apocalipse 11.8, inclusive os cadáveres, ela desmorona e cai em ruínas em 11.13 e também em 18.19, sob a forma de Babilônia.

Vamos adiante: o bispo e outros fiéis são mortos por soldados com flechas e armas de fogo e, embora irmã Lúcia inove com as armas de fogo, massacres com armas pontudas são perpetrados por gafanhotos com couraças de guerreiros em 9.7, ao soar da quinta trombeta.

Chegamos finalmente aos dois anjos que versam sangue com um regador de vidro. Ora, o Apocalipse é repleto de anjos que espalham sangue, mas em 8.5 eles fazem isso com um turíbulo, em 14.20 o sangue transborda de um lagar e em 16.3 é derramado de uma taça.

Por que um regador? Lembrei que Fátima não fica muito longe das Astúrias que na Idade Média deram vida às esplêndidas miniaturas moçarábicas do Apocalipse, reproduzidas inúmeras vezes. E nelas aparecem anjos que borrifam sangue de recipientes de formas imprecisas, exatamente como se regassem o mundo. A influência da tradição iconográfica na memória de Lúcia é sugerida por aquele anjo com a espada de fogo do início, pois nestas miniaturas as trombetas empunhadas pelos anjos aparecem às vezes como lâminas escarlates.

O interessante é que (para quem não se limitava aos resumos dos jornais e lia todo o comentário teológico do cardeal Ratzinger) é visível que este bom homem, enquanto se empenha em mostrar que uma visão privada não é matéria de fé e que uma alegoria não é um vaticínio que se deve tomar ao pé da letra, recorda explicitamente as analogias com o Apocalipse.

Mais que isso, ele precisa que numa visão o sujeito vê as coisas "com as modalidades que lhe são acessíveis de representação e conhecimento" e, logo, "a imagem só pode chegar segundo suas medidas e possibilidades". O que significa que, dito de maneira um pouco mais laica (mas Ratzinger dedica o parágrafo à "estrutura antropológica" da revelação), se não existem arquétipos junguianos, cada vidente vê aquilo que sua cultura lhe ensinou.

As raízes da Europa

(2003)

As crônicas de verão foram animadas pela discussão sobre o cabimento de citar, numa Constituição europeia, as origens cristãs do continente. Quem exige a citação se apoia no fato, certamente óbvio, de que a Europa nasceu com base numa cultura cristã, antes mesmo da queda do Império Romano, pelo menos desde os tempos do Édito de Constantino. Assim como não se pode conceber o mundo oriental sem o budismo, não se pode conceber a Europa sem considerar o papel da Igreja, de vários reis cristianíssimos, da teologia escolástica ou da ação e do exemplo de seus grandes santos.

Quem se opõe à citação privilegia os princípios laicos que regem as democracias modernas. Quem aprova a citação recorda que o laicismo é uma conquista europeia recentíssima, herança da Revolução Francesa: nada a ver com as raízes que mergulham no monasticismo ou no franciscanismo. Quem se opõe pensa sobretudo na Europa de amanhã, que caminha fatalmente para se tornar um continente multiétnico, no qual uma citação explícita das raízes cristãs poderia bloquear tanto o processo de assimilação dos que vierem quanto reduzir outras tradições e outras crenças (que, no entanto, poderiam vir a ter uma notável importância) a culturas e cultos minoritários apenas tolerados.

Portanto, como se pode ver, esta não é somente uma guerra de religião, pois envolve um projeto político, uma visão antropológica e a decisão de desenhar a fisionomia dos povos europeus com base em seu passado ou com base em seu futuro.

Tratemos do passado. A Europa desenvolveu-se tendo como base apenas a cultura cristã? Não estou pensando nas contribuições que enriqueceram a cultura europeia ao longo dos séculos, a começar pela matemática indiana, a medicina árabe e até os contatos com o Oriente mais remoto, não dos tempos de Marco Polo, mas antes de Alexandre, o Grande. Cada cultura assimila elementos de culturas vizinhas ou distantes, mas se caracteriza pelo modo como se apropria deles. Não basta dizer que devemos o zero aos indianos ou aos árabes, se foi na Europa que se afirmou pela primeira vez a ideia de que a natureza é escrita em caracteres matemáticos. O que estamos esquecendo é a cultura greco-romana.

A Europa assimilou a cultura greco-romana tanto no plano do direito quanto no plano do pensamento filosófico e até mesmo naquele das crenças populares. O cristianismo englobou, muitas vezes com muita desenvoltura, ritos e mitos pagãos, e várias formas de politeísmo ainda sobrevivem na religiosidade popular. Não foi somente o mundo renascentista que se povoou de Vênus e Apolos e redescobriu o mundo clássico, suas ruínas e seus manuscritos. A Idade Média cristã construiu sua teologia com base no pensamento de Aristóteles, redescoberto pelos árabes e, se ignorava quase totalmente Platão, não ignorava o neoplatonismo que influenciou grandemente os pais da Igreja. Não seria possível conceber Agostinho, supremo entre os pensadores cristãos, sem a absorção do filão platônico. A própria noção de império, que estava na base do confronto milenar entre os Estados europeus e entre os Estados e a Igreja, é de origem romana. A Europa cristã elegeu o latim de Roma como a língua dos rituais sagrados, do pensamento religioso, das disputas universitárias.

Por outro lado, não é possível conceber uma tradição cristã sem o monoteísmo judaico. O texto fundador da cultura europeia, o primeiro texto que o primeiro impressor pensou em imprimir, o texto traduzido com o qual Lutero praticamente fundou a língua alemã, o texto príncipe do mundo protestante, é a Bíblia. A Europa cristã nasceu e cresceu cantando os salmos, recitando os profetas, meditando sobre Jó e sobre Abraão. O monoteísmo hebraico foi, aliás, o único aglutinante que permitiu um diálogo entre monoteísmo cristão e monoteísmo muçulmano.

Mas não acaba por aqui. De fato, a cultura grega, pelo menos desde os tempos de Pitágoras, não seria pensável sem levar em conta a cultura egípcia: os ensinamentos dos egípcios ou dos caldeus inspiraram o mais típico entre os fenômenos culturais europeus, ou seja, o Renascimento, enquanto o imaginário europeu, desde as primeiras decifrações dos obeliscos até Champollion, do estilo império aos delírios New Age, moderníssimos e muito ocidentais, se alimentava de Nefertite, mistérios das pirâmides, maldições do faraó e escaravelhos de ouro.

Não acharia inoportuno, numa Constituição, uma referência às raízes greco-romanas e judaico-cristãs do nosso continente, unida à afirmação de que, justamente em virtude destas raízes, assim como Roma abriu o próprio Panteão a deuses de todas as raças e colocou homens de pele negra no trono imperial (sem esquecer que santo Agostinho nasceu na África), o continente está aberto à integração de qualquer outra contribuição cultural e étnica, considerando esta disposição à abertura justamente como uma de suas características culturais mais profundas.

O lótus e a cruz

(2005)

Segui com interesse a discussão aberta pelo cardeal Ratzinger sobre a oportunidade (ou não) de permitir que os religiosos católicos ajudassem a meditação e a ascese com técnicas corporais de inspiração oriental. Claro, sem precisar bulir com as técnicas respiratórias dos hesicastas dos primeiros séculos, até mesmo a prece do último dos devotos leva em conta a função que os ritmos e as posturas do corpo podem desempenhar na disposição da mente para a meditação. Contudo, as técnicas de meditação oriental tendem a usar o corpo para provocar uma espécie de anulação da sensibilidade e da vontade, na qual o corpo, e com ele a dor e as misérias da nossa natureza material, são esquecidos. Neste sentido, elas se aproximam muito daquela busca pela supressão da perturbação e da dor que caracterizava a ataraxia clássica e pagã.

Mas sobre este aspecto, não posso deixar de concordar com o cardeal Ratzinger. O cristianismo baseia-se na ideia de um Filho de Deus que, sendo filho do homem, mostra que o caminho para a redenção do mal passa pela cruz. Para o cristianismo, a dor não pode ser esquecida, ao contrário, é um instrumento fundamental de aperfeiçoamento interior.

Não quero que me entendam mal. O que estou dizendo nada tem a ver com uma polêmica que explodiu recentemente em altos níveis, sobre se o cristão deve ou não se preocupar em diminuir a dor do mundo. Basta ler algumas poucas páginas do Evangelho para perceber que o cristão tem o dever de aliviar a dor dos outros. Mas deve saber acertar as contas com sua própria dor. O cristão deve sacrificar-se para que os outros não sofram e deve fazer de tudo para que a cota de dor que entristece o mundo seja o mais reduzida possível. Tanto que precisa reduzir também a sua cota e, portanto, bem-vinda seja a medicina, se alivia nossos sofrimentos (suicídio e masoquismo são pecado). Mas visto que (pelo pecado original e de todo modo pelas imperfeições deste mundo sublunar) uma cota de dor é fatalmente ineliminável, o cristão deve tirar o máximo partido moral e ascético da dor que o espera.

Idealmente, nenhum outro deveria sofrer no que dependesse de você, mas como sua boa vontade não pode eliminar a presença do mal no mundo, deve aceitar e tirar frutos daquela parte de dor que a vida vai lhe oferecer. Estou pensando no recente e belíssimo livro de Luigi Pareyson, *Filosofia della libertà* (Melangolo, 2000), em que, depois de algumas páginas de alta tensão metafísica sobre o terrível problema de saber se o Mal não se aninha, paradoxalmente, na esfera mesma do Divino, ele celebra a dor, assumida livremente e não contornada, como meio de que dispomos para superar o Mal.

Não é necessário ser confessadamente cristão para aceitar esta perspectiva: ela permeou o pensamento ocidental e nascem deste *ethos* as páginas mais elevadas de poetas e filósofos não crentes (basta pensar em Leopardi). E o apelo de muitas das doutrinas orientais é totalmente estranho a este *ethos*. Não concordaria com o cardeal Ratzinger se, a partir dessas bases, ele quisesse proibir aos laicos ou aos não cristãos a prática das formas de ascese que preferirem. Assim como não quero me pronunciar sobre as garantias dadas por aqueles religiosos católicos, os quais recordam ao cardeal que assumir a posição do lótus não significa esquecer o mistério da cruz. São assuntos internos da Igreja. Mas na mesma medida em que, como recordava Croce, não podemos deixar de nos dizer cristãos, o debate também nos diz respeito.

Recentemente na televisão (no *Maurizio Costanzo Show*), um filósofo afirmava que, para sair da crise do mundo ocidental, devemos reencontrar a espiritualidade muçulmana (ele invocava, com uma infeliz metáfora mussoliniana, "a espada do Islã"). Não excluo que muitos possam encontrar a solução para seus problemas até no totemismo das tribos indígenas. Mas assim como somos, filosofia inclusa, fomos formados no quadro da cultura judaico-cristã. Mudar de pele pode ser cômodo para um terrorista arrependido, mas os filósofos decidem sobre suas próprias conversões pensando dentro da pele na qual nasceram.

Relativismo?

(2005)

Talvez não seja tanto culpa da falta de refinamento da mídia, mas do fato de que hoje as pessoas falam pensando apenas no modo como sua fala será reportada pela mídia; de todo modo, passa certamente a impressão de que certos debates (mesmo entre pessoas presumivelmente não ignorantes em filosofia) se desenrolam entre golpes de porrete, sem sutileza, usando termos delicados como se fossem pedras. Um exemplo típico é o debate que opõe, na Itália, os chamados *teocons*, que acusam o pensamento laico de "relativismo" e, do outro lado, alguns representantes do pensamento laico que falam, a propósito de seus adversários, em "fundamentalismo".

O que quer dizer "relativismo" em filosofia? Que nossas representações do mundo não esgotam sua complexidade, mas são sempre visões perspectivas, contendo cada uma um germe de verdade? Existiram e existem filósofos cristãos que sustentaram esta tese.

Que estas representações não devem ser julgadas em termos de verdade, mas em termos de correspondência a exigências histórico-culturais? É o que sustenta, por exemplo, um filósofo como Rorty em sua versão do "pragmatismo".

Que aquilo que conhecemos é relativo ao modo como o sujeito o conhece? Estamos no velho e caro kantismo. Que qualquer proposição só é verdadeira no interior de um dado paradigma? Chama-se "holismo". Que os valores éticos são relativos às culturas? Isso começou a ser descoberto no século XVII. Que não existem fatos, apenas interpretações? É o que dizia Nietzsche. Pensamos na ideia de que, se não existe Deus, tudo é permitido? É o niilismo dostoievskiano. Na teoria da relatividade? Falemos sério.

Mas deveria ficar claro que, se alguém é relativista no sentido kantiano, não o é no sentido dostoievskiano (o bom Kant acreditava em Deus e no dever); o relativismo nietzschiano tem pouco a ver com o relativismo da antropologia cultural, pois o primeiro não acredita nos fatos e o segundo não duvida deles; o holismo à moda de Quine é firmemente ancorado num sadio empirismo, que deposita grande confiança nos estímulos que recebemos do ambiente e assim por diante.

Em suma, parece que o termo "relativismo" pode se referir a formas de pensamento moderno muitas vezes opostos entre si e algumas vezes são considerados relativistas pensadores solidamente ancorados a um profundo realismo e se diz "relativismo" com o ardor polêmico com o qual os jesuítas oitocentistas se referiam ao "veneno kantiano".

Mas se tudo isso é relativismo, então só existem duas filosofias que escapam completamente desta acusação e seriam um neotomismo radical e a teoria do conhecimento no Lenin de *Materialismo e empiriocriticismo*. Estranha aliança.

O Acaso e o Desígnio Inteligente

(2005)

Na semana passada, Eugenio Scalfari apontou o retorno de uma história que parecia velha e enterrada (ou limitada à *Bible belt* americana, a área dos estados mais retrógrados e isolados do mundo, atracados com seu fundamentalismo selvagem, que só mesmo Bush consegue levar a sério, provavelmente por oportunismo eleitoral). Retornaram as polêmicas sobre o darwinismo — e chegaram mesmo a esflorar os projetos de reforma da nossa escola, quer dizer, da escola italiana e católica.

Insisto no "católica" porque o fundamentalismo cristão nasce em ambientes protestantes e é caracterizado pela decisão de interpretar literalmente as Escrituras. Mas para que ocorra interpretação literal das Escrituras, é necessário que elas possam ser livremente interpretadas pelo crente e isto é típico do protestantismo. Não deveria existir fundamentalismo católico porque para os católicos a interpretação das Escrituras é mediada pela Igreja.

Ora, com os Pais da Igreja e antes mesmo de Filão de Alexandria, já havia se estabelecido uma hermenêutica mais sutil, como a de santo Agostinho, que estava pronto a admitir que a Bíblia falava muitas vezes por metáfora e alegorias e, portanto, podia muito bem ocorrer que os sete dias da criação tivessem sido até sete milênios. E fundamentalmente a Igreja aceitou esta posição hermenêutica.

Note-se que, uma vez admitido que os sete dias da criação são uma narrativa poética, o *Gênesis* parece dar razão a Darwin: primeiro acontece uma espécie de Big Bang com a explosão da Luz, depois os planetas ganham forma e grandes abalos geológicos sacodem a Terra (a separação da terra e dos mares). Então aparecem os vegetais, as frutas, as sementes e, por fim, as águas começam a fervilhar de seres viventes (a vida começa a surgir na água), os pássaros levantam voo e só então aparecem os mamíferos (é imprecisa a posição genealógica dos répteis, mas não se pode pretender demais do *Gênesis*). É somente no fim e no ápice deste processo (depois inclusive dos grandes símios antropomórficos, imagino) que surge o homem. O homem que — não podemos esquecer — não é criado do nada, mas do barro, ou seja, de matéria precedente. Mais evolucionista que isso (mas sem excluir a presença de um Criador) não pode existir.

Qual foi então o pretexto que a teologia católica sempre usou para não se identificar com um evolucionismo materialista? Não apenas que tudo isso é obra de Deus, mas que houve um salto qualitativo na escala evolutiva quando Deus inseriu uma alma racional imortal num organismo vivo. E é somente neste ponto que se instaura a batalha entre materialismo e espiritualismo.

Um aspecto interessante do debate que se desenrola nos Estados Unidos para incluir a doutrina criacionista nas escolas, ao lado da "hipótese" darwinista (não devemos esquecer que, durante o processo, Galileu teria escapado se dissesse que sua conclusão era uma hipótese e não uma descoberta), é que — para não dar a impressão de opor uma crença religiosa a uma teoria científica — não se fala tanto em criação divina, mas antes em Desígnio Inteligente. Ou seja, implicitamente: não queremos impor a presença de um Jeová barbudo e antropomorfo, só queremos que aceitem que, se houve um desenvolvimento evolutivo, ele não aconteceu por acaso, mas seguindo um plano, um projeto, e este projeto não pode advir senão de alguma forma de Mente (ou seja, a ideia de Desígnio Inteligente poderia até admitir um Deus panteísta no lugar de um Deus transcendente).

O que me parece curioso é desconsiderar que o Desígnio Inteligente não exclui um processo casual como o darwinista, que acontece, por assim dizer, por tentativa e erro, de modo que, na luta pela vida, sobrevivem apenas os indivíduos mais adaptados ao ambiente. Pensemos na concepção mais nobre que temos de "desígnio inteligente", ou seja, a criação artística. É Michelangelo quem nos diz num célebre soneto que o artista, quando se encontra diante de um bloco de mármore, não tem em mente desde o início a estátua que sairá dali, mas segue justamente por tentativas, interrogando as resistências da matéria, tentando descartar o "excesso" para pouco a pouco retirar a estátua da ganga material que a aprisionava. Mas que a estátua estava lá, e que fosse precisamente um Moisés ou um Escravo, é coisa que o artista só descobre no final deste processo feito de tentativas contínuas.

Um Desígnio Inteligente também pode se manifestar, portanto, por meio de uma série de aceitações e rejeições daquilo que o acaso oferece. Naturalmente, é preciso decidir se quem vem primeiro é o Designante, capaz de escolher e recusar, ou se é o Acaso, que, aceitando e recusando, se manifesta como a única forma de Inteligência — o que seria como dizer que o Acaso se faz Deus. E não é uma questão menor. Simplesmente é um pouco mais complexa filosoficamente do que propõem os fundamentalistas.

A rena e o camelo

(2006)

Nestas semanas pré-natalinas, pegou fogo uma polêmica sobre os presépios. De um lado, algumas grandes cadeias de magazines aboliram a venda de materiais para presépios porque (dizem) ninguém mais compra, o que provocou a indignação de muitas almas piedosas que, em vez de investir contra seus semelhantes que se desinteressaram por aquela tradição, se voltaram contra os comerciantes (mais precisamente contra uma cadeia que, como se soube depois, nunca, nem antes, tinha vendido estatuetas de presépio). Do outro lado, concluiu-se que o desamor pelos presépios é devido aos excessos do *politically correct*, citando o exemplo de muitas escolas que deixaram de montá-los para não ofender a sensibilidade das crianças de outras religiões.

No que diz respeito às escolas, embora o fenômeno seja limitado, seria um mau sinal, pois a escola não deve excluir tradições, e sim respeitá-las todas. Se quisermos que crianças de diferentes etnias convivam pacificamente, é preciso permitir que cada um entenda as tradições dos outros. Portanto, que se montem presépios no Natal e que se dê lugar, nos eventos importantes de outras religiões ou grupos étnicos, a seus símbolos e seus aparatos rituais. Assim, as crianças conheceriam a pluralidade das várias tradições e crenças, cada um participando de algum modo da festa dos outros, um pequeno cristão aprenderia o que é o Ramadã e um pequeno muçulmano aprenderia algo sobre o nascimento de Jesus.

Quanto ao fato de que não se encontram mais as estatuetas, tenho a impressão de que se trata de um exagero jornalístico. Em San Gregorio Armeno, Nápoles, a venda das figurinhas mais incríveis continua; passei dois anos atrás na Rinascente, em Milão, e o andar dedicado a produtos para presépios estava cheíssimo; uma revista semanal fez uma pesquisa com homens políticos e resultou que quanto mais o sujeito é de esquerda ou anticlerical, mais apegado é aos presépios. Isso nos faz pensar que o presépio é um símbolo caro aos laicos, enquanto os que frequentam missa converteram-se à árvore, colocando Papai Noel no lugar do Menino Jesus e dos Magos, que no meu tempo eram encarregados dos presentes: eis por que as crianças de então festejavam com tanta alegria o rei dos céus que descia das estrelas para cuidar de seus presentes.

Mas a história é bem mais confusa que isso. É costume pensar que a árvore de Natal e Papai Noel representam uma tradição protestante, esquecendo, no entanto, que Santa Claus era um santo católico, são Nicolau de Bari (seu nome nasce de uma corruptela de Nicholas ou Nikolaus). Mas a árvore sempre-verde também é uma herança pagã, pois recorda a festa pré-cristã do solstício de inverno, a Yule, e a Igreja estabeleceu o Natal na mesma data justamente para absorver e domesticar as tradições e celebrações anteriores. Última ambiguidade: o neopaganismo consumista dessacrilizou completamente a árvore, que virou um mero objeto de decoração sazonal, como as luminárias citadinas. Pais e filhos se divertem enfeitando a árvore com bolinhas coloridas, mas eu me divertia muito mais vendo meu pai começar a construir o presépio nos primeiros dias de dezembro e era uma festa ver brotarem fontes e cascatas por virtude oculta de um aparelho para lavagens intestinais.

A prática do presépio está se perdendo porque sua preparação exige trabalho e criatividade (todas as árvores de Natal se parecem, enquanto os presépios são sempre diferentes entre si) e quem passar as noites montando seu presépio correrá o risco de perder os espetáculos televisivos que são tão importantes para a preservação da família, visto que sempre advertem que a presença dos pais é imprescindível para mostrar mulheres nuas e cérebros esmigalhados às crianças.

Ao recordar que meu pai, tão devoto do presépio, era um socialista saragattiano, brandamente teísta e moderadamente anticlerical, considero que esquecer o presépio é ruim também para quem não crê e talvez sobretudo para eles. De fato, somente uma figura como são Francisco, cuja religiosidade se expressava sobretudo falando aos lobos e passarinhos, poderia ter inventado o presépio; o presépio é a coisa mais humana e menos transcendental que se podia criar para celebrar o nascimento de Jesus. Naquele diorama sagrado nada, exceto a estrela guia e os dois anjinhos que esvoaçam sobre a cabana, remete a sutilezas teológicas e quanto mais se povoa o presépio, mais ele celebra a vida de todos os dias, ajudando os pequenos a entender como era o cotidiano dos tempos de outrora e talvez a sentir saudade de uma natureza ainda incontaminada.

Enquanto a tradição laica e consumista da árvore evoca superstições até um pouco nazistas, que se perdem nas noites do tempo, a tradição religiosa do presépio celebra um ambiente laico e natural, com suas casinhas nas colinas, as ovelhas, as galinhas, os ferreiros e carpinteiros, as carregadoras de água, o boi, o burro e o camelo — que passará agilmente pelo buraco de uma agulha, ao passo que aquele que deposita presentes caros demais na árvore não entrará no reino dos céus.

Cala-te boca...

(2006)

Creio que já faz quinze anos desde que escrevi que, em algumas décadas, a Europa seria um continente multiétnico, mas que o processo custaria lágrimas e sangue. Não era um profeta, simplesmente uma pessoa de bom senso que se remete muitas vezes à história, convencida de que aprendendo sobre o que aconteceu, muitas vezes se compreende o que poderá acontecer. Sem pensar nos atentados terroristas, basta olhar o que inquieta os ânimos nestes nossos dias. Na França, um professor de ensino médio escreve coisas bastante críticas em relação à religião muçulmana e corre risco de morte. Em Berlim, é retirado de cartaz um *Idomeneo* de Mozart em que aparecem as testas cortadas de Jesus e Buda (ainda passa), mas também de Maomé. Não falo do papa, que do alto de sua idade deveria entender que existe uma certa diferença entre uma aula universitária de um professor qualquer e o discurso de um pontífice transmitido por todas as emissoras de TV e, portanto, deveria ter sido mais cuidadoso (mas eu certamente não incluiria aqueles que usam uma citação histórica para tentar desencadear uma nova guerra de religião entre as pessoas com quem gostaria de jantar).

Sobre o caso do professor francês, Bernard-Henri Lévy escreveu um belo artigo (ver o *Corriere* de 4 de outubro): podemos discordar completamente do que ele pensa, mas é preciso defender seu direito de expressar sua opinião em matéria religiosa livremente e não ceder a chantagens. Sobre o caso do *Idomeneo*, Sergio Romano escreveu no mesmo número do *Corriere* um artigo que tento reproduzir usando minhas próprias palavras, pelas quais ele não é responsável: se um diretor doente de novidade coloca em cena uma ópera de Mozart e insere na obra as cabeças cortadas de alguns fundadores de religiões, coisa que jamais passou pela cabeça de Mozart, o mínimo que se pode fazer é dar-lhe um chute no traseiro, mas por razões estéticas e filológicas, assim como deveriam ser recebidos a pontapés os diretores que representam *Édipo rei* com personagens usando jaquetão risca de giz. Mas eis que no mesmo dia, no *Repubblica*, um músico ilustre como Daniel Barenboim, mesmo questionando sabiamente se uma montagem arriscada como aquela realmente faria parte do espírito mozartiano, apela para os direitos da arte.

Creio que meu amigo Daniel concordaria em lamentar que, anos atrás, uma encenação do *Mercador de Veneza* de Shakespeare tenha sido criticada (ou proibida) por ser certamente inspirada num antissemitismo comum na sua época (e antes mesmo, de Chaucer em diante), mas que mostra, no personagem de Shylock, um caso humano e patético. Na verdade, eis o que temos de enfrentar: o medo de falar. E é bom lembrar que nem todos estes tabus são imputáveis aos fundamentalistas muçulmanos (que não brincam em matéria de suscetibilidade), mas começaram com a ideologia do *politically correct*, que se inspirou em sentimentos de respeito por todos, mas que hoje em dia impede, pelo menos na América, que se contem piadas nem digo sobre os judeus, muçulmanos ou portadores de deficiência, mas sobre escoceses, genoveses, belgas, carabineiros, bombeiros, garis e esquimós (que não se pode chamar assim, mas se os chamo como eles querem, ninguém vai saber de quem estou falando).

Cerca de vinte anos atrás, estava ensinando em Nova York e, para mostrar como se analisa um texto, escolhi quase ao acaso um conto no qual (numa única linha) um marinheiro desbocado definia a vulva de uma prostituta como "larga como a misericórdia de..." — e coloco reticências no lugar do nome de uma divindade. No final, fui abordado por um estudante visivelmente muçulmano que me censurou respeitosamente por ter faltado ao respeito com sua religião. Respondi obviamente que estava apenas citando uma vulgaridade alheia, mas que de todo modo pedia desculpas. No dia seguinte, inseri em meu discurso uma alusão pouco respeitosa (embora divertida) a um distinto personagem do panteão cristão. Todos riram e ele se juntou à hilaridade geral. Então fui ter com ele no final e perguntei por que tinha desrespeitado a *minha* religião. Depois, tentei explicar a diferença entre fazer uma menção engraçada, proferir o nome de Deus em vão e proferir blasfêmias, convidando-o a uma maior tolerância. Ele se desculpou então e confio que entendeu. Mas acredito que não tenha percebido muito bem a extrema tolerância do mundo católico, pois numa "cultura" da blasfêmia, na qual um crente em Deus pode definir o ser supremo com adjetivos irrepetíveis, quem poderia se escandalizar com alguma coisa?

Mas nem todas as relações educativas podem ser pacíficas e civis como a que tive com meu aluno. Para as demais, melhor ficar de boca fechada. Mas o que acontecerá numa cultura em que, por temor de cometer uma gafe, nem os estudiosos ousarão referir-se (por exemplo) a um filósofo árabe? Disso derivaria uma *damnatio memoriae*, o cancelamento, pelo silêncio, de uma respeitável cultura diversa. E seria um desserviço ao conhecimento e à compreensão mútuos.

Idolatria e iconoclastia leve

(2007)

Vivemos numa civilização das imagens, na qual a cultura alfabética se perdeu ou o alfabeto voltou a triunfar com a internet? Onde colocamos a TV, o DVD, os videogames? Na verdade, a relação dos seres humanos com as imagens sempre foi bastante tormentosa. É o que recorda Maria Bettetini em seu *Contro le immagini. Le radici dell'iconoclastia* (Laterza, 2006). Poderia falar de um livro "ágil" de 160 páginas, mas não quero enganar ninguém: o livrinho é denso e dirigido a quem tem algum conhecimento das questões filosóficas e teológicas. E como sua densidade não me permite resumi-lo, vou me limitar a algumas divagações livres sobre esta habilidade humana (desconhecida dos animais) de forjar "simulacros".

Para Platão, se as coisas são reproduções imperfeitas de modelos ideais, as imagens são imitações imperfeitas das coisas e, portanto, pálidas imitações de segunda mão. No entanto, com o neplatonismo, as imagens passam a ser imitação direta de modelos ideais e o termo *agalma* significa ao mesmo tempo estátua e imagem, justamente, mas também esplendor, ornamento e, portanto, beleza.

A ambiguidade estava presente no mundo hebraico, onde é indiscutível que não se pode fazer imagens de Deus (de fato, não se pode nem pronunciar seu verdadeiro nome), mas na verdade em Deus havia criado o mundo à sua imagem e, ao ler as descrições do templo de Salomão na Bíblia, vemos que lá estão representados não apenas vegetais e animais de toda espécie, mas até os querubins. E se a mesma interdição de representar as coisas celestes vigorava no mundo muçulmano, o recurso a formas caligráficas e abstratas valia para os locais de culto e a cultura muçulmana nos deu esplêndidas e imagéticas miniaturas.

Com o cristianismo, Deus não só assumiu um corpo "visível", mas este corpo divino deixou imagens do próprio rosto em véus ou lenços ensanguentados. Além disso, o cristianismo (conforme bem explicaria Hegel mais tarde) precisava das imagens não somente para representar a glória dos céus, mas também o rosto desfigurado do Cristo sofredor e a sórdida ferocidade de seus perseguidores.

Neste ponto, é óbvio que a coisa se emaranha ainda mais: de um lado, os neoplatônicos como o pseudo-Dionísio Areopagita dizem que das coisas divinas só se pode falar por negação (bem diferente de representá-lo de modo adequado!) e, portanto, se for mesmo necessário fazer alusão a Deus, é melhor usar as imagens mais ultrajosamente dessemelhantes, como urso ou pantera; do outro, contudo, pessoas que depois de ler o pseudo-Dionísio elaboraram a ideia de que as coisas terrenas nada mais são que imagens das coisas celestes e cada criatura mundana é quase uma "pintura" das coisas que, não fosse isso, escapariam aos nossos sentidos: portanto, era lícito e conveniente propor pinturas destas pinturas.

Porém, era fácil para os simples passar do fascínio da figura à sua identificação com a coisa representada e deslizar do culto da imagem à idolatria (retorno ao bezerro de ouro). Vem daí o surgimento da iconoclastia e da célebre campanha bizantina contra as imagens.

A Igreja de Roma, ao contrário, não renuncia ao uso de representações visuais porque, como será repetido tantas vezes, *pictura est laicorum litteratura* e aos simples, que não sabem ler, só é possível ensinar através de imagens. No entanto, discute-se qual seria o poder desta selva de figuras que povoam abadias e catedrais e assim, nos tempos de Carlos Magno, é elaborada uma cautelosa teoria que diz que as imagens são realmente boas, mas apenas como estímulo para a memória e que seria difícil distinguir, afinal, se uma imagem feminina representa uma Virgem a ser venerada ou uma Vênus pagã a ser execrada, não fosse o *titulus*, ou seja, a legenda. É como se os carolíngios tivessem lido Barthes, que teorizava a respeito a ancoragem verbal das imagens (não para a celebração de Deus, mas para a venda de novos ídolos comerciais), e antecipassem a teoria de uma cultura verbo-visual justamente como a atual, na qual a televisão (imagem + palavra) simplesmente substituiu a catedral — e é nas telinhas, digo eu, que se venera, e às vezes idolatra, o papa e não mais comparecendo à igreja.

A partir daí, outras reflexões que concluem o livrinho (ágil, mas preocupante) de Maria Bettetini: não só se mantém o temor de que a beleza das imagens, mesmo daquelas sagradas, leve a esquecer Deus (e são Bernardo já se preocupava com isso), ou se lamenta laicamente que nas novas imagens se consuma a "perda da aura"; mas a arte contemporânea primeiro destrói ou desfigura as imagens da tradição (Picasso ou o informal), depois joga com elas, multiplicando-as (Warhol) e, enfim, as substitui, descarta, recicla, numa espécie de permanente "iconoclastia leve".

Portanto, a situação em que vivemos é ainda mais complicada do que aquela que preocupava Platão, e seria necessário retomar a discussão do início.

Scalfari e os fatos (dele e meus)

(2007)

Na semana passada, Eugenio Scalfari falou, com uma atenção à qual sou grato, sobre uma recente coletânea de estudos históricos que publiquei e, depois de muitos protestos de incompetência, identificou um tema teórico capaz de provocar calafrios. Quem sabe o que me reservaria se fosse competente.

Basicamente, Scalfari encontra no último ensaio de minha coletânea uma polêmica contra a vulgata nietzschiana segundo a qual não haveria fatos, mas apenas interpretações. Scalfari acerta ao observar que os fatos são mudos justamente porque são estímulo a interpretações e porque, em palavras simples, tudo que conhecemos depende do modo como olhamos, ou seja, de nossa perspectiva interpretativa. Ele objeta que não explico "de que modo os fatos podem intervir sobre as interpretações".

Seria suficiente responder que tentei fazê-lo em obras anteriores, como *Os limites da interpretação* e *Kant e o ornitorrinco*, e que uma questão do gênero não pode ser respondida no âmbito de uma pobre *Bustina*. Mas é possível ao menos esclarecer uma possível ambiguidade, fonte de mal-entendidos. Considero que Scalfari também não nega que, quando olhamos as estrelas no céu, existe alguma coisa lá em cima: simplesmente diz que tudo que sabemos depende do modo como interpretamos o fenômeno (tanto é verdade que os antigos viam no céu as figuras celestes e os astrônomos de Monte Palomar veem coisas bem diversas, mas todos estarão prontos a rever suas interpretações quando instrumentos mais refinados mostrarem coisas que hoje escapam à sua atenção).

Mas agora podemos fazer três afirmações muito diferentes entre si: (i) não existem fatos, apenas interpretações; (ii) conhecemos todos os fatos através de nossa interpretação; (iii) a presença dos fatos é demonstrada pelo fato de que algumas interpretações realmente não funcionam e, portanto, deve existir alguma coisa que nos obriga a descartá-las. É a confusão entre estes três tipos de afirmações que leva Ratzinger e outros, por exemplo, a ver no pensamento moderno a manifestação de um relativismo radical. Mas o relativismo radical só se manifesta quando se aceita a afirmação número (i) — para a qual, digam o que disserem, Nietzsche se inclinava perigosamente. Quem, ao contrário, aceita a afirmação numero (ii) diz uma coisa óbvia. É natural que, ao ver uma luz no fundo de um gramado, à noite, preciso realizar um esforço interpretativo para decidir se é um vaga-lume, o brilho de uma janela distante, de um sujeito acendendo um cigarro ou até de um fogo-fátuo e assim por diante. Mas se por acaso resolver que se trata de um vaga-lume a dez metros de distância e vá até lá para tentar pegá-lo, descobrindo ao chegar ao fim do gramado que, por mais que siga adiante, a luz permanece distante, sou obrigado a descartar a interpretação "vaga-lume" como equivocada (talvez me incline para a luz distante, mas depende). Em todo caso, estou diante de uma coisa que é independente da minha interpretação e a torna insustentável. Este algo que desafia minha interpretação é o que chamo de "fato". Os fatos são aquelas coisas que resistem às minhas interpretações.

Minhas ideias sobre os fatos não dizem respeito apenas à natureza, mas também aos textos. Certa vez, contei uma divertida diatribe entre joycianos apaixonados por *Finnegans Wake* (um livro que parece encorajar qualquer interpretação possível), em que um leitor encontra, depois de uma alusão aos soviéticos, o jogo de palavras "berial" em vez de "burial" (sepultura) e conclui que se trata de uma alusão a Lavrenti Béria, ministro de Stalin, mais tarde fuzilado. Outros leitores logo observaram que Béria só tinha ficado conhecido depois da data em que Joyce escreveu seu texto e, portanto, não podia ser referência a ele. Mas outros leitores (já no limite do delírio) responderam que não se podia excluir que Joyce tivesse faculdades proféticas. Até que outro leitor observou que todas as páginas anteriores desenvolviam uma alegoria religiosa referente ao José bíblico, sepultado duas vezes, e que na história sagrada apareciam dois Béria, o filho de um filho de José e o filho de seu irmão Efraim. A presença de um contexto tão forte é, para mim, um fato, e este fato torna mais confiável a hipótese bíblica (que teria sentido) do que a soviética (que não explicaria nada). Há interpretações desmentidas pelos fatos (contextuais).

Os fatos são aquelas coisas que, assim que os interpretamos de modo equivocado, nos dizem que não iremos adiante se insistirmos nesse caminho. Compreendo que, como definição dos fatos, esta pode descontentar muita gente, no entanto, os filósofos e também os cientistas procedem desta maneira. Quando se trata de ir à Lua, a interpretação de Galileu funciona melhor que a de Ptolomeu.

A cocaína dos povos

(2007)

Num debate recente dedicado à semiótica do sagrado, a certa altura, falamos daquela ideia, que vai de Maquiavel a Rousseau e além, de uma "religião civil" dos romanos, entendida como conjunto de crenças e obrigações capazes de manter a sociedade unida. Alguém observou que, a partir desta concepção, virtuosa em si, se chega facilmente à ideia da religião como *instrumentum regni*, expediente que um poder político (talvez representado por não crentes) usa para manter seus súditos sob controle.

A ideia já estava presente em autores que tinham a experiência da religião civil dos romanos e Políbio (*Histórias* VI), por exemplo, escrevia a respeito dos ritos romanos que "numa nação formada apenas por sábios, seria inútil recorrer a meios como estes, mas como a multidão é por natureza volúvel e sujeita a paixões de todo tipo, à avidez desenfreada, à ira violenta, há que refreá-la com aparatos deste tipo e com temores misteriosos. Sou, portanto, de opinião de que não foi sem razão que os antigos introduziram nas multidões a fé religiosa e as superstições sobre Hades e de que, antes, são tolos os que tentam eliminá-las nos nossos dias... Os romanos, mesmo manejando quantidades de dinheiro muito grandes nos cargos públicos e nas embaixadas, conservam-se honestos apenas por respeito ao vínculo do juramento; enquanto entre os outros povos raramente se encontra quem não toque em dinheiro público, entre os romanos é raro encontrar alguém que se manche com tal culpa".

Mesmo que se admita que os romanos se comportavam de maneira tão virtuosa na época republicana, é certo que deixaram de fazê-lo num dado momento. E fica fácil entender por que, séculos depois, Spinoza fez outra leitura do *instrumentum regni* e de suas cerimônias esplêndidas e cativantes: "Ora, se efetivamente o grande segredo e o interesse máximo do regime monárquico é manter os homens enganados e esconder sob o especioso nome de religião o medo que serve para mantê-los submissos, para que combatam por sua escravidão como se ela fosse a sua salvação[...] é igualmente verdade que numa comunidade livre não se poderia pensar ou tentar realizar nada de mais funesto" (*Tratado teológico-político*).

Daí não era difícil chegar à célebre definição de Marx de que a religião é o ópio do povo.

Mas é mesmo verdade que as religiões têm todas elas, e sempre, esta *virtus dormitiva*? De opinião nitidamente diversa é José Saramago, que muitas vezes colocou-se contra as religiões como fomentadoras de conflito. "As religiões, todas elas, sem exceção, nunca serviram para aproximar e congraçar os homens, pelo contrário, foram e continuam a ser causa de sofrimentos inenarráveis, de morticínios, de monstruosas violências físicas e espirituais que constituem um dos mais tenebrosos capítulos da miserável história humana." (*Repubblica*, 20 de setembro de 2001)

Saramago concluía em outra ocasião que "se todos fôssemos ateus, viveríamos numa sociedade mais pacífica". Não tenho certeza de que tem razão, mas ao que parece, o papa Ratzinger lhe respondeu indiretamente em sua recente encíclica *Spe salvi*, onde diz que, ao contrário, o ateísmo dos séculos XIX e XX, embora tenha se apresentado como protesto contra as injustiças do mundo e da história universal, fez com que "desta premissa resultassem as maiores crueldades e violações da justiça".

Suspeito que Ratzinger estava pensando naqueles incréus de Lenin e Stalin, mas esqueceu que as bandeiras nazistas traziam a inscrição *Gott mit uns* (que significa "Deus está conosco"); que falanges de capelães militares benziam os galhardetes fascistas; que o carnífice Francisco Franco se inspirava em princípios religiosíssimos e era apoiado por Guerrilheiros de Cristo Rei (apesar dos crimes dos adversários, sempre foi ele quem começou); que religiosíssimos eram também os vendeanos contra os republicanos, que tinham inventado até uma Deusa Razão (*instrumentum regni*); que católicos e protestantes se massacraram alegremente por anos e anos; que tanto os cruzados quanto seus inimigos eram movidos por motivações religiosas; que para defender a religião romana os cristãos eram devorados por leões; que por razões religiosas muitas fogueiras arderam; que religiosíssimos são os fundamentalistas muçulmanos, os que derrubaram as Twin Towers, Osama e os talibãs, que bombardearam o Buda; que razões religiosas opõem a Índia e Paquistão, e que, por fim, foi invocando o *God bless America*, Deus abençoe a América, que Bush invadiu o Iraque.

Foi por isso que me veio a ideia de que talvez (se algumas vezes a religião é ou foi o ópio do povo), com maior frequência ela tem sido a cocaína.

Deuses da América

(2008)

Um dos maiores divertimentos do visitante europeu nos Estados Unidos sempre foi sintonizar, num domingo de manhã, os canais de TV dedicados à programação religiosa. Quem nunca viu estas assembleias de fiéis arrebatados em êxtase, de pastores que lançam anátemas e de grupos de mulheres parecidas com Woopy Goldberg que dançam ritmicamente gritando "Oh, Jesus", talvez tenha tido uma ideia do evento ao ver o recente *Borat*, mas talvez tenha pensado que se tratava de uma invenção satírica, assim como a representação do Cazaquistão. Não, o que Sacha Baron Cohen fez foi uma *candid camera*, ou seja, gravou aquilo que realmente estava acontecendo a seu redor. Em suma, uma dessas cerimônias dos fundamentalistas americanos faz o rito da liquefação do sangue de são Gennaro parecer uma reunião de estudiosos do Iluminismo.

No final dos anos 1960, visitei a Oral Roberts University de Oklahoma (Oral Roberts era um desses telepregadores carismáticos), uma construção dominada por uma torre com uma plataforma rotatória. Os fiéis faziam doações e, segundo a soma enviada, a torre lançava suas preces no éter. Para ser aceito como professor da universidade, o pretendente precisava responder um questionário que incluía a seguinte pergunta: "Do you speak in tongues" ou "tem o dom das línguas, como os apóstolos?" Dizem que um jovem professor que precisava muito do emprego respondeu "*not yet*" — ainda não — e foi aceito em experiência.

As igrejas fundamentalistas eram antidarwinistas, antiabortistas, defendiam a prece obrigatória nas escolas, eram eventualmente antissemitas e anticatólicas, segregacionistas em muitos estados, mas até algumas décadas atrás representavam um fenômeno realmente bastante marginal, limitado à América profunda da *Bible belt*. O rosto oficial do Estado era representado por governos atentos à separação entre governo e religião, por universidades, artistas e escritores, por Hollywood.

Em 1980, Furio Colombo escreveu um livro, *Il Dio d'America*, dedicado aos movimentos fundamentalistas, mas muitos viram na obra antes uma profecia pessimista do que o relato de uma realidade preocupantemente em ascensão. Agora Colombo reeditou o livro (anexado ao *Unità* de algumas semanas atrás) com uma nova introdução, que dessa vez ninguém poderá confundir com uma profecia. Segundo ele, a religião fez seu ingresso na política americana em 1979, no decorrer da campanha que opunha Carter a Reagan. Carter era um bom liberal, mas um cristão fervoroso, daqueles chamados de *born again*, renascido para a fé. Reagan era um conservador, mas vinha do mundo do espetáculo, jovial, mundano e só era religioso porque ia à igreja todo domingo. Ora, o conjunto das seitas fundamentalistas resolveu apoiar Reagan e ele retribuiu o apoio acentuando suas posições religiosas, nomeando, por exemplo, juízes contrários ao aborto para a Suprema Corte.

Da mesma forma, os fundamentalistas começaram a apoiar todas as posições da direita, defenderam o *lobby* das armas, opuseram-se à assistência médica e, através de seus pregadores mais fanáticos, apoiaram uma política belicista, chegando mesmo a apresentar a perspectiva de um holocausto atômico necessário para derrotar o reino do mal. Hoje, a decisão de

McCain de escolher uma mulher conhecida por suas tendências dogmáticas como vice-presidente — e o fato de que as sondagens, pelo menos no início, premiaram sua decisão — vai na mesma direção.

Colombo observa, porém, que enquanto no passado os fundamentalistas se opunham aos católicos, agora os católicos, e não somente na América, estão se aproximando cada vez mais das posições dos fundamentalistas (ver, por exemplo, o curioso retorno ao antidarwinismo, embora a Igreja já tivesse assinado, por assim dizer, um amplo armistício com as teorias evolucionistas). Efetivamente, o fato de a Igreja italiana não ter se unido com o católico praticante Prodi, mas com um laico divorciado e amante dos prazeres da vida, leva a pensar que também predomina na Itália a tendência a oferecer os votos dos crentes a políticos que, indiferentes aos valores religiosos, se mostram dispostos a fazer grandes concessões às exigências dogmáticas mais rígidas da Igreja que os apoia.

Isso nos faz refletir sobre o discurso do carismático Pat Robertson, em 1986: "Quero que pensem num sistema de escolas nas quais o ensino humanista será completamente banido, numa sociedade em que a Igreja fundamentalista terá assumido o controle das forças que determinam a vida social."

Relíquias para o ano novo

(2009)

No *Corriere della Sera* de 3 de janeiro passado, Armando Torno tratou não apenas das relíquias sagradas, mas também das laicas, da cabeça de Descartes ao cérebro de Gorki. A mania de colecionar relíquias não é, como se costuma acreditar, um costume cristão, mas é típico de cada religião e cada cultura. Pesa no culto das relíquias uma espécie de pulsão que definirei como mito-materialista, que faz acreditar que se pode absorver algo do poder de um grande ou de um santo tocando pedaços de seu corpo, mas também, por outro lado, um gosto normal por antiguidades (que faz com que o colecionador esteja disposto a gastar fortunas não apenas para ter a primeira cópia de um livro famoso, mas também um exemplar que pertenceu a uma pessoa importante). E cada vez mais, os *memorabilia* comprados por altos preços nos leilões americanos podem ser tanto as luvas (verdadeiras) de Jacqueline Kennedy, quanto aquelas (falsas) usadas por Rita Hayworth em *Gilda*. Por fim, temos o fator econômico: na Idade Média, a posse de uma relíquia famosa era um precioso recurso turístico, pois atraía fluxos de peregrinos, assim como hoje uma discoteca nas redondezas de Rimini atrai turistas alemãs e russas. Por outro lado, vi muitos turistas em Nashville, Tennessee, que vieram para admirar o Cadillac de Elvis Presley. E nem era o único, sendo trocado a cada seis meses.

Tomado talvez pelo espírito natalino de que falei numa *Bustina* passada, na Epifania, em vez de ir à internet procurar filminhos pornô (como todo mundo), resolvi navegar, num estado de espírito inconstante e bizarro, em busca de relíquias famosas.

Sabemos agora, por exemplo, que a cabeça de são João Batista é conservada na igreja de San Silvestro, em Capite, Roma, mas uma tradição anterior rezava que estaria sem a mandíbula, conservada na catedral de San Lorenzo, em Viterbo. O prato que recebeu a cabeça de Batista está em Gênova, no tesouro da catedral de San Lorenzo, junto com as cinzas do santo, mas parte destas cinzas estão conservadas também na antiga igreja do mosteiro das Beneditinas de Loano, enquanto um dedo se encontraria no Museo dell'Opera del Duomo di Firenze, um braço, na catedral de Siena, a mandíbula, claro, em San Lorenzo de Viterbo. Dos dentes, um está na catedral de Ragusa, e outro, junto com uma mecha de cabelos, em Monza. Nenhuma notícia dos outros trinta. Uma antiga lenda dizia que estava guardada em alguma catedral a cabeça de Batista quando tinha 12 anos, mas não encontrei nenhum documento que confirmasse o boato.

A Verdadeira Cruz foi encontrada em Jerusalém por santa Helena, mãe de Constantino. Roubada dos persas no século VII, recuperada pelo imperador bizantino Heráclio, foi levada ao campo de batalha pelos cruzados, contra Saladino. Infelizmente, Saladino ganhou e a pista da cruz perdeu-se para sempre. Contudo, vários fragmentos já haviam sido retirados. Dos pregos, um estaria na igreja da Santa Croce in Gerusalemme, em Roma. A coroa de espinhos, conservada por muito tempo em Constantinopla, foi dividida com a intenção de doar pelo menos um espinho a diferentes igrejas e santuários. A Lança Sagrada, que já havia pertencido a Carlos Magno e seus sucessores, hoje se encontra em Viena. O Prepúcio de Jesus estava exposto em Calcata (Viterbo) até que, em 1970, o pároco local comunicou que havia sido furtado. Mas a posse desta mesma relíquia foi reivindicada também por Roma, Santiago de Compostela, Chartres, Besançon, Metz, Hildesheim, Charroux, Conques, Langres, Antuérpia, Fécamp, Puy-en-Velay, Auvergne. O sangue que saiu da ferida no costado, recolhido por Longino, teria sido levado a Mantova, mas um outro sangue é conservado na Basilica del Sacro Sangue, em Bruges. O Berço Sagrado está em Santa Maria Maggiore (Roma) e, como todos sabem, o Santo Sudário está em Turim. Os cueiros do Menino Jesus estão em Aachen. A toalha usada por Cristo na lavagem dos pés dos apóstolos está seja na igreja San Giovanni, em Laterano, seja na Alemanha, em Acqs, mas não se pode excluir que Jesus tenha usado duas toalhas ou tenha lavado os pés duas vezes. Em muitas igrejas, são conservados os cabelos ou o leite de Maria, o anel do casamento com José estaria em Perugia, mas o de noivado está em Notre-Dame de Paris.

Os despojos dos Reis Magos estavam em Milão, mas no século XII Frederico Barba Ruiva tomou-os como espólio de guerra e levou para Colônia. Modestamente, contei esta história em meu romance *Baudolino*, mas não pretendo fazer crer quem não crê.

O crucifixo, símbolo quase laico

(2009)

Não me lembro como e por quê, mas a polêmica sobre o crucifixo nas escolas já havia explodido cerca de seis anos atrás. Depois de tanto tempo, salvo o fato de que se desenha um confronto entre governo italiano e Igreja, de um lado, e União Europeia do outro, os termos da questão não mudaram muita coisa.

A República francesa proíbe a exibição de símbolos religiosos nas escolas do Estado, mas algumas das grandes correntes do catolicismo moderno floresceram justamente na França republicana, tanto à direita quanto à esquerda, de Charles Peguy e Léon Bloy a Maritain e Mounier, para chegar aos padres operários e, se Fátima fica em Portugal, Lourdes é na França. Portanto, é visível que a eliminação dos símbolos religiosos das escolas não incide sobre a vitalidade dos sentimentos religiosos. Em nossas universidades, não há crucifixos nas salas de aula, mas há muitos estudantes que aderem à Comunhão e à Libertação. Por outro lado, pelo menos duas gerações de italianos passaram a infância em salas onde o crucifixo pontificava no meio dos retratos do rei e do Duce, mas dos trinta alunos de cada sala, alguns se tornaram ateus, outros, antifascistas, e outros ainda, creio que a maioria, votaram pela república.

Contudo, embora fosse errado citar na Constituição europeia apenas a tradição cristã, pois a Europa foi influenciada também pela cultura pagã grega e pela tradição judaica (o que é a Bíblia?), é verdade, por outro lado, que a história de suas várias nações foi marcada por crenças e símbolos cristãos, de modo que as cruzes podem ser vistas nos estandartes de muitas cidades italianas, talvez governadas durante décadas por comunistas, em lemas gentílicos, em inúmeras bandeiras nacionais (inglesa, sueca, norueguesa, dinamarquesa, suíça, islandesa, maltesa e assim por diante), de tal modo que se transformou num signo despido de qualquer apelo religioso. E tem mais: um cristão sensível deveria ficar indignado ao ver uma cruz de ouro enfeitando tanto o peito cabeludo dos garotões da Romagna especializados em turistas alemãs quanto os decotes de muitas senhoras de vida fácil (recordemos que o cardeal Lambertini, ao ver uma cruz no colo florescente de uma bela dama, saiu-se com observações pouco castas sobre a doçura daquele calvário). Garotas de umbigo de fora e saia na altura da virilha também andam por aí com suas correntinhas com o crucifixo. Se fosse o papa, pediria que símbolo tão ultrajado desaparecesse, por respeito, das salas de aula.

Visto que o crucifixo, salvo quando está na igreja, transformou-se num símbolo laico ou pelo menos neutro, é mais beata a Igreja, que quer mantê-lo ou a União Europeia, que quer retirá-lo?

Da mesma forma, o crescente muçulmano aparece nas bandeiras da Argélia, da Líbia, das Maldivas, da Malásia, da Mauritânia, do Paquistão, de Singapura, da Turquia e da Tunísia e mesmo assim discute-se a entrada na Europa dessa mesma Turquia que traz este símbolo religioso na bandeira. E quando um monsenhor católico é convidado a fazer uma conferência num ambiente muçulmano, ele aceita falar numa sala decorada com versetos do corão.

O que dizer aos não cristãos que hoje residem de modo estável na Europa? Que existem nesse mundo usos e costumes, mais enraizados do que as fés e do que as revoltas contra qualquer fé, e que tais usos e costumes devem ser respeitados. Por isso, se visito uma mesquita, tiro os sapatos e se não quiser fazê-lo, não vou. Por isso, se uma visitante ateia quer visitar uma igreja cristã, não deve exibir roupas provocantes, do contrário, que se limite a visitar os museus. A cruz é um dado de antropologia cultural, seu perfil está enraizado na sensibilidade comum. Quem emigra para o nosso país, terá de familiarizar-se com estes aspectos da sensibilidade comum de quem o recebe. Sei que não se deve consumir álcool nos países muçulmanos (exceto em locais designados como os hotéis para europeus) e não vou provocar os habitantes locais bebendo uísque na frente de uma mesquita.

A integração de uma Europa cada vez mais repleta de pessoas de fora só pode acontecer com base numa tolerância recíproca. Creio que um jovem muçulmano não se sentiria perturbado por um crucifixo na sala de aula se suas crenças fossem respeitadas e especialmente se a aula de religião se transformasse numa aula de história das religiões, que contemplaria também a sua crença.

Naturalmente, para superar realmente o problema, poderiam colocar nas escolas uma cruz nua e crua, como se encontra muitas vezes no gabinete de um arcebispo, para evitar o apelo demasiado evidente a uma religião específica. Mas aposto que uma ideia tão razoável seria entendida como uma concessão. Portanto, continuemos a brigar.

Os Reis Magos, estes desconhecidos

(2009)

Quase por acaso, acabei testemunhando duas cenas nestes últimos dias: uma menina de 15 anos folheando com grande interesse um livro de reproduções de obras de arte e dois garotos da mesma idade visitando (fascinados) o museu do Louvre. Os três nasceram e foram educados em países rigorosamente laicos e em famílias não crentes. Por isso, quando viam *A balsa de Medusa*, entendiam que alguns infelizes tinham acabado de escapar de um naufrágio ou que os dois personagens de Francesco Hayez vistos na Academia de Brera eram dois namorados, mas não conseguiam entender por que Fra Angélico teria retratado uma jovem falando com um andrógino alado ou por que um senhor quase maltrapilho e com chifres que emitem raios luminosos descia uma montanha aos pulos carregando duas placas de pedra pesadíssimas.

Naturalmente, estes jovens saberiam reconhecer uma Natividade ou uma Crucificação, pois com certeza já teriam visto algo parecido anteriormente, mas se três senhores de manto e coroa surgissem no presépio, já não seriam mais capazes de dizer quem eram ou de onde vieram.

É impossível entender pelo menos três quartos da arte ocidental sem conhecer os eventos do Antigo e do Novo Testamentos e a história dos santos. Quem é aquela garota com os olhos num prato, será que saiu da *Noite dos mortos vivos*? Será que aquele cavaleiro cortando uma peça de roupa ao meio está fazendo uma campanha contra Armani?

O que acontece, portanto, em diversas situações culturais, é que muitos jovens aprendem tudo sobre a morte de Heitor na escola, mas nada sobre a de são Sebastião, talvez sobre as núpcias de Cadmo e Harmonia, mas não sobre as bodas de Caná. Em alguns países de forte tradição de leitura da Bíblia, as crianças sabem tudo sobre o bezerro de ouro, mas nada sobre o lobo de são Francisco. Em outros, enchem suas cabeças com as estações da via sacra, mas nem sequer mencionam a *mulier amicta solis* do Apocalipse.

Mas é pior ainda quando um ocidental (e não apenas os adolescentes) se depara com representações de outras culturas — ainda mais invasivas hoje, quando essas pessoas viajam para países exóticos, enquanto os habitantes destes países vêm se estabelecer aqui. Não estou falando da perplexidade de um ocidental diante de uma máscara africana ou de seu riso diante de Budas cobertos de celulite (aliás, se perguntados, esses ocidentais seriam capazes de responder que Buda é o deus dos orientais e Maomé é o deus dos muçulmanos), mas muitos dos nossos vizinhos de casa estariam dispostos a acreditar que a fachada de um templo indiano foi desenhada pelos comunistas para mostrar o que acontecia em Villa Certosa,* não escondem o desdém ao saber que os indianos acreditam num senhor com cabeça de elefante sentado de pernas cruzadas, mas não acham estranho representar uma pessoa divina como uma pomba.

Portanto, além de qualquer consideração religiosa e mesmo do ponto de vista de uma concepção laica do mundo, é necessário que as escolas deem às crianças uma informação básica sobre as ideias e tradições das várias religiões. Pensar que isso não é necessário equivale a dizer que não é preciso ensinar sobre Júpiter ou Minerva porque eram apenas fábulas para distrair as velhotas do Pireu.

Ora, querer solucionar a educação a respeito das religiões com uma educação sobre uma única religião (como, por exemplo, a educação católica na Itália) é culturalmente perigoso: de um lado, não se pode impedir que os alunos não crentes ou de famílias não crentes não compareçam a esta aula, deixando assim de absorver pelo menos um mínimo de elementos culturais fundamentais; de outro, exclui-se da educação escolar qualquer menção às outras tradições religiosas. A aula de educação religiosa poderia ser um espaço de discussão ética, respeitabilíssima, sobre os deveres para com os nossos semelhantes ou sobre o que é a fé, deixando de lado as informações que permitem distinguir uma Fornarina de uma Madalena arrependida.

É bem verdade que minha geração aprendeu tudo sobre Homero e nada sobre o Pentateuco e, no colégio, também ensinavam tudo sobre Burchiello e nada sobre Shakespeare, além das péssimas aulas de história da arte, mas apesar disso conseguimos nos virar bastante bem, pois evidentemente havia alguma coisa no ambiente que trazia estímulos e informações até nós. Mas

---

* Residência estiva de Silvio Berlusconi, em Porto Rotondo, na Sardenha. [*N. da T.*]

aqueles três adolescentes de quem falei, que não conseguiam reconhecer os três Reis Magos, me levam a suspeitar que, atualmente, o ambiente transmite cada vez menos informações úteis e muitas, ao contrário, completamente inúteis.

Que os três Reis Magos coloquem suas seis santas mãos sobre nossas cabeças.

Hipatiemos!

(2010)

Com todo o bombardeio publicitário e a série de debates em torno do filme *Alexandria* [*Agorà*] de Alejandro Amenábar, é difícil que alguém não tenha pelo menos ouvido falar de Hipátia. Seja como for, para os menos informados, direi que no início do século V d.C., num império em que até o imperador já era cristão, numa Alexandria onde se confrontam a última aristocracia pagã, o novo poder religioso representado pelo bispo Cirilo e uma vasta comunidade judaica, vive e ensina Hipátia, filósofa neoplatônica, matemática e astrônoma, belíssima (diziam) e idolatrada por seus alunos. Um bando de parabolanos, uma espécie de talibãs cristãos da época, milícia pessoal do bispo Cirilo, investe contra Hipátia, que é feita literalmente em pedaços.

As obras de Hipátia não chegaram até nós (talvez Cirilo tenha mandado destruí-las), mas apenas alguns poucos testemunhos, tanto cristãos quanto pagãos. Todos mais ou menos admitem que Cirilo teve realmente alguma responsabilidade na história. Com o tempo, Hipátia caiu no esquecimento, até que, a partir do século VII, foi recuperada, sobretudo pelos iluministas, como mártir do livre pensamento, celebrada por Gibbon, Voltaire, Diderot, Nerval, Leopardi, até Proust e Luzi e, enfim, transformada em ícone do feminismo.

O filme não é nada benevolente com os cristãos e com Cirilo (embora também não esconda as violências dos pagãos e dos judeus) e logo surgiu o boato de que as forças ocultas da reação estavam prontas para impedir sua circulação na Itália, de modo que teve início um abaixo-assinado que reuniu milhares de assinaturas. Pelo que pude entender, a distribuição italiana hesitava bastante em lançar um filme que suscitaria fortes oposições do lado católico, comprometendo sua circulação, mas o abaixo-assinado fez com que decidisse se aventurar. Contudo, não é do filme que pretendo falar aqui (cinematograficamente bem-feito, apesar de alguns vistosos anacronismos), mas antes da síndrome da conspiração que ele desencadeou.

Navegando pela internet, encontrei ataques católicos, que protestavam contra os que só mostram o lado violento das religiões (embora o diretor tenha repetido que seu objetivo polêmico eram os fundamentalismos de qualquer natureza), mas ninguém tentou negar que Cirilo, que não era apenas um homem de igreja, mas também um personagem político, foi muito duro seja com os pagãos, seja com os judeus. Não é por acaso que, quase 1.500 anos depois, tenha sido consagrado santo e doutor da Igreja por Leão XIII, um papa obcecado pelo novo paganismo representado pela maçonaria e pelo anticlericalismo dos liberais que dominavam a Roma de seu tempo. E foi constrangedora a celebração de Cirilo em 3 de outubro de 2007, quando o papa Ratzinger louvou "a grande energia" de seu pontificado, mas não gastou nem duas linhas para tentar absolvê-lo da sombra que a história fez pesar sobre ele.

Cirilo incomoda todo mundo: na internet, encontrei Rino Camilleri (já defensor do *Sílabo*), que convoca Eusébio de Cesareia para garantir a inocência de Cirilo. Excelente testemunha, exceto que tinha morrido 75 anos antes do suplício de Hipátia sem ter tido, portanto, a oportunidade de testemunhar coisa alguma. Quer dizer: se é mesmo necessário desencadear uma guerra de religião, que se consulte pelo menos a Wikipédia.

Mas vamos à conspiração: circulam na internet várias informações acerca da operação de censura levada a cabo (por quem?) para ocultar o escândalo Hipátia. Denuncia-se, por exemplo, que o volume 8 da *Storia della filosofia greca e romana*, de Giovanni Reale (Bompiani, 2004), dedicado ao neoplatonismo e contendo informações sobre Hipátia, desapareceu misteriosamente das livrarias. Um telefonema a Bompiani esclareceu que é verdade: de toda a série de dez volumes, os únicos esgotados (e que, portanto, serão reeditados) são o 7 e o 8, certamente porque tratam de assuntos como o *Corpus Hermeticum* e alguns aspectos do neoplatonismo que não interessam apenas aos que gostam de filosofia, mas também assanham todos os desmiolados que se empanturram de ciências ocultas verdadeiras ou falsas. Em seguida, tirei o famigerado volume 8 das minhas prateleiras e constatei que Reale, que é um historiador da filosofia e lida apenas com textos consultáveis — ao passo que de Hispátia não restou nada —, dedica apenas sete linhas (eu disse sete) a Hipátia, nas quais se limita a dizer aquele pouco que realmente se sabe. Digam-me então por que pensariam em censurá-lo?

Mas a teoria da conspiração vai além e, sempre na internet, dizem que desapareceram das livrarias todos os livros sobre o neoplatonismo, uma asneira de fazer gargalhar qualquer estudante de primeiro ano de filosofia. Resumindo: se querem saber algo de sério sobre Hipátia, procurem www.enciclopediadelledonne.it, com um belo verbete de Sylvie Coyaud sobre o assunto, e, para algo mais erudito, digitem no Google "Silvia Ronchey Ipazia" e encontrarão água (não censurada) para sua sede.

Halloween, o relativismo e os celtas

(2011)

Por ocasião da festa de Todos os Santos, partiram dos meios católicos muitas censuras ao Halloween, quando se colocam velas no interior de abóboras e as crianças, vestidas de bruxas e de vampiros, vão de casa em casa pedindo doces aos adultos. Como a festa, que tenta exorcizar a ideia da morte, seria uma alternativa às celebrações dos Santos e dos Defuntos, o costume, acusado de americanismo decadente, foi condenado também como uma forma de "relativismo".

Não sei muito bem em que sentido o Halloween seria relativista, mas acontece com o relativismo aquilo que acontecia com o epíteto "fascista" em 68: eram fascistas todos os que não pensavam como você. Devo precisar, porém, que não alimento nenhuma paixão especial pelo Halloween (exceto pelo fato de que Charlie Brown adorava a festa) e sei muito bem que a festa é usada, na América, por satanistas e pedófilos para abusar das crianças que os pais têm a leviandade de deixar sair de casa à noite. Só discordo quanto ao fato de dizerem que se trata de uma importação decadente da América: quer dizer, até é, mas como retorno, pois Halloween nasceu como festa pagã na Europa céltica e em certos países do norte da Europa, onde foi de certa forma cristianizada.

Em suma, aconteceu com o Halloween o mesmo que aconteceu com Santa Claus, que na origem era são Nicolau de Bari, que, aliás, era turco. Parece que a festa holandesa de *Sinterklaas* (o aniversário do santo) deu origem, justamente, a Santa Claus. Depois Papai Noel fundiu-se com Odin, que na mitologia germânica trazia presentes para as crianças, e temos aí o estreito parentesco entre um rito pagão e uma festa cristã.

Pessoalmente, tenho minhas divergências também com Papai Noel, pois para mim quem trazia presentes eram o Menino Jesus e os Reis Magos — e por isso fui verificar recentemente se os restos mortais dos três reis ainda estão na catedral de Colônia, depois que foram roubados de Sant'Eustorgio, em Milão, por Rainaldo di Dassel e Barba Ruiva. Mas, ainda menino, já ficava irritado com algumas crianças que, aos Reis Magos, preferiam a *Befana* — que também é, aliás, uma figura de origens pagãs, muito próxima das bruxas do Halloween. Se foi tolerada pelas hierarquias eclesiásticas, é porque se cristianizou e adotou um nome é inspirado na Epifania. Com isso, depois da Conciliação, até a Befana Fascista foi bem aceita.

Na polêmica sobre o Halloween, uma voz desafina o coro: trata-se de Roberto Beretta (*Avvenire* de 23 de outubro, recomendando prudência ao disparar anátemas e organizar cruzadas pastorais, pois o Halloween apenas "paga à Igreja na mesma moeda. De fato, desde pelo menos o século IV, a sabedoria dos Pais da Igreja [...] preferiu mediar em vez de apagar, sobrepor-se e transfigurar em vez de anular, aniquilar, sepultar, censurar. Ou seja: nossos antepassados souberam 'cristianizar' as festas pagãs".

Basta recordar que a própria data do Natal foi fixada em 25 de dezembro (embora nenhum Evangelho sugira que Jesus tenha nascido nesta data e, ao contrário, segundo cálculos astronômicos a estrela teria aparecido no outono) para ir ao encontro de certos costumes pagãos e das tradições germânicas e celtas que celebravam Yule, ou seja, a festa do solstício de inverno, de onde vem também a árvore de Natal (mas sou um daqueles que preferem o presépio franciscano, pois exige mais fantasia, enquanto uma árvore de Natal pode ser decorada até por um símio devidamente adestrado).

Portanto — em vez de arrancar os cabelos —, bastaria cristianizar também o Halloween, conforme sugere sempre Beretta: "Logo, se Halloween (que, não esqueçamos, significa literalmente 'vigília de Todos os Santos') retomar suas vestes celtas — sejam elas verdadeiras ou não — ou cobrir-se de brilharecos consumistas ou esconder-se sob rituais mais ou menos 'satânicos', só estaria se reapropriando de um território que já é seu; a nós restaria apenas refletir sobre como e por que não tivemos a força cultural (e talvez até espiritual) necessária para repetir a empresa dos nossos antepassados."

Maldita filosofia

(2011)

O *Repubblica* de 6 de abril passado publicou uma antecipação do livro de Stephen Hawking e Leonard Mlodinow, *Il grande disegno* (Mondadori, 2010), introduzido por um subtítulo que retomava, aliás, uma passagem do texto: "A filosofia está morta, só os físicos explicam o cosmos." A morte da filosofia já foi anunciada várias vezes e, portanto, não havia motivo de espanto, mas minha impressão foi de que um gênio como Hawking tinha dito uma bobagem. Para ter certeza de que o *Repubblica* não tinha se equivocado na resenha, fui comprar o livro e sua leitura confirmou minhas suspeitas.

O livro foi escrito a duas mãos, mas no caso de Hawking a expressão é dolorosamente metafórica, pois sabemos que seus membros não respondem aos comandos de seu cérebro excepcional. Portanto, o livro é obra fundamentalmente do segundo autor, que a orelha do livro qualifica como excelente divulgador e diretor de alguns episódios de *Star Trek* (o que pode ser visto também nas belíssimas ilustrações que parecem ter sido criadas para uma enciclopédia para os jovens de antigamente, pois são coloridas e fascinantes, mas não explicam realmente nada dos complexos teoremas físco-matemático-cosmológicos que deveriam ilustrar). Talvez não fosse prudente confiar o destino da filosofia a personagens com orelhas de coelhinho.

A obra começa justamente com a afirmação peremptória de que a filosofia já não tem mais nada a dizer e somente a física pode explicar (i) como compreender o mundo onde estamos, (ii) qual é a natureza da realidade, (iii) se o universo precisa de um criador, (iv) por que existe alguma coisa em vez de nada, (v) por que existimos e (vi) por que existe este conjunto particular de leis e não um outro qualquer. Como se vê, são perguntas filosóficas típicas, mas é preciso dizer que o livro mostra como a física é capaz de responder justamente às quatro últimas, que parecem ser as mais filosóficas de todas.

Só que para tentar as últimas quatro respostas é preciso ter respondido às duas primeiras perguntas, ou seja, *grosso modo*, o que significa dizer que algo é real e se conhecemos o mundo assim como ele é. Todos devem lembrar da filosofia estudada na escola: conhecemos por adequação da mente à coisa? Existe algo fora de nós (Woody Allen acrescentava: "E se existir, para que tanto barulho?") ou somos seres berkelianos ou, como dizia Putnam, cérebros num tanque?

Pois bem, as respostas fundamentais que este livro propõe são refinadamente filosóficas e, se não existissem essas respostas filosóficas, nem mesmo o físico poderia dizer por que conhece e o que conhece. De fato, os autores falam de "um realismo dependente dos modelos", ou seja, assumem que "não existe nenhum conceito de realidade independente das descrições e das teorias". Portanto, "diferentes teorias podem descrever de modo satisfatório o mesmo fenômeno mediante estruturas conceituais díspares" e tudo aquilo que podemos perceber, conhecer e dizer da realidade depende da interação entre os nossos modelos e aquele algo que está fora de nós, mas que só conhecemos graças à forma dos nossos órgãos perceptivos e do nosso cérebro.

Os leitores mais suspeitosos devem ter reconhecido até um fantasma kantiano, mas certamente os dois autores estão propondo aquilo que em filosofia se chama *holismo*, mas para alguns, *realismo interno*, e para outros, *construtivismo*.

Como se vê, não se trata de descobertas físicas, mas de suposições filosóficas que sustentam e legitimam a pesquisa do físico — o qual, quando é um bom físico, não pode evitar a questão dos fundamentos filosóficos dos próprios métodos. Coisa que já sabíamos, assim como já conhecíamos alguma coisa das extraordinárias revelações (devidas evidentemente a Mlodinow e à turma de *Star Trek*), como "na Antiguidade era instintivo atribuir as ações violentas da natureza a um Olimpo de divindades vingativas ou malévolas". Oh, não diga.

Evasão e compensação oculta

(2012)

Existem sonegadores fiscais em todos os países porque o desprazer de pagar impostos é profundamente humano. Mas dizem por aí que os italianos são mais propensos a este vício do que os outros. Por quê?

Preciso retornar a antigas lembranças e reevocar a figura de um velho padre capuchinho de grande humanidade, doutrina e bondade, a quem era muito afeiçoado. Ora, ao transmitir a mim e a outros jovens os princípios da ética, este amável velhinho explicou que contrabando e evasão fiscal são, sim, pecados, mas pecados veniais, pois não transgridem uma lei divina, mas apenas uma lei do Estado.

Ele deveria ter lembrado tanto a recomendação de Jesus de dar a César o que é de César quanto aquela de são Paulo aos romanos ("Dai a cada um o que lhe é devido: o tributo a quem é devido, a taxa a quem é devida"). Mas talvez soubesse que, nos séculos passados, alguns teólogos defenderam que as leis fiscais não obrigam na consciência, mas na força da sanção. No entanto, reportando hoje esta opinião, Luigi Lorenzetti, diretor da *Rivista di Teologia Morale*, comenta: "Porém, ao ignorar o contexto social e econômico que os induziu a criar esta teoria, não se faz justiça a estes teólogos. A organização da sociedade não era nada democrática; o sistema fiscal era injusto, e os impostos pesados oprimiam os pobres."

De fato, meu capuchinho citava outro caso, aquele da compensação oculta. Para simplificar as coisas, se um trabalhador considera que é injustamente subpago, não será pecado se subtrair tacitamente aquele adicional a que teria direito. Mas somente se o pagamento for realmente iníquo e lhe for negada a possibilidade de recorrer às leis sindicais. Mas o próprio são Tomás tinha suas dúvidas a respeito de um argumento desse tipo. De um lado, "quando uma pessoa corre tal perigo... então ela pode satisfazer sua necessidade com a apropriação, seja aberta, seja oculta, da coisa alheia. E o ato, por isso, não tem natureza de furto ou roubo" (*Summa Theologiae* II-II, 66, 7). De outro, "quem toma a coisa própria de quem a detém injustamente peca não por ter causado dano a este último [...] mas peca contra a justiça legal, pois se arroga o juízo sobre os próprios bens, passando por cima das regras do direito" (*Summa Theologiae* II-II, 66, 5). E sobre as regras do direito, são Tomás tinha ideias muito claras e severas e não teria concordado com Berlusconi quando disse que era preciso compreender os cidadãos quando sonegam um imposto muito exorbitante. Também para Tomás, a lei era a lei.

Contudo, a concepção tomista do direito de propriedade era catolicamente mais "social", na medida em que a propriedade podia ser considerada justa "quanto à posse", mas não "quanto ao uso": se tenho um quilo de pão adquirido honestamente, tenho direito de ser reconhecido como seu proprietário, mas se a meu lado está um mendigo morrendo de fome, devo dar-lhe uma parte. Até que ponto a evasão é compensação oculta?

Em um *Tratatto di Teologia Morale* que pode ser encontrado na internet, no site *Totus Tuus*, embora se recomende a observância das leis vigentes e se observe que "a parte mais sadia da população" paga impostos e não faz contrabando, se admite, porém, que "de todo modo, a evasão fiscal não é vista como fato lesivo da honra (a própria lei a considera ilícito administrativo e não crime), ainda que crie um senso de incômodo moral". Portanto, Monti estaria equivocado ao dizer que os sonegadores são ladrões, são apenas pessoas que deveriam sentir um incômodo moral.

Mas o padre que citei acima não chegava a tais sutilezas casuísticas, limitando-se a dizer que evasão e contrabando não são pecados mortais, pois atentam "apenas" contra as leis do Estado. E creio que, nesta posição, ele refletia uma educação recebida na juventude, antes dos Pactos Lateranenses de 1929, que ensinavam que o Estado era uma coisa tão má que não devíamos lhe dar atenção. Tudo indica que algo dessas antigas ideias ficou no DNA do nosso povo.

O Sacro Experimento

(2013)

O papa Francisco assumiu (ele, um jesuíta) um nome franciscano e foi morar num hotel, agora só falta que calce sandálias e vista o hábito, expulse do templo os cardeais de Mercedes e, enfim, vá sozinho a Lampedusa aliar-se com os párias do Mediterrâneo, como se a Bossi-Fini não fosse uma lei do Estado italiano. Ele é, de fato, o único que ainda diz e faz "coisas de esquerda"? Mas no início, circularam boatos sobre sua excessiva prudência em relação aos generais argentinos, sobre sua oposição aos teólogos da libertação e sobre o fato de ainda não ter se pronunciado sobre o aborto, as células tronco, os homossexuais, como se um papa devesse andar por aí distribuindo preservativos aos pobres. Quem é, afinal, o papa Bergoglio?

Creio que seja um equívoco considerá-lo um jesuíta argentino: trata-se de um jesuíta paraguaio. É impossível que sua formação não tenha sido influenciada pelo "sacro experimento" dos jesuítas do Paraguai. O pouco que sabemos sobre eles deve-se ao filme *A Missão*, que, com muitos arbítrios, condensava 150 anos de história em duas horas de espetáculo.

Resumindo: do México até o Peru, os conquistadores espanhóis promoveram massacres indizíveis, apoiados por teólogos que defendiam a natureza animalesca dos índios (não passavam de orangotangos); somente um dominicano corajoso, Bartolomeu Las Casas, empenhou-se contra a crueldade dos Cortès e dos Pizarro, apresentando os indígenas sob outra perspectiva. No início do século XVII, os missionários jesuítas decidiram reconhecer os direitos dos nativos (particularmente os Guaranis, que viviam em condições pré-históricas) e trataram de organizá-los em "Reduções", ou seja, comunidades autônomas autossustentadas: não pretendiam que trabalhassem para os colonizadores, mas ensiná-los a autoadministrar-se, livres de qualquer servidão, numa comunhão total dos bens que produziam. A estrutura das aldeias e as modalidades daquele "comunismo" nos fazem pensar na *Utopia* de More ou na *Cidade do Sol* de Campanella e Croce chegou a falar em "pretenso comunismo capanelliano", mas os jesuítas inspiravam-se antes nas comunidades cristãs primitivas. Ao mesmo tempo que constituíram conselhos eletivos formados só por nativos (mas a administração da justiça ainda cabia aos padres), ensinavam àqueles seus súditos arquitetura, agricultura e pecuária, música e artes, a ler e escrever (não a todos, mas chegando a produzir artistas e escritores de talento). Os jesuítas estabeleceram um severo regime paternalista, mesmo porque civilizar os guaranis significava afastá-los da promiscuidade, da preguiça, da embriaguez ritual, às vezes até do canibalismo. Assim, como em qualquer cidade ideal, estamos prontos a admirar sua perfeição administrativa, mas com certeza não gostaríamos de viver lá.

Por fim, a recusa da escravidão e os ataques dos bandeirantes, caçadores de escravos, levaram à constituição de uma milícia popular que lutou corajosamente contra escravistas e colonialistas. E assim, pouco a pouco, os jesuítas começara a ser vistos como agitadores e perigosos inimigos do Estado, até que, no século XVIII, foram banidos da Espanha e de Portugal e finalmente suprimidos: com eles chegava também ao fim o "Sacro Experimento".

Muitos iluministas investiram contra este governo teocrático, acusado de ser o regime mais monstruoso e tirânico já visto no mundo; outros, no entanto, falavam em "comunismo voluntário de alta inspiração religiosa" (Muratori), diziam que a Companhia de Jesus tinha começado a curar a ferida do escravismo (Montesquieu), enquanto Mably comparava as Reduções ao governo de Licurgo e Paul Lafargue falava, mais tarde, em "primeiro Estado socialista de todos os séculos".

Ora, quando propomos que as ações do papa Francisco sejam lidas nesta perspectiva, não podemos esquecer que desde então quatro séculos se passaram, que a noção de liberdade democrática é reconhecida hoje até pelos integralistas católicos e que certamente Bergoglio não pretende realizar experimentos, laicos ou sacros, em Lampedusa — já será um sucesso se conseguir liquidar o IOR, ou Banco do Vaticano. Mas é sempre bom poder vislumbrar, nos eventos de hoje, os distantes reflexos da História.

Monoteísmos e politeísmos

(2014)

Sopram ventos de guerra e não se trata de uma pequena guerra local, mas de um conflito que pode envolver vários continentes. Agora a ameaça vem de um projeto fundamentalista que se propõe a islamizar todo o mundo conhecido, chegando até Roma (como foi dito), embora ninguém tenha ameaçado matar a sede dos camelos com a água santa de São Pedro.

Isso faz pensar que as grandes ameaças transcontinentais sempre vêm de religiões monoteístas. Gregos e romanos não queriam conquistar a Pérsia ou Cartago para impor os próprios deuses. Tinham preocupações territoriais e econômicas, mas de um ponto de vista religioso, estavam prontos a receber em seu panteão os novos deuses dos povos exóticos. Este é Hermes? Pois bem, vou chamá-lo de Mercúrio e assim será um dos nossos. Os fenícios veneram Astarte? Ora, os egípcios batizaram-na de Ísis, para os gregos era Afrodite, agora será Vênus. Ninguém invadiu um território para erradicar o culto a Astarte.

Os primeiros cristãos não foram martirizados por reconhecerem o deus de Israel (problema deles), mas porque negavam a legitimidade dos outros deuses.

Nenhum politeísmo fomentou uma guerra de grandes proporções para impor os próprios deuses. E não é que os povos politeístas não tenham feito guerras, mas eram conflitos tribais que nada tinham a ver com religião. Os bárbaros do Norte invadiram a Europa, e os mongóis, as terras islâmicas, mas não para impor seus deuses, tanto que se converteram rapidamente às religiões locais. Nesse caso, é curioso que os bárbaros do Norte, que se tornaram cristãos e constituíram um império cristão, tenham posteriormente investido nas cruzadas para impor seu deus aos islâmicos, embora no fim das contas, monoteísmo por monoteísmo, tratava-se do mesmo deus.

Os dois monoteísmos que desencadearam invasões para impor um único deus foram o islâmico e o cristão (e incluo entre as guerras de conquista o colonialismo, que — interesses econômicos à parte — sempre justificou suas conquistas com o projeto virtuoso de cristianizar as populações conquistadas, a começar pelos astecas e pelos incas, até a nossa "civilização" da Etiópia, esquecendo que eles também eram cristãos).

A este propósito, um caso curioso é o do monoteísmo judaico, que por natureza nunca praticou nenhum proselitismo. As guerras mencionadas na Bíblia visavam garantir um território para o povo eleito, não converter outras populações ao judaísmo. Mas o povo hebraico também nunca incorporou outros cultos e crenças.

Com tudo isso, não pretendo dizer que é mais civil acreditar no Grande Espírito da Pradaria ou nas divindades Iorubá do que na Santíssima Trindade ou no deus único de quem Maomé seria o profeta. Digo apenas que ninguém nunca tentou conquistar o mundo em nome do Grande Espírito ou de uma das entidades que mais tarde se transferiram para o candomblé brasileiro — nem o barão Samedi do Vodu tentou empurrar seus fiéis para além de seus estreitos limites caribenhos.

Poderíamos dizer que apenas um credo monoteísta permite a formação de grandes entidades territoriais, que depois tendem a expandir-se. Mas o subcontinente indiano nunca tentou exportar as próprias divindades e o império chinês foi uma grande entidade territorial sem a crença numa única entidade criadora do mundo e (até hoje) nunca tentou se estender até a Europa ou a América. No máximo, a China resolveu fazer isso agora, mas com meios econômicos e sem empenho religioso, disposta a comprar indústrias e ações no Ocidente, pouco se importando se as pessoas creem em Jesus, em Alá ou em Jeová.

Talvez os equivalentes dos monoteísmos clássicos tenham sido as grandes ideologias laicas, como o nazismo (embora de inspiração pagã) e o marxismo ateu soviético. Mas sem um Deus dos Exércitos pronto a magnetizar seus seguidores, sua guerra de conquista chegou ao fim.

A boa educação

Quem é mais citado?

(2003)

No decorrer de várias discussões sobre o controle de qualidade nas universidades italianas, temos nos referido com frequência a critérios usados em outros países. Um deles é a verificação do número de citações que os trabalhos de um determinado docente ou candidato a algum concurso obtiveram na imprensa especializada. Existem até instituições que fornecem estatísticas minuciosíssimas sobre o tema e, à primeira vista, este tipo de controle pode parecer eficaz. Mas como todos os controles quantitativos, tem os seus limites. É um pouco como o critério, proposto e às vezes aplicado aqui entre nós, de verificar a eficiência de uma universidade com base no número de graduados. É evidente que uma universidade que produz muitos graduados dá a ideia de ser muito eficiente, mas é fácil identificar o limite de tais estatísticas. Para atrair um número maior de alunos, uma péssima universidade poderia distribuir boas notas e não se mostrar muito exigente em relação à qualidade das teses e eis que nesse caso o critério assumiria um valor negativo. O que dizer de uma universidade rigorosíssima que prefere ter poucos graduados, mas bons? Um critério mais confiável (mas também passível de algumas críticas) seria avaliar o número dos graduados em relação aos inscritos. Uma universidade que só aceita cem inscrições e confere diploma a cinquenta parece mais eficiente e rigorosa do que uma outra com 10 mil inscritos e 2 mil formados.

Em suma, os critérios meramente quantitativos são o que são. Mas retornemos ao controle do número de citações. Digo logo que o critério poderia valer para publicações das ciências "duras" (matemática, física, disciplinas médicas etc.), mas muito menos para as "moles", como as chamadas ciências humanas. Vejamos um exemplo: publico um livro no qual demonstro que Jesus foi o verdadeiro fundador da maçonaria (note-se que, por uma soma consistente a ser destinada à beneficência, poderia fornecer também a bibliografia existente sobre o assunto, embora as obras nunca tenham sido levadas muito a sério). Contudo, se oferecesse alguns documentos de apoio de aparência bastante sólida, desencadearia um pandemônio no campo dos estudos históricos e religiosos e por todo lado brotariam centenas de ensaios citando meu livro. Vamos admitir que grande parte deles contestem a obra: existe um controle quantitativo que discrimina entre citações positivas e citações negativas?

Mas o que dizer de um livro sólido e argumentado que, no entanto, suscitou polêmicas e rejeições, como o de Hobsbawm sobre o século breve: com que critério seriam eliminadas todas as citações daqueles que o discutem criticamente? E mais, negaríamos uma cátedra a Darwin apenas demonstrando que mais de 50% dos que o citaram e ainda o fazem fizeram ou fazem isso para dizer que estava errado?

Se o critério for puramente quantitativo, teríamos de reconhecer que, entre os autores mais citados das últimas décadas estão aqueles Baigent e Lincoln cujo livro a respeito do Graal tornou-se um best-seller. Eles contaram um monte de tolices, mas foram e ainda serão citadíssimos. Se o critério fosse apenas quantitativo, uma universidade que oferecesse aos dois uma cátedra de história das religiões deveria pular para os primeiros lugares na classificação.

Todas estas dúvidas no que diz respeito às ciências moles deveriam muitas vezes ser levantadas também em relação às ciência duras. Anos atrás, Pons e colegas causaram um rebuliço nos meios científicos com uma teoria (contestadíssima e provavelmente falsa) sobre a fusão fria. Foram citados uma infinidade de vezes, quase sempre para refutá-los. Se o critério for apenas quantitativo, deveríamos tomá-los em seriíssima consideração. Alguns podem objetar que nestes casos o critério quantitativo só se aplica a revistas de comprovada seriedade científica — só que, neste caso, o critério se tornaria novamente qualitativo —, mas o que se pode fazer se, nestas revistas sérias, os citados estudiosos tivessem sido apenas contestados? Mais uma vez, é preciso introduzir critérios qualitativos. Gostaria, porém, de ver quantas contestações recebeu Einstein quando enunciou a teoria da relatividade geral. Por outro lado, tomando um tema entre os mais debatidos, ou seja, se o fenômeno conhecido como Big Bang realmente ocorreu. Sabemos que estudiosos muito respeitáveis têm opiniões opostas. Se surgir uma nova teoria negando o Big Bang, devemos eliminar todas as citações negativas por parte de quem ainda sustenta esta hipótese?

Não estou dizendo tudo isso porque tenho no bolso uma solução razoável, mas para recordar como é difícil estabelecer critérios de excelência em bases quantitativas e como é perigoso introduzir elementos qualitativos (que afinal eram aqueles que a cultura oficial do stalinismo utilizava para expulsar da comunidade científica todos aqueles que não seguiam à risca os princípios do DIAMAT ou não levavam a sério as teorias de Lisenko). Tampouco pretendo afirmar com isso que não existem critérios. Apenas aponto como é difícil elaborá-los e como o tema é delicado.

*Pistola dell'ostrega**

(2004)

O *politically correct* é um verdadeiro movimento de ideias nascido na universidade americana, de inspiração *liberal* e *radical*, e portanto de esquerda, voltado para o reconhecimento do multiculturalismo, visando reduzir alguns vícios linguísticos radicados que estabeleciam linhas de discriminação em relação a qualquer minoria. Assim sendo, começaram dizendo

* *Pistola dell'ostrega* pode, entre outras coisas, significar "Panaca de bosta" e esta *Bustina* se encerra com uma lista de sonoros insultos em italiano e em vários dialetos, antigos e nem tanto, a maioria dos quais sem equivalente em português, que exigiriam, em vez da tradução, uma explicação de seu sentido, o que resultaria numa longa e pesada lista, razão pela qual optamos por deixá-la no original. [*N. da T.*]

blacks e depois *Afro-americans* em vez de negros, *gay* em vez dos mil e conhecidíssimos outros apelativos pejorativos reservados aos homossexuais. Naturalmente, a campanha pela purificação da linguagem produziu seu próprio fundamentalismo, inclusive certos casos mais vistosos como aquele em que algumas feministas sugeriram que não se dissesse mais *history* (pois o pronome *his* fazia pensar que a história era "dele", mas *herstory*, história dela — ignorando obviamente a etimologia greco-latina do termo, que não implica nenhuma referência de gênero).

Contudo, a tendência assumiu também alguns aspectos neoconservadores ou francamente reacionários. Se alguém resolve deixar de chamar as pessoas em cadeiras de rodas de deficientes ou de incapacitadas e passa a chamá-las de "diversamente capacitadas", mas não constrói rampas de acesso aos locais públicos, evidentemente só removeu hipocritamente a palavra, mas não o problema. O mesmo se pode dizer da substituição de "desocupado" por "fazendo nada por tempo indefinido" ou de "demitido" por "em transição programada entre mudanças de carreira". Por que será que um banqueiro não se envergonha de sua definição e não insiste em ser chamado de "operador no campo da poupança"? Muda-se o nome para esquecer de algo que não funciona na coisa em si.

Edoardo Crisafulli trata deste e de infinitos outros problemas em seu livro *Il politicamente corretto e la libertà linguistica* (Vallecchi, 2004), que aponta todas as contradições, prós e contras desta tendência e que, entre outras coisas, é muito divertido. O livro me fez pensar no curioso caso do nosso país. Enquanto o *politically correct* explodia e se espalhava por todo lado, aqui se desenvolvia cada vez mais o "politicamente incorreto". Se antigamente os nossos homens políticos diziam, lendo numa folha de papel: "Emerge que seria permissível, diante de uma política das convergências, ainda que paralelas, a preferência por uma escolha assintótica que eliminasse mesmo os pontos singulares de interseção", hoje eles preferem dizer: "Diálogo? No fiofó daqueles escrotos filhos da puta!" É verdade que antigamente, nos círculos paleocomunistas, também se costumava chamar o adversário de "mosca cocheira"* e nos bate-bocas no parlamento as

* Referência à fábula de Fedro *A mosca e a mula*, em que uma mosca pousada num coche tenta dar ordens à mula, sendo prontamente colocada em seu devido lugar. [*N. da T.*]

escolhas léxicas eram mais incontinentes do que as de um estivador, mas eram territórios, por assim dizer, delimitados, onde se aceitava um certo costume — como acontecia, aliás, nos bordéis de venerada memória, onde as senhoras não eram mais controladas verbalmente que um parlamentar. Hoje, ao contrário, a técnica do insulto é teletransmitida, num sinal de fé inabalável nos valores da democracia.

Começou provavelmente com Bossi, cujo "aquilodurismo" aludia obviamente ao "aquilomolismo" de alguém, e cujo apelativo *Berluskaz** era inequivocável. Só que a coisa se espalhou. Stefano Bartezzaghi, em sua coluna no *Venerdì di Repubblica*, cita alguns jogos de insultos hoje em circulação, mas num nível afinal bastante ameno. Portanto, para não deixar de dar minha contribuição à suavização do politicamente incorreto italiano, depois de consultar uma série de dicionários, inclusive dialetais, permito-me sugerir algumas expressões afinal bonachonas e gentis para insultar o adversário, como *verbi gratia*: *pistola dell'ostrega, papaciugo, imbolsito, crapapelata, piffero, marocchino, pivellone, ciulandario, morlacco, badalucco, pischimpirola, tarabuso, balengu, piciu, cacasotto, malmostoso, lavativo, magnasapone, tonto, alloco, vaterclòs, caprone, magnavongole, zanzibar, bidone, ciocco, bartolomeo, mona, perdabàall, sguincio, merlo, dibensò, spaccamerda, tapiro, belinone, tamarro, burino, lucco, lingera, bernardo, lasagnone, vincenzo, babbiasso e/ou babbione, grand e gross ciula e baloss, saletabacchi, fregnone, lenza, scricchianespuli, cagone, giocondo, asinone, impiastro, ciarlatano, cecè, salame, testadirapa, facciadimerda, farfallone, tanghero, cazzone, magnafregna, pulcinella, zozzone, scassapalle, mangiapaneatradimento, gonzo, bestione, buzzicone, cacacammisa, sfrappolato, puzzone, coatto, gandùla, pagnufli, cichinisio, brighella, tombino, pituano, pirla, carampana, farlocco, flanellone, ambroeus, bigàtt, flippato, fricchettone, gabolista, gaglioffo, bietolone, gadano, fighetta, blacboc, imbranato, balordo, grèbano, piattola, impagliato, asparagio, babbuino, casinaro, bagolone, cucuzzaro, accattone, barabba, loffio, tappo, caporale, toni, macaco, baluba, pappone, pizipinturro, polentone, bonga, quaquaraquà, tarpàno, radeschi,*

* Junção de Berlusconi com *cazzo*, em português, caralho. [*N. da T.*]

peracottaro, ciculaté, mandruccone, paraculo, fanigottone, scamorza, scricio, mezzasega, rocchettée, pataccaro, pinguino, margniflone, mortodesonno, sbragone, mortadella, peracottaro, scorregione, pappamolla, furfantello, scioccherello, stolto, sventato e *biricchino.*

Quando dizer é fazer

(2004)

No último *Espresso*, Eugenio Scalfari fechou sua coluna escrevendo: "É proibido falar de resistência iraquiana sem passar por faccioso ou imbecil." Você pensa: o exagerado de sempre... No entanto, no *Corriere della Sera*, Angelo Panebianco escreveu no mesmo dia: "... os 'resistentes', como são chamados por certos desmiolados ocidentais..." Um observador marciano diria que, enquanto todos ao redor se entredegolam e explodem trens e hotéis, nós, italianos, estamos brincando com as palavras.

O marciano diria que as palavras contam pouco, uma vez que leu em Shakespeare que uma rosa seria sempre a mesma com qualquer outro nome. No entanto, muitas vezes escolher uma palavra em vez de outra conta muito. É claro que alguns dos que falam em resistência iraquiana têm a intenção de apoiar aquilo que consideram uma guerra do povo; outros, do lado oposto, parecem subentender que dar o nome de resistentes a assassinos significa enlamear a nossa Resistência. A coisa curiosa é que grande parte dos que consideram escandaloso usar o termo resistência são justamente aqueles que vêm tentando há tempos deslegitimar a nossa Resistência, pintando os resistentes como um bando de facínoras. Paciência. Fato é que se esquece que "resistência" é um termo técnico e não implica juízos morais.

Primeiramente, existe a guerra civil, que ocorre quando cidadãos que falam a mesma língua começam a atirar uns nos outros. Era guerra civil a revolta da Vandeia, a guerra da Espanha e também a nossa Resistência, pois havia italianos de ambos os lados. Só que a nossa foi também movimento de resistência, uma vez que com este termo se indica a insurgência por parte dos cidadãos de um país contra uma potência ocupante. Se porventura, depois dos desembarques aliados na Sicília e em Anzio, tivessem se formado bandos italianos para atacar os anglo-americanos, teríamos de falar em resistência, mesmo os que consideravam que os aliados eram os "bons". Até o banditismo meridional foi uma forma de resistência pró-bourbônica, só que os piemonteses ("bons") eliminaram todos os "maus", que hoje recordamos apenas como bandoleiros. Por outro lado, os alemães chamavam os *partisans* de "bandidos".

Raramente uma guerra civil atinge dimensões campais (mas aconteceu na Espanha) e, em geral, trata-se de guerra de guerrilha. E a guerra de guerrilha também é um movimento de resistência, feito de incursões de tipo "morde e foge"; mas os "senhores da guerra" também podem se inserir na guerra de guerrilha com seus bandos privados, inclusive bandos sem ideologia, que se aproveitam da desordem. Ora, a guerra do Iraque parece ter aspectos de guerra civil (iraquianos que matam outros iraquianos) e de movimento de resistência, com a participação de todo tipo de grupo. Estes grupos agem contra os estrangeiros e para eles não importa se estes estrangeiros parecem certos ou errados e tampouco se foram chamados e bem recebidos por uma parte dos cidadãos. Se os locais combatem contra tropas ocupantes estrangeiras, trata-se de resistência e não há santo que segure.

Tem, por fim, o terrorismo, que tem outra natureza, outros fins e outra estratégia. Houve e em parte ainda há terrorismo na Itália, sem que existam nem resistência, nem guerra civil, e no Iraque o terrorismo passa transversalmente entre grupos de resistentes e alinhamentos de guerra civil. Nas guerras civis e nos movimentos de resistência, sabe-se quem é e onde está (mais ou menos) o inimigo, já no terrorismo, não, o terrorista pode ser o senhor sentado a seu lado no trem. Sendo assim, guerras civis e resistências são combatidas com confrontos diretos ou operações de rastreio, e o terrorismo, com serviços secretos. Guerras civis e resistências ocorrem *in loco*, o terrorismo vai além, talvez aos locais onde os terroristas têm seus santuários e refúgios.

A tragédia no Iraque é que lá tem de tudo: um grupo de resistentes pode usar técnicas terroristas — ou os terroristas, para quem certamente não basta expulsar os estrangeiros, podem se apresentar como resistentes. Isso complica as coisas, mas recusar o uso de termos técnicos só faz complicar ainda mais. Suponhamos que, julgando que *O grande golpe* é um filme excelente, onde até os bandidos era simpáticos, alguém se recuse a chamar o assalto a banco de roubo a mão armada e prefira usar furto com destreza. Mas o furto com destreza deve ser combatido por alguns policiais à paisana que patrulham estações e pontos turísticos e, em geral, já conhecem os pequenos meliantes locais, enquanto os assaltos a banco exigem custosos aparatos eletrônicos e unidades operacionais especializadas, contra inimigos ainda desconhecidos. Portanto, escolher um nome equivocado pode parecer tranquilizador, mas faz com que se escolha também o remédio errado. Crer que é possível derrotar um inimigo terrorista com batidas e rastreios usados contra movimentos de resistência é uma ilusão, mas acreditar que se pode vencer quem morde e foge com os métodos usados contra terroristas também é um equívoco. Portanto, termos técnicos devem ser usados quando necessário, sem se deixar levar por paixões ou chantagens.

Os "doutores" do triênio

(2008)

Cresce cada vez mais o número de artigos apocalípticos sobre o desmantelamento da universidade italiana. Com certeza, não goza de boa saúde a universidade de um país cujos fundos de pesquisa são tão exíguos e onde as obrigatoriedades de frequência são aleatórias (somos um dos poucos países onde é possível apresentar-se para o exame de fim de ano sem nunca ter visto o professor — e não porque ele não apareceu, mas porque o estudante não compareceu às aulas). É verdade que certos artigos são pouco confiáveis, pois são escritos por refinados intelectuais que não exercem o sujo ofício de ensinar e, portanto, falam de um universo que lhes é estranho — mas o que não se faz para ter seu tijolaço publicado. Enfim, a maior parte das críticas diz respeito à invenção da láurea breve.

A láurea breve é criticada por ser uma sucessão dos chamados módulos didáticos, brevíssimos e avaliados rigidamente por meio de "créditos", para os quais só é necessário dar conta de um dado número de páginas (a tal ponto que os editores foram obrigados a criar manuais em dimensões de analfabeto), de modo que a láurea breve se reduz quando muito a um superliceu.

A láurea breve existe em todos os países e a Itália precisava se adaptar. Quando lemos que John Kennedy formou-se em Harvard, isso significa que fez seus três anos de láurea breve no *College*. Ora, o que se aprende num triênio universitário americano é pouco mais do que se aprendia aqui num bom liceu de antigamente (as escolas médias de lá são péssimas). Contudo, considera-se que uma formação universitária de três anos permite que um cidadão adquira aquela "instrução superior" indispensável para inserir-se depois numa profissão. Por que então três anos de *College* na América são melhores que nossa láurea breve?

Além do fato de que os americanos não dizem aos jovens que eles serão "doutores" depois de três anos (mas paciência, para encorajar os estudos podemos até conferir títulos de Excelência ou Sátrapa), lá a frequência a todas as aulas é obrigatória, os alunos vivem juntos no dia a dia, têm contato cotidiano e contínuo com os professores. Parece pouco, mas é tudo. Portanto, o problema não é a brevidade da láurea, mas a intensidade da frequência.

Como remediar o fato de que a frequência não é obrigatória? Remeto-me à minha experiência de estudante de filosofia nos anos 1950. Na época, também era possível não comparecer às aulas, mas cada um dos dezoito exames obrigatórios era extremamente exigente. Todos os nossos professores (que, dito incidentalmente, se chamavam Abbagnano, Bobbio, Pareyson etc.) se organizaram de modo que, ao final dos quatro anos, entre um exame e outro, quase todos os clássicos fossem cobertos, de Platão a Heidegger. De acordo com os anos, podia acontecer de pularmos Hegel, por exemplo, mas tínhamos dado Spinoza, Locke e Kant (com as respectivas críticas) e, depois de quebrar a cabeça com autores deste calibre, qualquer um tem condições de ler sozinho os autores que porventura faltaram. Considerando que alguns exames exigiam a leitura de pelo menos mil páginas, e outros, um pouco menos, no final dos dezoito exames cada um tinha estudado pelo menos 12 mil páginas e para um jovem formando a quantidade conta muito. Eram dezoito exames e, para obter o diploma dentro do quadriênio (quem esticava o curso era considerado retardado), fazíamos cinco em cada um dos três primeiros anos e três no último, para deixar mais tempo para a tese, muito exigente. Ninguém nunca morreu.

Ora, embora estes quatro anos devessem formar um especialista em filosofia, havia muitos exames que nada tinham a ver com filosofia, como latim, italiano ou os quatro de história. Embora fosse excitante, e mais formativo que dezoito meses de serviço militar, fazer latim com Augusto Rostagni (que exigia um curso monográfico sobre a literatura da decadência, com todos os textos de Ausônio, Claudiano, Rutílio Namaciano e assim por diante, mais todo — eu disse todo — Virgílio ou todo Horácio a ser traduzido *de impromptu*), naquela época já se dava italiano, história e latim na escola média e, portanto, era possível eliminar pelo menos três desses exames. Chegamos assim, portanto, a quinze exames de matérias filosóficas, liquidáveis em três anos (fora a tese final), aprendendo tudo aquilo que é preciso aprender, lendo os clássicos e sem módulos reduzidos.

Por que não se faz isso? Porque foi feita uma interpretação restritiva e rígida dos "créditos", o que não era necessário. Mas isso já é outra história.

Pensamentos em bela caligrafia

(2009)

Cerca de dez dias atrás, Maria Novella De Luca e Stefano Bartezzaghi ocuparam três páginas do *Repubblica* (ai de mim, versão impressa) para tratar do declínio da caligrafia. Como se sabe, entre computadores (quando usam) e SMS, nossos jovens só conseguem escrever a mão em dificultosas letras de forma. Numa entrevista, um professor disse que também cometem muitos erros de ortografia, mas creio que isso já é outro problema: os médicos conhecem ortografia, mas escrevem mal e alguém pode ser calígrafo diplomado e não saber se se escreve *taccuino*, *tacquino* ou *taqquino* (como *soqquadro*).*

---

* *Taccuino*, caderno de notas; *soqquadro*, usado somente na locução *mettere a soqquadro*, botar de ponta-cabeça. [*N. da T.*]

Na verdade, conheço crianças que frequentam boas escolas e escrevem (a mão e em cursivo) bastante bem, mas os artigos que citei falam de 50% das nossas crianças: é óbvio que por indulgência da sorte, eu me encontro nos outros 50% (que é, aliás, o mesmo que me acontece em política).

O problema é que a tragédia começou muito antes do computador e do celular. Meus pais escreviam com uma grafia levemente inclinada (mantendo a folha de través) e uma carta era, pelo menos para os padrões de hoje, uma pequena obra de arte. É verdade, contudo, que vigorava a crença, provavelmente difundida pelos que tinham uma escrita péssima, de que a caligrafia era a arte dos tolos, e é óbvio que ter uma bela caligrafia não significa necessariamente ser muito inteligente, mas — em suma — era agradável ler um bilhete ou um documento escrito como Deus comanda (ou comandava).

Minha geração também foi educada para ter uma boa caligrafia e nos primeiros meses do primeiro ano do fundamental aprendíamos a fazer as hastes das letras, exercício mais tarde considerado obtuso e repressivo, mas que educava a manter o pulso firme para depois arabescar, com as deliciosas penas de caligrafia Perry, letras barrigudas e gorduchas de um lado e finas do outro: na verdade, nem sempre, pois muitas vezes emergia do recipiente da tinta, grudada à pena, uma borra imunda com a qual se sujavam os bancos escolares, os cadernos, os dedos e as roupas — e lá se iam dez minutos para eliminá-la, com muitas e imundas contorções.

A crise teve início no pós-guerra com o advento da esferográfica. E note-se que no início as esferográficas também sujavam muitíssimo e se o dedo esbarrava nas últimas palavras escritas, deixava um rastro. E a vontade de escrever bem desaparecia. Em todo caso, mesmo quando elas passaram a escrever limpo, a escrita com esferográfica não tinha mais alma, estilo, personalidade.

Mas por que lamentar a falta da bela caligrafia? Saber escrever bem e depressa num teclado educa à rapidez de pensamento, muitas vezes (nem sempre) o corretor automático nos faz o favor de sublinhar em vermelho um "ressucitar", e se o uso do celular leva os jovens a escrever "kd vc?" em vez de "Cadê você?", é bom não esquecer que nossos avós ficariam horrorizados ao ver que escrevemos "*gioia*" [alegria] em vez de "*gioja*", "*io avevo*" [eu tinha] em vez de "*io aveva*" e que os teólogos medievais escreviam "*respondeo discendum quod*", o que teria feito empalidecer Cícero.

Fato é, como disse, que a arte da caligrafia educa ao controle da mão e à coordenação entre pulso e cérebro. Bartezzaghi recorda que a escrita a mão exige que se componha a frase mentalmente antes de escrevê-la, mas em todo caso, a escrita a mão, com a resistência da pena e do papel, impõe um andamento reflexivo. Muitos escritores, embora habituados a escrever no computador, sabem que às vezes vem a vontade de gravar as palavras numa tabuleta de argila, como os sumérios, para poder pensar com calma.

Os jovens escreverão cada vez mais no computador e no celular. Contudo, a humanidade já aprendeu a reencontrar como exercício esportivo e prazer estético as coisas que a civilização eliminou como necessidade. Ninguém mais se desloca a cavalo, mas muitos vão ao Jóquei; existem aviões, mas muita gente se dedica à vela como um fenício de 3 mil anos atrás; temos os túneis e as ferrovias, mas muitos se divertem cruzando os Alpes a pé; mesmo na era dos e-mails, há quem colecione selos; existem as guerras com *kalachnikovs*, mas também os pacíficos torneios de esgrima.

Seria desejável que as mães mandassem seus filhos a escolas de bela caligrafia, inscrevendo-os em concursos e torneios, não apenas para sua educação para o belo, mas também para seu bem-estar psicomotor. Estas escolas já existem, basta procurar "escolas caligrafia" na internet. E talvez pudesse virar profissão para algum *freelancer*.

Qual era a opinião de Gattamelata?

(2013)

Todos os anos, no final de junho, os jornais conseguem sem muito esforço preencher uma ou duas páginas com comentários sobre os temas de redação do exame da *Maturità*, as provas finais da escola média. São convocadas as mentes mais lúcidas da nação e naturalmente a prova mais comentada é a de italiano, pois seria difícil explicar ao grande público em que consiste exatamente o teste de matemática, enquanto recriminar quem impõe aos jovens uma enésima reflexão sobre o Ressurgimento está ao alcance mesmo de um laureado. Estes exercícios de Críticos da Redação da *Maturità* são até desfrutáveis pela argúcia e elegância de estilo, mas (dito com todo o respeito) absolutamente inúteis.

De fato, é irrelevante qual foi o tema escolhido, a menos que (como creio que já aconteceu uma vez) sua formulação contenha erros crassos ou que, numa hipótese absurda, proponham assuntos delirantes como, por mero exemplo, "o cultivo das rosas em Dubai".

Em geral, os temas dizem respeito a coisas das quais os estudantes deveriam ter ouvido falar e — para ficar nos temas deste ano — se alguém não tem nenhuma ideia sobre os assassinatos políticos, deveria ter alguma sobre a sociedade de massa ou as pesquisas sobre o cérebro. Quero dizer que um estudante pode muito bem ignorar absolutamente tudo sobre neurociências, mas deveria entender o que significa fazer pesquisas sobre o funcionamento do cérebro humano e mesmo que pensasse que a alma é insondável e que ficar esquadrinhando o cérebro é tempo perdido, já poderia desenvolver esta sua opinião com polêmica e espiritual desenvoltura.

Fato é que o tema do exame só precisa provar duas coisas. Um, que o candidato ou candidata sabe escrever num italiano aceitável, pois não se pede a ninguém que seja um Gadda (e aliás, quem se apresentasse no exame de *Maturità* escrevendo como Gadda deveria ser encarado com suspeita, pois não entendeu que só precisa dar prova de uso médio da língua de seu país e não provar que é um gênio incompreendido). Dois, que os candidatos sabem articular um pensamento, desenvolver um argumento sem confundir as causas com os efeitos e vice-versa e sabendo distinguir uma premissa de uma conclusão. Para demonstrar tais habilidades, qualquer assunto é bom: até mesmo, exagerando, a solicitação de sustentar uma tese evidentemente falsa.

Durante o colégio, meu companheiro de classe me passou certo dia o seguinte tema: *Analisem o verso dantesco "a boca levantou do fero pasto" entendendo a palavra "pasto" não como Gattamelata a teria entendido, mas como a entenderia Christian Dior.* Recordo que, na opinião de todos os meus colegas, desenvolvi o tema de modo excelente, como se realmente tivesse pé e cabeça, imitando ironicamente, no caso em questão, a retórica de certa crítica literária dos livros didáticos, mas demonstrando no conjunto que sabia extrair uma série de pensamentos coordenados de premissas descoordenadas.

Ao lado das lamentações sobre os temas de redação, os jornais também abrem espaço para textos que discutem se o exame atual de *Maturità* é exigente ou indulgente demais, assim como para os escritos dos nostálgicos da minha geração, que recordam os tempos em que deviam dar conta de todas as matérias em cada um dos três anos. É verdade, tratava-se de passar os últimos meses trancados em casa, num momento em que já pesavam os calores estivos, alguns se enchendo de anfetamina ou se intoxicando de cafeína, e quem saía daquela terrível experiência carregaria durante anos (e talvez para toda a vida), no curso de seus pesadelos noturnos, o pavor de ter de passar de novo pelo exame de *Maturità*. No entanto, lembro de dois colegas de escola que morreram aos 10 anos, um num bombardeio, o outro afogado num rio, mas não recordo nenhum colega de colégio que tenha morrido por causa do exame. Era uma prova mais humana e fecunda que a *Mensur* alemã ou as corridas para o abismo das juventudes perdidas à moda de James Dean. Uma prova da qual saíamos fortalecidos, não digo no saber, mas no caráter.

Por que devemos punir os jovens com uma *Maturità* fácil demais?

Olhos nos olhos no festival

(2013)

Nesse fragmento de outono proliferam os festivais literário-filosóficos. Parece que cada cidade quer ter o seu, emulando o percurso original do festival de Mantova; cada cidade tenta trazer as melhores mentes existentes no mercado e em alguns casos algumas mentes migram de festival a festival, mas seja como for, o nível dos convidados é bastante alto. Ora, o que está empolgando os jornais e revistas não é tanto a organização desse tipo de festival, pois poderia ser apenas a doce ilusão de algum assessor cultural, mas o fato de que atraem multidões dignas de estádios, em grande parte jovens que chegam de outras cidades e dedicam um ou dois dias a ouvir escritores e pensadores. Além disso, concorrem para a administração destes eventos batalhões de voluntários (jovens eles também), que se dedicam com o mesmo empenho com que seus pais se dedicaram a desenterrar os livros da lama depois da enchente de Florença.

Portanto, considero superficial e tola a reflexão de alguns moralistas que só levam a sério o interesse pela cultura quando é praticado pelo exíguo número de seus semelhantes e veem nestes eventos um exemplo de McDonald's do pensamento. Mas ao contrário, o fenômeno é digno de interesse e devemos perguntar o que levou aqueles jovens aos festivais e não à discoteca; e não venham me dizer que é a mesma coisa, pois nunca ouvi falar de carros cheios de jovens em *ecstasy* que se esborracham às duas da madrugada voltando de um *Festival della Mente*.

Gostaria de lembrar que o fenômeno não é novo, embora tenha explodido de forma maciça nos últimos anos, pois desde o início dos anos 1980 a biblioteca municipal de Cattolica começou a organizar encontros (com entrada paga!) sobre *O que fazem os filósofos hoje* e o público chegava, inclusive de ônibus, de um raio de cem quilômetros. E já na época alguns se perguntaram o que estava acontecendo.

Tampouco acho que se possa assimilar o caso ao florescimento dos bistrôs filosóficos em torno da Place de la Bastille, em Paris, onde, bebericando um Pernod no domingo de manhã, se faz uma filosofia pequena e terapêutica, quase uma espécie de psicanálise menos dispendiosa. Não, nos encontros de que estamos falando, o público passa algumas horas ouvindo discursos de nível universitário. Eles chegam, ficam e voltam.

E então restam apenas dois tipos de resposta. Um deles já havia sido abordado quando das primeiras reuniões em Cattolica: um percentual dos jovens está cansado de propostas de entretenimento leve, de resenhas jornalísticas reduzidas a boxes e pequenas colunas de uma dezena de linhas (salvo poucos casos de excelência), de emissoras de TV que só falam de livros depois da meia-noite, quando falam, e estão, portanto, dando boas-vindas a ofertas mais exigentes. O público dos festivais tem sido estimado em centenas e até milhares de participantes, o que certamente é um percentual bastante baixo se comparado à maioria geral, e representa aqueles que frequentam as grandes livrarias, que são sem dúvida uma elite, mas uma elite de massa, ou seja, aquilo que pode ser uma elite num mundo de 7 bilhões de habitantes. É o mínimo que uma sociedade pode pedir à relação entre sujeitos autodirigidos e heterodirigidos. Estatisticamente, não é possível ter mais que isso, mas ai de nós se eles não existissem.

A segunda razão é que estes encontros culturais denunciam a insuficiência dos novos modos de socialização virtual. Uma pessoa pode ter milhares de contatos no Facebook, mas no final, se não estiver completamente drogada, vai perceber que realmente não está em contato como seres de carne e osso e, portanto, vai procurar outras ocasiões para encontrar e compartilhar experiências com gente que pensa como ela. É como recomendava Woody Allen já não lembro onde: se quiser encontrar garotas, é melhor frequentar concertos de música clássica. Nunca de rock, onde todo mundo grita em direção ao palco, sem saber quem está a seu lado, mas concertos sinfônicos ou de câmara, que possibilitam alguns contatos nos intervalos. Não estou dizendo que as pessoas vão aos festivais para encontrar um *partner*, mas com certeza também fazem isso para poderem se olhar nos olhos.

O prazer de delongar-se

(2014)

Quando proferi, há cerca de vinte anos, as minhas *Norton Lectures* na Harvard University, recordei que oito anos antes de mim quem deveria ter feito suas conferências era Calvino, que no entanto desapareceu antes de terminar sua sexta lição (seus textos foram publicados depois como *Seis propostas para o próximo milênio*). Como homenagem a Calvino, tomei como ponto de partida a lição na qual ele elogiava a rapidez, recordando, contudo, que sua apologia da rapidez não pretendia negar os prazeres da delonga. E portanto, dediquei uma de minhas conferências ao prazer de delongar-se.

Delongar-se não era do agrado daquele Monsieur Humblot, que, rejeitando pela editora Ollendorf o manuscrito da *Recherche* de Proust, escreveu: "Posso até ser meio tapado, mas não entra na minha cabeça que um senhor possa gastar trinta páginas para descrever como se vira e revira na cama até pegar no sono." Negar os prazeres de delongar-se nos impediria, portanto, de apreciar Proust. Mas, Proust à parte, lembrei de um caso típico de delonga em *Os noivos*, de Alessandro Manzoni.

Dom Abbondio volta para casa recitando seu breviário e vê uma coisa que por nada nesse mundo desejaria ver, ou seja, dois bravos que esperam por ele. Um outro autor satisfaria imediatamente a nossa impaciência de leitor revelando o que acontece a seguir. Manzoni, ao contrário, resolve, bem naquele ponto, usar algumas páginas para explicar o que eram os bravos naquele tempo — e depois de fazê-lo, demora ainda um pouco junto de dom Abbondio, que passa o dedo por dentro do colarinho e olha para trás na esperança de ver surgir alguém para socorrê-lo. Por fim, dom Abbondio se pergunta (antecipando Lenin) "Que fazer?".

Era mesmo necessário que Manzoni inserisse aquelas informações históricas? Ele sabia muito bem que o leitor ficaria tentado a pulá-las e cada leitor de *Os noivos* fez isso, pelo menos da primeira vez. Pois bem, até o tempo necessário para virar algumas páginas faz parte de uma estratégia narrativa. A delonga aumenta a ansiedade não apenas de dom Abbondio, mas também dos leitores e torna seu drama mais memorável. E digam-me francamente se a *Divina comédia* não é uma história de delongas. A viagem de Dante poderia desenrolar-se oniricamente numa única noite, mas para chegar à apoteose final devemos passar primeiro por cem cantos.

A técnica da delonga presume uma leitura não apressada, lenta. Falando das técnicas de *quick reading*, na qual se percorre o texto diagonalmente e muito rápido, Woody Allen concluiu mais ou menos o seguinte: "Li *Guerra e paz* assim. Falava da Rússia."

Anna Lisa Buzzola dedica seu livro *Lettura lenta nel tempo della fretta* (Scripta, 2014) à leitura lenta, mas não se limita a almejar o retorno a um ritmo relaxado de leitura. Liga o problema à temática da velocidade em nosso tempo e às análises antropológicas da questão, colocando seu tema no centro de uma série de práticas salvíficas, entre as quais se inclui também o *slow food*.

No que diz respeito à literatura, Buzzola (sinto tanto que, em função de uma equivocada correção política, não se diga mais "la Buzzola" como se dizia, até no exterior, "la Callas") examina as teorias de Genette, Sklovskij e outros, e analisa integralmente as obras de Marías, McEwan, Bufalino, De Luca, Saramago, Kundera, Delerm, Rumiz, Baricco — e a honestidade de resenhista me obriga a dizer que se ocupa até de mim e do prazer de delongar-se na vertigem das listas.

Nasce daí uma fenomenologia das técnicas da delonga que, por sua vez, faz nascer no leitor o desejo de aprender a ler mais lentamente — mesmo que tenha de demorar trinta páginas para entender como alguém vira e revira no leito antes de pegar no sono. Excluindo as notas e a bibliografia, o livro tem apenas 130 páginas e pode ser lido com o devido vagar.

Vamos fechar o Liceu clássico?

(2014)

Em 14 de novembro teve lugar em Turim um processo (presidido por um magistrado como Armando Spataro) cujo acusado era o Liceu clássico. O procurador da República, Andrea Ichino, com abundância de testemunhos e estatísticas, apresentou as seguintes acusações: um, não é verdade que o clássico prepara melhor também para os estudos e profissões científicas; dois, quem empreende estudos exclusivamente humanistas corre o risco de ter um conhecimento parcial e, portanto, distorcido da realidade (mas Ichino admitiu lealmente que isso pode acontecer também com quem faz estudos exclusivamente científicos e técnicos); três, o Liceu clássico nasce de uma reforma fascista, a de Gentile. No final, a corte absolveu plenamente o Liceu clássico, talvez porque as acusações fossem peremptórias demais. Por exemplo, testemunhas ilustres demonstraram que a reforma Gentile retomava reformas anteriores de caráter liberal e mostrou-se adversa aos ambientes fascistas. A reforma Gentile tinha, no máximo, o defeito de pretender formar uma classe dirigente orientada por estudos eminentemente humanistas, sem dar a devida importância às matérias científicas.

Eu era o advogado de defesa e em minha arenga dei razão a muitas acusações, acrescentando que o clássico de Gentile dava pouco espaço não só para as ciências, mas também para a história da arte e para as línguas modernas. Quanto às línguas ditas mortas, depois de oito anos de latim, os formandos dos meus tempos saíam do clássico sem conseguir ler Horácio à primeira vista. Por que não se tentava ensinar a dialogar num latim elementar como faziam os doutos europeus até pouquíssimo tempo atrás? O formando clássico não deve necessariamente se tornar latinista (isso é tarefa da universidade), mas deve ser capaz de compreender o que foi a civilização romana, de identificar as etimologias, de entender as raízes latinas (e gregas) de muitos termos científicos, e isso também pode ser obtido praticando a leitura do latim eclesiástico e medieval, muito mais fácil e familiar. E com o treino de fazer comparações úteis entre o léxico e a sintaxe do latim e das línguas modernas. E quanto ao grego, por que empenhar o estudante em Homero, árduo até para os especialistas, e não encorajá-lo a fazer traduções do grego helenístico, por exemplo dos livros naturais de Aristóteles, trabalhando aquela língua falada inclusive por Cícero?

Poderíamos pensar num Liceu humanístico-científico, no qual as matérias humanísticas não desapareceriam. Recordei que Adriano Olivetti, pioneiro na construção dos primeiros computadores, contratava engenheiros e os primeiros gênios da informática, como é óbvio, mas também formandos brilhantes com teses nota 10 *cum laude*, talvez sobre Xenofontes. Ele tinha percebido que os engenheiros são indispensáveis para criar o *hardware*, mas que para inventar novos *softwares* (ou seja, os programas) ia precisar de uma mente educada nas aventuras da criatividade, exercitada em literatura e filosofia. E questionei se muitos dos jovens que hoje inventam novos *apps* (e têm grande sucesso em profissões que antes não existiam) não vêm justamente de uma formação humanística.

Mas não penso apenas na informática. Ter uma educação clássica significa também lidar com a história e com a memória. A tecnologia vive só no presente e esquece cada vez mais a dimensão histórica. Aquilo que Tucídides conta sobre o episódio dos atenienses e dos mélios nos ajuda até hoje a entender muitos acontecimentos da política contemporânea. Se Bush tivesse lido bons historiadores (e havia muitos nas universidades americanas), teria entendido por que, no século XIX, ingleses e russos não conseguiram controlar e dominar os afegãos.

Por outro lado, os grandes cientistas como Einstein tinham uma sólida cultura filosófica e Marx formou-se com uma tese sobre Demócrito. Reformemos, portanto, mas conservemos o Liceu clássico porque permite imaginar aquilo que ainda não foi imaginado e isso distingue o grande arquiteto do obrista.

Sobre livros e outras coisas mais

Harry Potter faz mal aos adultos?

(2001)

Escrevi uma *Bustina* sobre Harry Potter quase dois anos atrás, quando as três primeiras histórias já haviam sido publicadas e o mundo anglo-saxônico começava a discutir se não seria deseducativo contar aos jovens estas histórias de magia, pois poderiam induzi-los a levar certos delírios ocultistas a sério. Com o filme, o fenômeno Harry Potter está se transformando numa coisa verdadeiramente global e vi outro dia um episódio do programa *Porta a porta* onde apareciam o mago Otelma, felicíssimo com a publicidade a favor de senhores como ele (e vestido, ademais, de um modo tão "magoso" que nem Ed Wood teria coragem de mostrá-lo assim em seu filme de terror) e, do outro lado, um ilustre exorcista, o padre Amorth (*nomen omen*), para quem as histórias de Harry Potter veiculam ideias diabólicas. Para explicar melhor, enquanto a maioria das outras pessoas sensatas presentes no programa pensava que magia branca e magia negra são invencionices (se é que podemos levar a sério quem acredita nelas), o padre exorcista levava muito a sério toda e qualquer forma de magia (branca, negra e até de bolinhas) como obra do Maligno.

Se o clima é este, creio que devo entrar em campo a favor de Harry Potter. As histórias são, é claro, histórias de magos e feiticeiros e é óbvio que teriam sucesso, pois as crianças sempre gostaram de fadas, anões, dragões e bruxos e ninguém nunca pensou que Branca de Neve fosse criação de um complô de Satanás, e se tiveram e ainda têm sucesso é porque sua autora (não sei se por cultíssimo cálculo ou prodigioso instinto) soube colocar em cena situações narrativas verdadeiramente arquetípicas.

Harry Potter é filho de dois bruxos boníssimos mortos pelas forças do mal, embora não soubesse disso no início e vivesse como um órfão maltratado por tios mesquinhos e tiranos. Depois, sua verdadeira natureza e sua vocação foi revelada e ele partiu para estudar num colégio para jovens bruxos de ambos os sexos, onde vive aventuras mirabolantes. Eis o primeiro esquema clássico: pegue uma jovem e meiga criatura, faça com que sofra todo tipo de maldade, revele por fim que era criatura de uma raça fadada a destinos luminosos e eis que se obtém não apenas o Patinho Feio e Cinderela, mas Oliver Twist e o Remy de *Sem família*, de Malot. Além disso, a escola de Hogwarts, onde Harry aprende a fazer poções mágicas, parece com muitos colégios ingleses, onde se joga um daqueles esportes anglo-saxões que fascinam tanto os leitores de além-Mancha, porque conseguem entender as regras, quanto os continentais, que jamais conseguirão entendê-las. Outra situação arquetípica evocada é a dos *Meninos da rua Paulo*. Também tem alguma coisa do *Jornalzinho de Gian Burrasca*, com os pequenos estudantes reunidos numa conspiração contra professores excêntricos (alguns perversos). Acrescente-se que as crianças jogam cavalgando vassouras voadoras e eis que temos também Mary Poppins e Peter Pan. Por fim, Hogwarts parece um daqueles castelos misteriosos que aparecem nos livros da "*Biblioteca dei miei ragazzi*" de Salani Editore (o mesmo de Harry Potter), onde um grupo bem entrosado de meninos de calças curtas e meninas de longos cabelos dourados desmascara as manobras de um intendente desonesto, de um tio corrupto, de um bando de trapaceiros e descobre no final um tesouro, um documento perdido, uma cripta secreta.

Se Harry Potter fala de encantamentos de causar arrepios e de animais assustadores (afinal, a história é voltada para crianças que cresceram com os monstros de Carlo Rambaldi e com os desenhos animados japoneses), as crianças lutam por boas causas, como fazem os escoteiros, e dão ouvidos a educadores virtuosos, tanto que chegam a lembrar (feitos todos os descontos históricos) o bom-mocismo de *Coração*, de De Amicis.

Acreditamos realmente que, lendo histórias de magia, as crianças vão acreditar em bruxas quando crescerem? É o que alegam, como se fosse um só pensamento, embora com sentimentos opostos, o mago Otelma e o padre Amorth. Todos experimentamos um temor salutar diante de ogros e lobos maus, mas ao crescer aprendemos a não ter medo de maçãs envenenadas, e sim do buraco na camada de ozônio, e o fato de acreditarmos, quando éramos pequenos, que os bebês eram trazidos pela cegonha não nos impediu de adotar, quando adultos, um sistema mais adequado (e mais agradável) de fazê-los.

O verdadeiro problema não são as crianças, que nascem acreditando no Gato e na Raposa, como Pinóquio, mas depois aprendem a lidar com espertalhões bem diferentes e menos fantásticos; o problema preocupante são os adultos, talvez os que não leram histórias de magia quando pequenos, que, encorajados até por programas televisivos, consultam leitores de borra de café, ilusionistas de tarô, oficiantes de missas negras, curandeiros, manipuladores de mesas, prestidigitadores do ectoplasma, reveladores do mistério de Tutancâmon. E depois, de tanto acreditar em magos, voltam a acreditar até no Gato e na Raposa.

Como defender-se dos Templários

(2001)

Acabei de receber *La vera storia dei Templari*, de Piers Paul Read (Newton Compton, 2001) e o fascículo anexo à revista *Storia e Dossier* (agosto de 2001), *Strategia di um delitto. Filippo il Bello e il cerimoniale segreto dei Templari*, de Barbara Frale. O primeiro é um livrão de trezentas páginas, o outro, um livrinho de sessenta, mas nenhum dos dois inventa mentiras. Uma premissa dessas poderia parecer estranha se estivéssemos apresentando uma biografia de Júlio César ou uma história dos Pais Pelegrinos, mas quando o assunto são os Templários é preciso manter sempre um pé atrás.

Se é um editor que encomenda livros, contrate um escritor para escrever sobre os Templários. E quanto mais fatos historicamente insustentáveis ele contiver, mais leitores famintos por mistérios encontrará para comprá-lo. Quem, ao contrário, quiser saber se um determinado livro sobre os Templários é confiável, deve verificar o sumário. Se começar com a primeira cruzada e terminar com a condenação à fogueira em 1314 (acrescentando no máximo um apêndice que narra com algum ceticismo as lendas sucessivas), então é provavelmente um livro sério. Se chegar cheio de confiança aos Templários dos nossos dias, então é furado.

A não ser que se tenha a intenção de contar (como historiador) como nasceu e se desenvolveu o mito. A obra mais documentada sobre o assunto ainda é o imponente *La Franc-Maçonnerie Templière et Occultiste au XVIIIe et XIXe siècle*, de René Le Forestier (Aubier, 1970). Para quem quiser seguir o destino do mito na floresta inextricável do ocultismo contemporâneo, entre seitas gnósticas, fraternidades satânicas, espiritistas, ordens pitagóricas, rosacrucianistas, iluminados maçons e caçadores de discos voadores, indico Massimo Introvigne, *Il cappello del mago* (Sugarco, 1990). Mas se preferir uma boa síntese histórica, equilibrada e confiável, de todo processo até os dias atuais, tentem recuperar o livrinho de Franco Cardini, anexo a *Storia e Dossier* (abril de 2000), *I segreti del tempio. Esoterismo e Templari*. Em todo caso, também são leituras úteis sobre a verdadeira história dos "verdadeiros" Templários, *L'enigma di Filippo il Bello*, de Jean Favier (Jouvence, 1982), *Vita e morte dell'ordine dei templari*, de Alain Demurger (Garzanti, 1987), *I Templari*, de Peter Partner (Einaudi, 1991).

Por que os Templários suscitaram tantas lendas? Porque sua história é digna de um romance folhetinesco. Imaginem uma ordem monástico-cavalheiresca, que realiza extraordinárias façanhas guerreiras e acumula uma imensa fortuna; encontrem um rei que deseja desembaraçar-se deles, pois já se transformaram num Estado dentro do Estado, e que para isso convoca inquisidores prontos a reunir todos os boatos esparsos, alguns verdadeiros, outros falsos, e criar um terrível mosaico (um complô, crimes imundos, heresias inomináveis, bruxaria e uma boa dose de homossexualidade); prendam e torturem os suspeitos, cuidando para que saibam que quem confessar escapará da morte e quem insistir em se declarar inocente acabará no patíbulo... Os primeiros a legitimar a sua construção inquisitorial (e as lendas que virão) serão as próprias vítimas.

A história da ordem termina tragicamente neste ponto, mas prenuncia outros processos político-ideológicos que seguem até os nossos dias. De fato, diante de tamanha e tão feroz repressão nasceu uma pergunta inevitável:

o que foi feito dos Templários que conseguiram escapar da fogueira? Terminaram suas vidas em algum convento tentando esquecer aquela história atroz ou, ressabiados como todos os arrependidos, resolveram se reorganizar numa ordem secreta, cada vez mais oculta e ramificada através dos séculos? Esta segunda hipótese não é sustentada por nenhuma prova histórica, mas pode desencadear uma infinidade de arranjos de fantasia histórica.

Quem procurar na internet encontrará muitas ordens templárias em atividade, pois não é legalmente proibido apropriar-se de um mito. Qualquer um pode se autodeclarar sumo sacerdote de Ísis e Osíris, pois os faraós não estão mais aqui para desmenti-los. Portanto, quem estiver interessado em fantasia histórica deve procurar a pseudo-historiografia sensacionalista de Louis Charpentier (*I misteri dei templari*, Atanòr, 1981) ou o *Dante templare*, de Robert L. John (Hoepli, 1987, mas é de 1946) — onde encontrará exemplos como este de estilo argumentativo: "Os 'membros na terra dispersos' de Beatriz [...] são (repetimos) os numerosos membros, espalhados por toda a Itália, das associações espirituais templárias que a nobilíssima Dama designa com tal nome claramente gnóstico" (p. 351).

Nesta altura, porém, se é disso mesmo que você gosta, escolha logo o modelo mais descarado de fantasia histórica, *O santo Graal* de Baigent, Leigh e Lincoln. Sua fantasiosa má-fé é tão evidente que o leitor vacinado pode se divertir como se estivesse jogando RPG.

A insustentável leveza do velho de Lambrugo

(2002)

Em primeiro lugar, é preciso enquadrar o personagem, o que não é nada fácil. Mas vamos a ele: Paolo De Benedetti, como o próprio nome diz, é de origem judaica, mas nasceu numa família que já era cristã há muito tempo e, como cristão, é um espírito religiosíssimo (escreveu livros e dirigiu coleções de tema religioso). Mas é o cristão mais judaizante que já conheci e naturalmente tinha de acabar como biblicista e professor de coisas judaicas numa faculdade teológica. Como se não bastasse, é o espírito mais talmúdico que existe e posso demonstrá-lo com a seguinte história, que testemunhei quando trabalhávamos juntos na Bompiani. Ele trabalhava no *Dizionario delle Opere e dei Personaggi* e tinha encomendado um ou mais verbetes atualizados sobre Teillard de Chardin a um especialista, creio que francês, o qual escreveu, entre outras coisas, que uma fundação dedicada a Chardin era presidida por "Sua Majestade Maria José de Savoia".

Não tanto por espírito jacobino, acho eu, mas por natural sobriedade de redator de enciclopédia, De Banedetti eliminou o Sua Majestade e deixou apenas Maria José de Savoia. O autor do verbete, evidente um homem de sentimentos monárquicos, escreveu uma carta indignada estigmatizando a censura e dizendo: "La royauté, Monsieur, a realeza é algo que não se apaga nunca." E De Benedetti respondeu: "Mas a princesa nunca foi coroada." De fato, na passagem entre Emanuel III, Humberto II e a proclamação da República, não ocorreram "sagrações", ou seja, cerimônias de coroação. Formas são formas, liturgia é liturgia e o missivista não pôde objetar mais nada. Agora me digam se um personagem assim não é talmúdico até a última fibra de seu ser.

Um personagem destes, mesmo que sua vida seja dedicada aos textos sagrados, não pode evitar algum divertimento mundano, e o seu é quase cabalístico. Deleita-se (no sentido em que estuda e escreve) com *limericks* e com o *nonsense*, explorando também suas margens e sua posteridade, tanto que mandou traduzir, na Bompiani, o *Old Possum Book of Practical Cats*, de Eliot. Além disso, é devoto daquele gênio irresponsável que era Ferdinando Incarriga — mas eu sustento, tendo a edição 1860 de suas obras, que ele assinava Ingarrica; De Benedetti diz que sim, mas persevera em seu erro tipográfico — deveria saber, no entanto, que se uma única letra da Torá for mudada, o mundo pode se consumir numa língua de fogo.

Ingarrica era um juiz de Salerno que escrevia absolutamente a sério, sem ser tocado pela suspeita do ridículo, anacreônticas máximas do tipo: "Stronomia é ciência amena / que leva o homem a mesurar / Estrelas, Sol e globo Lunar / e a ver o que nas alturas há. / Lá chegando tu sondas — bem os Faróis do Mundo: — as harmonias deste astro rotundo — são somente a

Deus reservadas." Um convite a núpcias, que leva De Benedetti a imitações do gênero: "A garrafa é aquela coisa / que se põe em torno ao leite; / se porém alguém lhe bate / Ai de ti, tosco! Já era." Ou: "A múmia é aquele negócio / que era embalsamado / para poder ser conservado — dentro de grandes pirâmides." Para terminar: "Monumento é aquela coisa / que se planta nas praças / para instrução das massas / e se coloca no topo Garibaldi."

Seus vários exercícios ensaísticos e criativos sobre a poesia *nonsense* foram agora publicados por Scheiwiller (*Nonsense e altro*, 2007, doze euros) e não sei dizer se são melhores as explorações sobre a história e a métrica dos *nonsenses*, ou as recriações livres que o autor apresenta. De seus *limericks*, citarei: "Havia uma mulher de nome Clarice / que se lamentava de tanta chatice: / se eu me chamasse Clárice — subiria naquele lárix — inimigo das paroxítonas." Ou ainda: "Havia um velho de Lambruco / que comia pão e suco / depois de encher bem o buxo / resolveu virar capucho / aquele ascético velho de Lambruco." E para terminar: "Havia um indiano de nome Valmiki / que de dizer hemistíquios tinha o tique / e nem os mosquitos lhe tiravam o pique / mara mara, gritava arrependido / por de ter sido por anos bandido." Conforme precisa mais adiante o doutíssimo livreto, Valmiki era o autor do *Ramaiana*, que tem 24 mil estrofes e, portanto, parece fatigante proferir 96 mil hemistíquios "em comparação com um *limerick* ou uma poesia de Ungaretti". Para deixar o leitor à vontade, De Benedetti reporta oito hemistíquios de Valmiki em sânscrito, e cada um pode, então, julgar por si mesmo.

Fundamental na atividade criativa de De Benedetti é o gato, a quem ele dedica muitos e deliciosos poemetos, aos quais nada falta para que sejam senhoras poesias. E o mesmo direi das poesias sobre os anjos, que não são gatos, mas certamente são animais curiosos.

O que dizer? Se lhe sobra um pouco de tempo entre as diatribes de Bruno Vespa e Michele Santoro, leia De Benedetti. Os confins entre loucura e sabedoria são tão finos que é boa prática ultrapassá-los assiduamente. Não reclame se não reportei mais exemplos, como gostaria, mas queria obrigá-lo a gastar aqueles doze euros para conhecer o resto.

Tocar os livros

(2004)

Ao longo das últimas semanas, tive oportunidade de falar sobre bibliofilia em duas ocasiões diversas e em ambas havia muitos jovens entre os ouvintes. Falar da própria paixão bibliófila é difícil. Entrevistado por aquele belo programa da RAI 3 que é *Fahrenheit* (que tanto tem feito para difundir a paixão pela leitura), disse que é um pouco como ser um pervertido que faz amor com cabras: se alguém contar que passou a noite com Naomi Campbell ou mesmo com a linda moça da porta ao lado, todos o seguem com interesse, inveja ou maliciosa excitação, mas se falar dos prazeres experimentados na conjunção carnal com uma cabra, as pessoas, constrangidas, vão tentar mudar de assunto. Se alguém coleciona quadros do Renascimento ou porcelanas chinesas, quem visita sua casa fica extasiado com tais maravilhas. Se, ao contrário, exibe um libreto setecentista em duodécimo, com as folhas amareladas, e diz que se pode contar nos dedos as pessoas que possuem um igual, o visitante entediado apressa o momento de ir embora.

A bibliofilia é o amor pelo livros, mas não necessariamente por seu conteúdo. O interesse pelo conteúdo pode ser satisfeito indo, por exemplo, a uma biblioteca; já o bibliófilo, mesmo que atento ao conteúdo, deseja o objeto, de preferência o primeiro que saiu do prelo. E deseja tanto que alguns bibliófilos — que não aprovo, mas entendo —, quando adquirem um livro intonso, não cortam as páginas para não violá-lo. Para eles, talhar as páginas de um livro raro seria como, para um colecionador de relógios, quebrar a caixa para ver o mecanismo.

Bibliófilo não é aquele que ama a *Divina comédia*, mas alguém que ama uma determinada edição e uma determinada cópia da *Divina comédia*. Quer tocá-la, folhear, passar os dedos pela encadernação. Nesse sentido, "fala" com o livro enquanto objeto, busca aquilo que o livro conta de suas origens, de sua história, das incontáveis mãos pelas quais passou. Às vezes, o livro conta uma história feita de manchas de polegares, anotações nas margens, sublinhados, assinaturas no frontispício, até buracos de traça, ou uma história ainda mais bela quando, mesmo tendo quinhentos anos, suas páginas frescas e brancas ainda estalam sob os dedos.

Mas um livro enquanto objeto pode contar uma bela história mesmo quando não passa dos cinquenta anos. Possuo uma *Philosophie au Moyen Âge* de Gilson, dos primeiros anos cinquenta, que me acompanha desde os anos de tese até hoje. O papel daquela época era infame e, mal tento virar uma página, o livro se desfaz em migalhas. Se para mim ele fosse apenas um instrumento de trabalho, bastaria procurar uma nova edição, que pode ser encontrada a bom preço. Mas quero aquela cópia que, com sua frágil vetustez, com seus sublinhados e notas, em cores diversas segundo a época da releitura, me faz lembrar meus anos de formação e os seguintes e que faz, portanto, parte de minhas recordações.

Isso deve ser contado aos jovens, porque em geral se pensa que a bibliofilia é uma paixão acessível apenas aos endinheirados. Sem dúvida, existem livros antigos que custam centenas de milhões (uma primeira edição incunábulo da *Divina comédia* foi vendida num leilão alguns anos atrás por um bilhão e meio), porém, o amor pelo livro não diz respeito apenas aos livros antigos, mas também aos livros velhos, que podem ser a primeira edição de um livro de poesia moderna — e há quem faça de tudo para completar a coleção da "Biblioteca dei Miei Ragazzi", de Salani Editore. Três anos atrás, encontrei numa banquinha a primeira edição do *Gog* de Papini, encadernada, mas com a capa original de papel, por 20 mil liras. É verdade que vi a primeira edição de *Canti orfici*, de Campana, num catálogo por 13 milhões (logo se vê que o pobrezinho só teve meios para imprimir umas poucas cópias), mas é possível reunir uma bela coleção de livros novecentistas renunciando de vez em quando a um jantar na pizzaria. Frequentando banquinhas, um de meus alunos colecionava guias turísticos de épocas diversas; no início pensei que era uma ideia bizarra, mas partindo daqueles fascículos com fotografias desbotadas, ele fez depois uma belíssima tese que mostrava como o olhar sobre uma determinada cidade pode mudar com o passar dos anos. Por outro lado, mesmo um jovem com poucos recursos pode topar, entre a feira de Porta Portese e a de Sant'Ambrogio, com décimo-sextos dos séculos XVII ou XVIII que ainda custam o mesmo que um belo par de tênis de ginástica e que, sem serem raros, são capazes de narrar uma época.

Em suma, ocorre com a coleção de livros aquilo que ocorre com as coleções de selos. Certamente, o grande colecionador tem peças que valem uma fortuna, mas eu, quando era menino, comprava na papelaria alguns envelopes com dez ou vinte selos sortidos e passava tardes e mais tardes sonhando com Madagascar e com as ilhas Fiji debruçado nos retangulinhos multicoloridos, seguramente não raros, mas fabulosos. Que nostalgia.

Eis o ângulo reto

(2005)

Uma sólida crença reza que conhecemos as coisas através de sua definição. Em certos casos, é verdade, como nas fórmulas químicas, pois sem dúvida o fato de saber que algo é NaCl ajuda quem sabe alguma coisa de química a entender que deve ser um composto de cloro e sódio e provavelmente — embora a definição não diga explicitamente — a pensar que se trata de sal. Mas tudo aquilo que deveríamos saber sobre o sal (que serve para conservar e dar sabor aos alimentos, que faz subir a pressão, que é extraído do mar ou de salinas e até que nos tempos antigos era mais caro e precioso que hoje) não é dito pela definição. Para saber tudo aquilo que sabemos do sal, ou seja, tudo aquilo que na verdade é útil para nós (deixando de lado sabe-se lá quantos detalhes), foi preciso que ouvíssemos não tanto as definições, mas antes as "histórias". Histórias que se transformam, para quem quer saber realmente tudo sobre o sal, em maravilhosos romances de aventura, com caravanas que seguem a rota do sal pelo deserto, entre o império de Mali e o mar, ou os relatos de médicos primitivos que lavavam as feridas com água e sal... Em outras palavras, nosso saber (mesmo o científico e não apenas o mítico) é um tecido de histórias.

Para aprender a conhecer o mundo, a criança tem dois caminhos: um é aquele que se chama aprendizagem por indicação, quando a criança pergunta o que é um cão e a mãe aponta um (é um fato maravilhoso que uma criança que foi apresentada a um bassê saiba no dia seguinte que o lebréu também é um cão — talvez exagerando por adição e incluindo entre os cães a primeira ovelha que vir, mas dificilmente por subtração, não reconhecendo um cão como um cão).

O segundo caminho também não é a definição, do tipo "o cão é um mamífero dos placentários, carnívoro, fissípede, canídeo" (imaginem o que uma criança pode fazer com esta definição que, no entanto, é taxonomicamente correta) mas é antes alguma forma de história: "Lembra daquele dia em que fomos ao jardim da vovó e tinha um animal assim e assado?"

De fato, as crianças não perguntam o que é um cão ou uma árvore. Em geral, primeiro elas veem a coisa e depois alguém explica que ela é assim e assado. E é nesta altura que aparecem os por quês. Entender que tanto uma faia quanto um carvalho são árvores não é nenhum drama, mas a verdadeira curiosidade surge quando eles querem saber por que estão ali, de onde vieram, como crescem, para que servem, por que perdem as folhas. E é nessa hora que intervêm as histórias. O saber se propaga através de histórias: planta-se uma semente, depois ela germina etc.

Também a "coisa" que as crianças querem realmente saber, isto é, de onde vêm os bebês, só pode ser dita sob forma de história, seja ela a do pé de couve ou da cegonha, seja a do papai que dá uma sementinha para a mamãe.

Sou daqueles que consideram que também o saber científico deve assumir a forma das histórias e cito sempre a meus alunos uma bela página de Peirce, na qual para definir o que é o lítio, ele descreve durante cerca de vinte linhas o que é preciso fazer no laboratório para obter lítio. Considero que é uma página muito poética: nunca tinha visto nascer o lítio e eis que um belo dia assisti ao alegre acontecimento, como se estivesse na obscura oficina de um alquimista — e no entanto era pura química.

Ora, outro dia o amigo Franco Lo Piparo, numa conferência sobre Aristóteles, atraiu minha atenção para o fato de que Euclides, pai da geometria, nunca definiu o ângulo reto como um ângulo de noventa graus. Pensando bem, eis uma definição indubitavelmente correta, mas inútil para quem não saiba o que é um ângulo ou o que são os graus — e espero muito que nenhuma mãe arruíne os próprios filhos dizendo a eles que os ângulos são retos quando têm noventa graus.

Eis, ao contrário, o que diz Euclides: "Quando uma reta levantada sobre outra reta forma ângulos adjacentes iguais entre si, cada um dos ângulos iguais é reto e a reta levantada é dita perpendicular àquela sobre a qual foi levantada."

Entendeu? Quer saber o que é um ângulo reto? Pois vou explicar como fazê-lo, ou seja, vou contar a história dos passos que é preciso dar para produzi-lo. Depois disso, é fácil entender. A bem dizer, a história dos graus pode ser aprendida mais tarde, depois de ter reconstruído o admirável encontro das duas retas.

Isso me parece muito instrutivo e muito poético e torna o universo da fantasia, onde para criar histórias imaginamos mundos, mais próximo do universo da realidade, onde para entender o mundo criamos histórias.

(Por que contei tudo isso? Porque na primeira *Bustina* de 1985 avisei que pretendia falar do que andava passando pela minha cabeça e hoje o que passou foi isso.)

Viagem ao centro de Jules Verne

(2005)

Quando éramos meninos, nos dividíamos em dois partidos: os que amavam Salgari e os que amavam Verne. Confesso logo que, na época, torcia por Salgari e que agora a História me obriga a rever as opiniões de outrora. Salgari, relido, citado de cor e salteado, amado por todos aqueles que partilharam com ele sua infância, não seduz mais (ao que parece) as novas gerações e — para ser sincero — até os mais velhos, ao relê-lo, ou colocam uma pitada de nostalgia e ironia, ou a leitura se torna pesada e aquele excesso de mangarobeiras e babirrussas acaba entediando.

Comemora-se, ademais, neste ano de 2005, o centenário da morte de Jules Verne. Cotidianos, hebdomadários, congressos revisitam Verne, e não só na França, tentando mostrar as várias vezes em que sua fantasia antecipou a realidade. Uma olhada nos catálogos editoriais do nosso país sugere que

Verne é mais reeditado que Salgari, sem mencionar a França, onde existe até um comércio antigo verniano, certamente porque as velhas edições Hetzel de capa cartonada são de grande beleza (em Paris, só na *rive gauche*, há pelo menos duas lojas dedicadas exclusivamente a estes esplêndidos volumes encadernados em vermelho e ouro, com preços proibitivos).

Por mais méritos que tenhamos de reconhecer ao nosso Salgari, o pai de Sandokan não tinha um grande senso de humor (como, aliás, os seus personagens, à exceção de Yanez), enquanto os romances de Verne são cheios de humor: basta recordar aquelas páginas esplêndidas de *Miguel Strogoff* em que, depois da batalha de Kolyvan, o correspondente do *Daily Telegraph*, Harry Blount, para impedir seu rival Alcide Jolivet de transmitir suas matérias para Paris, mantém o telégrafo ocupado ditando versículos da Bíblia pelo montante de milhares de rublos; finalmente, Jolivet consegue roubar sua posição no balcão e bloqueia o telégrafo transmitindo cançonetas de Beranger. Diz o texto: "— Ei! — fez Harry Blount. — Pois é — respondeu Alcide Jolivet." Digam-me se isso não é estilo.

Outra explicação para o fascínio é que muitos romances de antecipação, lidos tempos depois, quando aquilo que anunciavam já se realizou de alguma forma, causam uma certa desilusão, pois as coisas que realmente aconteceram, as invenções verdadeiras, são muito mais assombrosas do que tudo que o romancista dos tempos antigos imaginava. Com Verne não, nenhum submarino atômico jamais será tão assombroso tecnologicamente quanto o *Nautilus*, e nenhum dirigível ou *jumbo jet* terá o fascínio da majestosa aeronave a hélice de Robur, o Conquistador.

Um terceiro elemento de atração (e o mérito deve ser repartido igualmente entre autor e editor) são as gravuras que acompanham os romances. Nós, devotos salgarianos, sempre lembraremos com emoção as maravilhosas telas de Della Valle, Gamba ou Amato, mas se tratava sempre de pintura, quero dizer, Hayez ou (vou me arruinar) Rafael em preto e branco. As gravuras vernianas são bem mais misteriosas e intrigantes — e dá vontade de examiná-las com lente de aumento.

O capitão Nemo que vê o polvo gigante através da grande escotilha do *Nautilus*, a aeronave de Robur, eriçada de antenas tecnológicas, o balão que cai sobre a Ilha Misteriosa ("Estamos subindo? — Não, ao contrário, descendo! — Pior ainda, senhor Ciro, despencando!"), o enorme projétil apontado para a Lua, as grutas no centro da Terra são imagens que emergem sempre de um fundo escuro, delineadas por finos traços negros alternados a feridas esbranquiçadas, um universo desprovido de zonas cromáticas preenchidas de modo homogêneo, uma visão feita de arranhões, estriamentos, reflexos ofuscantes por ausência de traços, um mundo visto por um animal com uma retina muito peculiar, talvez os bois e os cães vejam assim, um mundo espiado de noite através de uma veneziana de tiras finíssimas, um território sempre um pouco noturno e quase subaquático, mesmo em pleno céu, fato de rasgos de buril e abrasões que geram luz apenas nos locais onde o instrumento do gravador escavou ou deixou em relevo a superfície.

Não tem dinheiro para comprar as edições Hetzel em antiquários e não se sente satisfeito com as reedições contemporâneas? Pois entre na internet, no endereço http://jv.gilead.org.il/. Lá um senhor chamado Zvi Har'El reúne todas as notícias sobre Verne, as listas das comemorações mundiais em curso, uma bibliografia completa, uma antologia de ensaios, 340 imagens incríveis de selos dedicados ao nosso autor em vários países, as traduções em hebraico (este sr. Zvi é certamente israelense e, de maneira comovente, dedica o site ao filho desaparecido aos 19 anos), mas sobretudo uma "Virtual Library" onde se encontram os textos integrais em várias línguas e, pelo menos no que diz respeito às edições francesas originais, todas as gravuras, que você pode salvar e depois ampliar, pois às vezes, granuladas, elas ficam ainda mais fascinantes.

O espaço em forma de saca-rolhas

(2007)

Alguns poderiam considerar incorreto resenhar um livro cujo prefácio foi escrito por mim. Mas de uma resenha espera-se que seja objetiva e livre de interesses pessoais, enquanto esta *Bustina* é, por definição, a expressão de interesses, curiosidades e preferências pessoais. Fiz o prefácio justamente porque gostei do livro e, por isso mesmo, falo dele.

Trata-se de *Elementare, Wittgenstein!*, de Renato Giovannoli, que, apesar do título gaiato, é muito sério e rigoroso (Medusa, 2007).

Renato Giovannoli é autor (entre outros) de um livro "científico" dos mais apaixonantes, *La scienza della fantascienza* (Bompiani, 2001), uma análise sistemática das principais ideias "ficcionalmente" científicas que circulam por todos os principais romances de ficção científica (leis da robótica, natureza dos alienígenas e dos mutantes, hiperespaço e quarta dimensão, viagens no tempo e paradoxos temporais, universos paralelos e assim por diante). Estas ideias mostram uma insuspeitável coerência, como se constituíssem um sistema, semelhante em homogeneidade e consequencialidade ao da ciência, o que não é inverossímil: primeiro, porque os autores de ficção científica se leem entre si, alguns temas migram de história em história e criou-se assim uma espécie de cânone paralelo ao da ciência oficial; segundo, porque os romancistas não desenvolvem suas ficções em oposição às soluções da ciência, mas dela extraem suas consequências mais extremas, e por último, porque algumas das ideias ventiladas pela ficção científica (de Verne em diante) acabaram se transformando em realidade científica.

Desta vez, Giovannoli aplica o mesmo critério ao arquipélago da literatura policial e assume que o método dos detetives da narrativa tem afinidade com aquele dos filósofos e cientistas. A ideia em si não é nova, mas são novos a amplitude e o rigor com que este ponto de partida é desenvolvido, tanto que poderíamos perguntar, como faz, aliás, o autor, se o livro representa uma filosofia do romance policial ou um manual de filosofia que parte de alguns exemplos de raciocínio tirados do romance policial. Sem saber se devo recomendá-lo a quem deseja entender o romance policial ou a quem pretende entender a filosofia, a prudência aconselha que o recomende a ambos.

Percebemos assim que não somente alguns autores de policiais tinham ciência dos problemas filosóficos e científicos (ver, por exemplo, as páginas sobre as relações entre Dashiell Hammet, a teoria da relatividade e a topologia), mas também que alguns pensadores não teriam pensado (talvez) como pensaram se não tivessem lido romances policiais — ver o partido que Wittgenstein tirou da leitura de *hard boiled novels*.

Não sei se a filosofia vem primeiro que o policial, pois a bem dizer *Edipo rei* também é a história de uma investigação criminal, mas sem dúvida a partir da *gothic novel* e de Poe, a narrativa policial influenciou os pensadores acadêmicos mais do que imaginamos. Giovannoli demonstra com fórmulas lógicas, diagramas e outras amenidades que a passagem do romance policial investigativo para o romance policial de ação tem afinidade com a passagem do Wittgenstein do *Tratactus* para o das *Pesquisas filosóficas*: trata-se da transição de um paradigma da dedução (que prevê um mundo ordenado, uma Grande Cadeia do Ser explicável em termos de relações quase obrigatórias entre causas e efeitos e dirigida por uma espécie de harmonia preestabelecida, na qual a ordem e a conexão das ideias na mente do detetive espelha a ordem e a conexão vigente na realidade) para um paradigma "pragmatista", no qual o detetive, mais do que remontar às causas, provoca efeitos.

O policial investigativo é certamente um modelo reduzido da pesquisa científica, visto que ambos se resolvem na questão "quem fez isso?" — que é, aliás, a versão filosófica do *whodunit*. Chesterton definiu o conto policial como símbolo de mistérios mais elevados e Deleuze disse que um livro de filosofia deveria ser uma espécie de romance policial. O que são as cinco vias para demonstrar a existência de Deus de são Tomás senão um modelo de investigação, seguindo as pistas deixadas por Alguém? Mas há também uma filosofia implícita no *hard boiled*. Veja Pascal e seu desafio: certo, vamos embaralhar as cartas e ver o que acontece. Coisas de Marlowe ou de Sam Spade.

Gostaria de demorar-me um pouco mais nos parágrafos que discutem as relações possíveis entre Agatha Christie e Heidegger. Giovannoli certamente não pretende sugerir que *Os dez indiozinhos* (1939) influenciou *O ser e o tempo* (1927), embora sua frequentação anterior dos paradoxos temporais pudesse levá-lo a tanto; mas, sem dúvida, encontrar na velha dama inglesa uma ideia de "ser-para-a-morte" extraída de fontes medievais é um golpe de mestre. Última recomendação: leiam as páginas sobre Hammet e o espaço em forma de saca-rolhas.

Sobre um livro não lido

(2007)

Lembro (mas como veremos, não posso afirmar que me lembro bem) de um belíssimo artigo de Giorgio Manganelli que explica como um leitor refinado pode saber que um livro não deve ser lido antes mesmo de abri-lo. Não estava falando daquela virtude que se exige muitas vezes do leitor profissional (ou do amador diletante por gosto) de ser capaz de decidir a partir de um *incipit*, de duas páginas abertas ao acaso, do índice, muitas vezes da bibliografia, se vale ou não a pena ler um livro. Isso, eu diria, é puro profissionalismo. Não, Manganelli falava de uma espécie de iluminação, cujo dom ele se arrogava, evidente e paradoxalmente.

Come parlare di um libro senza mai averlo letto (Excelsior, 1881, 2007), de Pierre Bayard (psicanalista e docente universitário de literatura), não diz como saber que não se deve ler um livro, mas como se pode falar tranquilamente sobre um livro não lido, mesmo de professor para estudante e mesmo que se trate de um livro de extraordinária importância. Seu cálculo é científico: as boas bibliotecas reúnem alguns milhões de volumes e, mesmo lendo um por dia, chegaremos a 365 por ano, 3.600 em dez anos e entre os dez e os oitenta anos teremos lido apenas 25.200. Uma bagatela. Por outro lado, quem quer que tenha tido uma boa educação secundária sabe muito bem que é capaz de entender um discurso sobre, digamos, Bandello, Guicciardini, Boiardo, as inúmeras tragédias de Alfieri ou até *Le confessioni di um italiano* tendo aprendido na escola apenas o título e a colocação crítica histórico-cultural, mas sem ter lido uma linha sequer.

O ponto crucial para Bayard é a colocação crítica. Ele afirma sem pudor que nunca leu *Ulisses*, de Joyce, mas pode falar sobre ele mencionando que se trata de uma retomada da *Odisseia* (que ele, aliás, admite nunca ter lido por inteiro), que é baseado num monólogo interior, que se desenrola em Dublin num único dia etc. Eis o que ele escreve: "Portanto, acontece com frequência, em meus cursos, que faça referência a Joyce sem nem piscar." Conhecer a relação de um livro com outros livros significa muitas vezes saber mais do que se tivesse lido a obra.

Bayard mostra que, ao ler certos livros que vínhamos negligenciando há tempos, descobrimos que conhecemos muito bem seu conteúdo, pois já tínhamos lido outros textos que falavam dele, faziam citações ou se moviam dentro da mesma ordem de ideias. E (assim como faz algumas análises divertidíssimas de vários textos literários que tratam de livros nunca lidos, de Musil a Graham Greene, de Valéry a Anatole France e a David Lodge) ele me concede a honra de dedicar todo um capítulo ao meu *O nome da rosa*, onde Guilherme de Baskerville demonstra conhecer muito bem o conteúdo do segundo livro da *Poética* de Aristóteles, embora seja a primeira vez que o tem nas mãos, simplesmente porque pôde deduzi-lo de outras páginas aristotélicas. Veremos depois, no final desta *Bustina*, que não estou citando esta passagem por pura vaidade.

A parte mais intrigante deste libelo, menos paradoxal do que parece, é que esquecemos um percentual altíssimo dos livros que efetivamente lemos, ou melhor, fazemos deles uma espécie de imagem virtual composta nem tanto pelo que diziam, mas antes pelo que evocaram em nossa mente. Sendo assim, se alguém que não leu um determinado livro cita trechos ou situações inexistentes no texto, estamos prontos a acreditar que faziam mesmo parte da obra.

Bayard (e temos aqui o psicanalista, mais que o professor de literatura) está menos interessado em fazer as pessoas lerem os livros dos outros do que em reiterar que toda leitura (ou não leitura, ou leitura imperfeita) deve ter um aspecto criativo e que (para usar palavras simples) o leitor precisa colocar algo de seu no livro. Tanto que chega a projetar uma escola onde, uma vez que falar de livros não lidos é uma forma de conhecer-se a si mesmo, os alunos "inventem" os livros que não terão lido.

Só que, para demonstrar que quando alguém fala de um livro não lido, mesmo quem o leu muitas vezes não percebe as citações equivocadas, Bayard confessa, no final de seu texto, que introduziu três informações falsas no resumo de *O nome da rosa*, de *O terceiro homem* de Greene e de *A troca* de David Lodge. O divertido é que percebi imediatamente o erro a respeito de Greene, fiquei em dúvida a propósito de Lodge, mas não notei nenhum erro em meu próprio livro. O que significa que não li muito bem o livro de Bayard ou não fiz mais que folheá-lo (e tanto ele quanto meus leitores estão autorizados a suspeitar que foi o que ocorreu). Mas a coisa mais interessante é que Bayard não percebeu que, ao denunciar seus três erros (propositais), acaba assumindo implicitamente que existe uma leitura mais correta que as outras — tanto que faz uma leitura muito minuciosa dos livros que analisa para sustentar sua tese da não leitura. A contradição é tão evidente que faz nascer a suspeita de que Bayard não leu o livro que escreveu.

Sobre a instabilidade dos suportes

(2009)

Domingo passado, no dia do encerramento da Escola para Livreiros dedicado a Umberto e Elisabetta Mauri, em Veneza, falamos (entre outras coisas) da instabilidade dos suportes da informação. Foram suportes de informação escrita as estelas egípcias, a plaqueta de argila, o papiro, o pergaminho e obviamente o livro impresso. Este último tem demonstrado até agora que é capaz de sobreviver por quinhentos anos, mas estamos falando somente dos livros feitos de papel de trapos. A partir de meados do século XIX, passamos a usar papel de madeira e parece que este tem uma duração máxima de setenta anos (de fato, basta pegar um jornal ou livro do pós-guerra para constatar que se desfazem logo que são manuseados). Portanto, têm sido realizados há tempos vários congressos e estudos sobre meios variados para salvar todos os livros que enchem as nossas bibliotecas e um dos mais votados (mas quase impossível de realizar para todos os livros existentes) é o escaneamento de todas as páginas e seu transporte para suportes eletrônicos.

Mas aqui surge outro problema: todos os suportes para transporte e conservação da informação, da foto à película cinematográfica, do disquete ao pen-drive USB que usamos em nossos computadores, são mais perecíveis que um livro. E alguns casos são notórios: as fitas do velho cassete se emaranhavam e a gente desenrolava com um lápis enfiado no buraquinho, muitas vezes sem resultado e os videocassetes perdem facilmente as cores e a definição, além de estragarem ainda mais rápido se forem usados para estudo, indo para a frente e para trás repetidamente. No entanto, tivemos tempo para verificar quanto durava um disco de vinil sem estragar muito, mas não para averiguar quando duraria um CD-ROM, pois, saudado como a invenção que substituiria o livro, não demorou a sair do mercado, assim que foi possível acessar os mesmos conteúdos via internet e com custos menores. Não sabemos quanto pode durar um filme em DVD, mas sabemos que já está começando a dar defeito quando usado muitas vezes. Assim, não tivemos tempo de ver quanto durariam os disquetes flexíveis de computador, pois antes disso eles foram substituídos pelo CD-ROM, este pelo CD-RW e este ainda pelo pen-drive USB. Com o desaparecimento sucessivo dos vários suportes, desapareciam também os computadores capazes de lê-los (creio que ninguém mais tenha em casa um computador com a abertura para disquetes) e quem não transfere a tempo tudo o que tinha guardado para o suporte sucessivo (e assim por diante, presumivelmente para sempre, a cada dois ou três anos) perde irremediavelmente tudo (a menos que guarde no porão uma dezena de computadores obsoletos, um para cada suporte desaparecido).

Portanto, sobre todos os suportes mecânicos, elétricos e eletrônicos, ou sabemos que são rapidamente perecíveis ou não sabemos quanto duram — e provavelmente jamais saberemos.

Enfim, basta uma variação de corrente, um raio no jardim ou qualquer outro incidente bem mais banal para desmagnetizar uma memória. Se ocorresse um blecaute bastante duradouro, não poderíamos mais usar nenhuma memória eletrônica. E mesmo que tivesse registrado o *Dom Quixote* em minha memória eletrônica, não poderia lê-lo à luz de velas, numa rede, num barco, na banheira, na gangorra, enquanto um livro permite a leitura mesmo nas condições mais inconvenientes. E se meu computador ou e-book cair do quinto andar posso ficar matematicamente seguro de que perdi tudo, enquanto um livro no máximo se desmancha.

Os suportes modernos parecem visar antes a difusão da informação que a sua conservação. O livro, ao contrário, foi o instrumento príncipe da difusão (basta pensar no papel que teve a Bíblia impressa na reforma protestante), mas, ao mesmo tempo, da conservação. É possível que dentro de alguns séculos, o único modo de ter informações sobre o passado, desmagnetizados todos os suportes eletrônicos, seja ainda um belo incunábulo. E entre os livros modernos, sobrevivem os muitos que foram feitos em papel nobre ou em *free acid paper*, conforme propõem muitos editores.

Não sou um passadista. Registrei num *hard disk* portátil de 250 GB as maiores obras-primas da literatura universal e da história da filosofia: é muito mais cômodo extrair dali, em poucos segundos, uma citação de Dante ou da *Summa Theologiae* do que levantar e ir retirar um pesado volume de uma prateleira alta. Mas fico contente em saber que aqueles livros estão ali, nas minhas prateleiras, garantes da memória quando os instrumentos eletrônicos derem *tilt*.

O futurismo não foi uma catástrofe

(2009)

No centenário do Manifesto futurista muitas exposições recordaram e reavaliaram o movimento. São conhecidas as polêmicas desde que a exposição de Paris considerou os futuristas epígonos do cubismo, enquanto as várias exposições italianas sublinhavam sua originalidade e diversidade. Entre todas as exposições, creio que aquela do Palazzo Reale, em Milão, se destaca por vários motivos. Não lembro qual jornal, ao publicar sua crítica, lamentou que faltassem os grandes incunábulos do movimento, ou seja, *Il dinamismo di um footballer*, de Boccioni, ou *I funerali dell'anarchico Galli*, de Carrà. Isso não deveria ser problema, não porque estas obras já foram expostas muitas e muitas vezes, mas porque a exposição oferece mais e melhor. Em vez de certas obras maiores, ela mostra o que ocorreu antes do futurismo e junto com ele, sobretudo naquela Milão onde o movimento se desenvolveu antes de desembarcar na França. A exposição engloba também o pós-futurismo, até alguns importantes contemporâneos, mas se é óbvio que uma tradição artística sempre gera influências, é menos óbvio o que acontecia antes daquele fatídico 1909.

Na verdade, estamos habituados a pensar que antes havia os realistas à moda de Michetti, apreciados por D'Annunzio, os retratistas para senhoras como Boldini, os simbolistas ou os divisionistas como Previati, todos encantando os bons burgueses que frequentavam museus e galerias, e que, em seguida, teria ocorrido um choque inesperado, uma daquelas reviravoltas rápidas que mudam a história, como as revoluções, ou a natureza com os cataclismos, fazendo surgir as vanguardas históricas, entre quais, na Itália, o futurismo.

Muitos conhecem a teoria matemática das catástrofes elaborada por Thom: uma catástrofe, neste sentido, é como uma brusca "virada" antes da qual não havia nada, e depois, tudo, ou vice-versa. Neste sentido, são catástrofes o sono e a morte (um momento antes de morrer, Monsieur de la Palisse estava vivo), mas também, segundo algumas interpretações, vários eventos históricos como, por exemplo, as insurreições ou os motins nas prisões (a cura milagrosa também seria catástrofe). Ora, a exposição milanesa coloca diante de nossos olhos o fato de que o futurismo não foi uma catástrofe. Basta olhar as obras expostas para perceber que, nos primeiros anos do século XX (sem falar nas formas em liquefação de um escultor do final do século XIX, como Medardo Rosso) e antes que aparecessem as primeiras obras-primas do futurismo, justamente quando Carrà, Balla ou Boccioni ainda pintavam seus quadros figurativos (nos quais a crítica reconhece há tempos os germes do futurismo que viria), o anúncio do dinamismo futurista germina lá onde não era esperado e onde ninguém procuraria por ele. Em 1904, Pellizza da Volpedo faz um *Automobile al passo del Penice*, no qual quase não se vê o automóvel, mas uma estrada que escorre por velozes estriaturas de pincel; em 1907, Previati pinta um *Carro del sole*, no qual une seu extenuado simbolismo a uma representação tangível do movimento veloz e convulso do astro. São apenas alguns exemplos, mas é como se os últimos simbolistas, como Alberto Martini, anunciassem os futuristas e os futuros futuristas ainda olhassem para divisionistas e simbolistas. Isso sem falar de Angelo Romani, que, entre 1904 e 1907, elabora retratos e formas indefiníveis intitulados *Urlo* e *Libidine*, que não consigo definir senão como simbo-futu-expressio-abstratismo, muito mais ousados que as pinturas futuristas que ainda viriam — e fica claro, então, por que Romani adere ao Manifesto futurista para em seguida dissociar-se, como se buscasse obscuramente outra coisa.

A exposição milanesa sugere muitas reflexões além da história dos movimentos artísticos. É que fomos habituados pela história dita evenemencial a ver todos os grandes eventos históricos justamente como catástrofes: quatro *sans-culottes* assaltam a Bastilha e explode a Revolução Francesa, alguns milhares de pés-rapados (mas parece que a foto foi adulterada) assaltam o Palácio de Inverno e explode a Revolução Russa, alguém atira no arquiduque e os aliados percebem que não podem conviver com os impérios centrais, Matteotti é assassinado e o fascismo resolve se transformar em ditadura... Mas ao contrário, sabemos que os fatos serviram de pretexto ou, por assim dizer, de marcador para fixar o início de algo e que os grandes eventos dos quais se tornaram símbolos estavam maturando num lento jogo de influências, crescimentos e descensos.

A história é lodosa e viscosa. Algo que é bom ter sempre em mente, pois as catástrofes de amanhã sempre estão maturando desde hoje, furtivamente.

Pode me interromper se já souber

(2009)

As obras que tentaram uma definição filosófica ou psicológica do cômico são uma mina de ditos de espírito. As melhores historinhas judaicas podem ser lidas no livro de Freud sobre o *Witz* e no livro de Bergson sobre o riso se encontram pérolas como esta citação de Labiche: "Pare! Só Deus tem o direito de matar seu semelhante!" Nestas obras, porém, a citação da piada serve como exemplo para explicar uma teoria.

Eis aqui um livro em que as teorias servem como pretexto para contar piadas. Jim Holt não é filósofo e inicialmente escreveu estas páginas (Senti questa. Piccola storia e filosofia della battuta di spirito) para a *New*

Yorker (o título original é algo como "Pode me interromper se já souber"). Holt até cita teorias contrastantes (que, aliás, demonstra conhecer bem), mas para oferecer uma enxurrada de piadas. Seu livro não poderia ser adotado como texto para as escolas elementares, pois se detém de preferência em piadas particularmente apimentadas. Além disso, cita piadas americanas, daquelas contadas por *comedians* como Lenny Bruce, que muitas vezes são difíceis de entender para quem não conhece a língua e o ambiente. Por exemplo: "Por que Nova Jersey é chamado de estado dos jardins? Porque tem um Rosenblum em cada esquina": para rir é preciso saber que Rosenblum é um nome judaico, mas que em inglês sugere uma florescência de rosas e que muitos judeus moram em Nova Jersey. Se não vive em Nova York, não rirá.

Imaginem, portanto, as dificuldades enfrentadas pelo tradutor Alfonso Vinassa de Regny, que é obrigado a recorrer muitas vezes à nota explicativa e todos sabem como é triste ter de explicar uma piada. Não posso, porém, eximir-me de observar a falta de uma nota numa historinha que faz ironia com a ordenação de padres gays: "Por que os pastores protestantes são ruins no xadrez? Porque não sabem distinguir um bispo de uma rainha." Dita assim, a piada teria pouca graça, mesmo porque é falso que os gays não sabem distinguir um homem de uma mulher. A nota especifica que, em inglês, *alfiere* [bispo] se diz *bishop*, o que torna a piada mais lógica, uma vez que fala de coisas eclesiásticas, mas não diz que, em *slang*, *queen* (rainha) quer dizer homossexual no sentido mais pejorativo possível. Portanto, a piada sugere que "não sabem distinguir um bispo de uma bicha", o que não é politicamente correto, mas é mais cáustico.

Em suma, traduzir piadas é às vezes uma tarefa árdua, mas dito isso, muitas das historinhas deste livro fazem rir e vale realmente a pena citar algumas. Temos piadas na literatura grega antiga (como quer que lhe corte o cabelo?, pergunta o barbeiro; e o cliente: em silêncio!) e Holt cita uma piada que chegou até nós incompleta. Um cidadão de Abdera, cidade cujos habitantes eram famosos por sua estupidez, pergunta a um eunuco quantos filhos teve e ele responde que não teve nenhum pois lhe faltam os órgãos reprodutivos necessários. Mas falta a resposta do abderense e Holt se preocupa. Eu proporia: "E daí? Meu órgão também não funciona e minha mulher me deu três lindos filhos."

Muito bom o capítulo sobre as *Facécias* de Poggio Bracciolini e as anotações sobre as perversões sexuais que inspiraram algumas piadas sádicas como aquelas sobre crianças mortas que circulavam nos Estados Unidos algumas décadas atrás ("O que é vermelho e balança? Um bebê pendurado num gancho de açougue"). Bem, a comovida lembrança de um antropólogo da piada como Alan Dundes (recordando aquela sobre o primeiro prêmio do concurso soviético de piadas sobre o regime: quinze anos) e de seus estudos talvez demasiado agudos sobre as estupidíssimas piadas de elefante. Mais adiante, uma muito refinada: "O que diz uma lesma a cavalo no casco de uma tartaruga? Aiô-ooo!", e essa pode ser contada até as crianças. Já aquela sobre a dieta de Clinton não é para crianças: "Emagreceu tanto que agora consegue ver a cara de sua estagiária." Simpática aquela do sujeito que entra num bar e diz que todos os policiais são uns babacas. Um sujeito sentado no balcão manifesta seu desacordo. Por que, você é policial? pergunta o primeiro. Não, responde o outro, sou um babaca. Para as crianças também cairia bem aquela do esqueleto que entra no bar (talvez o mesmo) e pede uma cerveja e um pano de chão.

Visto que Holt não se exime de nada, citarei a piada sobre o deicídio atribuída a Leon Wieseltier: "Para que todo esse barulho? Só o matamos por uns dois dias!" Deixo de lado as piadas lógico-filosóficas, compreensíveis apenas para um público especializado. Senti, no entanto, a falta de uma piada que realmente aconteceu num congresso de lógica. A fórmula lógica do *modus ponens* é "se P então Q", o que em inglês se pronuncia *if pi dsen quiu*. Num congresso de lógica, um estudioso vai ao toalete e encontra uma fila de gente. E comenta: "*if pee then queu*", que também se pronuncia *if pi dsen quiu*, mas quer dizer que se quiser fazer pipi vai ter que ficar na fila.

Festschrift

(2010)

No jargão acadêmico, um *Festschrift* é um volume de doutas colaborações que amigos e alunos organizam para festejar o aniversário de um estudioso. Este volume pode reunir estudos específicos sobre o personagem em questão — e nesse caso exige dos colaboradores um grande esforço e corre-se o risco de que apenas os alunos mais fiéis participem e não os colegas famosos, que não têm tempo ou vontade de dedicar ao colega uma reflexão que exige tanto empenho —, ou, justamente para atrair também os nomes mais conhecidos, os ensaios são apresentados não como "sobre Fulano dos Anzóis Carapuça", mas como "em honra de Fulano dos Anzóis Carapuça".

Como é fácil imaginar, sobretudo no segundo caso, um ensaio entregue para um *Festschrift* está praticamente perdido, pois ninguém nunca saberá que você escreveu sobre aquele tema naquela coletânea específica. Em todo caso, é um sacrifício que outrora se fazia de bom grado e o texto talvez pudesse ser recuperado em outra ocasião. Só que antigamente se fazia um *Festschrift* quando o professor Carapuça completava 60 anos — que já era uma bela idade e, se tudo corresse bem, ele morreria antes dos 70. Hoje, graças aos avanços da medicina, o professor Carapuça corre o risco de viver 90 anos e seus alunos serão obrigados a fazer um *Festschrift* pelos 60, 70, 80 e 90 anos.

Ademais, como os relações internacionais se intensificaram no último meio século e cada estudioso tem relações diretas de amizade com muito mais gente do que tinha antes, o estudioso médio recebe, por ano, pelos menos vinte ou trinta pedidos de colaboração para volumes comemorativos de colegas que chegaram felizmente, no mundo inteiro, a idades quase bíblicas. Calculando que um texto para um *Festschrift* deve ter, no mínimo, no mínimo, para não parecer avaro, umas vinte páginas, cada estudioso teria de produzir, em média, seiscentas páginas por ano, todas supostamente originais, para celebrar amigos longevíssimos e amadíssimos. Como se pode ver, a coisa é insustentável, mas uma recusa pode ser percebida como falta de consideração.

Só há dois jeitos de resolver a questão. Ou sugerir que se façam volumes comemorativos apenas a partir dos 80 anos, ou fazer como eu, que agora mando sempre o mesmo ensaio para qualquer *Festschrift* (mudando só as dez primeiras linhas e a conclusão) — e ninguém nunca percebeu.

O velho Holden

(2010)

Por ocasião da morte de Salinger, muitos relembraram *O apanhador no campo de centeio* e vi que se dividiam em duas categorias: a primeira, eram lembranças comovidas daqueles para quem o romance foi uma maravilhosa experiência adolescente; a segunda, eram reflexões críticas daqueles que (jovens demais ou velhos demais) leram o romance como qualquer outro livro. As leituras do segundo tipo expressavam sempre uma dúvida, perguntando-se se o *Apanhador* permaneceria na história da literatura ou representava um fenômeno ligado a uma época e a uma geração. No entanto, ninguém tinha se colocado problemas do gênero ao reler *Herzog* quando da morte de Bellow ou *Os nus e os mortos*, de Mailer. Por que com o *Apanhador*?

Acho que sou uma boa cobaia. O romance saiu em 1951 e foi traduzido um ano depois em italiano, pela editora Casini, com o título pouco estimulante de *Vita da uomo* [Vida de homem], passou despercebido e só fez sucesso em 1961, publicado pela Einaudi como *Il giovane Holden* [O jovem Holden]. Foi, portanto, a *madeleine* proustiana de quem era adolescente no início dos anos 1960. Naquela época, eu já estava nos 30, às voltas com Joyce e Salinger me escapou. Só fui ler, quase por dever documental, uma década depois: o livro me deixou indiferente. Mas como?!

Primeiramente, não me fazia lembrar nenhuma paixão adolescente; em segundo lugar, a linguagem juvenil que ele utilizou de maneira tão original estava superada (como se sabe, os jovens mudam de jargão a cada estação) e, portanto, soava falso; por fim, dos anos 1960 até hoje o "estilo Salinger" fez tanto sucesso e reapareceu em tantos outros romances que não podia deixar de me parecer banal ou, no mínimo, pouquíssimo inédito e provocativo. O romance tinha se tornado pouco interessante em razão do sucesso que teve.

Isso nos leva a pensar quanto pesam, na história da "fortuna" crítica de uma obra, as circunstâncias, os contextos históricos em que surge e a referência à própria vida do leitor. Um exemplo em outro nível: não pertenço à *Tex generation* e sempre me espanta ouvir alguém dizer que cresceu com o mito de Tex. A explicação é simples: Tex surgiu em 1948 e naquela época, já no colégio, eu tinha deixado de ler quadrinhos, só retomando por volta dos 30 anos, na época de Charlie Brown, da redescoberta dos clássicos como Dick Tracy ou Krazy Kat e do início da grande tradição italiana dos Crepax e dos Pratt. Da mesma forma, minha HQ de Jacovitti foi Pippo, Pertica e Palla (anos 1940) e não Cocco Bill.

Mas é preciso cuidado para não reduzir tudo a problemas pessoais. É óbvio que alguém pode odiar a *Divina comédia* porque, na época em que teve de estudá-la, estava sofrendo uma tremenda desilusão amorosa, mas isso podia acontecer também como os filmes de Totò. Contudo, não se pode transigir com o vício pseudodesconstruidor segundo o qual não existe sentido do texto, tudo depende do modo como o leitor o interpreta. Posso ficar triste recordando *Totò, Peppino e la malafemmina*, porque minha namorada me deixou bem no dia em que fui assistir ao filme, mas isso não impede que, numa análise desapaixonada, o episódio da carta a Dorian Gray seja uma obra-prima de ritmo e dosagem de efeitos cômicos.

Então, se o valor artístico de uma obra pode ser avaliado independentemente das circunstâncias de nossa recepção pessoal, permanece a questão das razões do seu sucesso ou insucesso numa época determinada. Quanto o sucesso de um livro pode estar ligado ao período (e ao contexto cultural) em que surgiu? Por que o "Apanhador" fascinou tanto os jovens americanos no início dos anos 1950 e, na mesma época, deixa indiferentes os jovens italianos, que só irão descobri-lo dez anos depois? E não basta pensar no maior prestígio editorial e na capacidade publicitária de Einaudi em comparação com Casini.

Poderia citar muitas obras de grande popularidade e apreço crítico, mas que não teriam o mesmo sucesso se tivessem sido publicadas dez anos antes ou dez anos depois. Certas obras têm de chegar no momento certo. E desde a filosofia grega, sabemos que "o momento certo" ou *kairòs* constitui um problema sério. Afirmar que uma obra surgiu ou não no momento certo não é o mesmo que explicar por que o momento certo foi justamente aquele. Trata-se de um problema tão insolúvel como prever onde estará na quarta-feira uma bolinha de pingue-pongue lançada nas ondas do mar na segunda.

Diabo de Aristóteles

(2010)

Acabou de sair em italiano um curioso livro do historiador americano do capitalismo Peter Leeson, *L'economia secondo i pirati. Il fascino segreto del capitalismo* (Garzanti, 2010), onde o autor explica os princípios fundamentais da economia e da democracia modernas, tomando como modelo as tripulações dos navios piratas do século XVII (sim, exatamente o Corsário Negro ou Pedro, o Olonês, com a bandeira de caveira que no começo não era negra, mas vermelha, donde o nome *Jolie rouge*, deturpado mais tarde para *Jolly Roger* em inglês).

Leeson demonstra que, com suas leis férreas, respeitadas por todo pirata de bem, a flibusta era uma organização "iluminada", democrática, igualitária e aberta à diversidade: em poucas palavras, era um modelo perfeito de sociedade capitalista.

É sobre estes temas que Giulio Giorello se estende em seu prefácio e, portanto, não vou tratar do que diz o livro de Leeson, mas de uma associação de ideias que ele me trouxe à mente. E veja bem: mesmo sem ter como saber coisa alguma de capitalismo, quem traçou um paralelo entre piratas e comerciantes (ou livres empreendedores, modelos do capitalismo futuro), foi Aristóteles.

Aristóteles tem o mérito de ter sido o primeiro a definir a metáfora, seja na *Poética*, seja na *Retórica*, e nestas definições inaugurais sustentava que não se trata de um puro ornamento, mas antes uma forma de conhecimento. E não pensem que a coisa não tem importância, pois nos séculos sucessivos a metáfora foi vista durante muito tempo apenas como um modo de embelezar um discurso sem, contudo, mudar sua substância. E alguns ainda pensam assim até hoje.

Na *Poética*, ele diz que entender as boas metáforas significa "saber discernir o semelhante ou o conceito afim". O verbo que usava era *theorêin*, que vale por discernir, investigar, comparar, julgar. Mas Aristóteles retornou com mais delonga a esta função cognitiva da metáfora na *Retórica*, em que dizia que é agradável aquilo que suscita admiração porque nos faz descobrir uma analogia insuspeitada, ou seja, "coloca debaixo de nossos olhos" (assim se exprimia ele) algo que nunca tínhamos notado, de modo que somos levados a dizer "veja, é isso mesmo, e eu não sabia".

Como se pode ver, Aristóteles designava assim uma função quase científica às boas metáforas, mesmo que se tratasse de uma ciência que não consistia em descobrir uma coisa que já estava lá, mas antes, por assim dizer, em fazê-la aparecer ali pela primeira vez, em criar um modo de olhar as coisas.

E qual era um dos exemplos mais convincentes de metáfora que coloca algo diante dos nossos olhos pela primeira vez? Uma metáfora (que não sei onde Aristóteles encontrou) que diz que os piratas eram chamados de "provedores" ou "fornecedores". Como no caso de outras metáforas, Aristóteles sugeria que se identificasse em duas coisas aparentemente diversas e inconciliáveis pelo menos uma propriedade comum e depois que se visse as duas coisas diversas como espécies daquele gênero.

Embora os comerciantes fossem, em geral, considerados boas pessoas que navegavam os mares para transportar e vender legalmente suas mercadorias, enquanto os piratas eram escroques que assaltavam e depredavam navios dos mesmos comerciantes, a metáfora sugeria que piratas e comerciantes tivessem em comum o fato de operar a passagem das mercadorias de uma determinada fonte ao consumidor. Indubitavelmente, uma vez que tinham depredado suas vítimas, os piratas iam vender os bens conquistados em algum outro lugar e eram, portanto, transportadores, provedores e fornecedores de mercadorias — embora seus clientes fossem provavelmente passíveis de imputação por aquisição incauta. Em todo caso, aquela fulminante semelhança entre comerciantes e predadores criava toda uma série de suspeitas — de modo que o leitor era induzido a dizer "era assim, antes eu estava errado".

De um lado a metáfora obrigava a reconsiderar o papel do pirata na economia mediterrânea, mas do outro induzia a algumas suspeitosas reflexões sobre o papel e os métodos dos comerciantes. Em suma, aquela metáfora antecipava, aos olhos de Aristóteles, aquilo que Brecht diria mais tarde, ou seja, que o verdadeiro crime não é roubar um banco, é possuir um — naturalmente o bom estagirita não poderia saber que a aparente *boutade* de Brecht ia parecer tremendamente inquietante à luz de tudo que ocorreu nos últimos tempos no mercado financeiro internacional.

Em suma, não é necessário fazer de conta que Aristóteles (que era conselheiro de um monarca) pensava como Marx, mas é fácil entender o quanto esta historinha de piratas me divertiu. Diabo de Aristóteles!

Montale e os sambucos

(2011)

No amável livrinho *Montale e la Volpe*, em que Maria Luisa Spaziani recorda episódios de sua longa amizade com Montale, há um episódio que deveria ser estudado nas escolas. Então, Spaziani e Montale passavam ao lado de uma fileira de sambucos, flores que Spaziani sempre amou porque "olhando com atenção, é possível perceber um estrelado céu noturno, com pequeníssimos botões em raio, um encanto". E talvez por isso, diz que, entre as poesias de Montale que sabia de cor desde sempre, privilegiava um endecassílabo de extraordinário acento: "*Alte tremano guglie di sambuchi*" [Altas tremem agulhas de sambucos].

Vendo Spaziani extasiada diante dos sambucos, Montale diz "que linda flor" e depois pergunta o que eram, arrancando da amiga "um grito de fera ferida". Mas como, o poeta havia feito do sambuco uma esplêndida imagem poética, mas não era capaz de reconhecer um sabuco ao natural? Montale justificou-se dizendo: "Sabe, a poesia se faz com palavras." Considero este episódio fundamental para entender a diferença entre poesia e prosa.

A prosa fala de coisas, e se um narrador introduz um sambuco em sua história deve saber o que é, além de descrevê-lo adequadamente, do contrário deve evitar mencioná-lo. Na prosa *rem tene, verba sequentur*, possui bem aquilo de que queres falar e depois encontrarás as palavras adequadas. Manzoni não poderia abrir um romance seu com aquele esplêndido *incipit* (que é, aliás, um eneassílabo) seguido de uma cantante descrição paisagística se antes não tivesse observado longamente as duas cadeias ininterruptas de montanhas, o promontório à direita e a ampla costeira do outro lado, e a ponte que une as duas margens, sem falar do monte Resegone. Em poesia, ocorre exatamente o contrário: enamora-te primeiro das palavras e o restante virá por si, *verba tene, res sequentur.*

Então Montale nunca viu os minúsculos montes, as algas astérias, os gladíolos, a sebe aparada dos pitósporos, a pluma que se envisca, as telhas destruídas, a borboleta louca, o coro das codornizes, a furlana e o rigodão, a vereda no fosso?* Talvez, mas tão grande é o valor das palavras na poesia que "o rio engasgado que gorgolha" só o faz porque deve rimar com "o encarquilhar-se da folha", do contrário poderia — sei lá — borbulhar, borbotar, ranger, ansiar ou bocejar, mas uma apurada necessidade auditiva quis que o rio admiravelmente gorgolhasse e "... para sempre / com as coisas que fecham num giro / seguro como o dia, e a memória / em si as alimenta...".**

---

* Em italiano, *minuscule biche, le alghe asterie, l'erbaspada, la siepe cimata dei pitosfori, la piuma que s'invischia, gli embrici distrutti, la cavolaia folle, il coro delle coturnici, la furlana e il rigodone, la rèdola nel fosso*: expressões extraídas de diversas poesias de Engenio Montale. [*N. da T.*]

** No original italiano: "*il rivo strozzato che gorgoglia — l'accartocciarsi della foglia*" e "*... per sempre / con le cose che chiudono in un giro / sicuro como il giorno, e la memoria / in se le cresce...*" [*N. da T.*]

Mentir e fazer de conta

(2011)

Os leitores devem ter percebido que em algumas das últimas *Bustinas* tenho falado sobre a mentira. É que estava preparando uma conferência que fiz na segunda-feira passada na Milanesiana, dedicada este ano a "mentiras e verdades", onde falei também da ficção narrativa. Um romance é um caso de mentira? À primeira vista, dizer que dom Abbondio encontrou dois bravos nas redondezas de Lecco seria uma mentira, pois Manzoni sabia muito bem que estava contando uma coisa que ele mesmo tinha inventado. Mas Manzoni não pretendia mentir: fazia de conta que aquilo que narrava tinha acontecido de verdade e pedia que participássemos de sua ficção, exatamente como fazemos com uma criança que empunha um bastão e faz de conta que é uma espada.

Naturalmente, a ficção narrativa exige que sejam emitidos sinais de ficcionalidade, que vão da palavra "romance" impressa na capa, a indícios como o "era uma vez...", mas muitas começam com um falso sinal de veracidade. Eis um exemplo: "O sr. Lemuel Gulliver... há cerca de três anos, cansado das incômodas visitas de curiosos à sua casa de Redriff, comprou um pequeno pedaço de terra nas cercanias de Newark... Antes de deixar Redriff, confiou-me estas folhas... Li três vezes com atenção e devo dizer que... a verdade transparece em cada página e, de fato, o autor era tão conhecido como amante da verdade, que se tornou proverbial entre seus vizinhos de Redriff, os quais, quando queriam atestar a veracidade de uma afirmação, acrescentavam que era tão verdadeira como se tivesse sido dita pelo sr. Gulliver."

Examinem o frontispício da primeira edição das *Viagens de Gulliver*: o nome de Swift não aparece como autor de uma ficção, mas sim o de Gulliver como autor de uma autobiografia verdadeira. Talvez os leitores não se deixem enganar porque, desde a *História verdadeira* de Luciano de Samósata, as afirmações exageradas de veracidade soam como indícios de ficção; no entanto, muitas vezes os romances misturam fatos fantásticos e referências ao mundo real de modo tão intrincado que muitos leitores perdem o rumo.

Assim, ocorre que acreditam nos romances como se falassem de coisas que realmente aconteceram e atribuem ao autor as opiniões dos personagens. E posso garantir, como autor de romances, que depois de uma tiragem de, digamos, 10 mil exemplares, passamos do público habituado à ficção narrativa para um público selvagem, que lê o romance como uma sequência de afirmações verdadeiras, assim como no teatro de bonecos os espectadores insultam o pérfido Gano di Maganza.

Lembro que, em meu romance *O pêndulo de Foucault*, o personagem Diotallevi, para zombar do amigo Belbo que usa obsessivamente o computador, diz na página 45: "A Máquina existe, mas não foi produzida no seu vale de silicone." Um colega que ensina matérias científicas observou sarcasticamente que Silicon Valley se traduz como Vale do Silício. Respondi que sabia muito bem que computadores são feitos com silício (em inglês, *silicon*), tanto que se ele tivesse ido à página 275 teria lido que, quando o sr. Garamond pede a Belbo que inclua o computador na *História dos metais*, pois é feito de silício, Belbo responde: "Mas o silício não é um metal, é um metalioide." E expliquei que quem falava na página 45 não era eu, mas Diotallevi, que tinha todo o direito de não conhecer nem ciência, nem inglês, e que, em segundo lugar, estava claro que Diotallevi estava zombando das traduções do inglês, como quem se refere a um *hot dog* como cachorro-quente.

Meu colega (que desconfiava dos humanistas) sorriu ceticamente, achando que minha explicação não passava de um pobre remendo.

Temos aí o caso de um leitor que, embora instruído, primeiro não sabe ler um romance como um todo, ligando suas várias partes, segundo, é impermeável à ironia e, por último, não é capaz de distinguir entre opiniões do autor e opiniões dos personagens. Para um não humanista desse tipo, o conceito de *fazer de conta* era um ilustre desconhecido.

Credulidade e identificação

(2011)

Lembrei na semana passada que muitíssimos leitores têm dificuldade em distinguir a realidade da ficção num romance e tendem a atribuir ao autor paixões e pensamentos de seus personagens. Como prova, encontrei agora na internet um site que reúne pensamentos de vários autores e, entre as "frases de Umberto Eco", achei esta: "O italiano é desleal, mentiroso, vil, traidor, está mais à vontade com o punhal que com a espada, melhor com o veneno que com o remédio, melífluo nos negócios, coerente apenas em trocar de bandeira conforme o vento." Não é que não seja verdade, mas se trata de um lugar-comum secular veiculado por autores estrangeiros e, em meu romance *O cemitério de Praga*, a frase é escrita por um senhor que, nas páginas anteriores, manifestava pulsões racistas distribuídas a torto e a direito, usando os clichês mais batidos. Tentarei não colocar mais em cena personagens banais, do contrário um dia desses ainda vão acabar me atribuindo filosofemas do tipo "mãe só se tem uma".

Li agora a coluna *Vetro soffiato*, de Eugenio Scalfari, que retoma minha *Bustina* precedente e levanta um novo problema. Scalfari concorda que existem pessoas que confundem a ficção narrativa com a realidade, mas considera (e considera justamente que eu considero) que a ficção narrativa pode ser mais verdadeira que a verdade, inspirar identificações, percepções de fenômenos históricos, criar novos modos de sentir etc. E imaginem se é possível não estar de acordo com esta opinião.

E mais, a ficção narrativa dá ensejo também a resultados estéticos: um leitor pode muito bem saber que Madame Bovary nunca existiu e, no entanto, desfrutar do modo como Flaubert constrói seu personagem. Mas eis que justamente a dimensão estética nos remete por oposição à dimensão "alética" (que tem a ver com a noção de verdade partilhada pelos lógicos e cientistas ou pelos juízes que devem decidir num tribunal se uma testemunha relatou as coisas como aconteceram ou não). São duas dimensões diversas: ai de nós se um juiz se deixar comover por um culpado que narra esteticamente bem as suas mentiras. Mas eu estava tratando da dimensão alética, tanto que minha reflexão nasceu no interior de um discurso sobre o falso e a mentira. É falso dizer que a loção de Vanna Marchi faz crescerem os cabelos? É falso. É falso dizer que dom Abbondio encontra dois bravos? Do ponto de vista alético, sim, mas o narrador não diz que está contando uma verdade, ele finge que é verdade e pede que o leitor também faça de conta. Ele nos pede, conforme recomendava Coleridge, para "suspender a incredulidade".

Scalfari cita o *Werther* e todos sabemos quantos rapazes e moças românticos se suicidaram ao se identificar com o protagonista. Eles acreditaram que a história era real? Não necessariamente, pois mesmo sabendo que Emma Bovary nunca existiu, somos capazes de nos comover às lágrimas com sua sorte. Reconhecemos que uma ficção é uma ficção e ainda assim nos identificamos com o personagem.

É que intuímos que, se madame Bovary nunca existiu, existiram muitas mulheres como ela e talvez todos nós sejamos um pouco como ela, e podemos extrair disso uma lição sobre a vida, em geral, e sobre nós mesmos. Os gregos antigos acreditavam que as coisas que aconteceram a Édipo eram verdadeiras e viam nisso uma ocasião para refletir sobre o fato. Freud sabia muito bem que Édipo jamais existiu, mas lia a história como uma lição profunda sobre o modo como as coisas evoluem no inconsciente.

O que acontece, então, com os leitores de que falei, que absolutamente não conseguem distinguir entre ficção e realidade? Sua conduta não tem valência estética, pois estão tão preocupados em levar a história a sério que nem ao menos se perguntam se está sendo mal ou bem contada; não tentam extrair ensinamentos; não se identificam efetivamente com os personagens. Simplesmente manifestam aquilo que definirei como déficit ficcional, são incapazes de "suspender sua credulidade". E como o número destes leitores é maior do que imaginamos, vale a pena tratar dessa questão, justamente porque sabemos que todas as outras questões estéticas e morais escapam a tais leitores.

Três pensamentos virtuosos

(2012)

Investimentos. Ficamos todos escandalizados com o cavalheiro que pagou 200 mil euros à *'ndrangheta* para garantir, se me recordo bem, 4 mil votos. De fato, isso é coisa que não se faz. Mas ninguém refletiu suficientemente sobre outros três problemas. Primeiro, onde o tal senhor arranjou os 200 mil euros (que, afinal, continuam a ser 400 milhões de liras de antigamente)? Certo, devem ser parte de suas suadas economias. Segundo, por que resolveu gastar, para obter um cargo de conselheiro regional, o equivalente a quinze anos de salário de um pequeno funcionário? E, mesmo admitindo que tinha economias, como viveria o primeiro ano se já havia gasto sua poupança? Talvez pudesse obter, a partir da nova posição, muito mais do que 200 mil euros.

O terceiro problema é que circulam em Milão 4 mil pessoas que venderam seus votos por cinquenta euros. Ou estavam desesperados demais ou eram espertos demais. Em qualquer dos casos, a coisa é triste.

Desinvestimentos. Todos aqueles que amam o livro ficaram indignados com a atividade do sr. De Caro, diretor e assaltante da biblioteca Girolamini de Nápoles, mesmo porque parece que, há anos, ele não só fazia comércio de livros roubados, mas também produzia belíssimas falsificações. Se devo dar ouvidos a um documentado artigo de Conchita Sannino no *Repubblica* de 2 de novembro, muitos desses livros foram vendidos no eBay, inclusive a *Crônica de Nuremberg*, um famoso incunábulo, por 30 mil euros. Mas então De Caro não é o único culpado nessa história. Qualquer leitor de catálogos (mas bastaria também uma exploração de quinze minutos na internet) sabe que a *Crônica* de Schedel pode ser encontrada por um preço que varia entre 75 mil e 130 mil euros, de acordo com a perfeição da cópia. Portanto, uma cópia que custa 30 mil ou está incompleta ou está em tais condições que pode ser piedosamente definida pelos livreiros honestos como "cópia de estudo" (e deveria, portanto, custar menos de 30 mil euros). Portanto, quem foi ao eBay e comprou uma *Crônica* por este preço não podia ignorar que estava fazendo uma aquisição imprudente (para dizer o mínimo, para ser rigoroso, uma receptação). Estamos realmente cercados de escroques, alguns à venda por cinquenta euros, outros com um desconto de 60% sobre os preços de mercado.

É de pequenino que se torce o pepino. Leio com estupefação no Yahoo Respostas o seguinte apelo: "Por favor, uma ajudinhaaa! Preciso do resumo da *Cosa* de Umberto Eco. Podem me ajudar??? Agradeço muito." No estado atual dos fatos, ainda não há respostas. Mas temos, ao contrário, uma resposta para outro pedido de ajuda, numa outra tarefa: "O efeito da tecnologia sobre os jovens. Ajudem-me por favor." (Todos estes apelos são sempre seguidos pelo *emoticon* do sorriso.) Responde uma certa Luigia: "Ahahahahah, diria na verdade que a tecnologia fez com que os jovens busquem respostas fáceis em redes e canais sociais porque não são mais capazes de formular um pensamento sozinhos e seguem em busca de alguém que lhes entregue tudo mastigado. A onisciência da web transformou-se na grande mãe que pode mimá-los e progressivamente apagar seus cérebros... ahahahahahah."

Muito bem, Luigia, moça de bom senso. Mas voltemos ao episódio, que muito me envaidece: um professor do ensino fundamental ou médio pediu a seus alunos que fizessem um resumo do meu conto. Não creio que tenha fornecido apenas o nome do conto e mandado que fossem procurar por ele; dada a brevidade do texto, deve ter distribuído uma fotocópia. Em todo caso, eis a terrível verdade: este pequeno conto (publicado não direi onde e se tiverem mesmo vontade, tratem de procurar) conta com cinco — sim, cinco — páginas. Portanto, ler o texto seria mais rápido do que ligar o computador, ficar on-line, escrever a mensagem e esperar a resposta. Bem, talvez o jovem que fez o apelo tenha lido, mas não tenha sido capaz de dizer o que dizia (e posso garantir que é um apólogo simplicíssimo, ao alcance de qualquer criança).

Creio que se trata propriamente de preguiça. Você começa roubando uma maçã, depois uma carteira e acaba estrangulando a própria mãe, como diziam quando eu era pequeno. Pois bem, tudo começa quando se pede um resumo aos outros, depois se vende o próprio voto por cinquenta euros e depois se rouba um incunábulo, porque trabalhar cansa, como dizia um certo alguém.

Quem tem medo dos tigres de papel?

(2013)

No início dos anos 1960, Marshall McLuhan anunciou algumas mudanças profundas em nosso modo de pensar e de se comunicar. Uma de suas intuições era de que estávamos entrando numa aldeia global e certamente muitas de suas previsões se verificaram no universo da internet. Mas depois de ter analisado a influência da imprensa sobre a evolução da cultura e de nossa própria sensibilidade individual com *A galáxia de Gutenberg*, McLuhan anunciou, com *Understanding Media* e outras obras, o ocaso da linearidade alfabética e o predomínio da imagem — coisa que, simplificando bastante, os meios de massa traduziram como "ninguém mais vai ler, apenas ver televisão (ou imagens estroboscópicas em discotecas)".

McLuhan morreu em 1980, justamente quando os *personal computers* estavam fazendo sua entrada na vida cotidiana (alguns modelos pouco mais que experimentais apareceram nos anos 1970, mas a comercialização em massa começa em 1981, com o PC IBM) e se tivesse vivido mais alguns anos teria de admitir que, num mundo aparentemente dominado pela imagem, estava se afirmando uma nova civilização alfabética: com um PC ou você sabe ler e escrever ou não consegue fazer grande coisa. É verdade que as crianças de hoje sabem usar um iPad ainda em idade pré-escolar, mas toda a informação que recebemos via internet, e-mail ou SMS é baseada em conhecimentos alfabéticos. O computador aperfeiçoou a situação preconizada em *O corcunda de Notre-Dame*, de Hugo, pelo arquidiácono Frollo, que, indicando primeiro um livro e depois a catedral que via da janela, rica em imagens e outros símbolos visuais, comentou "isto matará aquilo". Sem dúvida, o computador já mostrou que é um instrumento de aldeia global com seus links multimídia e que é capaz de reviver até o "aquilo" da catedral gótica, mas é regido fundamentalmente por princípios neogutenberguianos.

Com o retorno ao alfabeto, a invenção dos e-books criou em seguida a possibilidade de ler textos alfabéticos não mais no papel, mas numa tela, dando origem a uma nova série de profecias sobre o desaparecimento do livro e do jornal (também sugerida em parte pela queda nas vendas). Assim, um dos esportes preferidos de todo jornalista desprovido de imaginação é, há anos, perguntar a homens de letras o que pensam do desaparecimento do suporte de papel. E não basta sustentar que o livro ainda detém uma importância fundamental para o transporte e conservação da informação, que temos a prova científica de que livros impressos há quinhentos anos sobreviveram maravilhosamente e não temos provas científicas para afirmar que os suportes magnéticos atualmente em uso sobreviverão mais de dez anos (nem podemos verificar, dado que os computadores de hoje não leem mais os *floppy disks* dos anos 1980).

Agora, no entanto, surgiram alguns acontecimentos desconcertantes, dos quais os jornais certamente falaram, mas cujos significados e consequências ainda não percebemos totalmente. Em agosto, Jeff Bezos, aquele da Amazon, comprou o *Washington Post* e, ao mesmo tempo que todos proclamam o declínio do jornal impresso, Warren Buffett colecionou recentemente pelo menos 63 jornais locais. Como Federico Rampini observou há pouco no *Repubblica*, Buffett é um gigante da Old Economy, não é um inovador, mas tem um faro invulgar para as oportunidades de investimento. E parece que outros tubarões de Silicon Valley também se movimentam em direção aos jornais.

Rampini se perguntava se Bill Gates ou Mark Zuckerberg não serão responsáveis pelo bote final, comprando o *New York Times*. Mesmo que isso não aconteça, é claro que o mundo do digital está redescobrindo o papel. Cálculo comercial, especulação política, desejo de preservar a imprensa como tutela da democracia? Ainda não me sinto capaz de tentar alguma interpretação do fato. Mas acho interessante assistir a uma outra derrubada das profecias. Talvez Mao estivesse errado: é preciso levar a sério os tigres de papel.

A Quarta Roma

A queda da Quarta Roma

(2000)

Foi por volta da metade do terceiro milênio que edwardgibbon@history.uk escreveu seu célebre *História do declínio e queda dos impérios do Ocidente*, em que narrava o fim da Quarta Roma do século XX, um imponente *network* composto por um grande império central e um arquipélago de reinos federados. A virtude da obra era dada por seu vigor narrativo; o defeito era que o autor buscava, um pouco mecanicamente demais, interpretar a queda da Quarta Roma nos mesmos termos em que seus predecessores haviam interpretado e descrito a queda do primeiro Império Romano.

Por exemplo: a Quarta Roma se vangloriava de ter debelado a Terceira Roma dos sármatas, mas — reinterpretando de modo o original o lema "parcere subiectis et debelare superbos" — não tratou de ocupá-la com suas legiões, permitindo o desenvolvimento de uma livre máfia em livre mercado. A Primeira Roma caiu porque entregou seu destino a exércitos mercenários pouco dispostos a morrer lutando contra os bárbaros; a Quarta Roma, ao contrário, elaborou um modelo de guerra no qual nenhum de seus mercenários morria e nenhum bárbaro era morto, pelos menos aparentemente. Assim, o drama da Quarta Roma começou quando se deram conta de que o império, se não perdia mais nenhuma guerra, tampouco as vencia. Como as guerras (que por definição terminam quando um dos dois vence) não podiam acabar, a Quarta Roma não podia mais instaurar a própria *pax*.

Na Primeira Roma, tomava-se posse do trono imperial através de revoltas palacianas, nas quais um ditador se impunha eliminando violentamente os seus rivais. Na Quarta Roma, ao contrário, a crise dinástica ocorria quando o trono imperial era ocupado democraticamente por pelo menos dois imperadores de cada vez e ninguém mais era capaz de dizer qual deles era o legítimo. As lutas dinásticas tinham se transferido para os mais periféricos dos reinos vassalos e já não diziam respeito ao modo de conquistar o poder, mas antes ao modo de perdê-lo. Dadas duas facções em luta pelo poder, cada uma precisava alcançar a máxima coesão interna, tentando ao mesmo tempo produzir crises e fraturas nas fileiras inimigas. Nos reinos vassalos da Quarta Roma, por sua vez, ocorriam dramáticos impasses entre dois exércitos adversários, nenhum dos dois atacando o outro porque estavam mais preocupados com sua própria batalha interna. Vencia, portanto, a facção cujos adversários (mais hábeis) se autodestruíam primeiro.

edwardgibbon@history.uk tinha certamente razão ao identificar o período histórico que analisava como uma nova época de decadência. Salvo que, nas fronteiras do império, a primeira decadência temia as hordas de "grandes bárbaros brancos" (como cantava o Poeta), enquanto a segunda estava obcecada com a invasão pacífica de pequenos bárbaros de cor. Em ambos os casos, o império reagia compondo (como dizia sempre o Poeta) "acrósticos indolentes". Um erotismo difuso já havia corrompido os costumes herdados: desfiles de donzelas sucintamente vestidas alegravam os grandes eventos sociais e os homens de poder se apresentavam em público abraçando seres impudicos e entoando hinos à alegria e ao prazer. O povo só se sentia atraído por jogos circenses, onde acompanhava o massacre recíproco de uma dezena de jovens presos durante meses na mesma casa. A religião dos antepassados também estava em crise: os fiéis, em vez de tratar das grandes questões teológicas que fundamentavam sua fé, abandonavam-se a cultos de mistério, adorando estátuas falantes e lacrimejantes, ouvindo oráculos, misturando ritos tradicionais e comportamentos orgíacos.

Mas é realmente um Grande Comunicador?

(2002)

Quando esta *Bustina* for publicada, já terá se acalmado a discussão sobre a declaração feita pelo presidente do Conselho de Ministros, em ocasião oficial e internacional, acerca de seus supostos problemas familiares — e devo dizer que a imprensa, das mais variadas tendências, comportou-se com discrição exemplar neste caso, registrando e comentando o evento no primeiro dia, mas evitando afundar o dedo na ferida. Portanto, não é por falta de bom gosto que retorno à questão agora, passado um certo tempo, mas porque o episódio será certamente discutido nos próximos anos nos cursos de ciências da comunicação e os direitos da reflexão científica são soberanos.

Portanto, e espero que à distância de quase duas semanas todos já tenham se esquecido que, recebendo o premier de um governo estrangeiro, o nosso primeiro-ministro fez algumas afirmações que diziam respeito a uma suposta (no sentido de murmurada, assunto de fofocas) relação entre a sua própria senhora e um outro senhor, referindo-se então à própria senhora como "pobre mulher". A partir do dia seguinte, lendo os jornais, destacavam-se duas possíveis interpretações do episódio. A primeira é que, sentindo-se agastado, nosso premier tinha dado vazão, em público, a uma invectiva privadíssima. A segunda, que este Grande Comunicador que é o nosso presidente do Conselho de Ministros, ao tomar conhecimento de que circulava um boato bastante constrangedor para ele, resolveu cortar o mal pela raiz transformando o caso em matéria de chacota pública, eliminando assim qualquer sabor de proibido.

É claro que, no primeiro caso, o "pobre mulher" soaria ofensivo para a esposa, enquanto no segundo, era ofensivo para o suposto e incômodo terceiro (pobrezinha, subentendia-se, se isso for verdade — mas obviamente não era, visto que estou até brincando com o fato). Se a primeira interpretação, que tendo a excluir, fosse exata, o caso seria da competência antes da psiquiatria do que da ciência política. Vamos então assumir que a interpretação correta é a segunda. Pois é exatamente esta que deveria se transformar em matéria de reflexão não apenas para seminários de ciência da comunicação, mas também para seminários de história.

De fato, parece que o Grande Comunicador ignorou o princípio óbvio de que um desmentido é uma notícia dada duas vezes. E quem dera fossem só duas. Eu, por exemplo (talvez porque tenha viajado muito nos últimos meses e para países não obcecados com as histórias aqui de casa), nunca tinha ouvido falar da tal fofoca — que provavelmente circulava entre alguns políticos, alguns intelectuais e alguns hóspedes de cruzeiros marítimos pela Costa Esmeralda. Mesmo sendo generoso, digamos que sejam umas mil, duas mil pessoas. Depois da intervenção pública do presidente do Conselho e considerando a existência da União Europeia, a insinuação foi comunicada a algumas centenas de milhões de pessoas. Não parece ser, por parte de um Grande Comunicador, uma jogada de mestre.

Tudo bem, aconselharemos nossos estudantes a não agir desta maneira, pois uma propaganda de pasta de dente que começasse dizendo "para o desgosto daqueles que dizem que dentifrício pode causar câncer", estaria insinuando uma série de dúvidas na mente do comprador, provocando uma queda das vendas desta utilíssima parafernália. E explicaremos que, de vez em quando, como Homero, Berlusconi também dorme no ponto — deve ser a idade.

Mas a segunda reflexão é historiograficamente importante. Em geral, os políticos fazem o que podem para separar os próprios problemas domésticos dos problemas do Estado. Clinton foi surpreendido com as calças nas mãos, mas fez o possível para escapulir e mobilizou até a esposa para dizer na TV que se tratava de coisa sem nenhuma importância. Mussolini foi o que foi, mas resolvia seus problemas com dona Rachele entre as quatro paredes do lar, não se metia a discuti-los em plena piazza Venezia e se enviou tanta gente para a morte na Rússia foi para seguir seus sonhos de glória e não para agradar Claretta Petacci. Onde é que se realiza, na história, uma fusão tão completa entre poder político e assuntos pessoais? No Império Romano, quando o imperador é senhor absoluto do Estado, não é mais controlado pelo Senado, basta ter o apoio dos pretorianos e, portanto, pode chutar a própria mãe, fazer de seu cavalo senador, obrigar os cortesãos que não apreciarem devidamente os seus versos a cortar os pulsos...

Ou seja, isso ocorre quando se cria não um conflito de interesses, mas uma absoluta identidade de interesses entre a própria vida (e interesses privados) e o Estado. Esta absoluta identidade de interesses prefigura um regime, pelo menos na fantasia de quem sonha com ele, que nada tem a ver com os regimes de outros tempos, mas sim com os rituais do Baixo Império. Por outro lado, estão lembrados de que, no início da Era do Absolutismo, para prevenir (segundo Dumas) o golpe de Milady que envolvia as joias da rainha (sua amante), Lord Buckingham manda fechar os portos e declara guerra à França? Pois então, quando existe identidade absoluta de interesses, acontecem histórias desse tipo.

Mate o passarinho

(2004)

A propósito das discussões sobre as características que se pode atribuir ao "regime" que o governo Berlusconi está instaurando de modo lento e progressivo, vale a pena esclarecer melhor alguns conceitos como conservador, reacionário, fascista, indiferentista, populista e assim por diante. O reacionário é aquele que considera que existe uma sabedoria antiga, um modelo tradicional de ordem social e moral ao qual devemos retornar a qualquer preço, opondo-se a todas as chamadas conquistas do progresso, das ideias liberal-democráticas à tecnologia e à ciência moderna. O reacionário não é, portanto, um conservador, é no máximo um revolucionário "às avessas". Houve ao longo da história grandes reacionários que certamente não apresentavam nenhum traço de ideologias fascistas, próprias do século XX. E mais: em relação ao reacionarismo clássico, o fascismo era "revolucionário-modernista", exaltava a velocidade e a técnica moderna (ver os futuristas), ainda que depois, com o sincretismo tatibitate que lhe era próprio, incluísse reacionários no sentido histórico do termo, como Evola.

O conservador não é um reacionário e menos ainda um fascista. Temos como exemplo Churchill, de visões liberais e antitotalitárias. Já o populismo é uma forma de regime que, tentando passar por cima das mediações parlamentares, tende a estabelecer uma relação plebiscitária imediata entre o líder carismático e as multidões. Já tivemos casos tanto de populismo revolucionário, em que reformas sociais eram propostas através do apelo ao povo, quanto formas de populismo reacionário. O populismo é simplesmente um método que prevê o apelo visceral àquelas que são consideradas as opiniões ou preconceitos mais radicados nas massas (sentimentos que chamamos poujadistas ou indiferentistas). Bossi, por exemplo, usa métodos populistas apelando a sentimentos indiferentistas, como a xenofobia ou a desconfiança em relação ao Estado. Neste sentido, tem certamente um caráter indiferentista o apelo de Berlusconi a sentimentos profundos e "selvagens", como a ideia de que é justo sonegar impostos, de que todos os políticos são ladrões, de que devemos desconfiar da justiça porque é ela que nos coloca na prisão. Um conservador sério e responsável jamais encorajaria os cidadãos a não pagar impostos, pois colocaria em crise o sistema que ele se propõe a conservar.

Muitos dos temas do debate político são transversais a estes vários comportamentos. Vejamos a pena de morte. Pode ser tanto defendida quanto combatida pelos conservadores, em geral conta com a aprovação do reacionário, ancorados nos mitos do sacrifício, do ressarcimento, do sangue como elemento purificador (ver De Maistre), pode ser um bom argumento para um populista que apela às inquietações da gente comum em relação a crimes hediondos, mas nunca foi colocada em questão nem pelos regimes comunistas. Diferente é o comportamento em relação aos valores ambientais: o tema da preservação da Mãe Terra mesmo a custo de eliminar a espécie humana é refinadamente reacionário, mas pode lutar pela defesa do meio ambiente tanto um conservador responsável (mas não Bush, que deve responder a potências industriais interessadas num desenvolvimento descontrolado) quanto um revolucionário de extrema-esquerda.

Um populista poderia ser favorável ao respeito ao ambiente, mas em geral precisa se ajustar aos sentimentos profundos do "povo" a quem se dirige. No decorrer dos séculos, o mundo camponês só respeitou o meio ambiente no que dizia respeito às técnicas de cultivo da área restrita de sua própria competência, mas sempre desmatou quando lhe parecia conveniente, sem se preocupar com as consequências geológicas em escala mais vasta. Se temos a impressão de que os camponeses de outrora respeitavam o ambiente mais do que os modernos é só porque naquela época havia uma tal quantidade de bosques e florestas que sua destruição ainda não constituía um problema. "Cada um tem direito de construir sua casinha onde quiser, sem estar ligado a obrigações ambientais" pode, portanto, ser um apelo populista de sucesso.

Muito se tem discutido nos últimos dias sobre uma lei que pretende estender além de qualquer medida as garantias para os caçadores. A caça é uma prática e uma paixão popular, baseada em sentimentos atávicos. Visto que o consórcio humano admite a criação de frangos, bovinos e porcos para depois matá-los e comê-los, é possível admitir que, em reservas específicas, distantes dos locais habitados e em estações precisas, alguém mate por esporte animais comestíveis cuja reprodução seja salvaguardada e controlada. Mas dentro de certos limites. Já a lei em discussão tenta reportar estes limites a dimensões pré-ecológicas. Por quê? Porque esta proposta faz apelo a pulsões ancestrais, àquele "povo profundo", desconfiado de qualquer crítica ou reforma das tradições, que é o caldo de cultura de todas as variações poujadistas.

Assim, este projeto de lei sublinha mais uma vez a natureza populista-indiferentista de um regime rastejante, que se alimenta de apelos aos instintos descontrolados do eleitorado menos educado criticamente.

Sobre o regime do Populismo Midiático

(2005)

No dia em que Berlusconi anunciou a suposta retirada italiana do Iraque no programa *Porta a porta* e nos dias seguintes, eu estava em Paris, onde tinha início o Salão do Livro. Tive, assim, a oportunidade de conversar sobre as coisas da Itália com os franceses, que são especialistas em nunca entender exatamente o que acontece por aqui — e têm, em muitos casos, alguma razão.

Primeira pergunta: por que o seu primeiro-ministro anunciou uma decisão tão grave num programa de televisão e não no parlamento — onde talvez devesse pedir aprovação ou pelo menos um parecer? Expliquei que este é o modelo de regime de populismo midiático que Berlusconi está instaurando, o qual estabelece uma relação direta entre o Chefe e o Povo através dos meios de massa, desautorizando, assim, o parlamento (onde o Chefe não precisa buscar aprovação, porque já assegurou esta aprovação — e portanto, o parlamento tende a ser o tabelião que registra os acordos entre Berlusconi e Bruno Vespa).*

Expliquei também que a Itália é um estranho país fundado sobre a má-fé semântica. Enquanto os jornais ou rádios americanos se referem, ao falar do Iraque, à *insurgency* (que lá em casa se traduz como insurreição ou no mínimo guerrilha estendida), se alguém na Itália usar o termo "resistência", que é mais ou menos correspondente, há quem comece arrancar os cabelos como se estivesse comparando o terrorismo fundamentalista à gloriosa Resistência italiana. Recusam-se a aceitar a ideia de que "resistência" é um termo neutro, como "insurgência" ou "insurreição", que deve ser usado quando parte da população de um país resiste pelas armas a um ocupante estrangeiro — mesmo quando a ação dos resistentes não nos agrada e mesmo quando grupos evidentemente terroristas se inserem no movimento de guerrilha. Revelei igualmente que os protestos mais apaixonados contra a afronta que estaria sendo feita à gloriosa Resistência italiana vêm também daqueles que, em outras situações, tentam demonstrar que a nossa Resistência foi obra de bandidos e assassinos. Mas isso já é outra história.

Esclareci igualmente que (outra curiosa fraqueza semântica) muita gente arranca os cabelos quando se fala de regime em se tratando de Berlusconi, porque pensa que só existiu um regime, o fascista, demonstrando com facilidade que Berlusconi não está vestindo as crianças italianas com camisas negras nem tentando conquistar a Etiópia (coisa que, creio eu, nem mesmo Storace ainda pensa em fazer). Mas "regime" significa forma de governo, tanto que se fala de regime democrático, regime monárquico, regime

* Criador e apresentador do *Porta a porta*, programa televisivo de debates sobre atualidades políticas. [*N. da T.*]

republicano etc. O que Berlusconi está instaurando é uma forma de governo inédita, diferente daquela que foi sancionada pela Constituição, e trata-se justamente daquele populismo midiático que mencionei anteriormente: tanto é verdade que Berlusconi está tentando modificar a Constituição para poder aperfeiçoá-lo.

As perguntas aumentaram nos dias seguintes quando, depois das severas reprimendas de Bush e Blair, Berlusconi disse que nunca tinha dito que ia retirar as tropas do Iraque. Mas como é possível que ele se contradiga dessa forma, perguntavam meus interlocutores. Expliquei que são as maravilhas do populismo midiático. Qualquer coisa que você disser no Parlamento vai para as atas e, portanto, não será possível dizer mais tarde que não disse o que disse. Contudo, ao falar na TV, Berlusconi obteve imediatamente o resultado que queria (ganhar uma certa popularidade para fins eleitorais) e mais tarde, ao afirmar que não tinha dito nada daquilo, de um lado tranquilizou Bush, e de outro, não perdeu aquela aprovação que tinha ganho, pois é virtude dos *mass media* que quem os segue (e não lê jornais) esquece no dia seguinte o que havia sido dito no anterior, conservando no máximo a impressão de que Berlusconi tinha dito uma coisa simpática.

Este procedimento é típico, por exemplo, da televenda: quem vende uma loção capilar pode mostrar às oito e meia as fotos antes de depois do cliente completamente calvo que reconquistou uma basta cabeleira, para dizer em seguida, às dez e meia, que naturalmente, seu produto é sério e, portanto, não promete que vai trazer de volta os cabelos perdidos, mas é milagroso para deter a queda dos que ainda estão lá. Enquanto isso, o telespectadores são outros ou, se forem os mesmos, já esqueceram tudo o que foi dito duas horas antes, guardando apenas a impressão de que o vendedor vende coisas documentadas e não falsas esperanças.

Mas, observaram os meus interlocutores, os italianos não percebem que ao fazer isso Berlusconi (e com ele a Itália) perdem credibilidade não apenas junto a Chirac ou Schröder, mas também junto a Blair e Bush? Não, respondi, quem pode perceber isso são os italianos que leem jornais, mas eles são uma minoria em relação aos que recebem informação apenas da televisão — e a televisão só noticia aquilo que agrada a Berlusconi. Este é, justamente, o regime de Populismo Midiático.

Uma americana em Roma

(2007)

Alice Oxman tem algumas desvantagens. É americana e isto pode desagradar à esquerda radical, mas não participou do USA-Day, que reunia senhoras envoltas em bandeiras americanas, e isso deve ter-lhe granjeado a hostilidade de *Il foglio*. É judia, o que nos dias de hoje pode desagradar muita gente, à direita e à esquerda. É de esquerda, o que desagrada a direita. Além disso, é casada com Furio Colombo, e isso pode provocar desconfianças tanto à direita, quanto à esquerda. Ainda bem que não é também feia.

É natural, portanto, que seu livro *Sotto Berlusconi. Diario di un'americana a Roma* seja amargo. É amargo quando fala em primeira pessoa, reportando, por exemplo, os e-mails trocados com a filha que viveu o 11 de Setembro (e o pós) em Nova York; é amargo quando fala das histórias jornalísticas de seu marido (talvez citadas demais, com uma suspeita de conflito de interesses), mas é amargo e assustador sobretudo quando se limita a reportar, sem comentários, recortes de imprensa e notícias de agência, o que forma um documento impressionante, para quem esqueceu, sobre um dos períodos mais obscuros e grotescos de nossa história. Limito-me a um modesto florilégio.

2001. "Pretendo libertar o país desta excrescência da magistratura" (Carlo Taormina). "'*Genova is so nice*'. Presidente, lá fora está uma guerra e tem um morto na rua. '*Oh, yes, I know, it's tragic*'" (Bush no G8). "É uma guerra de religião" (Oriana Fallaci). "Existe uma completa identidade de pontos de vista entre Bush e Berlusconi" (TG2).

2002. "O uso que Biagi, Santoro e Luttazzi fizeram da TV é criminoso" (Berlusconi em Sofia). "Estou recebendo aqui na Sardenha as filhas do meu amigo Putin" (Berlusconi). "Delineia-se para Porto Rotondo um futuro de Camp David italiano" (*Panorama*). "No Sul, eles me seguem em procissão, como os santos, cantando" (Berlusconi, RAI1).

2003. "Apicella afina o violão, toca algumas notas e ele, o presidente letrista, parte a mil por hora. O universo sentimental e musical do presidente do Conselho é justamente este: ele é o Julio Iglesias da Itália" (*Libero*).

"Os juízes são loucos, são mentalmente perturbados" (Berlusconi). "Se me matarem, lembrem que foi por mandado linguístico de Antonio Tabucchi e Furio Colombo. Avisar imediatamente a DIGOS" (Giuliano Ferrara).* "Berlusconi é um homem autenticamente liberal. É enormemente bom, extraordinariamente bom. Ferrara tem razão a compará-lo a Mozart na candura e genialidade" (Sandro Bondi). "Vamos entregar nossa casa ao primeiro Bingo Bongo** que chegar? Deixem de brincadeira" (Umberto Bossi).

2004. "Malditos comunistas, esses juízes" (Carlo Taormina). "Berlusconi? Você não faz ideia de como é bom. Tenho grande admiração por ele. Putin lhe dá ouvidos, Bush lhe dá ouvidos. Finalmente, todo mundo lhe dá ouvidos" (Simona Ventura). "As pessoas gritavam para Berlusconi: 'Vá para casa'. Nós também gritamos. Então ele me disse: 'A senhora tem uma cara de merda'" (Anna Galli, cidadã). "Envergonho-me de que um poeta como Mario Luzi tenha sido nomeado senador vitalício. Uma pessoa desse tipo ofende o nosso mundo... Era melhor Mike Buongiorno" (Maurizio Gasparri).

2005. "Qual é a sua altura? Um metro e 78? Não exagere, venha aqui até o espelho, veja, tenho 1,71 m. O senhor acha por acaso que um homem de 1,71 m pode ser definido como anão?" (Berlusconi a *La Stampa*). "A morte do papa distraiu o eleitorado e isso indubitavelmente teve um peso também nos números do absenteísmo" (Enrico La Loggia). "A Itália vive na prosperidade... Na turma do meu filho, os jovens têm dois celulares por cabeça" (Berlusconi ao TG2). "Desfruto, em minha *villa*, de um lindo panorama... noto inclusive que há muitos barcos este ano. Se são barcos de gente rica, isso quer dizer que temos muitos ricos. Os salários crescem mais que a inflação, a riqueza de nossas famílias não tem igual na Europa" (Berlusconi a *La Stampa*).

2006. "Esses viados enojam" (Roberto Calderoli). "Sou fascista e me orgulho disso. Melhor fascista que frouxo" (Alessandra Mussolini em *Porta a porta*). "As coisas vão bem... Ontem fui ao restaurante com alguns amigos e não tinha uma mesa livre. No final, foram obrigados a dizer que era eu e algumas pessoas tiveram que levantar" (Berlusconi a La7).

---

* Departamento de Investigações Gerais e Operações Espaciais da Polícia de Estado italiana. [*N. da T.*]

** Filme italiano de 1982, sobre um bebê criado pelos chimpanzés depois de um acidente de avião na África e que retorna à Itália já adulto. Usado depreciativamente como sinônimo de selvagem. [*N. da T.*]

Algumas pessoas tiveram que levantar. Ainda bem que não é um regime. Pena que o livro termine em 2006. Poderia ter citado um *Family Day* que tinha na primeira fila múltiplos divorciados, concubinos em serviço permanente efetivo, celibatários por recusa ascética do matrimônio (entre os quais, estatisticamente falando, talvez alguns pedófilos).

My heart belongs to daddy

(2007)

Pensamento número 1. Leio que nosso primeiro-ministro disse que não há nada de mal na candidatura de mulheres não fisicamente desagradáveis. O problema é como as coisas são ditas. Todos conhecem a piada do jesuíta e do dominicano que estão fazendo seus exercícios espirituais e o jesuíta fuma beatamente enquanto recita seu breviário. O dominicano pergunta como pode e ele responde que pediu permissão a seus superiores. O ingênuo dominicano diz que ele também pediu, mas a permissão foi negada. "Mas como você pediu?", pergunta o jesuíta. E o dominicano: "Posso fumar enquanto rezo?" É claro que negaram. Já o dominicano perguntou: "Posso rezar enquanto fumo?", e os superiores responderam afirmativamente, que se pode rezar em qualquer situação.

Se Berlusconi tivesse dito que não há nada de mal se uma candidata às eleições é também bonita, todos, inclusive as feministas, teriam aplaudido. Mas ele deu a entender que não haveria nada de mal se uma moça bonita se candidatasse às eleições e é aqui que a porca torce o rabo. Talvez haja mal em aceitar a candidatura de uma mulher só porque é bonita.

Pensamento número 2. A propósito da história da mocinha napolitana que chama Berlusconi de "papai", com certeza não é bom alimentar maus pensamentos. Contudo, é impossível não recordar uma canção imortal de Cole Porter, celebrizada por Marilyn Monroe e Eartha Kitt, *My heart belongs to daddy*, na qual uma jovem com uma voz muito sexy conta que não pode se relacionar devidamente com os rapazes da sua idade porque seu coração pertence a *daddy*, ou seja, a "papai". Muitas linhas foram escritas a respeito da paixão da jovem (incesto, pedofilia, apego aos valores familiares?), mas as ideias sobre o assunto permaneceram obscuras — entre outras coisa, Cole Porter era também uma raposa... Dito isto, a canção é muito linda e muito sensual, e é curioso que Apicella não a conheça.

Pensamento número três. Parece que o próprio primeiro-ministro disse que não desejamos nos transformar numa civilização multiétnica e que, portanto, é preciso, como quer a Liga, intensificar os controles sobre a imigração. À primeira vista, parece que disse a mesma coisa que Fassino já dissera, ou seja, que é preciso controlar os imigrantes clandestinos e ajudar os regulares. Mas há outra ideia por trás disso, isto é, que a decisão de transformar-se ou não numa civilização multiétnica é uma decisão voluntária. Como se a Roma imperial (e antes ainda) tivesse decidido se queria ou não ser invadida pelos bárbaros. Os bárbaros, quando pressionam as fronteiras, entram e ponto final. A sabedoria da Roma imperial (que permitiu que ela sobrevivesse por alguns séculos) foi fazer leis para legitimar os assentamentos bárbaros, dando cidadania àqueles que se instalavam pacificamente dentro dos confins do império — chegando até a admiti-los no exército. E foi assim que teve imperadores ilírios e africanos, e entre seus últimos pensadores, um bérbere de nome Agostinho.

Quando imensas massas humanas pressionam os confins do nosso mundo para entrar, não podemos fazer de conta que a decisão de aceitá-los ou não depende de nós. À parte isso, se nas últimas décadas a Itália tivesse divulgado uma imagem de si mesma pobre e maltrapilha, talvez milhares de africanos (e balcânicos) jamais tivessem pensado em vir para cá. O fato é que viam a televisão italiana, sobretudo Mediaset, onde nosso país se exibia como um lugar povoado por gostosonas fabulosas, no qual bastava responder que Garibaldi não era um ciclista para ganhar barras de ouro. É óbvio que, diante disso, todos se jogassem ao mar para tentar chegar aqui, sem saber que teriam de dormir numa caixa de papelão nos subterrâneos da estação e estuprar, se tivessem sorte, senhoras sexagenárias.

Pensamento número quatro. Leio que os *hackers* não apenas invadem a memória dos bancos, mas agora estão ameaçando os serviços secretos de meio mundo, invadindo até os sites da CIA. Previsível. Imagino agora que dentro em breve (ou talvez já) só os adúlteros trocarão mensagens on-line, ignorando alegremente que os cônjuges traídos podem ter acesso a tudo o que dizem, ou os imbecis, que não se importam de ter as contas bancárias invadidas e esvaziadas. Os serviços secretos, ao contrário, devem ter abandonado a internet há tempos. Expedir uma mensagem secreta de Londres na terça de manhã e saber que será recebida imediatamente em Nova York é cômodo, mas a bem da verdade, se um agente secreto partir de Londres às nove chegará a Nova York ao meio-dia, hora local. Portanto, é muito mais cômodo esconder a mensagem no salto do sapato, aprendê-la de cor ou, no máximo, enfiá-la no esfíncter. E lá vamos nós, rumo ao progresso a passo de caranguejo!

*"Rasista a mi? Ma se l'è lü che l'è negher!"**

(2008)

As discussões em âmbito nacional talvez tenham se acalmado, mas não em âmbito internacional. Ainda recebo e-mails de amigos de vários países questionando como o presidente Berlusconi pôde cometer aquela gafe histórica, comentando jocosamente que o novo presidente dos Estados Unidos, além de jovem e bem-apessoado, também é bronzeado.

Muita gente se esforçou para dar uma explicação para a expressão usada por Berlusconi. Os mais ferinos iam da interpretação catastrófica (Berlusconi queria insultar o novo presidente) àquela de formato *trash*: Berlusconi sabia muito bem que estava cometendo uma gafe, mas também sabia que seu eleitorado adora esse tipo de gafe e tem simpatia por ele justamente por

* No dialeto milanês: Racista, eu? Mas se é ele que é preto! [*N. da T.*]

isso. Quanto às interpretações benévolas, iam das ridiculamente absolutórias (devoto do bronzeamento artificial, Berlusconi só queria elogiar Obama), às apenas indulgentes (foi uma piada inocente, não vamos exagerar).

O que os estrangeiros não entendem é por que Berlusconi, em vez de dizer que tudo não passou de um mal-entendido, que não era o que pretendia dizer (o que seria, aliás, a sua técnica habitual de defesa), insistiu em reivindicar a legitimidade de sua expressão. Ora, a única resposta verdadeira é que Berlusconi agiu efetivamente de boa-fé, achou que estava dizendo uma coisa normalíssima e não conseguiu até agora ver o que poderia haver de mal naquilo.

Disse (pelo menos é o que ele pensa) que Obama era negro: e por acaso não é negro e ninguém nega isso? Berlusconi parece subentender: é evidente que Obama é negro, todos os escritores negros da América se declararam felizes por terem um negro na Casa Branca, os negros americanos repetem há tempos que "black is beautiful", negro e bronzeado são a mesma coisa e, portanto, podemos dizer "tanned is beautiful". Ou não?

Não. É bom lembrar que os brancos americanos chamavam de "negro" (pronúncia "nigro") os originários da África, e quando queriam expressar seu desprezo diziam "*nigger*". Mais tarde, os negros conseguiram ser chamados de "*black*", mas ainda hoje muitos negros dizem, por provocação e brincadeira, que são "*nigger*". Só que eles podem dizer isso, mas se um branco se atrever, pode levar um soco na cara. Assim como existem gays que se autoqualificam provocativamente usando expressões bastante pejorativas, mas se forem empregadas por alguém que não é gay, eles ficam no mínimo ofendidos.

Ora, dizer que um negro chegou à Casa Branca constitui uma constatação que pode ser dita, seja com satisfação, seja com ódio, por qualquer um. Mas ao contrário, definir um negro como bronzeado é um modo de dizer sem dizer, isto é, sugerir uma diferença sem ousar dizer seu nome. Dizer que Obama é "negro" é uma verdade evidente, dizer que é "preto" já seria uma alusão à cor da pele, dizer que é bronzeado é um achincalhe maligno.

É claro que Berlusconi não pretendia criar um incidente diplomático com os Estados Unidos. Mas existem modos de dizer ou de comportar-se que servem para distinguir pessoas de diversos estratos sociais ou níveis culturais. Pode ser esnobismo, mas em certos ambientes, uma pessoa que diz "*manáger*" é imediatamente conotada em sentido negativo, assim como quem diz "universidade de Harvard", sem saber que Harvard não é um lugar (e há quem ainda por cima pronuncia "Haruard"); e são banidos dos ambientes mais exclusivos aqueles que escrevem *Finnegan's Wake* com o genitivo saxão. Mais ou menos como antigamente se identificava como de baixa classe as pessoas que levantavam o mindinho ao erguer uma taça, que diziam "Deus lhe dê em dobro" quando lhe estendiam um cafezinho e que em vez de dizer "minha mulher", diziam "minha senhora".

Às vezes, um comportamento trai um ambiente de origem: lembro de um personagem público conhecido por sua austeridade que, ao final do meu discurso na abertura de uma exposição, cumprimentou-me cordialmente dizendo: "Professor, não sabe o quanto me fez gozar." Os presentes sorriram embaraçados, mas o bom homem, que só frequentava pessoas tementes a Deus, não sabia que hoje em dia esta expressão só é usada em sentido carnal. No que diz respeito à posse de um bem ou direito, ainda se diz: "Gozar dos rendimentos de um imóvel" ou "gozar de férias". E não é a mesma coisa?, diria Berlusconi. Não, os modos de dizer nunca são a mesma coisa.

A questão é que Berlusconi simplesmente não frequenta certos ambientes onde se sabe que se pode nomear a origem étnica, mas jamais fazer alusão à cor da pele, assim como não se deve comer peixe com faca.

Berlusconi e Pistorius

(2009)

A literatura sobre Berlusconi é vasta. Entre as publicações mais recentes aponto um livro cujas provas acabei de folhear (sairá pela Manifestolibri), *Fenomenologia di Silvio Berlusconi*, de Pierfranco Pellizzetti, que vai da estética à sexualidade do líder com intemerata mordacidade. Já publicado,

Il corpo del capo, de Marco Belpoliti (Guanda, 2009), considera apenas um aspecto peculiaríssimo do personagem: sua relação com o próprio corpo e o modo como o representa de maneira reiterada.

Embora possa parecer estranho, nem todos os chefes têm um corpo. Basta pensar num grande líder como De Gasperi, cuja feiura de gárgula está na lembrança de todos os que viveram nos anos 1950, mas limitada aos traços do rosto. Visitem sua estátua em Trento: não tem corpo, no sentido em que ele desaparece sob um terno Facis fora de moda. E por outro lado, também não tinham corpo (no máximo, um rosto reconhecível) os líderes do passado, de Nenni a Fanfani e até mesmo Togliatti, cujo indubitável carisma tinha sobretudo um caráter intelectual. Mas isso vale também para outros países: ninguém lembra do corpo dos presidentes franceses, salvo talvez De Gaulle (mas simplesmente por causa da estatura e do nariz quase caricaturais); dos ingleses permanece a imagem de Churchill, mas sempre pela cara de bom bebedor com seu inseparável charuto: quanto ao restante, apenas uma vaga lembrança de obesidade; Roosevelt não tinha nenhuma corporalidade (exceto em sentido negativo, por ser deficiente), Truman parecia um agente de seguros, Eisenhower um tio e o primeiro a jogar com a própria aparência (porém mais uma vez apenas com o rosto) foi Kennedy, que ganhou de Nixon graças a alguns enquadramentos bem colocados.

Os grandes líderes do passado tinham um corpo? A estatuária presentou alguns, como Augusto, com um corpo, de outros é possível supor que tomaram o poder porque eram fortes e dotados de alguma ascendência não sobre o povo (que não tinha oportunidade de vê-los), mas sobre sua própria *entourage*. Quanto ao resto, a lenda entrava em ação, atribuindo, por exemplo, aos monarcas franceses a virtude de curar a escrófula. Mas não creio que Napoleão tenha arrastado seus soldados para o massacre por virtudes somáticas.

Para que um chefe ganhasse um corpo e cuidasse da imagem desse corpo de maneira quase maníaca (e atenção, não apenas o rosto, mas todo o corpo) foi preciso esperar pela era das comunicações de massa, a começar pela fotografia.

Podemos então começar a estudar, como faz, aliás, Belpoliti, a relação de Mussolini com o próprio corpo, tão consubstancial a seu poder que, para sancionar sua queda, foi preciso, por assim dizer, derrubar sua ascendência somática e desfigurar seu corpo pendurando-o de cabeça para baixo.

Se existem analogias entre Berlusconi e Mussolini, melhor esclarecer as coisas para não escandalizar ninguém, não é porque Berlusconi é "fascista", mas porque, como Mussolini, ele pretende estabelecer uma relação populista com a multidão, graças a um cuidado quase maníaco com a própria imagem. Não pretendo seguir as análises de Belpoliti, que se desenvolvem preferencialmente com base em fotografias, desde os tempos em que Berlusconi cantava em navios até os nossos dias. No máximo, lamento que tamanha abundância de análises não corresponda à mesma abundância de imagens que o leitor é levado a desejar (há cerca de vinte, realmente expressivas, mas depois dessa provinha qualquer um ia querer mais).

Como indicações de leitura sugiro as belas análises das mãos, do sorriso, a inesperada e provocativa abordagem do lado feminino do personagem, os óbvios desenvolvimentos sobre a cultura do narcisismo (Belpoliti recorre a autoridades e fontes de vários tipos, de Jung a Foucault e a Sennett), as anotações sobre o uso da família como prolongamento (sempre acessório) da própria corporalidade.

Se quisermos, a diferença fundamental entre Mussolini e Berlusconi é que o primeiro, divisas à parte, usava o próprio corpo, inclusive o torso nu como veio ao mundo, no máximo acentuando com desenvoltura a própria calvície, enquanto em Berlusconi prevalece o elemento cyborg, a progressiva alteração dos próprios traços (Belpoliti sugere uma singular analogia entre Berlusconi e Oscar Pistorius, o corredor com pernas artificiais), dos implantes capilares aos *liftings*, para entregar-se aos próprios devotos numa imagem mineralizada que se deseja sem idade. Aspiração ao eterno bastante curiosa para quem, no final, Belpoliti analisa como "estrela permanente do efêmero".

O estranho caso do comensal desconhecido

(2010)

Só agora me caiu nas mãos uma notinha do *Giornale* de 13 de julho. Antes tarde que nunca. Diz: "O professor aprecia a cozinha *fusion*. Umberto Eco, tido como um ponto de referência do pensamento de esquerda, foi visto sábado passado em Milão, na hora do almoço, sentado à mesa com um comensal desconhecido, no restaurante de especialidades asiáticas de via San Giovanni sul Muro. Local sóbrio, mas sem dúvida não exclusivo, eis os 'clássicos' preferidos do autor de *O nome da rosa*: no menu arroz cantonês, espaguetes de soja ao curry e frango com verduras e bambu, além de receitas mais experimentais. O manejo dos palitinhos parece ser uma paixão comum à nata progressista. De fato, Guido Rossi, jurista, já senador, ex-presidente da Telecom e comissário extraordinário da FGIC durante o verão escaldante de Calciopoli, em 2006, já havia sido visto no mesmo restaurante sino-milanês. A China se aproxima. Basta acrescentar um lugar à mesa."

Nada de extraordinário. Há cronistas que sobrevivem contando pequenas anedotas, e como não posso suspeitar que o escritor da notinha fique de tocaia todo dia num restaurante chinês "não exclusivo" (ou seja, no qual seria difícil surpreender à luz de velas, sei lá, Paola Binetti com Rocco Siffredi ou Carla Bruni com o ministro Brunetta), não me resta outra alternativa senão considerar que o citado aspirante a *Dagospia** deve frequentá-lo normalmente, visto que é bem iluminado, limpo e ao alcance econômico de quem ainda está nos degraus mais modestos de uma hierarquia redacional. Entediado com os rolinhos primavera comidos pela enésima vez, o anônimo deve ter dado um pulo na cadeira quando se viu diante daquele furo que poderia mudar sua carreira.

Não há nada mais normal do que ir a um restaurante chinês e é mais normal ainda que tanto eu quanto Guido Rossi almocemos num deles. Não

* Site de Roberto D'Agostino na internet, redução de "D'Agostino espia", dedicado a pequenas notícias e fofocas sobre o mundo político-econômico-cultural italiano. [*N. da T.*]

sabia que ele também ia, mas aquele restaurante fica a cem metros de nossas respectivas casas e, portanto, é óbvio que ele frequente, se não tiver mesmo a intenção de degustar a orquídea de ouriços-do-mar de Gracco-Peck por algumas centenas de euros.

Por que dar uma notícia tão desprovida de interesse, pior do que aquela do cão que mordeu o homem, algo como informar que um cão latiu?

Levantarei algumas hipóteses. Primeiro, é preciso difundir suspeitas, mesmo que vagas, sobre quem não compartilha as suas ideias. Todos recordam o episódio do programa televisivo *Mattino 5*, que seguiu e filmou o magistrado Mesiano (culpado de uma sentença sobre o Processo Mondadori que desagradou ao nosso presidente do Conselho) enquanto passeava, fumava um cigarro, ia ao barbeiro e, por fim, sentava-se num banco de praça exibindo meias turquesa, coisas que o locutor em *off* definia como "estranhezas" e, portanto, indicadores de que o insidioso magistrado não era bom da cabeça.

Falaram mal dele? De modo algum. Mas por que ir ao barbeiro de meias turquesa (quando os cidadãos de bem usam no máximo meias amaranto)? Na verdade, por que alguém se apressava em nos informar do fato como quem envia uma mensagem em código? Não é uma técnica jornalística de prêmio Pulitzer, mas pode ter algum efeito sobre pessoas que usam meias curtas.

Provavelmente, o *Giornale* está pensando num eleitor de uma certa idade, que come apenas um punhado de espaguetes e verdura cozida com azeite na companhia da esposa e que fica horrorizado diante da ideia de que alguém sai de casa para comer como os chineses (que como todos sabem comem macacos e cães); ou em alguém que vive em aldeias remotas onde nunca se ouviu falar em restaurantes chineses; ou alguém que suspeita de qualquer coisa que tenha a ver com etnias muito invasivas — imaginem os chineses; ou (como é dito) alguém que considera que comer com palitinhos é "uma paixão comum à nata progressista", já que as pessoas moderadas usam garfo e faca como mamãe ensinou; ou ainda alguém que acredita que Mao ainda comanda a China e que, portanto, comer chinês significa proclamar (como sugere a notinha), como em 68, que a China se aproxima (e devo dizer que está realmente próxima, mas agora por razões mais à direita do que à esquerda).

E também, o que quer dizer sentado à mesa com um "comensal desconhecido"? Quem era esta pessoa cujo nome eu tentava esconder recusando-me a colocar uma plaquinha indicativa? De onde vinha? Por que se encontrava comigo? Por que um restaurante chinês, como num romance de Dashiell Hammett, e não o *Colline Pistoiesi* ou o *Alla bella Napoli*? Naturalmente, o comensal desconhecido era desconhecido do jornalista, não meu, já que era meu amigo. Mas insinuar a ideia de que alguém sai com "desconhecidos" e ainda por cima num restaurante chinês faz um belo efeito Fu Manchu e o Perigo Amarelo.

Eis aí, portanto, o que anda aprontando a "nata progressista". Ainda bem que a imprensa segue vigilante.

Pode entrar, Críton...

(2011)

É impossível não ser solidário com nosso governo quando pede formalmente a extradição de Cesare Battisti ao Brasil. E creio que quem porventura acredita que Cesare Battisti foi vítima de um erro judiciário também deveria pensar assim, pois, mesmo que se trate de erro judiciário, não caberia ao governo brasileiro decidi-lo, a menos que declarasse, pública e formalmente, que o Estado italiano era na época da condenação e ainda é um aparato ditatorial que pisoteia os direitos políticos e civis e fere a liberdade de seus cidadãos.

A extradição pedida é devida, ao contrário, porque se admite que as três instâncias de juízo às quais Battisti foi submetido representavam o exercício da justiça por parte de um país democrático e de uma magistratura independente de qualquer *diktat* político (visto que, ademais, para quem tivesse motivos de desconfiança em relação ao governo Berlusconi, a ação da magistratura ocorreu quando ainda era Berlusconi um cidadão privado na Itália.

Portanto, pedir a extradição de Battisti significa defender a legitimidade da nossa magistratura e todo cidadão democrático deve ser, neste caso, solidário à ação do governo (e da presidência da República).

E seríamos tentados a dizer: parabéns, honorável Berlusconi, seu comportamento é impecável. Mas então por que, quando a magistratura dá início a uma ação penal contra ele (e note-se que não se trata de condená-lo injustamente à prisão perpétua, mas simplesmente de convocá-lo a defender-se de uma acusação, talvez infundada, com todas as garantias jurídicas cabíveis), o mesmo honorável Berlusconi não somente se recusa a comparecer diante do juiz, como também contesta o direito da magistratura de tratar de seu caso? Estaria, por acaso, sendo solidário com Battisti na empresa comum de deslegitimação da magistratura italiana? Estaria, por acaso, pronto a emigrar para o Brasil para pedir àquele governo a mesma proteção que ele oferece a Battisti, contra a suposta ilegitimidade do comportamento de nossos magistrados? Ou quem sabe, se considera que os magistrados que condenaram Battisti eram pessoas honradas, cuja dignidade deve ser defendida para preservar a honra do próprio Estado italiano, e considera, ao contrário, que Ilda Boccassini não é uma mulher honrada, não estaria usando, para julgar a nossa magistratura, dois pesos e duas medidas — considerando-a honrada e honorável quando condena Battisti, mas não quando investiga a respeito de Ruby?

Os defensores do honorável Berlusconi dirão que Battisti está errado em fugir da justiça italiana, pois no fundo do coração sabe que é culpado, enquanto Berlusconi faz isso com todo direito, pois no fundo do coração sabe que é inocente. Mas este argumento se sustenta?

Quem o usa parece não ter refletido sobre um texto que, quem fez o ensino médio (como aconteceu com o honorável Berlusconi), certamente conheceu: o *Críton*, de Platão. Para quem esqueceu, recordo aqui suas premissas: Sócrates foi condenado à morte (injustamente, nós o sabemos, assim como ele sabia) e está na prisão esperando a taça de cicuta. Recebe a visita de seu discípulo Críton, que lhe diz que está tudo preparado para sua fuga e usa de todos os argumentos para convencê-lo de que tem direito e o dever de fugir de uma morte injusta.

Mas Sócrates responde lembrando a Críton qual deve ser a postura de um homem de bem diante da majestade das Leis da Cidade. Ao aceitar viver em Atenas e gozar de todos os direitos de um cidadão, Sócrates reconheceu que suas Leis eram boas e se ousasse negá-las só porque num dado momento elas estão agindo contra ele, ao desconhecê-las contribuiria para deslegitimá-las e, portanto, destruí-las. Não se pode aproveitar da Lei quando trabalha a nosso favor e recusá-la que decide algo que não nos agrada, pois estabelecemos com as Leis um pacto e este pacto não pode ser rompido a nosso bel-prazer.

Note-se que Sócrates não era homem de governo, pois se o fosse poderia dizer até mais, ou seja, que, como homem de governo — caso se considerasse no direito de descumprir as leis que não lhe agradassem —, não poderia mais pretender que os outros obedecessem àquelas que não eram de seu agrado e, portanto, que não atravessassem com o sinal vermelho, que pagassem seus impostos, que não roubassem bancos e (escusado dizê-lo) que não abusassem de menores.

Sócrates não disse tudo isso, mas o sentido de sua mensagem se mantém como é: alto, sublime, duro como uma rocha.

A Norma e os Puritanos

(2011)

As críticas aos comportamentos do nosso presidente do Conselho de Ministros suscitaram uma série de objeções que se pretendiam picantes. A primeira visava não tanto inocentar quanto ridicularizar seus críticos: "Vocês, sessentoitistas de outrora", diziam, "que pregavam o amor livre e as drogas psicodélicas, hoje não passam de carolas puritanos que censuram as práticas sexuais do presidente, se é que são mesmo práticas sexuais e não jantares à base de Coca-Cola Light". (Mas que jantares melancólicos, observo eu, nem uma gotinha de um bom Gavi ou Greco di Tufo!). Sobre o amor livre sessentoitista não tenho muita informação, pois na época já estava com 36 anos (uma idade então considerada bastante madura), dois filhos e já era professor. Assim sendo, nunca frequentei concertos de rock nu, cabeludo e fumando maconha. Mas creio que na época se entendia como liberdade sexual o direito de duas pessoas fazerem sexo juntas por livre escolha e (sobretudo) gratuitamente. Coisa bem diferente de um sexo pré-sessentoitista, para ser bem claro, aquele dos bordéis de nostálgica memória, onde todos eram livres para fazer sexo, desde que pagassem.

Contudo, tem razão quem diz que criticar o presidente porque sai com mocinhas de moralidade bastante flexível é puritano. Todos têm direito à modalidade de sexo que considerarem satisfatória (homo ou heterossexual, cachorrinho, *more ferino*, sadomaso, com felação, *cunnilingus* e entre os seios, onanismo, dispersão do sêmen em vaso indevido, *delectatio morosa*, até a coprofilia, a enemofilia, o exibicionismo, o fetichismo, o travestimento, o frotteurismo, a urofilia, o voyeurismo — e assim por diante, copulando), desde que o faça com pessoas que consentiram, sem prejudicar quem não deseja participar ou não tem condições de dar um consentimento informado (eis por que são condenadas a pedofilia, a zoofilia, o estupro e a escatologia telefônica) e que a coisa ocorra em locais fechados, de modo a não ofender a sensibilidade dos puritanos — assim como não se deve blasfemar em público para não ofender a sensibilidade dos crentes.

Devo admitir que muitas vezes os opositores do presidente insistiram demais nos aspectos sexuais do caso Ruby. É natural que seja assim, pois quando o jornal escreve sobre conflitos de interesse, corrupção dos magistrados, ocultação de capitais ou leis *ad personam*, os italianos pulam essas matérias, mas quando dispara uma manchete de primeira página sobre Ruby, eles veem o jornal inteiro, até a previsão do tempo. De todo modo, a oposição ao premier não é oposição a seus gostos sexuais. É oposição ao fato de que, para gratificar as participantes de seus jantares, ele oferecia postos nas administrações regionais, provinciais ou europeias, à nossa custa. Se quem paga o salário de conselheiro regional à sra. Nicole Minetti sou eu (percentualmente) e também (embora numa cota mínima) todos os que têm de viver com mil euros por mês, isso não tem nada a ver com os Puritanos, mas com a Norma (da lei).

O problema moral não é que não se deve fazer amor (visto que é sempre melhor que fazer a guerra, como se dizia em 68), mas que não se pode fazer amor e mandar a conta para quem não tem nada com isso. Marrazzo não é criticável por ter saído com transexuais, mas por tê-lo feito com o automóvel dos carabineiros.

Mas vamos supor que o presidente não tenha gratificado suas convidadas com apanágios públicos. Uma vez posto que é lícito fazer o que bem entender na própria casa, isso é verdade para um bancário, um médico ou um operário inscrito na FIOM, mas quando vem à tona que certas práticas ocorrem na casa de um homem político, é difícil que o fato não dê origem a um escândalo público. Para John Profumo e Gary Hart bastou o conúbio carnal com uma e só uma mulher (uma cada um) para arruinar suas carreiras. Quando as mulheres são muitas e levadas à festa de *pullman*, não se pode impedir que as anedotas sobre o Rubygate apareçam até nos jornais coreanos e na TV tunisina (verificar na internet).

Alguns dos defensores do presidente dirão que isso só aconteceu porque os puritanos foram espionar um cidadão privado pelo buraco da fechadura e trombetearam para o mundo as suas supostas traquinagens. Mas quem começou foi justamente o usuário final, quando compareceu ao aniversário de Noemi e quando foi incomodar a polícia para libertar Ruby. E quando um chefe de governo se justifica dizendo que acreditou em boa-fé quando Ruby falou que era sobrinha de Mubarak (assim como acreditou quando ela garantiu ser maior de idade), é normal que o mundo inteiro se arrebente de tanto rir, pois o fato de um homem responsável por todo um país tomar como verdade cristalina tudo o que diz uma *go-go girl* é digno de comédia burlesca do início do século passado.

"Cagü!"

(2012)

Todos perceberam que, desde que abandonou a presidência do Conselho de Ministros, Berlusconi também sumiu das primeiras páginas dos jornais. E não porque queria. De nada adiantava ir visitar o amigo Putin, pois era como se fosse o presidente do Rotary Club de Vanatu; de nada adiantava descer do helicóptero com novas moças: todo mundo achava que era problema dele. E enquanto isso, sua aprovação nas pesquisas caía inexoravelmente.

Agora que anunciou que vai entrar em campo novamente, reconquistou as primeiras páginas. E atenção, não importa se vai entrar mesmo ou não, é bem conhecida a volubilidade com que muda de opinião de um dia para o outro; por agora, no entanto, ele voltou a sorrir para nós em todos os cantos do país.

Berlusconi é, e ninguém nega isso, um gênio da publicidade e um dos princípios que ele preza é o "falem mal, mas falem de mim". O que, aliás, é a técnica de todos os exibicionistas: sem dúvida é criticável abaixar as calças e mostrar o próprio aparato sexual na saída de um colégio feminino, mas quem fizer isso terá a primeira página assegurada — e, para chegar lá, alguns se tornam até *serial killers.*

Sendo assim, poderíamos supor que parte (repito, só uma parte, porém consistente) do carisma berlusconiano junto a tantos eleitores não se deve ou não se deve somente ao que ele diz ou faz, mas à constância com que seus adversários, no afã de criticá-lo, o colocam na capa de jornais e revistas.

Como comportar-se com ele (não falo de seus seguidores, mas de quem o vê como uma desventura para a nossa frágil República) daqui até as próximas eleições?

Uma lenda que ouvi muitas e muitas vezes dizia que, assim que comecei a falar, logo depois de "mamãe", "papai" e "vovó", comecei um belo dia a gritar "cagü!", com o U à francesa, que também se usa nos dialetos do Norte italiano e é impronunciável do outro lado da bota. Como eu tinha cunhado aquela expressão, totalmente desconhecida pelos lexicógrafos, era um tema de debate: talvez tivesse ouvido um palavrão como "*cagòn*" de alguns pedreiros que trabalhavam na casa em frente, que eu admirava embevecido debruçado no parapeito. Fato é que repreensões, cascudos, gritos de nada adiantaram. Continuei a repetir "cagü!" sempre que lembrava, muito contente com a atenção que recebia.

Até que aconteceu o escândalo. Num domingo, ao meio-dia em ponto, mamãe estava na Catedral comigo nos braços, a sineta anunciava a Elevação (e no templo não se ouvia voar uma mosca) quando — encorajado por aquele repentino e ensurdecedor silêncio — virei para o altar e com toda a força dos meus pulmões gritei: "Cagü!"

Parece que o padre interrompeu por um instante a fórmula da consagração das espécies e os olhares severamente estarrecidos dos fiéis obrigaram minha pobre mãe, rubra de vergonha, a abandonar o local sagrado.

Evidentemente, precisavam encontrar uma solução e ela foi triunfalmente encontrada. Nos dias seguintes, eu gritava "cagü!" e minha mãe fazia de conta que não tinha ouvido. Eu repetia, "mamãe, cagü!" e ela respondia (continuando a alisar as camas), "ah é?". Eu insistia, "cagü!", e minha mãe informava a meu pai que as irmãs Faccio viriam jantar conosco.

Em suma, meus gentis leitores já devem ter intuído o rumo que a história tomou: exasperado com a ausência de qualquer reação, parei de dizer "cagü!" e dediquei-me à aprendizagem de um léxico mais rico e complexo que usava "*ore rotundo*", para grande satisfação de meus pais, felizes com um filho tão castiço.

Não pretendo explorar minhas lembranças infantis para dar conselhos aos políticos, aos articulistas e aos diagramadores dos jornais. Só que, se por acaso estiverem interessados em deixar de servir de caixa de ressonância para um adversário, bem que poderiam seguir o exemplo de minha mãe.

A casta dos párias

(2012)

Em seu recente *SpotPolitik* (Laterza, 2012), Giovanna Cosenza estuda a perdurante incapacidade da classe política italiana de comunicar-se de modo persuasivo com seus eleitores. Não há dúvida de que o politiquês burocrático foi deixado de lado (embora Cosenza ainda encontre impiedosamente alguns vestígios dele num comunicador da nova geração como Vendola); teve início, nem tanto com Berlusconi, mas com Kennedy, a era da comunicação política baseada não no símbolo ou no programa, mas na imagem (e no corpo) do candidato; assistimos à passagem, definitiva e hoje inevitável, do comício para o *spot* publicitário. Mas penso que o livro retorna do início ao fim a um mesmo ponto: nossos políticos não conseguem se comunicar porque quando falam não se identificam com os problemas das pessoas às quais se dirigem, mas continuam centrados "autorreferencialmente" em seus problemas particulares.

Mas como? Até Berlusconi, que soube usar palavras simples, slogans eficazes e abordagens baseadas no sorriso e mesmo na anedota? Até ele. Talvez não naqueles momentos felizes em que soube se colocar no lugar de seus ouvintes e — interpretando seus desejos mais inconfessados — disse que era justo não pagar impostos; mas em geral, e sobretudo nos últimos tempos, falava obsessivamente de seus inimigos, dos que remavam contra ele, dos magistrados que não gostavam dele e nunca do "povo" que estava sentindo os efeitos da crise econômica, que afinal ele não conseguia mais esconder.

Ora, deixando aos leitores o gosto de saborear as maldades que Cosenza não poupa a ninguém (e talvez o mais atingido seja Bersani), fico me perguntando por que nossos homens de governo não conseguem se identificar com os problemas das pessoas comuns. A resposta foi dada há tempos por Hans Magnus Enzensberger, num artigo (não lembro mais o título e onde foi publicado) no qual apontava que o homem político contemporâneo é a criatura mais distante da gente comum, porque vive em fortalezas protegidas, viaja em carros blindados, só anda cercado de gorilas e, portanto, só vê as pessoas de longe, além de não ter mais de fazer compras num supermercado ou ficar na fila de um guichê municipal. A política, ameaçada pelo terrorismo, deu vida a membros de uma casta condenada a não saber nada do país que deve governar. Casta sim, mas no sentido dos párias indianos, alijados do contato com os outros seres humanos.

Soluções? Deveríamos estabelecer que o homem político só pode permanecer no governo ou no parlamento por um período muito limitado (digamos, os cinco anos de uma legislatura ou, se quisermos ser indulgentes, duas). Depois deve voltar a viver como uma pessoa normal, sem escolta, como antes. E se por acaso retornar ao poder depois de um período de espera, teria acumulado alguns anos de experiências cotidianas fora-casta.

Esta ideia poderia sugerir uma outra, ou seja, que prega o fim da categoria dos políticos profissionais: o parlamento e o governo deveriam ser entregues a cidadãos normais que resolvessem servir o país por um breve período. Mas isso seria um erro, e perigosíssimo, de *grillismo** deteriorado. Quem se dedica ao ofício da política, em várias organizações, aprende técnicas de gestão da coisa pública e, sobretudo, uma ética da dedicação, como acontecia com os políticos profissionais da DC ou do PCI, que acumulavam uma vasta experiência em suas associações juvenis e depois nas instâncias do partido. E ao fazer tal escolha, ficavam impossibilitados de acumular empresas privadas, estúdios profissionais, fabriquetas ou construtoras; quando entravam para o parlamento ou para o governo, não eram, portanto, tentados a salvaguardar ou até incrementar as próprias riquezas — como acontece, ao contrário, com aqueles que são colocados no parlamento por um Líder, a quem ficam devendo favores e do qual recebem o exemplo de um desenvolto conflito de interesses, que são levados a imitar. E se, mesmo trabalhando num partido, é possível ceder à corrupção, isso não seria parte integrante de um sistema, mas antes um infeliz incidente.

* De Beppe Grillo, comediante e político italiano, fundador do Movimento 5 Estrelas (com os cinco temas centrais de sua atuação: água, meio ambiente, transportes, desenvolvimento, energia), que se define como uma livre associação de cidadãos, nem de esquerda, nem de direita que, diante da falência da democracia representativa, defende métodos de democracia direta. [*N. da T.*]

Vamos ler a Constituição

(2012)

Tratei desse assunto numa *Bustina* de dois anos atrás, mas não é que esteja me repetindo. De fato, ao longo das várias discussões sobre governo, parlamento e leis eleitorais sempre reencontro duas afirmações que até ontem pareciam ser apanágio de grupos da direita populista, mas que têm sido retomadas também por pessoas de outras extrações políticas e com uma densidade cultural diversa.

A primeira afirmação é que este parlamento não tem legitimidade porque foi eleito com a lei *Porcellum*,* que foi declarada inconstitucional. Mas, uma vez que este parlamento foi eleito, que o *Porcellum* era lei do Estado, que não se podia votar segundo uma outra lei, conclui-se que o parlamento foi eleito de acordo com a lei vigente. É necessário, claro, fazer novas eleições com base numa nova lei, mas quem vai decidir que lei será esta será sempre o parlamento atual, no pleno exercício de seus poderes, tendo sido eleito segundo as regras vigentes no momento de sua eleição.

Entendo que a situação pode suscitar uma certa perplexidade, mas não temos escolha e qualquer afirmação sobre a ilegitimidade deste parlamento parece sem fundamento.

A outra ideia que circula é de que o atual primeiro-ministro, chefe do governo, e seus ministros não foram eleitos pelo povo. É verdade que teria sido melhor para Renzi enfrentar novas eleições e apresentar-se na cena política como chefe eleito do partido que obteve a maioria dos votos, mas isso não significaria de modo algum que Renzi, enquanto futuro chefe de governo, teria sido eleito pelo povo. Foi uma astúcia berlusconiana colocar seu nome e seu rosto como símbolo de sua lista para convencer sabe-se lá quantos eleitores de que votar em sua lista significava elegê-lo como chefe de governo. Nada mais falso, tanto que Berlusconi poderia vencer as eleições

---

* Lei de 2005 que mudou o sistema eleitoral italiano, instituindo um sistema proporcional no lugar do antigo sistema majoritário. Foi criada pelo deputado da Liga Norte, Roberto Calderoli. [*N. da T.*]

e depois propor ao presidente da República, chefe do Estado, outro premier escolhido por ele, Santanché, Scilipoti ou Razzi, para citar alguns, sem com isso violar a norma constitucional.

A Constituição estabelece que o povo elege os parlamentares (com preferências ou listas fechadas, o que representa outro problema, mas a Constituição não se pronuncia a respeito); o parlamento elege o presidente da República que, depois de ouvir os representantes dos vários partidos, nomeia, *sponte propria*, o chefe do governo e seus ministros e, em princípio, poderia nomear até a própria avó ou o chefe-de-estação de Roccacannuccia, se a maioria das forças políticas sugerisse seu nome.

Cabe ao parlamento aprovar o governo nomeado pelo presidente da República (instituindo assim um controle por parte dos representantes do povo) e se esta aprovação é negada, volta-se ao ponto de partida, até que o presidente da República encontre um governo que agrade ao parlamento. E assim, presidentes da República já nomearam como chefes de governo personagens que não eram parlamentares, como Dini e Ciampi, além de vários técnicos como ministros; ademais, quando o presidente nomeou Monti, depois de designá-lo um minuto antes como senador vitalício, Monti não tinha sido eleito pelo povo, mas, justamente, nomeado pelo presidente.

O interessante é que estas coisas estão, embora de maneira um pouco indireta, no artigo 64 da Constituição, que a certa altura precisa: "Os membros do governo, mesmo que não façam parte das câmaras, têm direito, e se chamados, obrigação, de assistir às sessões. Devem ser ouvidos toda vez que o demandarem." Entenderam? Era tão óbvio que os membros do governo podiam muito bem ser estranhos ao parlamento, que os constituintes tiveram o cuidado de precisar de que modo eles poderiam ou deveriam participar das reuniões. Para ser honesto, quando se reprova Berlusconi por aparecer tão pouco no parlamento, não se deveria censurá-lo como presidente do Conselho de Ministros, mas antes como deputado ou senador negligente.

Keep a low profile

(2013)

As expectativas eram de uma sólida vitória do Partido Democrático e de uma pálida recuperação de Berlusconi e estas previsões não se verificaram. Mas já houve um precedente: Acchile Occhetto anunciou que tinha construído uma jubilosa máquina de guerra e logo em seguida teve início a era Berlusconi. Da mesma forma, no curso da última campanha eleitoral, toda a abordagem do PD se deu em termos triunfalistas: Bersani dava como certa a própria decisiva maioria e afirmava que quem vencesse (ou seja, ele) governaria. Assim, enquanto muitos de nós achávamos que o líder do PD estava conduzindo uma campanha de grande senhor, sem esmorecer como faziam seus adversários, sua campanha mostrou-se fraca, pois foi conduzida com base na tranquila persuasão de que, segundo as pesquisas, o PD já havia vencido.

Corolário: cada vez que a esquerda se apresenta como seguramente vencedora, perde. Puro azar? Não lembro mais em qual *talk show* Paolo Mieli disse que é um dado de fato consolidado, hoje e há pelo menos sessenta anos, que 50% dos eleitores da Itália não desejam um governo de esquerda ou de centro-esquerda. Pode ser (comento eu) o medo antigo, que remonta aos tempos do "terrível Stalin, o ogro vermelho do Kremlin", sobre quem, ainda crianças, líamos semanalmente, na revista *Il Balilla*, pode ser o terror do bolchevique que dá de beber aos cavalos nas águas bentas de São Pedro (que a propaganda dos Comitês Cívicos soube utilizar tão bem em 1948); pode ser o terror insistente de que a esquerda aumente os impostos (coisa que, aliás, ela sempre anunciou, mas quem acabou fazendo foi a direita), mas, em suma, o povo de bons burgueses de meia e tarda idade, que não lê jornais, só vê televisão nos canais da Mediaset, com quem Berlusconi fala quando ameaça com o retorno do comunismo, pensa realmente essas coisas. O medo dos governos de esquerda é um pouco como o pavor dos turcos, que foi alimentado por um longo tempo, mesmo depois que tinha começado, em Lepanto, o declínio do império otomano.

Portanto, e volto às palavras de Mieli, se a metade dos eleitores italianos vive neste temor constante, é evidente que só poderá recorrer a quem oferece um antídoto: durante cinquenta anos, foi a Democracia Cristã, durante vinte, o berlusconismo.

Creio que Mieli fez esta análise quando parecia que a entrada em campo de Monti poderia oferecer uma alternativa — basta ver que, de fato, guiado por este temor, Berlusconi sempre conduziu sua batalha contra Monti mostrando-o como um lacaio *idiota* da esquerda. Pois bem, Monti não teve sucesso e a proteção contra a esquerda voltou a ser monopólio de Berlusconi, gerando uma reflexão que, a meu ver, parece óbvia: a direita vence quando a esquerda convence o eleitorado moderado de que quem vai chegar ao poder é ela. Ao contrário, a esquerda vence quando, como no caso das campanhas de Prodi, não ostentou nenhum excesso de confiança, passando a mensagem subliminar "bem, esperemos que dê certo" e conseguindo vencer quando nem todos apostariam nisso.

Uma dose de vitimismo é indispensável para não galvanizar os adversários. Grillo fez uma campanha de vencedor, mas conseguiu dar a impressão de ser excluído da TV e ter de buscar refúgio nas praças — foi assim que encheu as telinhas assumindo o papel de vítima do sistema. Sabiam chorar personagens como Togliatti, que representava os trabalhadores como alijados da sala de controle pela reação sempre à espreita; Pannella, que, reclamando sempre que a mídia ignorava os radicais, conseguia monopolizar a atenção constante de jornais e TVs; Berlusconi, que sempre se apresentou como perseguido pelos jornais, pelos poderes fortes e pela magistratura e, quando chegou ao poder, passou a reclamar que não o deixavam trabalhar e só faziam remar contra ele. É, portanto, fundamental o princípio do "*chiagne e fotti*"* ou então, para não usar modos vulgares demais, o "*keep a low profile*", evite a ostentação.

Os senhores de meia-idade só se abstêm ou dispersam seus votos quando não acreditam no avanço da esquerda. Se a esquerda canta vitória, o moderado corre imediatamente para o Ungido do Senhor.

---

* Expressão napolitana, em italiano "*piangi e fotti*", literalmente chora e fode, indicando quem se faz de vítima para obter algum tipo de vantagem. [*N. da T.*]

Suspeitem de quem os julga

(2013)

Escrevi alguma coisa do gênero numa *Bustina* de 1995, mas não é culpa minha se, dezoito anos depois, as coisas continuam acontecendo da mesma maneira, pelo menos neste país. Por outro lado, comentei em outra *Bustina* a ocasião em que, para festejar seus vinte anos, o *Repubblica* inseriu no número comemorativo a reprodução anastática do número de vinte anos atrás. Distraído, confundi o primeiro com o segundo, que li com grande interesse e só desconfiei no final quando vi que só davam a programação de dois canais de TV. Quanto ao resto, as notícias de vinte anos atrás eram as mesmas que se poderia esperar vinte anos depois e não por culpa do *Repubblica*, mas da Itália.

Assim, lamentei, em 1995, o curioso comportamento de certos jornais que tomavam partido por alguns ilustres acusados, mas em vez de tentar demonstrar sua inocência, publicavam artigos ambíguos e alusivos, quando não deliberadamente acusatórios, visando solapar a legitimidade dos juízes.

Notem bem, demonstrar, num processo, que a acusação é parcial ou desleal seria, em si, uma bela demonstração de democracia e quem dera isso tivesse sido possível em tantos processos encenados por ditaduras dos mais diversos matizes. Mas isso só deve ocorrer em situações excepcionais. Uma sociedade na qual, sempre e *a priori*, não apenas a acusação, mas também o corpo de juízes são sistematicamente deslegitimados, é uma sociedade em que alguma coisa não funciona. Ou não funciona a justiça ou não funcionam as instituições de defesa.

No entanto, é exatamente isso que estamos assistindo há algum tempo. O primeiro movimento do investigado não é demonstrar que as provas de acusação são inconsistentes, mas mostrar à opinião pública que a acusação não está isenta de suspeita. Se o acusado tiver sucesso nessa operação, o andamento posterior do processo é secundário, pois quem decide, em processos transmitidos pela TV, é a opinião pública, que desautoriza o acusador e tende a convencer qualquer júri de que lhe dar razão seria impopular.

Sendo assim, o processo não diz mais respeito a um debate entre duas partes que apresentam provas e contraprovas: diz respeito, e antes mesmo do processo, a um duelo midiático entre futuros indiciados e futuros promotores e membros da magistratura, cujo direito de julgar é contestado pelo investigado.

Quem conseguir demonstrar que seu acusador é adúltero cometeu pecados, leviandades ou crimes — mesmo que nada tenham a ver com o processo — já ganhou. E não é necessário provar que o juiz cometeu um delito. Basta (e trata-se de história) tê-lo fotografado jogando uma guimba no chão (coisa que obviamente não deveria fazer, nem num momento de distração) — mas que bobagem, basta que (como aconteceu) ande por aí com meias turquesa e logo o julgador se transforma em julgável, pois já insinuaram que se trata de um ser bizarro e não confiável, afetado por taras que o tornam inadequado à própria função.

E ao que tudo indica, este modo de agir funciona, visto que insistem nele há pelo menos vinte anos. E por outro lado, estas insinuações despertam os piores instintos do cidadão médio que, se receber uma multa por estacionar em local proibido, reclama dizendo que o guarda não é normal, tem inveja de quem é dono um BMW, como costuma acontecer, aliás, com todos os comunistas. Em qualquer investigação, todos se sentem como o K de Kafka, inocente diante de uma justiça insondavelmente paranoica.

Portanto, como já disse dezoito anos atrás, não se esqueça: a próxima vez em que for pego com a boca na botija, no preciso instante em que dava um cala-boca ao policial que o surpreendeu partindo a cabeça de sua avó com um machado, não se preocupe em eliminar os traços de sangue ou em provar que estava em outro lugar naquela hora. Basta demonstrar que o policial que o surpreendeu com a mão na massa (ou no machado) não declarou à Receita um panetone de Natal que recebeu de presente de uma certa empresa (melhor ainda se for suspeito de ter ligações de afetuosa amizade com o diretor da dita empresa).

Filho meu, tudo isso será seu

(2013)

No momento em que escrevo (mas sei lá, já vou pedindo desculpas se alguém tiver mudado de ideia nesse meio-tempo, como tem acontecido cotidianamente), Marina Berlusconi havia afirmado decididamente que não pretende aceitar a herança do pai e que considera mais prudente continuar como empresária, remetendo-se provavelmente ao popular provérbio milanês "*ofelé fa el to mesté*", que sugere ao confeiteiro que se dedique a seu ofício em vez de se meter em confusão.

Mas, Marina à parte, nada impede que Berlusconi busque outro membro da família para perpetuar a dinastia, coisa que ele tem aos montes, entre filhos e filhas e provavelmente primos, tanto que este homem, que enquanto apronta uma, trama mais cem, poderia até ter a ideia de colocar Veronica Lario em campo, visto que cada Perón tem sua Evita. Mas se a sra. Lario não aceitasse, por que não pensar num herdeiro adotivo, por exemplo Nicole Minetti, Ruby ou alguma outra moça da via Olgettina?

Inútil objetar que numa democracia não existem dinastias e que isso só acontece com monarcas, acontecia com imperadores romanos quando os pretorianos não entravam em cena para embaralhar as cartas e acontece com déspotas coreanos. Não, acontece também na democracia, como na passagem do bastão entre Le Pen pai e filha. Se quisermos insistir, poderíamos falar da dinastia Kennedy (em que a passagem do bastão foi impedida pela mão assassina que eliminou Bob), aconteceu com os dois Bush e não seria impossível que acontecesse com a sra. Clinton.

É verdade que na América um presidente não pode passar o poder a irmãos, esposa ou filhos por iniciativa própria, deve esperar que o voto popular sancione o retorno de um presidente da mesma família e, seja como for, o poder não é transferido por revezamento, pois é preciso que se passem alguns anos. Contudo, é indubitável que esses retornos de um sobrenome à vida política criam uma percepção de dinastia, uma crença profunda de que quem sai aos seus não degenera.

No caso da passagem do bastão de um Berlusconi a outro, intervém uma outra coisa além do sentido dinástico e do apelo aos valores do sangue. Berlusconi considera lícito e quase normal passar o poder para um descendente porque tem uma concepção patronal do partido político. Julga que o legado é transferível porque o capital é seu e age como os grandes capitães de indústria, para os quais a empresa era um bem de família e devia passar por via hereditária a seus descendentes. Agnelli é um caso exemplar: o avô Giovanni passa o poder para o neto Gianni (com Valletta, que serve como príncipe regente até que o herdeiro alcance a idade certa) e, quando da morte de Gianni, na ausência de outros Agnelli, um sobrinho com outro nome, mas com o mesmo sangue, se torna presidente. Todos devem lembrar o grande fazendeiro americano que (em vários filmes) mostra ao rebento uma enorme extensão de pradarias e rebanhos dizendo: "Filho meu, tudo isso um dia será seu."

Mas é normal que um partido seja um bem de família como um indústria de preservativos metálicos ou de biscoitos? À parte o fato de que ideias desse tipo nem sequer passaram pela cabeça de Mussolini (e, no entanto, o partido era realmente coisa sua, tanto que se dissolveu com seu desaparecimento), mas é possível imaginar um De Gasperi que deixasse a Democracia Cristã como herança para Maria Romana, um Craxi que transferisse o Partido Socialista para Bobo ou Stefania, um Berlinguer que, por direito quase divino, delegasse a direção do PCI a Bianca e assim por diante? Não, porque o partido não havia sido criado por eles, não era financiado por eles e tinham de prestar contas aos vários comitês que os elegeram e, portanto, eles não podiam ter uma concepção patronal do partido.

Passar o poder a um descendente significa ter a certeza de que o partido foi criado pelo Líder, não pode sobreviver sem o Líder, é financiado pelo Líder e os outros membros não são eleitores do Líder, mas seus dependentes. Em todo partido de propriedade privada, cada Tubarão tem direito a seu próprio Golfinho.

Esquerda e poder

(2015)

Eu não estava presente ao acontecido, que, no entanto, me foi narrado por pessoa fidedigna. Vamos ao fato: em 1996, Prodi tinha acabado de vencer as eleições e a esquerda chegava ao poder pela primeira vez. Grande festa, creio que na piazza del Popolo, multidão delirante. Enquanto D'Alema se dirigia ao palco, uma mulher agarrou seu braço gritando: "Companheiro Massimo, agora sim que faremos uma oposição ferrenha!"

Fim da história, mas não da maldição da qual ela é sintoma. A militante tinha entendido que seu partido tinha vencido, mas não que era obrigado a assentar-se no governo e não podia conceber um partido que fosse obrigado a dizer sim a um monte de coisas, pois sempre viu o partido como uma força heroica e obstinada que só dizia não.

Nela se resumia uma trágica história da esquerda europeia: durante mais de 150 anos, ela viveu como força de oposição, revolucionária, sem dúvida, mas sempre na sofrida e longa espera de que explodisse a revolução (ademais, na Rússia e na China, onde a revolução tinha explodido, a esquerda, obrigada a deixar a oposição e governar, foi pouco a pouco se tornando conservadora).

Por isso, a esquerda sempre se sentiu forte para dizer não e sempre olhou com desconfiança para aquelas suas alas que ousavam dizer um sim, mesmo a boca pequena, expulsando-as como social-democratas ou, do contrário, eram seus militantes que abandonavam o partido para fundar outro mais radical. Por isso, a esquerda sempre foi cisionista, condenada a uma cariocinese perpétua e, naturalmente, agindo assim, nunca foi forte o suficiente para chegar a governar — eu diria, malignamente, que foi sorte sua, pois do contrário seria obrigada, com todos os compromissos que tomar decisões governamentais implica, a dizer vários sins e, ao dizer sim, perderia aquela pureza moral que a mantinha sempre derrotada, mas obstinadamente capaz de recusar as seduções do poder. Bastava pensar que um dia destruiriam aquele mesmo poder que lhe voltava as costas.

A história da mulher da piazza del Popolo explica muitíssimas coisas que acontecem até hoje.

Da estupidez à loucura

Não, não é a poluição. São as impurezas do ar

(2012)

Depois de vinte anos correntes de guerra, estamos nas mãos do homem mais poderoso do mundo, que é Bush. Hoje, ninguém mais pretende, como queria Platão, que os Estados sejam governados pelos filósofos, mas seria muito bom se estivessem nas mãos de pessoas com ideias claras. Vale a pena consultar os vários sites da internet que reúnem frases célebres de Bush. Entre aquelas sem local e sem data encontrei: "Se não conseguirmos, corremos o risco de fracassar. Já é tempo de a raça humana entrar no sistema solar. Não é a poluição que ameaça o ambiente, são as impurezas do ar e da água."

Aos jornalistas. "Gostaria de perguntar a quem me fez a pergunta. Não tive a oportunidade de perguntar a quem me fez a pergunta que pergunta tinha feito" (Austin, 8 de janeiro de 2001). "Penso que se você souber em que acredita, seria muito mais fácil responder à sua pergunta. Não posso responder à sua pergunta" (Reynoldsburg, Ohio, 4 de outubro de 2000). "A mulher que sabia que sofri de dislexia — bem, nunca entrevistei esta mulher" (Orange, 15 de setembro de 2000).

Política. "A ilegitimidade é algo de que devemos falar em termos de não tê-la" (20 de maio de 1996). "Creio que estamos num caminho irreversível rumo a mais liberdade e democracia. Mas as coisas poderiam mudar" (22 de maio de

1998). "Estou atento não somente a preservar o poder executivo para mim, mas também para meus predecessores" (Washington, 29 de janeiro de 2001). "Estamos empenhados em trabalhar com ambas as partes para levar o nível do terror a um nível aceitável para ambos" (Washington, 2 de outubro de 2001). "Sei que existem muitas ambições em Washington, é natural. Mas espero que os ambiciosos percebam que é mais fácil ter sucesso com um sucesso do que com um fracasso" (entrevista a *Associated Press*, 18 de janeiro de 2001). "A maior coisa na América é que cada um deveria votar" (Austin, 8 de dezembro de 2000). "Queremos que cada um que pode encontrar um trabalho seja capaz de encontrar um trabalho" (programa *60 Minutes II*, 5 de dezembro de 2000). "Um dos denominadores comuns que encontrei é que as esperas surgem em torno do que é esperado" (Los Angeles, 27 de setembro de 2000). "É importante compreender que se temos mais trocas comerciais, temos mais comércio" (Summit of the Americas, Quebec City, 21 de abril de 2001).

Educação. "Francamente, os professores são a única profissão que ensina nossa crianças" (18 de setembro de 1995). "Teremos os americanos mais bem educados do mundo" (21 de setembro de 1997). "Quero que se diga que o governo Bush é voltado para o resultado, pois acredito no resultado de focar a própria atenção e energia na educação das crianças para a leitura, pois temos um sistema educativo atento às crianças e a seus pais, enquanto visar um sistema que recusa a mudança fará a América se tornar aquilo que queremos que seja, um país de gente que sabe ler e que sabe manter a esperança" (Washington, 11 de janeiro de 2001). "O sistema de educação pública é um dos fundamentos da nossa democracia. Afinal, é onde as crianças da América aprendem a ser cidadãos responsáveis e aprendem as habilidades necessárias para tirar vantagem da nossa extraordinária sociedade oportunista" (1º de maio de 2002).

Ciência. "Marte está essencialmente na mesma órbita. Está quase à mesma distância nossa do Sol, o que é importante. Vimos imagens dos canais, acreditamos, e da água. Se tem água, tem oxigênio e se tem oxigênio podemos respirar" (8 de novembro de 1994). "Para a NASA o espaço é sempre a prioridade principal" (5 de setembro de 1993). "O gás natural é hemisférico. Gosto de chamá-lo de hemisférico em estado natural pois é um produto que podemos encontrar na nossa vizinhança" (Austin, 20 de dezembro de 2000). "Sei que os seres humanos e os peixes podem coexistir em paz" (Saginaw, 29 de setembro de 2000).

Exterior. "Passamos muito tempo falando da África, justamente. A África é uma nação que sofre de uma incrível doença" (conferência de imprensa, 14 de junho de 2001). "Falei com Vincente Fox, novo presidente do México, para que tivesse petróleo para enviar aos Estados Unidos. Assim não dependeremos do petróleo estrangeiro" (primeiro debate presidencial, 10 de março de 2000). "O problema dos franceses é que não têm uma palavra para 'entrepreneur'" (discutindo com Blair). "Vocês também têm negros?" (ao presidente brasileiro Fernando Henrique Cardoso, *Estado de S. Paulo*, 28 de abril de 2002). "Afinal, uma semana atrás Yasser Arafat foi cercado em seu palácio em Ramallah, um palácio cheio, claramente, de pacifistas alemães e todo esse tipo de gente. Agora já foram embora. Arafat agora está livre para mostrar sua liderança, para governar o mundo" (Washington, 2 de maio de 2002). "Muitas de nossas importações vêm do além-mar" (*NPR's Morning Editing*, 26 de setembro de 2000). "Entendo que a agitação no Oriente Médio cria agitação em toda a região" (Washington, 13 de março de 2002). "Minha viagem à Ásia começa no Japão por uma razão importante. Começa aqui porque há um século e meio a América e o Japão formaram uma das maiores e mais duradouras alianças dos tempos modernos. Desta aliança surgiu uma era de paz no Pacífico" (Tóquio, 18 de fevereiro de 2002).

Como enriquecer com a dor alheia

(2002)

Se sua situação econômica não é satisfatória e você deseja mudar de profissão, a atividade de vidente é uma das mais rentáveis e (contrariamente ao que se poderia pensar) das mais fáceis. É preciso ter uma certa carga de simpatia, uma capacidade mínima de entender os outros e é necessário ter estômago. Mas, mesmo sem esses dotes, a estatística sempre pode trabalhar por você.

Tente fazer a seguinte experiência: aproxime-se de uma pessoa qualquer, até escolhida ao acaso (mas com certeza ajudaria se for uma pessoa disposta a testar suas capacidades paranormais). Encare-a no fundo dos olhos e diga: "Sinto que alguém está pensando intensamente em você, é alguém que você não vê há muitos anos, mas que amou muito no passado e sofreu por não ser correspondido... Agora essa pessoa está percebendo o quanto o fez sofrer e está arrependida, embora saiba que é tarde demais..." Será que existe alguma pessoa no mundo, se não for criança, que não tenha tido um amor infeliz ou pelo menos não suficientemente correspondido? E, sendo assim, o sujeito alvo de sua experiência será o primeiro a vir em seu socorro e a colaborar dizendo que já identificou a pessoa cuja pensamento você captou com tanta nitidez.

Você pode ainda pode dizer: "Tem alguém que o subestimou e fala mal de você por aí, mas faz isso por pura inveja." Dificilíssimo que seu alvo responda que é muitíssimo admirado por todos e não tem a menor ideia de quem seja esta pessoa. É mais fácil que esteja pronto para identificá-la imediatamente e a admirar sua capacidade de percepção extrassensorial.

Ou então declare que pode ver ao lado de cada pessoa os fantasmas de seus entes queridos desaparecidos. Aproxime-se de uma pessoa de uma certa idade e diga que vê a seu lado a sombra de uma pessoa idosa, que morreu de alguma coisa ligada ao coração. Qualquer indivíduo vivo teve dois pais e quatro avós e se você tiver sorte, também algum tio, padrinho ou madrinha queridíssimos. Se o alvo já tem uma certa idade, é probabilíssimo que estas pessoas já estejam mortas e, num mínimo de seis defuntos, deve haver pelo menos um que morreu de insuficiência cardíaca. Mas se não tiver mesmo sorte, como você deve ter o cuidado de abordar seu alvo no meio de outras pessoas igualmente interessadas em suas virtudes paranormais, diga que talvez tenha se enganado, e a pessoa vista talvez não seja um parente de seu interlocutor, mas de alguém que está perto dele. É quase certo que um entre os presentes começará a dizer que se trata de seu pai ou de sua mãe e nesta altura dos fatos tudo estará bem para você, que já pode falar do calor que emana da tal sombra, do amor que sente por aquele ou aquela que já estará pronto ou pronta para todas as suas seduções...

Os leitores mais avisados terão identificado as técnicas usadas por alguns personagens bastante carismáticos que aparecem até em alguns programas de TV. Não há nada mais fácil do que convencer um pai que acabou de perder seu filho ou que ainda chora a morte da mãe ou do marido que aquela boa alma não se dissolveu no nada e ainda lhe envia mensagens do além. Repito, ser sensitivo é fácil, a dor e a credulidade dos outros trabalharão por você.

A menos, naturalmente, que haja por perto alguém do CICAP, o Comitê Italiano para o Controle das Afirmações sobre a Paranormalidade, do qual é possível obter informações no site www.cicap.org ou lendo a revista *Scienza & Paranormale*. O pesquisadores do CICAP de fato vão em busca de fenômenos que se pretendem paranormais (dos *poltergeists* à levitação, dos fenômenos mediúnicos aos círculos nos campos de trigo, dos UFOs à rabdomancia, sem descuidar de fantasmas, premonições, arqueamento de garfos por meio da força mental, leitura de tarô, santas que choram etc.) e tratam de demonstrar seu mecanismo, mostrando o truque, e de explicar cientificamente aquilo que parece milagroso, muitas vezes refazendo o experimento para demonstrar que, conhecendo os truques, qualquer um pode se transformar num mago.

Massimo Polidoro e Luigi Garlaschelli são dois membros do CICAP que estão publicando juntos (mas incluindo também os textos de outros colaboradores do Comitê) o livro *Investigatori dell'occulto. Dieci anni di indagini sul paranormale* (Avverbi, 2000), em que (se não for alguém que chora quando lhe revelam que Papai Noel não existe) você poderá encontrar textos bastante divertidos.

Mas hesito em falar de divertimento. O fato de que o CICAP tenha tanto trabalho significa que a credulidade é maior do que se pensa e, feitas as contas, esse livro terá uma circulação de alguns milhares de exemplares, enquanto Rosemary Altea é seguida, quando aparece na televisão manipulando a dor alheia, por milhões e milhões de pessoas. E quem nós podemos censurar dizendo que isto deseduca as pessoas? Audiência é audiência.

Miss, fundamentalistas e leprosos

(2002)

Quando este número do *Espresso* aparecer nas bancas, é possível que a maior parte dos leitores já tenha esquecido dos acontecimentos nigerianos, com seus duzentos e tantos mortos assassinados por causa do concurso de Miss Mundo. E esta seria uma boa razão para não deixar o assunto de lado. Mas a situação pode ter piorado, mesmo depois da transferência do concurso para Londres, pois ficou claro que a chegada das misses à Nigéria foi somente um pretexto para desencadear tensões ou encorajar projetos eversivos de alcance bem diverso: de fato, não é compreensível que, para protestar contra um concurso de beleza, fosse preciso assassinar cristãos e queimar igrejas, visto que os bispos não podem ser responsabilizados pela iniciativa. Mas se as coisas seguiram adiante, maior seria a razão para refletir sobre aquele pretexto que levou à horrenda reação fundamentalista.

Wole Soyinka, prêmio Nobel que foi encarcerado na Nigéria por ter tentado defender as liberdades fundamentais em seu desafortunado país, escreveu um artigo (publicado no *Repubblica*) no qual, junto com algumas iluminadoras reflexões sobre os conflitos nigerianos, ele dizia (em síntese) que não sente nenhuma simpatia pelos concursos das várias misses nacionais ou globais, mas que, diante do ódio dos fundamentalistas muçulmanos, se sentia no dever de defender os direitos do corpo e da beleza. Creio que se fosse nigeriano, pensaria como ele, mas só que não sou e gostaria de olhar a história do ponto de vista de nossa casa.

É certamente injustificável que, numa reação de espírito bigotista a um concurso que mostra jovens em traje de banho, sejam assassinadas mais de duzentas pessoas que, ademais, nada tinham com a história. Considero, no entanto, que os organizadores do Miss Mundo, ao decidir realizar a exibição na Nigéria, cometeram uma verdadeira estupidez. Não tanto porque pudessem ou devessem prever tais reações, mas porque realizar uma feira da vaidade (que entre outras coisas custa uma fortuna que daria para matar a fome de algumas tribos por um mês) num país em depressão como a Nigéria, enquanto as crianças morrem de fome e as adúlteras são condenadas à lapidação, é como fazer publicidade de vídeos pornográficos e filmes cômicos num hospital para cegos ou presentear um leprosário com produtos de beleza propagandeados por fotos de Naomi Campbell. E não venham dizer que um concurso de beleza também é uma forma de mudar usos e costumes ancestrais, pois tais solicitações funcionam no máximo em doses homeopáticas, jamais com provocações tão ostensivas.

O episódio, à parte a reflexão de que se trata de uma estupidez cometida evidentemente com objetivos publicitários e com absoluto cinismo, nos interessa de perto e justamente nestes tempos, pois tem a ver com aquele acúmulo de problemas que chamamos de globalização. Sou um daqueles que pensam que entre dez fenômenos de globalização, pelo menos cinco podem ter resultados positivos, mas se existe um aspecto negativo da globalização, é precisamente a imposição violenta de modelos ocidentais a países subdesenvolvidos para induzir consumos e esperanças que estes países não podem se permitir... Em suma, se apresento misses em traje de banho, é para incentivar a aquisição de maiôs ocidentais, confeccionados talvez por crianças famintas de Hong Kong, e que serão comprados, também na Nigéria, por aqueles que de fome não morrem, mas se têm o que gastar, é um dinheiro ganho à custa dos que morrem de fome, já que colaboram com os ocidentais para explorá-los em condições pré-coloniais.

Portanto, não veria com desprazer se os grupos mais combativos do *no-global* tivessem marcado encontro na Nigéria durante o concurso, dividindo-se entre os *tute bianche* [macacões brancos] e os *black blocs* violentos. Os *tute bianche* deveriam (pacificamente, mas com alguma energia) chutar os traseiros dos organizadores do concurso, deixá-los de cuecas (como suas misses), besuntá-los de mel, cobri-los de plumas de avestruz ou qualquer outra ave nativa disponível e obrigá-los a desfilar pelas ruas, escarnecidos como se deve. E os *black blocs* deveriam enfrentar os fundamentalistas locais, cúmplices do colonialismo ocidental para os quais é muito conveniente que o país continue subdesenvolvido, e usar toda sua capacidade combativa para impedir que realizassem seus massacres — e talvez todos tivéssemos aplaudido (por essa vez, e só por essa vez) estes guerreiros da paz, mesmo porque quem é violento deve ter a coragem de enfrentar adversários à sua altura.

E as aspirantes a miss? Convencidas pela ala mais suave dos *no-global*, talvez pudessem (só por essa vez) ser recicladas para balançar os belos traseiros comparecendo (vestidas) às aldeias para distribuir latas de carne e barras de sabão, mais alguns antibióticos e latas de leite. Certamente seriam consideradas belíssimas por todos nós.

Tiros com aviso de recebimento

(2002)

Um velho ditado dizia que a guerra é uma coisa séria demais para deixá-la nas mãos dos militares. Hoje precisaria de atualização: o mundo tornou-se uma coisa complicada demais para ser governado por quem o governou até agora. Seria como entregar o projeto Manhattan da bomba atômica aos especialistas da escavação do túnel do Cenisio. Estava pensando nestas duas coisas há duas semanas, em Washington, na mesma época em que circulava por lá o *sniper*, o famoso franco-atirador que fulminava alegremente as pessoas que paravam num posto de gasolina ou saíam de um restaurante. Escolhia um local alto, com um fuzil telescópico e fazia calmamente, de algum cruzamento rodoviário ou colina tranquila, o seu trabalho. Morta a vítima, depois de receber alguma denúncia, a polícia chegava e bloqueava as estradas por duas ou três horas; obviamente não encontrava ninguém, pois o franco-atirador tinha tido todo o tempo do mundo para sumir dali. Assim, as pessoas passaram dias sem sair de casa e sem mandar as crianças para a escola.

Naturalmente, houve quem alertasse que isso acontecia em razão do livre comércio de armas, mas os *lobbies* armamentistas responderam que a questão não é ter uma arma, mas saber usá-la. Como se usá-la para matar não fosse justamente usá-la muito bem. Ou será que as pessoas costumam comprar fuzis para fazer lavagem intestinal?

O franco-atirador de Washington só foi preso porque fez questão de deixar inúmeras pistas atrás de si — afinal, o que esse tipo de gente deseja é aparecer nos jornais. Mas alguém que não quisesse ser pego poderia continuar até matar mais gente do que as que foram dificultosamente massacradas nas Twin Towers. Por isso a América estava com os nervos à flor da pele e ainda está: porque tinha percebido que, se uma organização terrorista, em vez de perder tempo sequestrando aviões, espalhasse uns trinta pistoleiros por todo o território nacional, poderia paralisar o país. E mais: desencadearia uma corrida de emulação entre todos aqueles que terroristas não são, mas doidos, sim, e que se juntariam com alegria à festa.

Mas o que propuseram alguns daqueles que evidentemente não têm mais condições de administrar o mundo? Que se fabricassem armas que "assinam" automaticamente a bala e o cartucho de modo que, extraindo o projétil do corpo do morto, teríamos praticamente o endereço do assassino. Não pensaram que, se resolvo matar alguém, basta que não use meu próprio fuzil, mas roube o fuzil de qualquer um, de modo que, além de tudo, ainda mandaria este alguém para a prisão; ou que, se sou um terrorista, certamente tenho os contatos certos para obter uma arma roubada ou com o código alterado ou de fabricação não americana. Não consigo entender como tais ponderações me vêm à mente, mas não à dos especialistas em segurança.

Mas quem dera fosse só isso. No *Repubblica* de 8 de novembro passado li que, preocupados com a deflação (as pessoas compram pouco, os preços caem e entramos numa crise pior que as crises inflacionárias), os membros do Federal Reserve (não se trata, portanto, de nenhum moleque) propõem um dólar perecível — ou seja, uma moeda com uma fita magnética que faz com que perca valor se não for gasta dentro de um certo prazo (e, portanto, perde valor se for deixada no banco).

Tento imaginar o que faria o sr. Smith, bombeiro hidráulico que consegue ganhar, trabalhando feito um doido, cem dólares por dia. Para começar, diminuiria sua produtividade. Para que se matar no trabalho para ganhar algo que depois de um tempo não valeria mais nada e que ele não poderia sequer colocar na poupança para comprar sua casinha? Vai trabalhar apenas e tão somente o suficiente para ganhar os trinta dólares diários que garantem seu bife e sua cerveja. Ou poderia investir seus cem dólares diários em compras inúteis, camisetas, vidros de geleia, lápis e começar uma economia de escambo — três vidrinhos de geleia por uma camiseta —, mas no final as pessoas acumulariam um monte de inutilidades em casa e a moeda quase não circularia mais. Ou ainda: o sr. Smith poderia comprar sua casinha, mas em prestações longuíssimas, gastando assim os cem dólares que queimam em suas mãos. Com isso, a casa não somente custaria dez vezes mais, com juros e tudo o mais, mas também o primeiro dono não teria razão para vendê-la, visto que ficaria sem a casa e com um dilúvio de dólares que vai ter de gastar à medida que chegam. Resultado: bloqueio do mercado imobiliário — quem tem casa fica com ela. E visto que a moeda se deprecia mesmo na poupança, para que continuar colocando dinheiro no banco?

Espero que um economista me diga onde estou errado, pois certamente não entendo do assunto. Mas, em suma, tenho realmente a impressão de que muitas das iniciativas que estão sendo tomadas, inclusive a guerra no Iraque, para controlar os milhares de potenciais franco-atiradores fundamentalistas que estão à espreita nos viadutos das autoestradas americanas, pertencem à categoria "o mundo tornou-se uma coisa complicada demais para ser governado por quem o governou até agora".

Dê-nos alguns mortos a mais

(2003)

Li a seguinte notícia no *Venerdì di Repubblica*: o governo francês instaurou, assim como nós, mas antes de nós, o sistema de pontos na carteira de motorista e um ano depois verificou que os acidentes tinham diminuído, com 18,5% mortes a menos. É uma belíssima notícia. Mas o presidente do Groupement Nacional des Carrossiers-Réparateurs, ou seja, uma associação de mecânicos de automóveis, depois de dizer que, como cidadão, naturalmente se alegrava com a diminuição das mortes, era obrigado a destacar, como mecânico, que o trabalho de seus associados estava em crise. Menos acidentes, menos consertos. E parece que, diante deste consistente dano econômico, os mecânicos não estão apenas em apuros, pedindo ajuda estatal, mas que alguns deles solicitaram que os controles sejam menos severos. Em poucas palavras: se a notícia é verdadeira, pediram que se multasse menos, de modo que mais carros se acidentassem.

Não chego a pensar que estivessem pedindo alguns mortos a mais, pois em geral quem morre num acidente não pode levar o carro para o mecânico e, em geral, seus herdeiros preferem vendê-lo diretamente para o ferro-velho. Mas algumas boas batidas sem mortos, só com alguns feridos (do contrário, o veículo, transformado em caixão, só serviria mesmo para o ferro-velho) não seriam mal-vistas.

A notícia não deve nos espantar. Toda inovação tecnológica, todo passo à frente do progresso sempre produziu desemprego e essa história começou com os tecelões setecentistas que danificavam os teares mecânicos com medo de perder seus empregos. Imagino que o advento dos táxis deve ter arruinado os condutores de fiacres. Lembro do coche do velho Pietro, que, quando eu era pequeno, era convocado para levar a família e as bagagens até a estação, quando íamos para o campo. Em poucos anos chegaram os veículos de aluguel e ele não tinha mais idade para tirar carteira e reciclar-se como taxista, porém naquela época as inovações ainda chegavam num ritmo bastante lento e Pietro deve ter ficado desempregado quando já estava bem perto da aposentadoria.

Hoje as coisas andam mais depressa. Imagino que o alongamento da expectativa de vida poderia ter arruinado os donos de funerárias e operadores de cemitérios, não fosse o fato de que o fenômeno se deu mais lentamente: quando todos perceberam que havia menos sexagenários a sepultar, já estavam sepultando os octogenários que não tinham morrido aos 60. A bem dizer, nunca deveria faltar trabalho (com base na premissa de que "todos os homens são mortais") para a categoria. Mas se amanhã fosse descoberto, não digo o elixir da imortalidade, mas um fármaco que, de uma hora para outra, prolongasse a vida até uma média de 120 anos, veríamos a categoria dos empresários de pompas fúnebres ocuparem as ruas para reivindicar subsídios governamentais.

A questão é que, cada vez mais, a aceleração dos processos de inovação vai jogar categorias inteiras de trabalhadores na lona. Basta pensar na crise, só na década de 1980, dos profissionais que consertavam máquinas de escrever. Ou eram jovens e espertos o suficiente para estudar e aprender a lidar com computadores ou, de uma hora para outra, não havia mais lugar para eles.

A questão é, portanto, prever formações profissionais que permitam reciclagens rápidas. Um tecelão dos tempos de outrora não podia, com a chegada dos teares mecânicos, transformar-se rapidamente em construtor desses mesmos teares. Mas hoje as máquinas são, por assim dizer, universais, sua estrutura física conta muito menos que o programa que as move, de modo que um trabalhador especializado no programa que faz trabalhar uma máquina de lavar poderia, com poucas atualizações, reciclar-se para trabalhar com o programa que regula o painel dos automóveis.

Portanto, para fazer frente à necessidade de reciclagens aceleradas, a educação profissional terá de ser, em grande parte, formação intelectual, adestramento em *softwares* (ou seja, aquilo que os franceses chamam de *logiciel*), mais do que em *hardware*, ou seja, a ferraria, os componentes físicos de máquinas intercambiáveis que podem ser construídos com base em outros programas.

Portanto, em vez de pensar numa escola que se bifurca num determinado ponto e prepara de um lado para a universidade, e do outro, para o trabalho, deveríamos pensar numa escola que produz apenas formandos clássicos ou científicos. Assim, mesmo quem resolver ser, por exemplo, o operador ecológico do futuro, terá uma formação intelectual capaz de permitir que, quando necessário, pense e programe a própria reciclagem.

Não é um abstrato ideal democrático e igualitário, é a própria lógica do trabalho numa sociedade informatizada que exige uma educação igual para todos, modelada no nível mais alto e não no mais baixo. Do contrário, a inovação produzirá única e exclusivamente desemprego.

Com licença da má palavra

(2005)

No início de 1981, falando da guerra do Golfo, expliquei que "fogo amigo" é "a bomba lançada por engano por um merda que usa a mesma divisa que você". Talvez hoje, depois do caso Calipari, os leitores se mostrassem mais sensíveis ao fato de que fogo amigo também mata. Mas quinze anos atrás, muitos reagiram não à imoralidade do fogo amigo, e sim à imoralidade da palavra "merda".* Muitas foram as cartas de leitores, além de críticas em outros jornais, se não me falha a memória, tanto que tive de escrever outra *Bustina* para recordar a todos quantos ilustres autores da nossa literatura haviam usado palavras semelhantes.

Mas as coisas mudam em quinze anos e hoje Rizzoli pode publicar *Stronzate*, de Harry G. Frankfurt (custa seis euros e pode ser lido em uma hora).** Frankfurt é professor emérito de filosofia em Princeton, creio eu, e o italiano "*stronzate*" traduz, quanto à funcionalidade, o título inglês *On Bullshit*, que significa literalmente "merda de touro", mas é usado nas mesmas situações em que, em italiano, se usaria *stronzata* ou *stronzate*.

Creio que também pode ser definida como *stronzata* uma coisa com a qual não vale a pena gastar dinheiro, pois não funciona (*questo cavaturaccioli elettronico è uma stronzata* — este saca-rolhas eletrônico é uma porcaria), mas é mais comum usar o termo em relação a alguma coisa que se afirma, diz ou comunica: "*hai detto uma stronzata, quel film è una vera stronzata* — você está falando merda, esse filme é uma verdadeira porcaria". Mas é sobre o falar merda eminentemente semiótico que Frankfurt se detém, partindo da definição que outro filósofo, Max Black, deu para "tolice" (no sentido de estupidez ou bobagem) como "falsa representação enganosa, mas sem chegar à mentira, sobretudo por meio de palavras ou atos pretensiosos, dos próprios pensamentos, sentimentos ou atitudes".

É importante saber que os filósofos americanos são muito sensíveis ao problema da verdade dos nossos enunciados, tanto que passam muito tempo perguntando-se se é verdadeiro ou falso dizer que Ulisses retornou a Ítaca, posto que Ulisses nunca existiu. Para Frankfurt, trata-se, portanto, de definir primeiro em que sentido falar merda é uma coisa mais forte que tolice e, segundo, o que significa fornecer uma falsa representação de algo sem mentir.

---

* Em italiano, *stronzo*, que poderia ser traduzida também como babaca ou sacana; na sequência, *stronzata/stronzate*, que corresponderiam a falar merda ou bostejar, ou a porcaria, coisa mal-feita. [*N. da T.*]

** Edição brasileira: Harry G. Frankfurt. *Sobre falar merda*. Rio de Janeiro: Intrínseca, 2005. [*N. da T.*]

Quanto a este último problema, basta recorrer à vasta literatura sobre o tema, de Agostinho aos nossos dias: quem mente sabe que aquilo que diz não é verdadeiro e, se o diz, é para enganar. Quem afirma um falso sem saber que é falso não mente, pobrezinho, mas simplesmente se engana ou é doido. Suponho que se alguém dissesse, acreditando no que diz, que o Sol gira em torno da Terra, diríamos que disse uma tolice e até que está falando merda. Mas a definição de Black afirma que quem diz uma tolice faz isso para dar uma falsa interpretação não só da realidade externa, mas também dos próprios pensamentos, sentimentos e atitudes.

Isso acontece também com quem mente: uma pessoa que diz que tem cem euros no bolso (e não é verdade) não faz isso só para que os outros pensem que tem cem euros no bolso, mas também para convencer-nos de que ele próprio acredita que tem cem euros no bolso. Mas Frankfurt esclarece que, ao contrário das mentiras, o objetivo primário de dizer tolices não é fornecer uma falsa crença a respeito do estado de coisas de quem fala, mas antes uma falsa impressão daquilo que acontece na mente do falante. Sendo este o objetivo das tolices, elas não chegariam ao estado de mentira porque, para usar um exemplo de Frankfurt, um presidente dos Estados Unidos pode usar expressões levemente retóricas sobre o fato de que os pais fundadores eram guiados por Deus, não para difundir crenças que ele sabe que são falsas, mas para dar a impressão de ser uma pessoa pia e amante da pátria.

O que caracteriza o falar merda em relação à tolice é que o primeiro é uma afirmação certamente errada, pronunciada para dar a entender algo de nós, mas quem fala não se preocupa de fato em saber se está dizendo verdade ou mentira. "Aquilo que a pessoa que fala merda esconde a seu próprio respeito... é que os valores de verdade de suas asserções não são fundamentais para ela..." Afirmações do gênero são de deixar qualquer um de orelha em pé e, de fato, Frankfurt confirma nossas piores suspeitas: "Os campos da publicidade, das relações públicas e da política, hoje estreitamente ligada às duas primeiras, estão repletos de exemplos tão absolutos do falar merda que se transformaram em paradigmas inquestionáveis do conceito." O objetivo de falar merda não é enganar a respeito de um estado de coisas, mas impressionar ouvintes com pouca capacidade de distinguir o verdadeiro do falso — ou igualmente indiferentes a tais detalhes. Creio que quem fala merda confia também na falta de memória do auditório, o que permite que saia falando merda em sequência e em contradição uma com a outra. "O falador de merda... busca sempre, de um modo ou de outro, sair ileso."

Os Oximoros Conciliantes

(2006)

Alguns anos atrás, quando alguém usava a palavra "oximoro" precisava explicar do que se tratava. Para defini-lo, lançava-se mão de expressões célebres como "convergências paralelas" e era conveniente esclarecer que o oximoro ocorre quando se combinam dois termos contraditórios entre si, como "forte fraqueza", "desesperada esperança", "doce violência", "insensato senso" (Manganelli) e — para não esquecer o latim — *formosa deformitas, concordia discors* e *festina lente.*

Mas agora todos falam de oximoro: aparece com frequência na imprensa, ouvi de um político na televisão, ou seja, ou todo mundo começou a ler tratados de retórica ou tem alguma coisa de oximórico no ar. Alguém poderia objetar que isso não é sintoma de nada, são modas linguísticas que se formam e se difundem por preguiça e imitação, algumas durando o espaço de uma manhã, outras sobrevivendo mais tempo, mas — em suma — nos anos 1950 as adolescentes diziam "bestial" e mais recentemente usavam "absurdo" sem qualquer referência à zoologia ou a Ionesco. Durante um tempo, todo mundo começou a dizer "um momentinho", mas não porque o tempo tivesse realmente encolhido; ou a dizer "exato" em vez de "sim" (até quando se casavam na igreja), não por precisão matemática, mas antes por influência dos programas de perguntas e respostas. Ainda resiste o insuportável vício do "conjungir-se" e só Deus sabe o porquê disso num tempo em que ninguém mais apresenta o próprio marido, mas apenas o próprio companheiro.

Contudo, suspeito que o oximoro ganhou popularidade porque vivemos num mundo onde, com o ocaso das ideologias (que tentavam, às vezes bruscamente, reduzir as contradições e impor uma visão unívoca das coisas), as pessoas se debatem apenas entre situações contraditórias. Se quiserem um exemplo avassalador, temos a Realidade Virtual, que é um pouco como um Nada Concreto. Depois, há as Bombas Inteligentes, que não parece um oximoro, mas é se considerarmos que uma bomba, por sua própria natureza, é estúpida e deve cair onde é jogada, pois se começar a agir por conta própria, corre o risco de se transformar em Fogo Amigo, belíssimo oximoro, se como fogo se entende algo posto em ser (outro belo vício linguístico, embora não oximórico) para prejudicar quem amigo definitivamente não é. Parece bastante oximórica a Exportação da Liberdade, se a liberdade é por definição algo que um povo ou um grupo ganham por decisão pessoal e não por imposição alheia, mas se quisermos descer a sutilezas, há um oximoro implícito no Conflito de Interesses, pois pode ser traduzido como Interesse Privado Perseguido pelo Bem Público — ou Interesse Coletivo Perseguido pela Própria Conveniência Particular.

Gostaria de destacar o quanto são oximóricos a Mobilização Global dos *no-global*, a Paz Armada e a Intervenção Humanitária (se por intervenção se entende, como se entende, uma série de ações bélicas na casa alheia). Se der ouvidos aos programas eleitorais dos novos aliados de Berlusconi, começo a me sentir cercado por uma Esquerda Fascista e considero bastante oximóricos os Ateus Clericais como Marcello Pera ou Giuliano Ferrara. Não posso negligenciar, embora estejamos habituados, a Inteligência Artificial e até o Cérebro Eletrônico (se o cérebro é aquela coisa mole que temos na caixa craniana). Sem falar nos Embriões com Alma e até numa Variante de *Valico* — visto que por definição um *valico* é o único ponto de passagem entre duas montanhas. Para ser *bipartisan* (e veja bem se não é um oximoro esse Tomar Partido Corajosamente Ficando em Cima do Muro), igualmente oximórica me parece a ideia de um Voluntariado para o Serviço Civil Obrigatório, ventilada pelo *Ulivo**.

* Literalmente, oliveira. Trata-se de uma frente de forças de centro-esquerda ativa na Itália entre 1996 e 2007, liderada por Romano Prodi, Massimo D'Alema e Francesco Rutelli. [*N. da T.*]

Em suma, não sabendo mais como enquadrar escolhas que não podem estar juntas, lança-se mão de Oximoros Conciliantes (e eis outro belíssimo oximoro) para dar a impressão de que aquilo que não pode conviver, convive: a missão de paz no Iraque, as leis contra os magistrados (que as leis devem aplicar), a política na televisão e as farsas no parlamento, a censura da sátira não autorizada, as profecias do dia seguinte como o terceiro segredo de Fátima, os camicases árabes que seriam mais ou menos como sarracenos xintoístas, os sessentoitistas que foram trabalhar com Berlusconi, o populismo liberal. Para terminar com os PACS (Pacto Civil de Solidariedade) virtuosamente rejeitados por concubinos divorciados.

A sede humana de prefácios

(2006)

O fenômeno de que vou falar a seguir com certeza não ocorre só comigo, mas em geral com todos que, tendo publicado livros ou artigos, gozam de uma certa notoriedade num campo específico. Mas não devemos pensar apenas num grande poeta, num ganhador do prêmio Nobel, num estudioso emérito. Considero (aliás, sei) que incidentes análogos acontecem também com o diretor de um colégio de província que adquiriu, ainda que no âmbito da própria comunidade local e mesmo que nunca tenha publicado nada, a fama de pessoa culta, respeitável e confiável. E mais, acontece até com quem não é considerado nem culto nem confiável e, por vezes, nem mesmo respeitável, mas ficou famoso e celebrado, talvez por ter se exibido de cueca num *talk show* da TV.

Pois bem, todos eles já receberam um pedido para que faça o prefácio do livro de alguém. Cada um reage como bem entender a este tipo de pedido e para alguns ele soa como um reconhecimento mais que desejado, enquanto outros, entre os quais me incluo com certeza, recebem dezenas de pedidos de prefácios por mês — sobre qualquer assunto e por parte de qualquer um, do bravo colega ao poetastro autopublicado, do neorromancista ao inventor de uma nova máquina para o moto-perpétuo.

Hoje respondo, em geral, que (à parte a impossibilidade de ler tantos manuscritos e o risco de parecer um prefaciador por taxímetro) como já disse não a amigos caríssimos, dizer sim a um outro soaria como uma ofensa a eles. E em geral a coisa acaba por aí. Mas quando o requerente é um amigo, perco tempo escrevendo uma carta mais detalhada, na qual tento explicar tudo o que muitas décadas de trabalho no mundo dos livros me ensinou. Explico, portanto, que minha recusa visa salvá-lo ou salvá-la de um desastre editorial.

Existem dois casos em que o prefácio não faz mal. Um é quando o prefa ciado está morto: neste caso, mesmo um jovenzinho de 18 anos pode aceitar introduzir uma nova edição da *Ilíada*, pois Homero já não corre risco de danos. O outro é quando um autor celebérrimo e venerável faz o prefácio para um jovem estreante. Trata-se certamente de um ato paternalista, mas o estreante não se preocupa, pois venera e admira o inalcançável prefaciador e fica feliz se ele se dispõe a garantir sua obra-prima.

O primeiro caso é prefácio de Vivo a Defunto, o segundo é prefácio de Grande Velho a Novato. Todos os outros casos, de Vivo para Vivo e de Adulto para Adulto representam um golpe mortal contra o prefaciado.

Em geral, autores ou editores consideram que, ao pedir a um tal Prefaciador um prefácio para o livro de um tal Autorzinho, a notoriedade do Prefaciador vai aumentar as vendas. É possível que isso aconteça, embora não em proporções consistentes, mas o efeito que se obtém sobre leitores mais avisados é o seguinte: "Se este Autorzinho, de quem não sabia nada, precisa do apoio desse Prefaciador, é evidente que se trata de um autor sem valor e o Prefaciador concordou por amizade, piedade, solidariedade política ou talvez em troca de dinheiro ou favores sexuais."

Se entro numa livraria e encontro um livro do Autorzinho, digamos sobre a memorialística na era pós-guilhermina, minha primeira reação será: "Puxa, como sou ignorante, nunca tinha ouvido falar deste Autorzinho, que deve ser um grande especialista na era pós-guilhermina!" Note-se que o fenômeno é muito natural: se alguém cita, numa conferência ou na nota de um livro, a obra de determinado Autorzinho que não conheço, minha primeira reação (se sou uma pessoa sensata) é sentir-me culturalmente falho e anotar que preciso consultá-lo um dia desses. Mas se encontro a obra do Autorzinho na livraria e vejo que tem um prefácio do Prefaciador, fico tranquilo: é natural que não conheça Autorzinho, visto que precisa do aval alheio para ser levado em consideração.

Creio que este raciocínio é óbvio, linear, persuasivo e quando trato de expô-lo a alguém que me pediu um prefácio, acrescento sempre que eu, pessoalmente (e não nego que talvez seja um deplorável excesso de *hybris*) não gostaria de ser prefaciado por ninguém — ao contrário, não sou favorável nem ao caso do professor universitário que faz o prefácio do aluno, pois representa a forma mais letal (pelos motivos supracitados) de sublinhar a juventude e imaturidade do autor.

Pois bem, em geral meu interlocutor não fica convencido, considerando que meu raciocínio é inspirado em má vontade. Assim, à medida que envelheço, muita gente que tentei beneficiar com minha recusa se tornou inimiga.

A menos que se verifique o caso (que, juro, ocorreu de verdade) do sujeito que publicou seu livro à própria custa e colocou como prefácio a minha gentilíssima carta de recusa. Tal é a sede humana de prefácio.

Um não companheiro equivocado

(2008)

Um site da internet intitulado *La storia nascosta* cita entre aspas uma suposta declaração minha a *El País*, dizendo: "As Brigadas Vermelhas tinham a ideia justa de combater as multinacionais, mas erraram ao acreditar no terrorismo." Deduz-se daí que compartilho da fórmula "companheiros equivocados" e que sustento que "as ideias eram partilháveis, os métodos é que não andavam bem". E conclui: "Se trinta anos depois do assassinato de Aldo Moro esta é a contribuição à reflexão da cultura italiana, já vimos este filme. Infelizmente."

O site reúne, contudo, os comentários de seus visitantes e considero bastante sensata a opinião de um anônimo que escreve: "Tenho minhas dúvidas de que o prof. Eco tenha pronunciado palavras tão banais. O *Pêndulo de Foucault* traz (entre mil outras coisas) sua avaliação pessoal dos anos de chumbo, que certamente não exalta o mundo do terrorismo. Gostaria de ouvir suas palavras exatas e não a versão que chega dos jornais." O dono do site, ao contrário, não só não leu nem o meu *Pêndulo de Foucault*, nem os artigos que escrevi no *Repubblica* na época do caso Moro e que republiquei depois no livro *Sette anni di desiderio* (o que é um direito seu, que defenderei até a morte), assim como suspeito que não leu sequer a minha entrevista a *El País*, baseando-se em alguns artiguetes de jornal que resumiam algumas frases. Deduzir de premissas incompletas e falaciosas é erro de lógica e não pode ser reconhecido como direito.

Contudo, respondo por respeito àquele prudente anônimo que, ao contrário, tem o hábito de ler e também a outros que, levados pela visita a este site malicioso, poderiam trilhar (de boa-fé) o caminho do erro.

As coisas que disse naquela entrevista espanhola eram as mesmas que havia escrito trinta anos antes. Dizia que os jornais definiam como "delirantes" os comunicados das Brigadas Vermelhas, os quais defendiam a existência do chamado Estado Imperialista das Multinacionais (SIM, na sigla italiana), embora esta fosse (ainda que expressa por uma fórmula bastante folclórica) a única ideia não delirante de toda a história, que, aliás, nem era deles, mas sim emprestada de muitas publicações europeias e americanas, particularmente a *Monthly Review*. Na época, falar de Estado das multinacionais significava considerar que grande parte da política do globo não era mais determinada pelos governos singulares, mas por uma rede de poderes econômicos transnacionais que podia decidir até sobre a guerra e a paz. Naqueles tempos, o exemplo príncipe era o das Sete Irmãs petrolíferas, mas hoje em dia até as crianças falam de globalização e globalização quer dizer justamente que comemos salada cultivada em Burkina Faso, lavada e empacotada em Hong Kong e expedida para a Romênia para ser distribuída em seguida na Itália ou na França. Este é o governo das multinacionais e se o exemplo parece banal, pensem no modo como as grandes companhias aéreas transnacionais podem determinar as decisões do nosso governo sobre os destinos da Alitalia.

Realmente delirantes no pensamento das Brigadas Vermelhas e dos grupos terroristas eram as conclusões que extraíam disso: primeiro, que para vencer as multinacionais era necessária uma revolução na Itália; segundo, que, para colocá-las em crise, era preciso matar Moro e muitas outras bravas pessoas; e terceiro, que tais ações levariam o proletariado a fazer a revolução.

Eram ideias delirantes sobretudo porque a revolução num só país não mudaria nada para as multinacionais e, em todo caso, a pressão internacional restabeleceria a ordem rapidamente; segundo, porque o peso de um político italiano neste jogo de interesses era totalmente irrelevante; e terceiro, porque deviam saber que, por mais gente que os terroristas matassem, a classe operária não ia fazer a revolução. E para saber isso não era necessário prever a evolução dos acontecimentos, bastava ver o que tinha acontecido na América Latina com os tupamaros uruguaios e movimentos análogos (que, no máximo, convenceram os coronéis argentinos a perpetrar, não a revolução, mas um golpe de Estado), enquanto as massas proletárias não moviam um dedo sequer.

Ora, quem tira três conclusões equivocadas de uma premissa afinal aceitável não é um companheiro equivocado. Se um de meus colegas de escola afirmasse que, como o Sol nasce e se põe, ele deve girar em torno da Terra, não poderia defini-lo como um companheiro equivocado, mas como um babaca. O fato de hoje encontrarmos até um terrorista vermelho envolvido em atentados contra mesquitas em nome da Liga Norte mostra justamente que eles não eram muito sensatos.

Portanto, o único companheiro (mas de quem?) que se equivoca é o senhor que administra este site.

Bailarino russo

(2008)

Hoje a história da redação a respeito de Mondale já é conhecida de todos, mas como esta *Bustina* só vai sair oito dias depois dos eventos fatais, vamos resumir brevemente. O tema da *Maturità*, prova de conclusão do ensino médio, foi uma poesia de Montale sobre um misterioso sorriso. Todo o raciocínio que se segue não funciona se não tivermos a poesia diante dos olhos e, portanto, ei-la: "Repenso o teu sorriso, e é para mim uma água límpida / retida por acaso entre as pedras de um rio / exíguo espelho onde contemplas uma hera e seus corimbos; / e tudo sob o abraço de um branco céu tranquilo. / Esta é minha lembrança; não sei dizer, faz tanto tempo, / se de teu rosto surge livre uma alma ingênua, / ou se em verdade és dos errantes que o mal do mundo exaure / e o sofrimento carregam como um talismã. / Mas posso dizer-te isto que teu rosto recordado / afoga a mágoa inconstante numa onda de calma, / e que tua figura se insinua em minha memória nevoenta / imaculada como a copa de uma jovem palmeira."*

Francamente, de todas as rimas montalianas, esta é uma das mais "pedregosas" e pretender que um jovem cumprindo seus exames, e que talvez nem tenha estudado Mondale, já me parece exagerado. Mas como todos sabem, a comissão ministerial fez ainda pior, fornecendo uma "pista" que (como acontecia comigo na escola de outrora) praticamente prescreve o que o estudante deve dizer: que a poesia exalta o papel salvífico da mulher, que a lembrança da mulher se condensa em seu sorriso etc., até encerrar exortando-os a fazer observações originais — impossível, um vez que as coisas mais originais já haviam sido ditas pelo próprio ministério. Na verdade, o lado engraçado da história, como todos já sabem, deve-se ao fato de que o destinatário da poesia ("a K.") não era uma mulher, mas um homem e tem mais: era um bailarino russo e, embora todos considerem que Mondale era heterossexual, sabe-se que a ideia de um bailarino russo sempre suscita piadinhas pesadas — sempre havia um bailarino russo nos filmes cômicos dos anos 1950.

Minha primeira reação quando li as notícias nos jornais, sem recordar direito a poesia (conheço muitíssimas líricas de *Ossos de Siba* de cor, mas

---

* Tradução de Geraldo Holanda Cavalcanti, em *Eugenio Mondale, Poesias*, Record, 1997. O autor faz algumas observações que talvez sejam mais bem compreendidas na comparação com o original: "*Ripenso il tuo sorriso, ed è per me un'acqua limpida / scorta per avventura tra le petraie d'un greto, / esiguo specchio in cui guardi un'ellera i suoi corimbi; / e su tutto l'abbraccio d'un bianco cielo quieto. / Codesto è il mio ricordo; non saprei dire, o lontano, / se dal tuo volto s'esprime libera un'anima ingenua, / o vero tu sei dei raminghi che il male del mondo estenua / e recano il loro soffrire con sè como un talismano. / Ma questo posso dirti, che la tua pensata effigie — sommerge i crucci estrosi in un'ondata do calma, / e che il tuo aspetto s'insinua nella mia memoria grigia / schietto come la cima d'una giovanetta palma.*" [*N. da T.*]

esta não, sinal justamente de que é menos cantábile que as outras), foi que deveríamos dar fim às fofocas biográficas sobre os autores. Os autores são, como nesse caso, defuntos e o que permanece é o texto. E se o texto fala de um sorriso, sem especificar de quem, o leitor tem o direito de atribuí-lo a quem bem entender, assim como quem lê os sonetos de Shakespeare sobre a Dark Lady não é obrigado a suspeitar que a referida senhora era um rapazinho. Mas é que, justamente quando ruminava com meus botões sobre os direitos do texto, fui buscar a poesia por inteiro e vi que o próprio texto sugere que o destinatário seria um homem com aquele "*o lontano*" [ó longínquo], que é certamente um vocativo e não pode ser interpretado, nem com a maior boa vontade, como "de longe" ou "ainda que estejas longe". Portanto, os especialistas ministeriais não leram o texto, pois a partir do texto poderiam ter entendido do que se estava falando sem precisar nem consultar, como sugere Mario Baudino em *La Stampa*, a edição crítica Contini-Bettarini, que coloca a poesia na página 30 e, avaramente, só dá informações sobre K. na página 872.

Também acho exageradas as acusações de homofobia dirigidas aos responsáveis ministeriais. Se não quisessem que os estudantes pensassem que a poesia era dedicada a um homem, bastaria ter escolhido outra. Não, trata-se precisamente de uma leitura insuficiente do texto proposto.

Mas se queremos ser severos com os funcionários ministeriais, também não podemos ser indulgentes com seus críticos. E eis que um importante jornal nacional traz, no espaço de duas páginas, um artigo que diz que a poesia é de 1975, embora todos saibam que *Ossos de Siba* são dos anos 1920 (o que aliás é dito em outro lugar da mesma página) e depois diz que a revelação sobre K. teria sido feita a Silvio Ramat, depois que este se formou "com" Montale, coisa bastante improvável, pois Montale nunca foi professor universitário (e na verdade Ramat se formou, creio eu, com um trabalho "sobre" Montale). Tudo isso para dizer que a desatenção é um vício disseminado: um outro cotidiano on-line afirmava, embora no calor dos acontecimentos, que este K. era um colega de escola do poeta. O que dizer? Melhor dar um sorrisinho.

Pedir desculpas

(2008)

Na *Bustina* passada falei do vício, hoje bastante comum, de "pedir desculpas" e usei como pretexto o pedido de desculpas ao Iraque por parte de um arrependido Bush. Fazer uma coisa que não deveria ter feito e depois limitar-se a pedir desculpas não é suficiente. É preciso, só para começar, prometer que não vai fazer mais. Bush só não vai invadir o Iraque de novo porque os americanos o aliviaram gentilmente do cargo, mas talvez o fizesse se ainda pudesse. Muita gente, que joga a pedra e esconde a mão, pede desculpas justamente para continuar como antes. É que pedir desculpas não custa nada.

Mais ou menos como a história dos arrependidos. Outrora, alguém que se arrependia de seus malfeitos primeiro tratava de repará-los de algum modo e depois se dedicava a uma vida de penitência, refugiava-se na Tebaida, flagelando o peito com pedras pontiagudas, ou ia tratar dos leprosos na África Negra. Hoje, o arrependido se limita a denunciar seus ex-companheiros e depois ou goza de cuidados especiais com nova identidade em confortáveis apartamentos reservados ou sai mais cedo da cadeia e escreve livros, concede entrevistas, encontra chefes de Estado e recebe cartas apaixonadas de mocinhas românticas.

Saibam vocês que em http://www.sms-pronti.com/sms_scuse_3.htm temos um site inteiramente dedicado a "Frases para pedir desculpas". A mais lapidar é "DESCULPE Sou Claramente Um Babaca Simpático". Em http://news2000.libero.it/noi2000/nc63.html, intitulado "A arte de pedir desculpas" (na verdade, dedicado apenas às desculpas por traição amorosa), se lê: "A regra mais importante, aquela universal, é nunca se sentir como quem perde ao pedir desculpas. Pedir desculpas não é sinônimo de fraqueza, mas de controle e força, quer dizer, é voltar rapidamente à razão, desestabilizando o parceiro, que, assim, se vê obrigado a ouvir. Admitir os próprios erros também é um gesto liberatório: ajudar a externar as emoções sem reprimi-las e a vivê-las mais intensamente." É como se quisessem demonstrar: pedir desculpas é ganhar força para começar tudo de novo.

O problema é que, se quem fez o mal ainda está vivo, pode pedir desculpas pessoalmente. Mas e se tiver morrido? Quando João Paulo II pediu desculpas pelo processo a Galileu, ele mostrou o caminho. Mesmo que o erro tivesse sido cometido por um antecessor (ou pelo cardeal Bellarmino), quem pede desculpas é o herdeiro legítimo. Mas nem sempre fica claro quem seria este herdeiro legítimo. Por exemplo: quem deve pedir desculpas pelo massacre dos inocentes? O culpado foi Herodes, que governava Jerusalém e, portanto, seu herdeiro legítimo é o governo israelense. Por outro lado, ao contrário do que são Paulo acabou por nos fazer acreditar, os verdadeiros e diretos responsáveis pela morte de Jesus não foram os infames judeus, mas o governo romano e quem estava aos pés da cruz eram os centuriões e não os fariseus. Com o desaparecimento do Sacro Império Romano, o único herdeiro que resta do governo romano é o Estado italiano e, portanto, é o presidente Giorgio Napolitano quem deve pedir desculpas pela crucificação.

Quem pede desculpas pelo Vietnã? Não sei se deve ser o próximo presidente dos Estados Unidos ou alguém da família Kennedy, talvez a simpática Kerry. Quanto à revolução russa e ao assassinato dos Romanov, não há dúvida, pois o único realmente fiel e legítimo herdeiro do leninismo e do stalinismo é Putin. E quanto ao massacre de São Bartolomeu? Seria a República Francesa, herdeira da monarquia, mas como na época a mentora de toda a história foi uma rainha, Catarina de Medici, hoje a tarefa de pedir desculpas caberia a Carla Bruni.

Haveria, aliás, alguns casos embaraçosos. Quem pede desculpas pelas confusões armadas por Ptolomeu, verdadeiro inspirador da condenação de Galileu? Se, como se diz, ele nasceu em Ptolemaida, que fica na Cirenaica, o desculpante deveria ser Ghedafi, mas se nasceu em Alexandria, deveria ser o governo egípcio. Quem pede desculpas pelos campos de extermínio? Os únicos herdeiros vivos do nazismo são os vários movimentos *naziskin*, que realmente não têm o menor jeito de quem pretende pedir desculpas; na verdade, se pudessem fariam tudo de novo.

E quem pede desculpas pelo assassinato de Matteotti e dos irmãos Rosselli? O problema é saber quem são hoje os "verdadeiros" herdeiros do fascismo e confesso que esta questão me embaraça.

Ruins da bola

(2010)

Edoardo Boncinelli proferiu uma série de Lições Magistrais na Universidade de Bolonha sobre a teoria da evolução (origens e desenvolvimentos) e o que realmente me chamou atenção não foram tanto as provas hoje indiscutíveis do evolucionismo (ainda que em seus desenvolvimentos neodarwinistas), mas antes o fato de que ainda circulem a este respeito tantas ideias ingênuas e confusas, não apenas entre seus opositores, mas também entre seus defensores: por exemplo, a ideia de que, segundo o darwinismo, o homem descende do macaco. (No máximo, digo eu, vendo os episódios de racismo dos nossos dias, ficamos tentados a comentar, como fez Dumas para um pulha que fazia ironias sobre sua condição de mestiço: "Sim, talvez eu descenda de símios. Mas como se pode ver, cavalheiro, minha descendência começa onde a sua termina.")

O fato é que a ciência se confronta sempre com a opinião comum, que é sempre menos evoluída do que se pensa. Todos nós, pessoas educadas, sabemos que a terra gira ao redor do Sol e não vice-versa, contudo, na vida cotidiana, aceitamos os termos desta concepção ingênua e dizemos tranquilamente o Sol nasce, se põe ou está alto no céu. Mas quantas são as pessoas "educadas"? Em 1982, uma pesquisa feita na França pela revista *Science et vie* revelava que para um em cada três franceses o Sol girava em torno da Terra.

Extraí esta notícia de *Les Cahiers de l'Institut* (4, 2009), em que *l'Institut* é um instituto internacional para a pesquisa e exploração dos *fous littéraires*, ou seja, todos os autores mais ou menos loucos que sustentam as teses mais improváveis. A França representa a vanguarda no assunto e em duas antigas *Bustinas* (de 1990 e de 2001) tratei deste gênero bibliográfico, inclusive por ocasião da morte do maior especialista no tema, André Blavier. Mas neste último número dos *Cahiers*, Olivier Justafré trata justamente dos que negam o moto terrestre e a esfericidade do nosso planeta.

O fato de que a hipótese copernicana ainda fosse negada no final do século XVII, inclusive da parte de estudiosos ilustres, não é de causar tanto espanto, mas a massa de estudos publicados entre os séculos XIX e XX é impressionante. Justafré se limita a obras francesas, mas já é mais que suficiente, desde o abade Matalène, que demonstrava, em 1842, que o Sol tinha um diâmetro de apenas 32 centímetros (ideia, aliás, já sustentada por Epicuro, mas 22 séculos antes), até Victor Marcucci, para quem a Terra era plana e tinha a Córsega no centro.

Quanto aos Oitocentos, ainda passa. Mas são de 1907 o *Essai de rationalisation de la science expérimentale*, de Lèon Max (livro editado por uma séria editora científica) e de 1936 *La terre ne tourne pas*, de um tal Raioviotch, que acrescenta ainda que o Sol é bem menor que a Terra, embora maior que a Lua (ainda que um certo abade Bouheret tenha afirmado o contrário em 1815). De 1935 é a obra de Gustave Plaisant (que se define "*ancien polytechnicien*") com o dramático título de *Tourne-t-elle*? (ou seja, será que ela gira mesmo?) e de 1965 um livro de Maurice Ollivier (ele também *ancien élève* da École Polytechnique) sempre sobre a imobilidade da Terra.

De fora da França, o artigo de Justafré cita apenas a obra de Samuel Birley Rowbotham, que demonstra que a Terra é um disco com o polo norte no centro, que dista 650 quilômetros do Sol. A obra de Rowbotham era, em 1849, um opúsculo com o título de *Zetetic Astronomy: Earth Is Not a Globe* (Astronomia zetética: a Terra não é um globo), mas no prazo de trinta anos passou para uma versão com 430 páginas e deu origem a uma Universal Zetetic Society, que sobreviveu até a Primeira Guerra Mundial.

Em 1956, um membro da Royal Astronomical Society, Samuel Shenton, fundou a Flat Earth Society justamente para receber a herança da Universal Zetetic Society. Nos anos 1960, a NASA havia produzido fotos da Terra vista do espaço e depois disso ninguém mais podia negar que tinha forma esférica, mas Shenton comentou que aquelas fotos só conseguiam enganar um olhar leigo: todo o programa espacial era uma montagem e o desembarque na Lua foi uma ficção cinematográfica criada para enganar a opinião pública com a falsa ideia de uma Terra esférica. O sucessor de Shenton, Charles Kenneth Johnson, continuou a denunciar a conspiração contra a Terra Plana, escrevendo, em 1980, que a ideia de um globo rotante era uma conspiração contra a qual Moisés e Colombo já haviam lutado... Um dos argumentos de Johnson era que, se a Terra fosse uma esfera, então a superfície de uma grande massa de água teria de ser curva e ele havia investigado as superfícies dos lagos Tahoe e Salton sem encontrar curvatura alguma.

E então, ainda podemos nos espantar com o fato de ainda existirem antievolucionistas?

O que não se deve fazer

(2012)

Se alguém expressar um parecer insultante sobre sua obra literária ou artística, não recorra às vias legais, mesmo que, por acaso, as expressões usadas por seu inimigo ultrapassem o limite (às vezes sutilíssimo) que pode intercorrer entre um juízo impiedoso e um insulto. Em 1958, Beniamino Dal Fabbro, crítico musical aguerrido e bastante polêmico, arrasou num artigo no jornal *Il giorno*, uma atuação da Callas, diva que ele não apreciava. Não recordo exatamente o que escreveu, mas lembro do epigrama que aquele amável e sarcástico personagem divulgou entre os amigos do bar Giamaica, em Brera, Milão: "*La cantante d'Epidauro — meritava un pomidauro.*"*

Callas, de gênio bem difícil por conta própria, ficou furiosa e resolveu processá-lo. Lembro da narrativa de Dal Fabbro no Giamaica: no dia em que seu advogado deveria falar no tribunal, ele se apresentou vestido de preto, de modo que seu defensor pudesse utilizar aquela figura de severo e incorruptível estudioso; já no dia do advogado de Callas (que talvez pretendesse usar, segundo Fabbro, algumas línguas malignas que o pintavam como emérito difamador), apresentou-se num levíssimo terno de linho branco e chapéu panamá.

---

* Literalmente: a cantora de Epidauro — merecia um tomatauro, referindo-se provavelmente ao famosíssimo concerto de Maria Callas em Epidauro, na Grécia. [*N. da T.*]

Naturalmente, a corte absolveu Dal Fabbro reconhecendo seu direito à crítica. Mas o lado cômico da história foi que o grande público, que acompanhava a história pela imprensa, mas tinha ideias confusas acerca de jurisprudência e direito constitucional à livre expressão das próprias opiniões, não entendeu a sentença da corte como um reconhecimento da liberdade do crítico, mas como uma confirmação do que ele havia dito, ou seja: Callas canta mal. E assim, Callas saiu dessa história com uma (injusta) pecha de péssima cantora assinada por um tribunal da República.

Fica provada então a inconveniência da levar quem disser cobras e lagartos a seu respeito às barras do tribunal. É muito provável que a corte reconheça a liberdade de expressão do detrator, mas aos olhos da turba ignara e das massas influenciáveis os juízes togados forneceram a prova de que merecíamos as cobras *e* os lagartos.

O que seria um corolário de dois antigos princípios que rezam que um desmentido é uma notícia dada duas vezes e que quando alguém está afundado até o pescoço em matéria viscosa é melhor não se mexer para não fazer marola.

Mas então, o que fazer com quem o insultou? Deixe para lá, pois se resolveu dedicar-se às letras ou às artes, você aceitou previamente que receberia espinafrações e juízos negativos e sabe que são os ossos do ofício, e espere que os milhões de leitores futuros esqueçam o invejoso inimigo assim como a história fez justiça a Louis Spohr, que definiu a *Quinta* de Beethoven como "uma orgia de estrépito e vulgaridade"; com Thomas Bailey Albright, que disse o seguinte sobre Emily Dickinson: "A incoerência e a ausência de forma de seus poemetos — não saberia defini-los de outro modo — são assustadoras", ou com o diretor da Metro, que, depois de ver um teste de Fred Astaire, anotou: "Não sabe interpretar, não sabe cantar e é careca. Engana direitinho na dança."

E se alguém emitir um juízo negativo a seu respeito num momento em que os dois estavam competindo por um prêmio que ele não venceu, a coisa é igualmente nociva, pelo menos no plano do bom gosto. Um escritor conhecido e talentoso escreveu, quando sua mulher participava de um concurso universitário, uma severa crítica do livro de um concorrente dela. É verdade que Caravaggio também não foi um modelo de virtude e Francis Bacon, grandíssimo pensador, foi condenado poi corrupção e (como se usava então) alijado de qualquer cargo público. De fato, a despeito de suas reconhecidas virtudes literárias, muitos consideraram que o escritor acima mencionado era digno de uma censura moral.

O prodigioso Mortacc

(2012)

Para aliviar certas dores da artrite, meu médico receitou um remédio que, para evitar aborrecidas contestações legais, indicarei com um nome fantasia: Mortacc.

Como qualquer pessoa sensata, antes de ingeri-lo, li a bula, ou seja, o folheto anexo que informa os casos em que não deve ser tomado (por exemplo, se for beber uma garrafa de vodca, dirigir um caminhão de Milão a Cefalù à noite, sofrer de lepra ou estiver grávida de trigêmeos). Ora, minha bula avisa que Mortacc pode provocar algumas reações alérgicas, inchaço no rosto, lábios e garganta, vertigens e sonolência e (nos idosos) quedas acidentais, ofuscamento ou perda da visão, redução da diurese; que alguns pacientes manifestaram pensamentos suicidas e de automutilação e é recomendável (quando o paciente estiver tentando se jogar pela janela, acho eu) consultar um médico (eu diria que melhor seriam os bombeiros). Naturalmente, Mortacc pode causar constipação, paralisação do intestino, convulsões e, se tomado junto com outros medicamentos, insuficiência respiratória e coma.

Isso sem mencionar a proibição absoluta de dirigir automóveis, operar máquinas complexas ou exercer atividades potencialmente perigosas (acionar uma prensa de pé num andaime no quinquagésimo andar de um arranha-céu, imagino). Se por acaso ingerir Mortacc em doses superiores ao prescrito, saiba que vai se sentir confuso, sonolento, agitado e irrequieto; se tomar doses menores ou suspender repentinamente a medicação, podem ocorrer distúrbios do sono, dor de cabeça, náusea, ânsia, diarreia, convulsões, depressão, sudorese e vertigens.

Mais de uma pessoa em dez acusaram aumento do apetite, excitação, confusão, perda da libido, irritabilidade, distúrbios da atenção, aparvalhamento (*sic*), comprometimento da memória, tremor, dificuldade de falar, sensação de formigamento, letargia e insônia (juntos?), prostração, ofuscamento da visão, visão dupla, vertigens e distúrbios do equilíbrio, boca seca, vômito, flatulência, dificuldade de ereção, inchaço no corpo, sensação de embriaguez, anomalias no andar.

Mais de uma pessoa em mil relataram queda dos açúcares, percepção alterada de si, depressão, oscilações de humor, dificuldade para encontrar as palavras, perda de memória, alucinações, sonhos alterados, ataques de pânico, apatia, sentir-se estranho (*sic*), incapacidade de chegar ao orgasmo, retardo da ejaculação, dificuldade de ideação, entorpecimento, anomalias nos movimentos dos olhos, reflexos reduzidos, sensibilidade cutânea, perda do gosto, sensação de queimação, tremor durante o movimento, redução da consciência, desmaios, aumento da sensibilidade aos rumores, secura e inchaço dos olhos, lacrimação, distúrbios do ritmo cardíaco, pressão baixa, pressão alta, distúrbios vasomotores, dificuldade de respirar, secura nasal, inchaço abdominal, aumento da produção de saliva, queimação gástrica, perda da sensibilidade em torno da boca, sudorese, calafrios, contrações e cãibras musculares, dores articulares, dor nas costas, dor nos membros, incontinência, dificuldade e dor ao urinar, fraqueza, quedas, sede, sensação de constrição no tórax, alteração dos exames de sangue e da funcionalidade hepática. Deixo para lá tudo o que acontece com menos de uma pessoa em mil: impossível ser tão azarado.

Evitei tomar um comprimido que fosse, pois tinha certeza de que logo ia perceber (como queria o imortal Jerome K. Jerome) que estava sofrendo de artrose da lavadeira — embora a bula não registrasse. Pensei em jogar tudo fora, mas se botasse no lixo correria o risco de induzir mutações em colônias de ratos com consequências epidêmicas. Fechei tudo numa caixa de metal e sepultei num parque a um metro de profundidade.

Devo dizer que nesse meio-tempo as dores da artrose sumiram.

Joyce e a Maserati

(2014)

Quem consultar os catálogos de casas de leilão como Christie's ou Sotheby's verá que, além de obras de arte, livros antigos, autógrafos e outras raridades, são vendidos artigos que chamamos de *memorabilia*, que são, sei lá, os sapatos usados por tal estrela num tal filme, uma caneta que pertenceu a Reagan e coisas do gênero. Ora, é preciso distinguir entre colecionismo bizarro e caça fetichista ao cimélio. O colecionador é sempre um pouco louco, mesmo quem faz das tripas coração para reunir incunábulos da *Divina comédia*, mas sua paixão é concebível. Folheando boletins de colecionismo constatamos que existem também os colecionadores de saquinhos de açúcar, chapinhas de Coca-Cola ou cartões telefônicos. Admito que é mais nobre colecionar selos do que tampas de cerveja, mas ninguém comanda o coração.

Bem diferente é desejar os sapatos usados pela estrela de um certo filme. Se você colecionar todos os sapatos usados pelas estrelas, de Meliès em diante, será um colecionador e sua loucura terá um sentido, mas o que alguém pode fazer com um único par de sapatos?

No *Repubblica* do último 28 de março, encontrei duas notícias interessantes. A primeira, que estava também em outros jornais, diz respeito à oferta no eBay dos carros oficiais leiloados por Renzi. Posso até entender que alguém deseje uma Maserati e aproveite a ocasião de comprar uma, mesmo com alentada quilometragem, com preço reduzido, mas aceitando gastar depois um monte de dinheiro em manutenção. Mas que sentido tem competir num leilão a peso de milhares de euros para ser dono do carro que foi comprado (com o nosso dinheiro) de La Russa,* e pelo dobro ou o triplo do preço registrado na lista de usados da *Quatro Rodas*? No entanto, é isso que está acontecendo com os carros oficiais em leilão. Aqui o fetichismo é evidente, embora seja difícil compreender que satisfação pode advir de colocar o traseiro no mesmo couro que um personagem ilustre esquentou. Isso sem falar naqueles que oferecem

---

* Ignazio La Russa, ministro da defesa do quarto governo Berlusconi. [*N. da T.*]

cifras exorbitantes para aninhar-se no lugar onde quem esquentou as nádegas foi um simples subsecretário ou um pau-mandado de alguém.

Mas passemos agora a um tema aparentemente diferente, que aparece em página dupla no mesmo número. Foram a leilão algumas cartas de amor escritas aos 26 anos por Ian Fleming, com preços em torno de 60 mil euros cada, nas quais o jovem agente ainda não muito secreto escrevia: "Queria beijar-te na boca, no seio, nas regiões mais baixas." Ora, existe legitimamente um colecionismo de autógrafos e, autógrafo por autógrafo, pode ser bem mais divertido algum que seja levemente picante. A bem dizer, até um não colecionador gostaria de ter a carta em que Joyce escreveu a Nora: "Sou o teu menino, queria que me batesse, chicoteasse até... não de brincadeira, mas no traseiro e na carne nua." Ou aquela que Oscar Wilde escreveu ao amado Lord Douglas: "É um milagre que estes teus lábios vermelhos como pétalas de rosa não sejam menos feitos para a música do canto do que o são para a loucura dos beijos." Seriam ótimas "*conversation pieces*" para dividir com os amigos e passar a noite bisbilhotando sobre as fraquezas alheias.

O que, ao contrário, não me parece sensato é o valor que se costuma dar a estes achados na história da literatura e na crítica literária. Saber que, aos 26 anos, Fleming escrevia cartas típicas de um adolescente no cio mudaria nosso deleite ao ler as histórias de James Bond ou o juízo crítico que poderíamos fazer sobre o estilo do autor? Para entender o erotismo de Joyce como fato literário, basta ler *Ulisses*, sobretudo o último capítulo — embora aquele que o escreveu tivesse vivido uma vida castíssima. Visto que, no caso de muitos grandes escritores, não ocorreu apenas que suas páginas fossem lascivas, mas a vida, impoluta, como também que a vida fosse lasciva, e a página, impoluta, o que mudaria em nosso juízo sobre *Os noivos* se viesse à tona que Manzoni era um descarado na cama e que suas duas mulheres morreram exauridas por seus satirismos?

Sei que é diferente desejar a Maserati di La Russa e exibir documentos que comprovam que certos autores eram fisicamente (ou só mentalmente?) eréteis. Mas ao fim e ao cabo são apenas duas formas de fetichismo.

Napoleão nunca existiu

(2014)

Um pouco de diversão para colocar embaixo da árvore de Natal. Mas, como veremos, também algumas sugestões para opor aos caçadores de "mysteri". A última aparição de um caçador de mistérios teve lugar nos últimos meses, na televisão, num programa intitulado (cabalisticamente) *Adam Kadmon*, conduzido por um apresentador mascarado. Não valeria a pena falar deste tipo de atração, pois Maurizio Crozza faz justiça a elas no seu programa *Kazzenger*, mas vamos homenagear os Crozza do passado.

Tenho há muito tempo uma tardia tradução italiana (1914) de um libelo de um certo G.B. Pérès intitulado *Napoleão nunca existiu*, mas nestes últimos dias consegui descobrir a primeira edição da obra, de 1835, que se intitula *Grand erratum source d'un nombre infini d'errata*. O autor demonstra que Napoleão não passa de um mito solar, argumentando com abundância de provas e encontrando analogias entre o Sol ou Apolo (e "Napoleo" significaria "realmente Apolo, o exterminador"), também nascido numa ilha mediterrânea, enquanto sua mãe Letícia representaria a aurora, sendo Letícia uma derivação de Latona, mãe de Apolo. Napoleão teve três irmãs, que são evidentemente as três graças, quatro irmãos, que simbolizam as quatro estações, e duas mulheres (que são a Lua e a Terra). Seus doze marechais eram os signos zodiacais e, como o Sol, Napoleão dominou no sul (meio--dia) e tramontou no norte.

Napoleão deu fim ao flagelo da Revolução e isso recorda a morte, por parte de Apolo, do monstro Píton. O Sol nasce no oriente e tramonta no ocidente; Napoleão veio do Egito para dominar a França e foi morto nos mares ocidentais depois de um reinado de doze anos, que nada mais são que as doze horas do dia. "Está, portanto, demonstrado que o pretenso herói do nosso século não passa de um personagem alegórico, cujos atributos foram todos tomados de empréstimo ao Sol."

Pérès sabia que estava contando um monte de asneiras, mas sua intenção era parodiar o livro de Charles-François Dupuis, *L'origine de tous les cultes* (1794), que sustentava que as religiões, fábulas, teogonias e demais mistérios nada mais eram que alegorias físicas e astronômicas.

Seguindo Pérès, um certo Aristarco Newlight (*Historic Certainties*, 1851), cuja edição original não consegui encontrar, usava argumentos análogos para polemizar com a *Vida de Jesus* de David Strauss e com sua leitura crítico-racionalista dos Evangelhos. Mas antes de Pérès, Richard Whately já havia publicado *Historic doubts relative to Napoleon Buonaparte* e deste pude encontrar também a primeira edição, de 1819. Whately era um teólogo inglês, que foi arcebispo de Dublin e escreveu obras muito sérias sobre temas tanto religiosos quanto filosóficos — um de seu livros influenciou Charles Sanders Peirce. Whately empenhou-se em confutar os vários escritores racionalistas (particularmente Hume) que negavam eventos pseudo-históricos, como as Sagradas Escrituras, e as narrativas de milagres, pelo fato de não terem sido encontradas provas empíricas de sua ocorrência. Whately não contesta Hume e seus semelhantes, mas leva suas teses às últimas consequências, demonstrando que, se seguirmos os seus princípios, os relatos das empresas napoleônicas (que algo têm de milagroso) também não são sempre de primeira mão, que não são muitos os contemporâneos de Napoleão que realmente o viram e que boa parte do que se diz a seu respeito são relatos nascidos de outros relatos.

Estas *trouvailles* de antiquariato que mencionei são caprichos de colecionista pois existe, para sorte dos leitores, uma edição Sellerio dos três textos aqui citados, *L'imperatore inesistente*, organização de Salvatore Nigro (1989) — que (por sete euros) pode ser colocada embaixo da árvore de Natal. A bem dizer, foi divertido exumar estes Kazzenger *ante litteram*. É verdade que meus três autores não satirizavam os caçadores de mistérios, mas sim os pensadores que tentavam eliminar os mistérios e, portanto, eram no fundo reacionários. Mas o método permanece instrutivo: leve ao extremo as teses alheias e uma gargalhada será sua lápide.

Somos todos doidos?

(2015)

Nas últimas semanas assistimos a indubitáveis atos de loucura. Louco certamente o piloto alemão que arrastou para a morte todos os passageiros que estavam sob seus cuidados, louco sem dúvida o empresário milanês que cometeu um massacre no Palazzo di Giustizia. Mas também é preocupante um outro motorista que deu de atirar dentro de casa — e nem menciono o fato de que esteve envolvido num acidente automobilístico devido, ao que parece, a uma taxa alcóolica excedente, coisa que poderia acontecer com qualquer um, embora dirigir depois de beber faça nascer algumas dúvidas sobre os hábitos de um motorista que já transportou o presidente da República.

Eram loucos os policiais acusados do "massacre mexicano" na escola Diaz? Até um minuto antes eram agentes normais. Que frenesi tomou conta deles para que perdessem as estribeiras daquela forma, como se (humanidade à parte) ignorassem que um dia alguém ia descobrir o que tinham feito?

As palavras de Owen me vieram à cabeça: "Todo mundo é louco, exceto você e eu. E pensando bem, tenho certas dúvidas quanto a você..." Na verdade, vivemos na convicção de que a sensatez é a normalidade e os loucos são exceções, das quais outrora se encarregavam os manicômios. Mas será verdade? Não deveríamos pensar que a loucura é a condição normal e a chamada normalidade um estado transitório? Paradoxos à parte, não seria mais prudente pensar que todo ser humano tem uma dose de loucura, que em muitos fica latente a vida inteira, mas em muitos outros explode de vez em quando — explode de forma não letal e às vezes produtiva naqueles que consideramos gênios, precursores, utopistas, mas em alguns se manifesta em ações que só podemos considerar loucura criminosa?

Se for assim, há em todas as pessoas que vivem neste mundo (e somos pelo menos 7 bilhões) um germe de loucura que pode explodir de repente ou apenas em alguns momentos de suas atividades. Provavelmente, os carnífices do ISIS são, em determinados momentos da vida cotidiana, maridos fiéis e pais amorosos, que passam algumas horas vendo TV e levam os filhos à mesquita. Depois, levantam às oito da manhã e, com o kalashnikov a tiracolo e talvez uma omelete no pão preparada pela esposa, saem para decapitar alguém ou metralhar uma centena de crianças. Não era assim, afinal, que vivia Eichmann? Além disso, até o mais feroz dos assassinos era até o dia anterior, no testemunho de sua mãe, um filho modelo, no máximo um pouco nervoso ou às vezes melancólico.

Se for assim, estamos condenados a viver num estado de permanente desconfiança, temendo que a qualquer instante nossa esposa ou marido, nossa filha ou filho, o vizinho de casa que cumprimentamos todo dia de manhã na escada ou nosso melhor amigo empunhe de repente um machado e rache nosso crânio em dois ou tempere nossa sopa com arsênico.

Mas a vida assim seria impossível e, sem poder confiar em mais ninguém (nem mesmo no alto-falante da estação que diz que o trem para Roma está partindo da plataforma 5, pois o funcionário dos anúncios pode ter enlouquecido), viveríamos como paranoicos em serviço permanente efetivo.

Portanto, para sobreviver é preciso confiar pelo menos em alguém, mas também é preciso estar convencido de que não existe confiança absoluta (como aquela que ocorre às vezes nas fases de apaixonados), mas apenas confiança probabilística. Se o comportamento do meu melhor amigo tem sido confiável ao longo dos anos, podemos apostar que é uma pessoa em quem podemos confiar. Seria um pouco como a aposta pascaliana: acreditar que existe uma vida eterna é mais vantajoso do que não acreditar. Mas se trata justamente de uma aposta. Viver com base numa aposta é certamente arriscado, mas esta aposta (se não a da vida eterna, pelo menos a do amigo) é essencial para nossa saúde mental.

No entanto, creio que foi Saul Bellow quem disse certa feita que, em épocas de loucura, acreditar que se é imune à loucura é uma forma de loucura. Portanto, não levem a ferro e fogo tudo que acabaram de ler.

Os imbecis e a imprensa responsável

(2015)

Diverti-me imensamente com a história dos imbecis da web. Para quem não acompanhou, foi publicado em alguns jornais e também on-line que no curso de uma chamada *lectio magistralis* em Turim eu teria dito que a web está cheia de imbecis. É falso. A *lectio* era sobre um tema completamente diferente, mas isso mostra como as notícias circulam e se deformam entre os jornais e a web.

A história dos imbecis surgiu numa conferência de imprensa durante a qual, respondendo a uma pergunta que não lembro mais, fiz uma observação de puro bom senso. Admitindo que em 7 bilhões de habitantes exista uma taxa inevitável de imbecis, muitíssimos deles costumavam comunicar seus delírios aos íntimos ou aos amigos do bar — e assim suas opiniões permaneciam limitadas a um círculo restrito. Hoje, uma parte consistente destas pessoas tem a possibilidade de expressar as próprias opiniões nas redes sociais e, portanto, tais opiniões alcançam audiências altíssimas e se misturam com tantas outras ideias expressas por pessoas razoáveis.

É importante observar que na minha noção de imbecil não havia nenhuma conotação racista. Ninguém é imbecil por profissão (salvo exceções), mas alguém que é um ótimo farmacêutico, um ótimo cirurgião, um ótimo bancário pode dizer, sobre assuntos que não são de sua competência ou sobre os quais não refletiu o suficiente, enormes besteiras. Mesmo porque as reações na web ocorrem no calor dos fatos, sem que se tenha tempo para refletir.

É justo que a rede permita que mesmo quem não diz coisas sensatas se expresse, mas o excesso de besteira congestiona as linhas. E algumas reações descompensadas que vi na internet confirmam minha razoabilíssima tese. Alguém chegou a dizer que, para mim, as opiniões de um tolo e aquelas de um ganhador do prêmio Nobel têm na rede a mesma evidência e não demorou para que se difundisse viralmente uma inútil discussão sobre o fato de eu ter ou não recebido um prêmio Nobel — sem que ninguém consultasse sequer a Wikipédia. Digo isso para mostrar a tendência evidente a falar a esmo. Em todo caso, já podemos quantificar o número dos imbecis: são 300 milhões, no mínimo. De fato, parece que nos últimos tempos a Wikipédia perdeu 300 milhões de usuários. Todos são navegadores que não usam mais a web para buscar informações, mas para ficar on-line conversando (talvez a esmo) com seus pares.

Um usuário normal da rede deveria ser capaz de distinguir ideias desconexas de ideias bem-articuladas, mas isso não é evidente e aqui surge o problema da filtragem, que não diz respeito apenas às opiniões expressas nos vários blogs ou via Twitter, mas é uma questão dramaticamente urgente para todos os sites em que (e quero ver quem vai protestar agora) é possível encontrar informações confiáveis e utilíssimas, mas também delírios de todo tipo, denúncias de conspirações inexistentes, negacionismos, racismos ou simplesmente notícias culturalmente falsas, imprecisas, precárias.

Como filtrar? Cada um de nós é capaz de filtrar as informações quando consulta sites que dizem respeito a temas de sua competência, mas eu, por exemplo, teria dificuldade para estabelecer se um site sobre a teoria das cordas está passando informações corretas ou não. A escola também não é capaz de educar para a filtragem, pois os professores estão na mesma situação que eu: um professor de grego pode se sentir indefeso diante de um site que fala da teoria das catástrofes ou mesmo simplesmente da Guerra dos Trinta Anos.

Resta apenas uma solução. Muitas vezes, os jornais são servis à rede: colhem informações, às vezes lendas, e acabam dando voz a seu maior concorrente — sem falar que estão sempre atrasados em relação à internet. Deveriam, ao contrário, dedicar pelo menos duas páginas diárias à análise de sites (assim como fazem resenhas de livros ou filmes), indicando os virtuosos e apontando os que divulgam inverdades ou imprecisões. Seria um imenso serviço prestado ao público e talvez também um estímulo para que os navegadores da internet, que já começaram a esnobar os jornais, voltem a consultá-los diariamente.

Naturalmente, para enfrentar esta tarefa um jornal precisaria de uma equipe de analistas, muitos dos quais estariam fora das redações. É certamente uma empresa cara, mas seria culturalmente preciosa e assinalaria o início de uma nova função da imprensa.

Este livro foi composto na tipologia Minion Pro Regular, em corpo 11/16, e impresso em papel off-white no Sistema Cameron da Divisão Gráfica da Distribuidora Record.